Moeda e Direito

Moeda e Direito

ELEMENTOS PARA UMA TEORIA CONSTITUCIONAL

2022

Bruno Felipe de Oliveira e Miranda

ALMEDINA

MOEDA E DIREITO
ELEMENTOS PARA UMA TEORIA CONSTITUCIONAL

AUTOR: Bruno Felipe de Oliveira e Miranda

DIRETOR ALMEDINA BRASIL: Rodrigo Mentz
EDITORA JURÍDICA: Manuella Santos de Castro
EDITOR DE DESENVOLVIMENTO: Aurélio Cesar Nogueira
ASSISTENTES EDITORIAIS: Larissa Nogueira e Rafael Fulanetti
ESTAGIÁRIA DE PRODUÇÃO: Laura Roberti

DIAGRAMAÇÃO: Almedina
DESIGN DE CAPA: Roberta Bassanetto

ISBN: 9786556277196
Dezembro, 2022

Dados Internacionais de Catalogação na Publicação (CIP)
(Câmara Brasileira do Livro, SP, Brasil)

Miranda, Bruno Felipe de Oliveira e Moeda e direito : elementos para uma teoria constitucional / Bruno Felipe de Oliveira e Miranda.
São Paulo : Almedina, 2022.

Bibliografia.
ISBN 978-65-5627-719-6

1. Arbitragem (Direito) 2. Banco Central do Brasil 3. Direito constitucional – Brasil 4. Direito monetário 5. Direitos fundamentais 6. Moeda – Legislação 7. Política monetária – Brasil I. Título.

22-128056 CDU-342:336.74(81)

Índices para catálogo sistemático:

1. Moeda : Direito constitucional 342:336.74(81)

Cibele Maria Dias – Bibliotecária – CRB-8/9427

Este livro segue as regras do novo Acordo Ortográfico da Língua Portuguesa (1990).

EDITORA: Almedina Brasil
Rua José Maria Lisboa, 860, Conj. 131 e 132, Jardim Paulista | 01423-001 São Paulo | Brasil
www.almedina.com.br

“Dinheiro é liberdade cunhada.”

– Fiódor Dostoiévski, *Memória da casa dos mortos.*

Ao meu pai, Edvaldo de Miranda (*in memoriam*), de cuja saudade este trabalho constitui, em alguma medida, apenas uma pequena forma de expressão.

À minha mãe, Zenaide Gomes de Oliveira — minha primeira e maior professora.

AGRADECIMENTOS

São tanto os destinatários — os obrigatórios e os possíveis — dos agradecimentos desta obra, que só me parece possível fazê-los coletivamente, em termos de grupos e agregados. Antes, porém, alguns registros personalíssimos.

Ao Professor Sérgio Guerra, pela orientação, pelo incentivo e, sobretudo, pelo entendimento das tentativas que ensaiei neste trabalho. De fato, mais do que guiado e estimulado (o que já representa muito), senti-me *compreendido* — e me parece que esse é um efeito que somente uma grande maturidade acadêmica, aliada a uma generosidade não menos qualificada, são capazes de gerar.

A João Paulo Vasconcelos, minha mais profunda gratidão, por sempre manter-me a atenção voltada para o que realmente importa; a Roberto Targino, pela certeza de que sempre terei com quem contar — não importando a dificuldade da hora; a José Simonetti, espírito nobre, que certa feita me proporcionou a chance de ver um grande homem público em ação.

A Tâmara Araújo, pelo generoso gesto de amor e pela mensagem indiscreta, com os quais me restaurou as forças. A Carlos Xavier, de quem ouvi palavras sábias. A Fernando Mosca, por idêntico motivo. A Raphael Valença, que há muito me ministra orientações de irmão mais velho. A Victor Albuquerque, com quem aprendi que é preciso ter coragem. A Victor Pinto, que, à sua maneira, me incentivou a não desistir.

A Elis e Leo, não apenas pela primeira acolhida em terras fluminenses, mas especialmente pela certeza de que, não importando onde nem quando nossas vidas voltem a se cruzar, o momento sempre será calorosamente familiar.

A Gabriella e Rodolpho, por tornarem a trajetória simplesmente mais feliz.

Aos membros da Procuradoria-Geral do Estado do Rio de Janeiro, casa que tão bem me acolheu ao longo desses já oito anos. Se me é dado ter orgulhos nesta vida, integrar o corpo dessa instituição — e ter feito amigos aqui — é um dos que carrego com satisfação.

Aos professores e colegas do curso de mestrado da Fundação Getúlio Vargas, pelo aprendizado e pela parceria — em um momento que, não bastassem os desafios que lhe são próprios, enfrentaram violentos ventos de través. Mas, com as manobras certas, e uma solidariedade sem par, termino convencido de que terminamos bem a singradura.

Aos Gomes de Oliveira, com quem aprendi as lições mais valiosas. Aos Miranda, certo de que a saudade que sinto de todos me trouxe até aqui. Aos Fernandes (*¡mi amigo Tovia incluido!*), por terem me acolhido como um filho. Aos Mendonça, rigorosamente pela mesma razão. Aos Soares, por encarnarem o sentido de generosidade.

Às muitas famílias e amigos que, nesta querida cidade do Cabo Frio, nos receberam tão bem, e nos permitiram chamar este belo lugar de lar.

E, claro, à minha família — esta amada família com que divido, verdadeiramente feliz, todos os meus dias.

Aqui, não se trata propriamente de agradecimento.

A Rafaella, Gabriel e Sofia não devo exatamente um obrigado.

O que lhes devo é um *atestado de coautoria*. Sim, nada, rigorosamente nada do que aqui se contém (e falo não apenas de obra, mas nomeadamente de trajetória) poderia vir à luz sem o amor que nos une. Eles não ocupam os bastidores deste e de todos os meus outros trabalhos — são os verdadeiros coautores da minha história.

Naturalmente, os erros são todos e exclusivamente meus.

Não mereço créditos, a não ser fé no testemunho — que é antes de tudo confissão — do meu amor sem igual por vocês.

Cabo Frio, janeiro de 2022.

PREFÁCIO

Fiquei honrado por ter recebido o convite de **Bruno Felipe de Oliveira e Miranda** para escrever o prefácio do seu livro intitulado *Moeda e Direito: elementos para uma teoria constitucional.*

No livro o autor enfrenta um tema de altíssima relevância: a relação entre o direito e a moeda, sob a morfologia e a sintaxe da constituição monetária de 1988 que, na forma apresentada, ainda não havia sido sistematizada doutrinariamente no Brasil.

O trabalho se direciona à teorização de um conjunto de limites jurídicos para a emissão, a gestão e a regulação do dinheiro pelo Estado indicando, na sistematização das normas fundamentais, as balizas jurídicas sobre a ação estatal na preservação das garantias e liberdades fundamentais. Com recorte metodológico preciso e sob o viés analítico-funcional da constituição monetária, o autor enfatiza a unidade do regime jurídico da política e da regulação estatal sobre a moeda, articulando as fontes e as coordenadas constitucionais que expressam direitos fundamentais.

O autor parte da hipótese de pesquisa de que há uma indefinição conceitual quanto ao significado, ao conteúdo e ao sentido da ordenação jurídico-constitucional da moeda, com implicação direta na interpretação e na aplicação da constituição em questões afetas à governança regulatória.

A partir da ideia de que o direito monetário foi associado ao direito das crises inflacionárias, o autor investiga todo o debate nacional sobre a moeda no constitucionalismo pós 1988, apresentando uma proposta de reorientação teórica sobre a visão tradicional, envolvendo a estrutura, funções e temas fundamentais das liberdades monetárias.

A moldura jurídica e política da regulação monetária é examinada sob os aspectos institucionais da entidade reguladora, envolvendo autonomia, independência, relações e interações, e o controle em sede jurisdicional. O autor aponta a ausência de entendimento de conjunto a respeito do direito constitucional e dos limites constitucionais ao poder monetário estatal sobre o sistema jurídico-monetário, seus méritos e déficits reflexivos, além do conteúdo do subsistema constitucional de disciplina jurídica da moeda.

Encerro este prefácio ressaltando, com regozijo, que a obra representa, em sua quase totalidade, a dissertação de mestrado, brilhantemente defendida por Bruno Miranda no Programa de Pós-graduação stricto sensu em Direito da Regulação da FGV Direito Rio (PPGD), tendo sido aprovada por banca qualificada. O painel contou com duas presenças ilustres no cenário jurídico-acadêmico nacional e internacional: Gustavo Binenbojm, Professor Titular da Universidade do Estado do Rio de Janeiro – UERJ e Gustavo Fossati, Professor Doutor da FGV Direito Rio, além do signatário na qualidade de orientador.

Como o leitor poderá constatar, com estilo próprio, certa dose de ousadia no uso de mensagens elaboradas de maneira inovadora encontradas, predominantemente, na linguagem literária e escrita sofisticada, Bruno Miranda foi muito além do que se espera de uma dissertação de mestrado. O autor apresentou, perante a exigente banca, uma pesquisa complexa sobre a função de regulação estatal sobre a moeda que se situa na interseção entre o direito constitucional, o direito administrativo e a teoria do direito, com requisitos formais e características substantivas de uma tese de doutorado.

A alta qualidade e o diferencial da pesquisa, realizada nos dois anos em que Bruno frequentou as aulas do nosso PPGD, somada à experiência profissional como Advogado e Procurador do Estado do Rio de Janeiro, foram confirmados por uma segunda banca, igualmente ilustre e composta pelos Professores Doutores Leandro Molhano, Carlos Ragazzo e Daniel Vargas, da FGV Direito Rio, que outorgaram ao autor o **Prêmio Diogo de Figueiredo Moreira Neto**, pela melhor dissertação de mestrado defendida no ano de 2022.

Está de parabéns o Mestre Bruno Miranda pelo relevante subsídio científico que traz ao direito público brasileiro, ao oferecer à comunidade jurídica uma nova teoria sobre a regulação estatal em um dos sistemas mais complexos sob intervenção estatal, com conteúdo inédito e de leitura obrigatória àqueles que tenham interesse em melhor compreender a constituição monetária e financeira sob a ótica dos direitos fundamentais.

Rio de Janeiro, setembro de 2022.

SÉRGIO GUERRA
Professor Titular da Escola de Direito do Rio de Janeiro
Fundação Getulio Vargas

LISTA DE ABREVIATURAS

ADC	Ação Direta de Constitucionalidade
ADCT	Ato das Disposições Constitucionais Transitórias
ADI	Ação Direta de Inconstitucionalidade
ADPF	Arguição de Descumprimento de Preceito Fundamental
ARE	Agravo em Recurso Extraordinário
BCB/Bacen	Banco Central do Brasil
CMN	Conselho Monetário Nacional
CPC	Código de Processo Civil
CRFB	Constituição da República Federativa do Brasil de 1988
EC	Emenda à Constituição
EDcl	Embargos de Declaração
FGTS	Fundo de Garantia do Tempo de Serviço
HC	*Habeas Corpus*
LC	Lei Complementar
LRF	Lei de Responsabilidade Fiscal
MC	Medida Cautelar
MP	Medida Provisória
MS	Mandado de Segurança
PGBC	Procuradoria-Geral do Banco Central do Brasil
QO	Questão de Ordem

RE	Recurso Extraordinário
Recl	Reclamação Constitucional
REsp	Recurso Especial
SFN	Sistema Financeiro Nacional
STF	Supremo Tribunal Federal
STJ	Superior Tribunal de Justiça
TCU	Tribunal de Contas da União
TRF	Tribunal Regional Federal
URV	Unidade Real de Valor

SUMÁRIO

INTRODUÇÃO

Nossa inflação é rigorosamente inconstitucional.

— Roberto Campos

O Estado inflacionário, além de instável e ineficiente, é, sobretudo, um Estado imoral.

— Diogo Moreira Neto

No passado, o Estado socializava prejuízos decorrentes das políticas do café por meio das taxas de câmbio; depois financiava déficits fiscais imensos de forma horizontal, tributando o pobre, ausente nas composições políticas, os sem voz, os não alcançados pela correção monetária, através da inflação; e agora repete o processo utilizando a via intertemporal, concentrando privilégios no presente e diluindo seus custos no futuro.

— Gustavo Franco

— "O guardião da moeda sou eu". Foi com essa incisiva afirmação que o presidente da República Costa e Silva respondeu à sugestão de conferir independência ao Banco Central do Brasil. Por volta do ano de 1967, um integrante da área econômica do governo tentava persuadi-lo de que, tornado independente, o banco seria o garantidor da estabilidade da moeda — ao que o presidente, mais do que depressa, encerrou o diálogo, objetando-lhe, de modo rabugento, com a frase tornada famosa desde então.[1]

A recordação do repto de Costa e Silva — episódio bastante conhecido, e inscrito nas páginas do anedotário nacional — é usual porque resume diversas facetas da política e da administração pública brasileira. É simbólico (ou no mínimo remissivo) de um conjunto de atitudes voluntaristas e potencialmente autoritárias, de crenças nem sempre republicanas e da adesão a um modelo de governo centralista — em suma, de um pessoalismo resistente a avanços institucionais, que tornou o padrão de governança nacional refém das vontades e dos humores do político de ocasião.

Especificamente no campo da moeda e da regulação financeira, o episódio serve como lembrança do calvário do aprimoramento das instituições nacionais, e de como a criação e o desenvolvimento do banco central — e em paralelo a conquista da estabilidade da moeda pública — foi um processo atritado, resistido e invariavelmente sujeito a contramarchas e retrocessos.

Finalmente, uma recordação de como o exercício de funções públicas no Brasil, além da forte nota de pessoalidade, tradicionalmente experimentou uma dificuldade com limites — em especial, limites constitucionais.

E é precisamente sobre limites que versa o presente estudo.

A pesquisa aqui desenvolvida projeta-se sobre o tema da *constituição monetária* — um conceito ainda não suficientemente delineado na literatura jurídica brasileira, mas que aponta para um conjunto de limites jurídicos estabelecidos para emissão, gestão e regulação do dinheiro pelo Estado.

A esses condicionamentos encontra-se atrelado um rol — igualmente ainda pouco explorado em sede doutrinária e jurisprudencial — de liberdades fundamentais a serem preservadas, e que servem de balizas ao poder monetário estatal.

Indaga-se, portanto, pelos limites jurídicos que a constituição impõe à potestade pública sobre o dinheiro, perquirindo, em especial, se é possível divisar, notadamente no texto constitucional de 1988, uma ordenação jurídica da moeda. Existe de fato uma ordenança constitucional, digna desse nome, da moeda e do dinheiro? Em caso afirmativo, qual o perfil

[1] CAMPOS, Roberto. **A lanterna na popa:** memórias, vol. 1. 4. ed. Rio de Janeiro: Topbooks, 1994, p. 669.

básico, o figurino elementar, a arquitetura fundamental dessa disciplina? Como se pode acessar, analítica e teoreticamente, essa ordem constitucional, e o que uma primeira investida exploratória — essencialmente introdutória e conceptual — sobre a ordem monetária na Constituição de 1988 revela?

Parte-se não apenas da hipótese de que essa ordem existe, mas também do pressuposto de que a experiência com moeda estatal, fiduciária e administrada, é um laboratório inacabado; da percepção de que o tratamento das questões afetas à regulação da moeda, assim como do poder estatal sobre ela, exigem uma atenção mais qualificada — quadro que não apenas recomenda, mas que a rigor exige um olhar constitucional.

Nesse sentido, a presente dissertação investiga a projeção jurídico-constitucional da regulação monetária, visando à sondagem do conteúdo e à sistematização das normas fundamentais relativas à matéria. Recorre-se a uma exploração conceitual e analítica apta a capturar a substância e a conexão de sentido da ordenação jurídica da moeda sediada na Constituição brasileira de 1988.

Se é certo que a teoria do Estado Regulador e seus respectivos engates com a teoria constitucional foram e tem sido objeto de importantes estudos e desenvolvimentos no Brasil, avalia-se que em, matéria de compreensão constitucional da moeda, da política monetária e de sua regulação, ainda há vazios e pontos cegos — campos e dimensões não adequadamente mapeados, sugerindo que a temática ainda reclama aprofundamentos.

Com efeito, a despeito da centralidade e ubiquidade da instituição social do dinheiro, não seria exagero constatar, em paradoxal contraponto, a insuficiência dos debates doutrinários no campo da teoria jurídica da moeda.

No caso brasileiro, o problema dessa insuficiência é especialmente reforçado quando se considera o pano de fundo histórico em que se desenrolou — inclusive já sob a vigência da Constituição de 1988 — o drama monetário nacional.

Drama este, como sabido, marcado por décadas de inflação crônica, pela sucessão de episódios gravíssimos de hiperinflação, pelo experimentalismo dos planos econômicos heterodoxos, por embates judiciais (inclusive em nível de jurisdição constitucional) e pelas conhecidas dificuldades na governança da moeda, por parte instituições públicas responsáveis pela garantia da sua estabilidade. Em acréscimo, novos e inesperados desafios insinuam-se, com especial ênfase ao menos desde a crise financeira de 2007–2008 — não apenas do ponto de vista da regulação financeira, mas também do desenho institucional e da atribuição de poderes a autoridades públicas fiscais e monetárias.

Esse longo e árduo processo, que culmina no reconhecimento da estabilidade monetária como bem público prioritário, talvez esperasse encontrar na constituição um espaço privilegiado de proteção e garantia — ou, ao menos, uma arena discursiva mais bem preparada para o debate.

Porém, aparentemente não é isso o que se observa. Sem prejuízo dos importantes avanços teóricos que devem ser reconhecidos no campo do Direito do Estado, não seria exagerado assinalar que o tema da constituição monetária ainda se apresenta como um território não explorado, uma espécie de quadrante não cartografado — apesar de, na prática, ter sido incursionado e navegado, em parte às cegas, e inclusive sob condições meteorológicas bastante adversas.

Situando-se na interseção entre o direito constitucional, o direito administrativo e a teoria do direito, esta é uma pesquisa sobre os aspectos constitucionais da regulação jurídica da moeda, com ênfase em suas categorias fundamentais e ancoragem na experiência jurídica brasileira — especialmente a partir do advento da Constituição de 1988.

A pesquisa nasce e anima-se da sentida necessidade de melhor divisar o conteúdo das normas constitucionais relacionadas ao poder estatal sobre a moeda — quer na perspectiva dos direitos e garantias fundamentais, quer sob a ótica dos limites e da conformação dos poderes e responsabilidades da autoridade monetária. Avalia-se que há um problema de inconsistência teórica — diagnosticada a partir do revolvimento dos debates jurídicos sobre a moeda —, revelado em termos de baixa *awareness* quanto à questão, assim como de um quadro referencial teórico indefinido e pouco refinado.

Nos domínios jurídicos, uma vez negligenciado o direito monetário à condição de repartição periférica do direito das obrigações, a moeda parece não ter assento no léxico, nos *syllabi* e nas mentes dos teóricos do direito público.[2]

[2] Há importantes e fundamentais exceções, é claro. Estudos de enorme valor, e que serão mencionados em diversas ocasiões no curso da exposição, avançaram sobre o problema da

Uma situação que, insista-se, não deixa de ser paradoxal: o *medium* em que se desenrola toda a trama da economia capitalista moderna parece estar simplesmente fora dos modelos teóricos dos juristas, praticamente órfão de suas especulações.

Sucede que a realidade da experiência monetária e de seu experimentalismo infindável desafia cada vez mais as concepções correntes assentadas na literatura jurídica. É que o dinheiro — esse "repertório de futuros possíveis", na feliz expressão de Jorge Luis Borges — tem descortinado, contemporaneamente, em uma espécie de vertigem autorreferente, um inesgotável repertório de novos futuros e de novos desafios sobre as suas próprias possibilidades.

disciplina jurídica da moeda na constituição, inaugurando ou pavimentando a senda exploratória em que investigações como a presente se inserem. Em adiantamento, apenas para mencionar alguns dos destaques na literatura jurídica brasileira, e embora correndo o risco de ser injusto, citem-se os trabalhos seminais de: WALD, Arnoldo. **A Cláusula de Escala Móvel**: um meio de defesa contra a depreciação monetária. São Paulo: Max Limonad, 1956; WALD, Arnoldo **O novo direito monetário**: os planos econômicos, os contratos, o FGTS e a Justiça. 2. ed. São Paulo, Malheiros, 2002; JANSEN, Letácio. **Limites jurídicos da moeda**. Rio de Janeiro: Lumen Juris, 2000; SADDI, Jairo. **O poder e o cofre**: repensando o Banco Central. São Paulo: Textonovo, 1997; COZER, Cristiano de Oliveira Lopes. **Natureza e propriedades da moeda**: contribuição para o estudo do direito monetário no Brasil. Dissertação (Mestrado em Direito) – Programa de Pós-Graduação em Direito, Universidade de Brasília. Brasília, 2006; OLIVEIRA, Marcos Cavalcante de. **Moeda, juros e instituições financeiras**: regime jurídico. 2. ed. Rio de Janeiro: Forense, 2009; DURAN, Camila Villard. **Direito e moeda**: o controle dos planos de estabilização monetária pelo Supremo Tribunal Federal. São Paulo: Saraiva, 2010; DURAN, Camila Villard. **A moldura jurídica da política monetária**: um estudo do BACEN, do BCE e do FED. São Paulo: Saraiva, 2013; SALAMA, Bruno Meyerhof. Como Interpretar as Normas Emitidas pelo BACEN e CMN? Uma Resposta a Partir da Evolução do Modelo de Estado Brasileiro. **Revista de Direito Bancário e do Mercado de Capitais**, São Paulo, v. 46, p. 103-128, 2009; FARIA, José Eduardo Campos de Oliveira. Poucas certezas e muitas dúvidas: o direito depois da crise financeira. **Revista Direito GV**, n. 5(2), p. 297-324, jul./dez. 2009; VEIGA DA ROCHA, Jean Paul. Direito e moeda no debate constitucional. In: Carlos Ari Sundfeld e André Rosilho (org.), **Direito da regulação e políticas públicas**. São Paulo: Malheiros, 2014, p. 240-255. Um trabalho de indiscutível significado, que também merece ser aludido, é o produzido pelo economista e idealizador do Plano Real Gustavo H. B. Franco, cujo estudo institucional sobre a moeda brasileira vai muito além das raias da ciência econômica, apresentando contribuições notáveis para a teorização jurídica da moeda: FRANCO, Gustavo H. B. **A moeda e a lei**: uma história monetária brasileira (1933-2013). Rio de Janeiro: Zahar, 2017.

Exatamente por isso, o dinheiro não pode mais ser um tema estrangeiro à reflexão dos juristas e dos estudiosos do direito público. Muito se passou e há muitas coisas acontecendo no campo da moeda — e não é mais possível fingir que não estamos vendo.

Nessa caminhada, espera-se que ao estranhamento entre a moeda e os publicistas — os constitucionalistas em especial — coloque-se um termo. Há mais de semelhante entre a moeda e as constituições do que a princípio se pode imaginar. Ambas são estratégias de compromisso, técnicas de estabilização de expectativas, um enlace entre o presente e o futuro, articulado por meio de denominadores comuns — simbólicos, discursivos e institucionais —, que se revelam aptos a agregar contrários.

De fato, as constituições, como a moeda, são protocolos de confiança.

Por mais essa razão, é de todo conveniente que a construção de pontes entre a teoria jurídica e a economia monetária tenha na constituição o seu ponto de partida.

1. O lugar constitucional da regulação monetária

Ao longo dos anos de 2007 e 2008, o governo americano — dois presidentes em sucessão, o Congresso, o Departamento do Tesouro e especialmente o Banco Central — tiveram que confrontar uma crise financeira sem precedentes. Um "*epical inferno*", como batizaram três dos protagonistas daquela época.[3]

Um arsenal sem precedentes históricos, tanto em intensidade quanto em velocidade, foi empregado pelas autoridades fiscais e monetárias para garantir o equilíbrio dos mercados financeiros — e a principal dessas armas, sem sombra de dúvidas, foi a massiva injeção de liquidez, por meio da criação de moeda.

À medida que as pessoas perdiam seus empregos, deixavam de pagar seus débitos, perdiam suas casas e bancos e negócios faliam, os bancos centrais temeram repetir a Depressão dos anos 1930 — e para afastar esse risco, injetaram maciçamente dinheiro na economia, expandido seus balanços e comprando ativos diversos.

[3] BERNANKE, BEN S.; GEITHNER, Timothy F.; PAULSON JR., Henry M. **Firefighting**: the financial crisis and its lessons. New York: Penguin Books, p. 1.

Dívidas governamentais, ativos garantidos pelo governo (como títulos garantidos por hipotecas emitidas por agências quase-governamentais) e mesmo ações e títulos corporativos foram resgatados. Os bancos centrais pagaram por esses ativos com dinheiro novo, recentemente criado, injetado diretamente nas contas dos bancos comerciais. O dinheiro em circulação inflou, enquanto as taxas de juros despencaram para baixas históricas.

O restabelecimento das operações nos mercados financeiros, assim como a retomada do crescimento e do emprego, não ocorreu por meio das forças de atores privados. A utilização de um amplo conjunto de políticas monetárias não convencionais, representadas pelas políticas crédito (emprestador de última instância) e de quase débito (expansão quantitativa) foram esgrimidas pelo setor público em escala inédita.[4]

Precisando responder a uma emergência após a outra, os bancos centrais deixaram de lado abordagens convencionais e envolveram-se em uma experimentação em série de políticas e instrumentos diferentes, não previamente testados, e com assunção de importantes riscos. Como enunciou Ben Bernanke, *chairman* do FED durantes aqueles anos críticos, "períodos extraordinários exigem medidas extraordinárias".

É verdade que a posição dos bancos centrais como *lenders of last resort* não era um dado novo — já no célebre *Lombard Street*, o escritor e jornalista Walter Bagehot assentava as bases da figura do prestamista de última instância.[5] Naquela que se tornou uma síntese da sua famosa recomendação, os bancos centrais devem emprestar rápida e ilimitadamente, para agentes solventes, com base em boas garantias e a taxas elevadas.

Entretanto, o que essas instituições fizeram, a partir do ano de 2007, foi uma versão robustecida e muito mais abrangente da mesma estratégia. Os principais banqueiros centrais do período invocaram as palavras de Bagehot como modelo para sua resposta à crise quase cento e cinquenta

[4] CARVALHO, Fernando J. Cardim de; SOUZA, Francisco Eduardo Pires de; SICSÚ, João; PAULA, Luiz Fernando Rodrigues de; STUDART, Rogério. **Economia monetária e financeira**. 3. ed. Rio de Janeiro: Elsevier, 2015, p. 168.

[5] BAGEHOT, Walter. **Lombard Street**: a description of the money market. London: John Murray: 1917, p. 187.

anos depois[6] — indo, porém, desta vez, muito além da prescrição original do autor britânico.[7]

Para aqueles acostumados ao conservadorismo e às operações convencionais dos bancos centrais, assistiu-se, não sem algum espanto, ao incremento dramático da lista de afazeres dessas instituições, cada vez mandatadas a mais tarefas — no que já se descreveu como uma desconfortável conversão, de entidades quase invisíveis, para a condição de "*the only policy game in town*"[8].

Depois da crise de 2007-2008, e precisamente diante dos enormes esforços envidados pelos bancos centrais, experimentando resgates ("*bailouts*") e políticas monetárias não convencionais, o interesse nessas instituições, no papel por elas desempenhado e nos poderes que detêm ficou vastamente ampliado.

Não só isso. Como reflete Gustavo Franco[9], é que não apenas o uso dos poderes dos bancos centrais viu-se deslocado para o terreno do "não convencional", como os desconfortos e inquietudes alcançaram a própria natureza do dinheiro. Redescoberto o poder da senhoriagem, surgidas novas dúvidas sobre a fronteira entre títulos e moeda, sobre as linhas que separam os domínios do monetário e do fiscal, e até mesmo sobre as bases mais profundas do sistema monetário no regime de moeda fiduciária, tornou-se cada vez mais evidente que há muitas perguntas difíceis (e poucas respostas). Ficou igualmente claro que o valor do monopólio do Estado sobre a moeda — *o que quer que isso signifique nos nossos dias* —, somado aos enormes poderes regulatórios de que dispõe (concentrados

[6] IRWIN, Neil. **Os grandes alquimistas financeiros**: as histórias secretas dos presidentes dos três principais bancos centrais do mundo em uma economia em chamas. Rio de Janeiro: Elsevier, 2014, p. 9.

[7] Como destacado por Perry Mehrling, à vista dos novos desafios postos pela condição de provedor de liquidez, o papel dos bancos centrais talvez tenha avançado as fronteiras daquele originalmente intuído por Bagehot: para além da condição de *lender*, assumem o papel mais abrangente, e desafiador, de *dealer of last resort* (MEHRLING, Perry. **The new Lombard Street**: How the Fed became the dealer of last resort. Princeton University Press: New Jersey, 2011, p. 114).

[8] EL-ERIAN, Mohamed A. **The only game in town:** central banks, instability and avoiding the next collapse. New York: Random House, 2016, p. xxvii.

[9] FRANCO, Gustavo H. B. **A moeda e a lei**, p. 138 e ss.

no mais das vezes em agências administrativas dirigidas por mandatários não eleitos), pode ser gigantesco.

Quando este trabalho começou a ser esboçado, eram os dilemas decorrentes desse cenário que se tinha em mira. Este era o contexto original do estudo: produzir uma reflexão sobre os eventos que se desenrolaram especialmente a partir de 2007. Que problemas, e também que lições o enfretamento da crise ocorrida entre 2007-2008 punha à teoria jurídica e ao Direito do Estado, inclusive para países como o Brasil. Como, a despeito da magnitude do evento e das suas implicações no cenário econômico e institucional, ainda havia um vazio especulativo (com respeitáveis e importantes exceções, decerto) a respeito da dimensão constitucionalmente relevante das aporias colocadas por medidas de política e regulação monetária encaminhadas, ou daquelas que ainda se encontravam em fase de gestação.

Em síntese, de como as intensas discussões e divergências constatadas na fronteira da teoria e da prática econômicas (da economia monetária em especial) pareciam não encontrar eco no campo jurídico — e na teoria do Direito do Estado em especial.

Uma reflexão de como a moeda ainda não tinha um nicho próprio na ecologia intelectual do direito, e muito menos do direito constitucional — situação no mínimo paradoxal, considerados os poderes crescentes do Estado sobre a moeda.

E foi então que, terminando de ajustar o retrovisor para bem capturar os eventos da crise de 2008, e tão logo acionada a primeira marcha, um evento de dimensões possivelmente superiores abateu-se sobre as economias mundiais.

Nos primeiros meses de 2020, a crise gerada pelo novo coronavírus (SARS-CoV-2, causador da Covid-19) atinge todo o mundo, ceifando inumeráveis vidas e despertando, nas nações ao redor de todo o globo, respostas governamentais duras e continuadas.

Essas ações não ficaram restritas ao campo sanitário. Precisando conter os efeitos econômicos decorrentes de ordens de confinamento, restrições de circulação, fechamento de estabelecimentos e suspensão de eventos e atividades, medidas drásticas, em dimensões inéditas, foram também empreendidas diante desse novo e excepcional contexto.

Os bancos centrais não ficaram de fora desse esforço. O Federal Reserve agiu com rapidez e anunciou injeção massiva de liquidez no sistema bancário, tendo ainda resolvido atuar diretamente no financiamento de empresas e consumidores, por meio de linhas de crédito especial. Assistiu-se a uma injeção significativa, de mais de 1,5 trilhão de dólares no sistema financeiro, por meio de operações de recompras de títulos (*repo*), para conter problemas de financiamento associados aos efeitos do coronavírus.[10]

O Banco Central Europeu (BCE) também exibiu seu arsenal, anunciando pacote de compra de ativos.[11] Bancos centrais de diversos mercados emergentes igualmente embarcaram em medidas de estímulo, engajando-se na compra de títulos públicos e privados.

Economistas de peso sugeriram medidas pujantes para minimizar os efeitos econômicos da crise, defendendo ser necessário ir além (em alguns casos, muito além) do receituário tradicional.[12] Ao longo daqueles meses iniciais, não foi difícil deparar-se com propostas de estímulo monetário geral, direto e não reembolsável — o já famoso *helicopter money*. Vozes importantes sustentaram que os bancos centrais deveriam ir além da função *lenders*, atuando como *dealers*, *buyers*, *payers* e até mesmo *employers of last resort*.

O Banco Central do Brasil (BCB) também se engajou nas iniciativas. Prontamente, diversas medidas de liquidez e de liberação de capital contra os efeitos da crise foram anunciadas — redução da alíquota do recolhimento compulsório das instituições bancárias, empréstimo para bancos com lastro em papéis, retomada de operações de compra com compromisso de venda de títulos, flexibilizações de regras, além de ações coordenadas com o Tesouro Nacional e intervenções no mercado de câmbio e de juros.

Ainda naquele contexto emergencial, sobreveio a apresentação de proposta de emenda à constituição — PEC nº 10/2020, batizada como

[10] FED to Inject $1.5 Trillion in Bid to Prevent 'Unusual Disruptions' in Markets. **The Wall Street Journal**, 2020. Disponível em: <https://www.wsj.com/articles/fed-to-inject-1--5-trillion-in-bid-to-prevent-unusual-disruptions-in-markets-11584033537>. Acesso em: 13 de mar. de 2020.

[11] ECB announces €750 billion Pandemic Emergency Purchase Programme (PEPP). **European Central Bank**, 2020. Disponível em: <https://www.ecb.europa.eu/press/pr/date/2020/html/ecb.pr200318_1~3949d6f266.en.html>. Acesso em: 19 de mar. de 2020.

[12] GALÍ, Jordi. Helicopter Money: The Time is Now. **Econfip,** 2020. Disponível em: <https://econfip.org/policy-brief/helicopter-money-the-time-is-now/>. Acesso em: 04 de abr. de 2020.

PEC do "Orçamento de Guerra" — que, dentre diversos outros aspectos, incrementou o arsenal do banco central brasileiro, embora limitadamente ao contexto excepcional da calamidade de saúde pública. Promulgada como Emenda Constitucional nº 106/2020, a medida legislativa fornecia uma primeira evidência, em tempo real, de como medidas de política e regulação monetária não raras vezes precisam ser forjadas e articuladas em nível constitucional.

E durante esse mesmo período, quer de modo relacionado ao combate à pandemia, quer de maneira independente, o cenário da regulação monetária viu-se envolto em outros desafios, sugerindo que reformas são não apenas desejáveis, mas inevitáveis.[13]

Ganharam ímpeto os debates e os projetos para implementação de *central banks digital currencies* (CBDC's) pelos bancos centrais — cuja arquitetura, embora ainda em aberto, aponta para diversas dificuldades e riscos jurídicos.[14] O mercado de criptomoedas, que para muitos parecia um devaneio puramente especulativo, quando muito abrangido pela disciplina jurídica dos jogos e apostas, alcança, no início do ano de 2021, uma capitalização de mercado superior à cifra de dois trilhões de dólares, levando a crer que o fenômeno da *decentralized finance* merecerá cada vez mais atenção de reguladores e formuladores de políticas públicas.[15] Na Alemanha, uma importante decisão da corte de Karlsruhe exerceu controle de constitucionalidade, inédito, sobre medidas adotadas pelo Banco Central Europeu em resposta à crise fiscal sofrida por países da zona do euro, decidindo que o governo e a legislatura do país violaram a constituição ao não monitorar adequadamente o BCE e, em particular, o programa de compra de ativos do setor público.[16]

No Brasil, além das Emendas Constitucionais 106/2020 e 109/2021, ambas ferindo temas financeiros sensíveis, sobreveio, no plano

[13] PRATES, Marcelo M. Money in the twenty-first century: From rusty coins to digital currencies. **Ohio State Business Law Journal**, vol. 15, 2021.

[14] BOSSU, Wouter Bossu; ITATANI, Masaru; MARGULIS, Catalina; ROSSI, Arthur; WEENIK, Hans; YOSHINAGA, Akihiro. **Legal Aspects of Central Bank Digital Currency:** Central Bank and Monetary Law Considerations. IMF Working Paper No. 2020/254, Nov. 2020.

[15] BRUMMER, Chris (ed.). **Cryptoassets:** Legal, Regulatory, and Monetary Perspectives. New York: Oxford University Press, 2019.

[16] PISTOR, Katharina. Germany's Constitutional Court Goes Rogue. **Project Syndicate**, United States, May 8, 2020.

infraconstitucional, após longa gestação no Congresso, a importante Lei Complementar nº 179/2021, garantindo autonomia ao banco central. De modo previsível, a constitucionalidade da medida foi prontamente desafiada perante o Supremo Tribunal Federal.[17]

Esses e outros eventos sugerem que o regime da moeda e do dinheiro, inclusive em sua dimensão jurídica (talvez, *sobretudo* em sua dimensão jurídica), continua a mudar. E vem exigindo, cada vez mais, um olhar constitucionalmente atento e refinado. Seguramente a discussão não se encerrará no exame das medidas legislativas recém aprovadas. O regime jurídico-constitucional da moeda é, novamente, um programa em aberto.

Finalmente parece que abandonamos o fetiche em torno do estéril e monocórdico debate sobre a disciplina constitucional do limite de juros,[18] e iniciamos uma discussão séria sobre os predicados institucionais da autoridade monetária, a independência do banco central e a eventual ampliação do seu mandato constitucional, o exame do teto de gastos públicos como uma espécie de âncora fiscal fundamental à garantia da saúde da moeda, o regime jurídico das delicadas interações entre as autoridades fiscal e monetária, os desafios (igualmente na perspectiva da saúde da moeda nacional) postos pelos projetos de renda básica emergencial e universal, o horizonte descortinado pelo *offshore* regulatório dos criptoativos e criptomoedas, dentre tantos outros temas que se encontram sob deliberação do Banco Central ou do Congresso e que, mais cedo ou mais tarde, serão desafiados pelo Supremo.

Parece estar ganhando corpo a compreensão de que a disciplina jurídica do dinheiro vai muito além do problema da inflação — a moeda justa é não apenas um projeto institucional, mas um reclamo democrático a ser trabalhado em múltiplos flancos.[19]

A economia política das finanças públicas, pela qual um parlamento livremente eleito regula o equilíbrio entre desejos (gastos) e possibilidades (tributação), tem ficado em segundo plano diante dos poderes

[17] STF – Pleno, **ADI nº 6696**, red. p/ ac. Min. Roberto Barroso, julgamento em 26-08-2021.

[18] É a importante crítica de ROCHA, Jean-Paul Veiga da. Direito e moeda no debate constitucional, p. 241-242.

[19] WEBER, Beat. Geld und Demokratie: Reformdebatten um ein krisenhaftes Verhältnis. **Leviathan**, Vol. 42, N. 01, p. 67-93, 2014.

adquiridos pelo Poder Executivo no contexto da moeda fiduciária.[20] Novas estratégias precisam ser pensadas não apenas para lidar com o poder do Estado sobre a moeda, mas também para definir o tipo de convívio que se insinua entre autoridades públicas e novas liberdades monetárias pressionando potestades antes incontestes.

O debate, portanto, está apenas começando. Exigirá, como habitual, que recrutemos os nossos melhores fundamentos — que precisarão, inevitavelmente, ser reconduzidos ao nível das fontes constitucionais. Sim, pois não se trata de deliberações regulatórias ordinárias, nem de mais uma opção regular de política pública. Cuida-se de autênticas *decisões políticas fundamentais*, para as quais existe um domínio com vocação específica, uma arena adequada — *o lugar verdadeiramente próprio das constituições.*

2. Delimitação do tema: objeto, problema e hipótese de pesquisa (*o que* se investiga)

A disciplina jurídica da moeda na Constituição de 1988 é o tema deste trabalho.

Partindo do pressuposto de que um sistema jurídico é caracterizado por *elementos* e *relações*, trata-se de exploração inicial, um exercício interpretativo sobre a *morfologia* e a *sintaxe* básicas da constituição monetária nacional, com o objetivo de empreender uma sistematização e construção explicativa do conteúdo da ordem monetária insculpida em 1988.

Dessa forma, a matéria da pesquisa — o tema acerca de que se reflete, e sobre o qual se concentra a investigação — é o da proteção de direitos fundamentais e liberdades relacionadas à moeda, dentro do quadro referencial da Constituição brasileira em vigor. Investiga-se, ademais, de que modo a ordem constitucional de 1988 — conformando e limitando esses mesmos direitos e liberdades fundamentais — estruturou as bases do poder do Estado sobre a moeda, modelando o perfil institucional da autoridade monetária nacional e impondo-lhe, a par de atribuições e missões, limites jurídicos formais e materiais.

A exposição do conteúdo jurídico dessa ordenação constitucional da moeda, tanto quanto possa ser efetivamente identificada, procura apresentar as normas constitucionais monetárias não apenas a partir de um exame direto do texto da Carta de 1988; a exploração interpretativa aqui

[20] FRANCO, Gustavo H. B. **A moeda e a lei**, p. 138.

proposta procura avaliar esse bloco normativo tal como significado pela doutrina e pela jurisprudência, é dizer, também tal como orientado por modelos teóricos e pelas principais decisões dos tribunais, com o fito de encontrar concatenações reveladoras de uma *pragmática* da constituição da moeda.[21]

O tema da pesquisa, portanto, enquanto sondagem da gramática do direito constitucional monetário brasileiro, é encaminhado, sequencialmente, a partir da investigação crítica da doutrina brasileira no campo monetário (diagnosticando o quadro geral dos debates, suas principais virtudes e alguns dos seus pontos cegos), avançando para o exame dos enunciados constitucionais relevantes na Carta de 1988 e do seu conteúdo interpretativo, e encerrando pela análise da correspondente jurisprudência constitucional firmada pelo Supremo Tribunal Federal.

Sinalizado o tema do trabalho (*do que se trata*), é importante demarcar o problema de pesquisa — *o que se questiona*, isto é, qual é exatamente a pergunta que preside a investigação.

A pergunta central, que corresponde ao núcleo do problema deste estudo, pode ser assim formulada: quais são os limites materiais e formais que a Constituição brasileira de 1988 impõe aos poderes monetários do Estado?

Essa pergunta fundamental, que ancora o curso de toda a exposição, pode ser distendida e desdobrada em algumas outras: o que é protegido pela Constituição de 1988 quando se fala em relações jurídico-monetárias? Quais são os bens jurídicos materiais objetivamente tutelados? Quais os princípios fundamentais do sistema que se vinculam às limitações materiais e formais impostas à autoridade monetária? Quais são os fundamentos conceituais que estruturam e parametrizam essas limitações?

[21] Servindo de clara inspiração para essa empreitada, cabe referir as obras de Humberto Ávila e Heleno Torres, cujos esforços, ainda que por métodos e caminhos diversos, voltaram-se, respectivamente, ao exame das ordens constitucionais tributária e financeira: ÁVILA, Humberto. **Sistema Constitucional Tributário**. 5. ed. São Paulo: Saraiva, 2012, p. 55; TORRES, Heleno Taveira. **Direito constitucional financeiro**: teoria da constituição financeira. São Paulo: Revista dos Tribunais, 2014, p. 26. Na literatura estrangeira, um trabalho de grande valor e inspiração para o presente estudo, e que será amiúde referido ao longo da exposição, corresponde à obra de HERRMANN, Christoph. **Währungshoheit, Währungsverfassung und subjektive Rechte**. Tübigen: Mohr Siebeck, 2010.

Como esses limites encontram-se ordenados e conexionados no sistema constitucional?

Trata-se, portanto, de uma *pergunta por limites*. Busca-se conhecer os limites e parâmetros constitucionais relativos à moeda; por isso que se pergunta por eles — se existem, como se encontram estruturados, e de que maneira podem ser tornados mais transparentes.

É verdade que essa mesma indagação (ou antes, esse conjunto de indagações) pode ser formulada de outra maneira. Bem examinada a pergunta de pesquisa, vê-se que a interrogação pelos limites formais e materiais ao poder monetário estatal tem uma espécie de *meta* — uma espécie de vetor para o qual a pergunta tende, e que também merece ser colocado às claras. Essa meta a que a pergunta visa é a indagação por uma *ordem*, por uma construção explicativa da unidade ordenada das normas constitucionais relacionadas à disciplina da moeda. Daí por que, é possível postular, pergunta-se por uma ordenança, pela ordenação jurídica da moeda na Constituição de 1988, e pela sua unidade de sentido.

Nesse sentido, seria igualmente válido formular a interrogação fundante da pesquisa, que lhe subjaz freaticamente, nestes outros termos: existe uma ordem constitucional da moeda na Carta de 1988? Se sim, qual o seu conteúdo, o seu sentido, o seu horizonte de compreensão? Quais os valores e princípios que conferem a esta ordem uma unidade e coerência de significação?

Uma preocupação fundamental — e, nesse sentido, tema e objeto específico da pesquisa — é o exame da proteção das liberdades e dos direitos fundamentais relacionados à moeda, quer no corpo normativo da constituição, quer na jurisprudência constitucional. Trata-se de tema pouco explorado na literatura jurídica brasileira, mas rigorosamente essencial.

Isso porque uma proteção eficaz de direitos fundamentais frente ao poder estatal — e o poder estatal monetário incluso — somente é atingível se o legislador e o administrador estiverem materialmente vinculados a direitos fundamentais. Daí por que, ao longo de toda a exposição, será frequente a remissão a uma indagação fundante: existem direitos fundamentais, posições jurídico-subjetivas individuais consagradas pela Constituição de 1988, relacionadas especificamente à moeda e oponíveis em face do Estado? Se sim, de que modo a política e a regulação monetárias conectam-se com esses direitos?

Cuida-se, assim, de determinar, segundo as coordenadas do atual sistema jurídico brasileiro, o sentido e o conteúdo da constituição monetária, das decisões políticas fundamentais relativas à moeda, e dos direitos e liberdades constitucionais a ela associadas. Empreende-se, a fim de levar a cabo essa tarefa, uma reflexão global sobre os termos e o modo como se estrutura a disciplina constitucional da moeda, mapeando a unidade e coerência interna das respectivas normas.

Dessa forma, o objeto de pesquisa pode ser aqui resumido em seus três níveis fundamentais: (i) o objeto *material* — aquilo de que se fala: fala-se aqui das normas constitucionais relativas à disciplina jurídica da moeda, tal como enunciadas no texto da Carta de 1988, e tal como analisadas, interpretadas e aplicadas pela doutrina e pelos tribunais; (ii) o objeto *formal-motivo* — a indagação que se faz, isto é, qual precisamente a pergunta formulada: pergunta-se pelos limites constitucionais ao poder monetário do Estado brasileiro, quer na perspectiva formal, quer na dimensão material, e especialmente pelo tipo de proteção que a constituição confere aos indivíduos, quando se trata de relações monetárias; (iii) o objeto *formal-terminativo* — aonde se pretende chegar com a investigação, e de que tipo de respostas se necessita: pergunta-se por uma ordem ou unidade de sentido, que é aquela revelada no arranjo tensional das normas constitucionais significadas em sua práxis — buscando não respostas apodíticas, mas princípios e diretrizes de orientação, a planta baixa dessa normatização constitucional.

Na construção desse objeto de pesquisa, parte-se do pressuposto de que o direito constitucional monetário compreende um conjunto de normas que disciplina, direta ou indiretamente, a atividade de emissão e regulação da moeda pelo Estado.

Essa ordem constitucional parcial ou regional presume-se como sendo constituída pela parcela de normas jurídicas integrantes — formal e materialmente — do texto constitucional, sendo composta por princípios, regras, competências e valores que regem a atividade monetária do Poder Público.

À constituição monetária cabe a tarefa de racionalizar o poder monetário segundo critérios estabelecidos normativamente, definindo limites e diretrizes para as decisões políticas e administrativas nas escolhas públicas relacionadas à atividade monetária do Estado — e o que se pretende estudar é a respectiva anatomia, a arquitetônica elementar desse bloco normativo, considerado em si mesmo e na sua interação com outros subsistemas e departamentos constitucionais.

O trabalho, portanto, move-se ao nível das fontes constitucionais que traduzem o núcleo do ordenamento jurídico da moeda. Leis infraconstitucionais, ainda que firam aspectos constitutivos da moeda, merecerão atenção apenas quando e na medida em que se conectem com normas constitucionais pertinentes ao tema. Como se discutirá mais adiante, nem tudo o que é constitutivo da disciplina jurídica da moeda é constitucional na acepção jurídico-positiva — e é bom que seja assim.

Nesse contexto, é pertinente observar que embora o tema da constituição monetária e da identificação do corpo de normas constitucionais que disciplinam a atuação e a regulação monetária pelo Poder Público não seja inteiramente novo, o enfoque aqui é diverso do habitualmente encontrado na literatura.

Neste trabalho, enfrenta-se a pergunta pela constituição monetária de modo frontal, direto. O objeto de pesquisa é a constituição monetária *enquanto tal*, a constituição monetária *enquanto constituição monetária* — e, bem examinada a literatura de Direito do Estado, raramente as normas constitucionais monetárias são assim tematizadas. O enfoque em geral é indireto, sob uma forma prévia e intermediária, em uma alusão não sistemática, sem explicitação de seu conteúdo nem implicações principais — uma espécie de *obiter dictum*, na melhor das hipóteses.

Mais algumas palavras sobre o objeto, o problema de pesquisa e o modo como nele se avança: pretende-se permanecer fiel ao critério de demarcação do campo de estudos. Não se vai além do Direito do Estado e muito menos se penetra no território de disciplinas não jurídicas — embora se possa dialogar com elas. O campo da regulação jurídica da moeda encerra um setor de confluência entre o direito constitucional, o direito administrativo e a teoria do direito — e é no interior do quadrante delimitado pela interseção dessas disciplinas que se pretende estar.

Nesse sentido, e ainda quanto à demarcação do objeto de estudo, consigne-se que o problema é tratado no âmbito positivo-constitucional, dentro dos marcos da constituição vigente. E sobre esse ponto, insista-se: cuida-se de um estudo do corpo de normas, sob luzes estritamente *jurídicas*.

A disciplina jurídica da moeda pode ser objeto de diferentes estudos e níveis de análise — e costumeiramente o é, sob múltiplas perspectivas.

O que caracteriza o objeto específico deste trabalho não é propriamente a matéria-prima da pesquisa — a moeda e sua disciplina jurídica —, mas o ângulo e a forma de análise.[22]

O objeto de pesquisa, para recorrer a uma distinção escolástica, não se constrói apenas indicando do que se trata (*quae in ista scientia tractantur*), mas também expondo a razão sob a qual se examina (*ad rationem secundum quam considerantur*).

Diferentes racionalidades ou perspectivas podem ser aplicadas para o estudo da moeda — a histórica (investigação da sua evolução no tempo), econômica (análise dos arranjos e do comportamento das condutas humanas, considerados a escassez de recursos e os contextos de interação estratégica), sociológica (estudo de padrões de interação social e cultural) e comparativa (aplicação em diferentes sistemas jurídicos).

Neste estudo, a filtro de análise é essencialmente jurídico, de tipo teorético-descritivo. O foco específico implica identificar e sistematizar normas constitucionais relacionados à disciplina da moeda. Critérios morais e valorativos serão considerados apenas enquanto estiverem incorporados à ordem jurídica por meio de normas (regras, princípios e postulados) constitucionais. As normas infraconstitucionais serão levadas em consideração tão somente quando servirem à interpretação ou à aplicação de normas constitucionais.

Procura-se discutir a ordenação constitucional da moeda sob um ponto de vista estritamente jurídico-institucional, com isso se querendo dizer que não será objeto principal da análise o mérito da regulação constitucional propriamente dita. O trabalho versa sobre o desenho e o conteúdo da constituição monetária, sua anatomia e sua dinâmica de funcionamento — e não sobre os acertos ou deméritos do desenho institucional específico. O campo de análise é construído com base no debate na literatura jurídica, nas posições principais e nos modelos da doutrina de direito público, assim como nas interpretações constitucionais empreendidas por tribunais pátrios.

[22] Destacando a pertinência de um aprofundamento seletivo, diante da natureza multifacetada da moeda e da circunstância de convocar várias disciplinas científicas, cf. CORREIA, Francisco Mendes. **Moeda bancária e cumprimento**: o cumprimento das obrigações pecuniárias através de serviços de pagamento. Coimbra: Almedina, 2017, p. 35.

Essa análise é conduzida considerando três eixos temáticos, a saber: direitos fundamentais monetários, autoridade monetária e jurisdição constitucional sobre assuntos monetários. A dissecação da ordem constitucional monetária será empreendida em atenção a esses três cortes — a camada das posições jurídico-subjetivas relacionadas à moeda, a do perfil da autoridade mandatária dos poderes monetários do Estado e, finalmente, a do árbitro das tensões entre os titulares de direitos e a autoridade estatal.

Indicados o problema e as perguntas de pesquisa, bem como o perfil específico como se encontram formulados, indiquem-se as *hipóteses de pesquisa*. Parte-se de uma *hipótese preliminar*, germinada na antessala epistêmica da investigação, e de um conjunto de *hipóteses centrais*, mais diretamente relacionadas ao objeto de estudo.

A hipótese preliminar e epistemológica é a de que há uma indefinição conceitual — tanto em sede doutrinária quanto jurisprudencial — no que diz respeito ao significado, ao conteúdo e ao sentido da ordenação jurídico-constitucional da moeda, indefinição esta que se revela prejudicial à melhor compreensão da matéria, nos níveis da interpretação e da aplicação da constituição.

A seu turno, as hipóteses principais podem ser assim sumariadas: (i) existe um conjunto de decisões políticas fundamentais na Constituição de 1988 relacionadas à moeda; (ii) há algo de substancial nessas decisões — elas vão além da simples enunciação de regras formais de atribuição de poderes, havendo normatividade substantiva para além das normas que preveem a competência da União para emitir moeda (art. 21, inciso VII), do Congresso Nacional para dispor sobre matéria monetária (art. 48, inciso XIV) e do banco central para executar a política monetária (art. 164); (iii) há um catálogo de normas consagradoras de direitos fundamentais — direitos subjetivos constitucionais — relacionadas à moeda, veiculados por meio de normas explícitas e implícitas; (iv) há um conjunto de limites materiais e formais ao poder monetário do Estado, plasmados na Carta de 1988; (v) a ordem constitucional monetária, constelada normativamente no texto de 1988, configura uma unidade de sentido passível de sistematização, compreendendo um conjunto de valores básicos a serem resguardados, segundo critérios jurídicos intersubjetivamente controláveis.

É com base nesse conjunto de suposições e formulações provisórias que a pesquisa será conduzida. Elas traduzem a percepção de que há subentendidos (e também mal entendidos) no campo da regulação constitucional da moeda, que merecem uma sondagem própria. Mais ainda: traduzem a leitura de que o projeto constitucional de 1988 armou fundações importantes, em favor da dispensação de uma moeda estável.

Em uma crítica redigida em termos amplos, mas especialmente aplicável à realidade brasileira, o escritor e crítico literário Otto Maria Carpeaux certa vez objetou que se redigem constituições como Penélope tecia os panos — e que o povo, perante o Estado, está na situação de viúvas que pouparam dinheiro inflacionário.

Quer-se crer que a ordem constitucional inaugurada em 1988 pretendeu, de modo minimamente ambicioso, instaurar um estado diverso de coisas, fazendo-o por meio de um conjunto estruturado e coerente de normas (ao menos *potencialmente* estruturado e coerente) que visam ao resguardado da estabilidade do valor da moeda. E é a tentativa de capturar os elementos constitutivos dessa ordenação jurídico-constitucional, de modo analítico e compreensivo, que constitui o fio condutor deste estudo.

3. Importância e justificativa da pesquisa (*por que* se investiga)

O tema desta pesquisa não se integra ao *cursus honorum* da tradição constitucionalista e do direito público brasileiro. Cuida-se aqui de uma jornada exploratória preliminar em área pouco esquadrinhada. Também por esse motivo, é pertinente indicar por que se justifica a investigação.

Em uma linha: os teóricos de direito público e os juristas de maneira geral estão negligenciando a moeda como projeto político e constitucional, como instituto jurídico, como matéria de governança.

A importância da pesquisa, à luz dessa constatação, desdobra-se em um elemento *teórico* e outro *contextual*.

No nível teórico, avalia-se que a regulação monetária, mesmo com toda a sua complexidade e finura técnica, apresenta claros fundamentos (e também problemas) constitucionais. A solução para diversas controvérsias relacionadas à política e regulação da moeda deve passar pela interpretação conjugada de normas constitucionais, cuja compreensão merece ser empreendida em bases mais adequadas. Afigura-se indispensável, pois, situar o tema sob a luz correta.

A mobilização da literatura relevante do direito público — haurida especialmente de obras no campo do direito constitucional, do direito administrativo e do direito econômico — permitirá visualizar a ausência de um instrumental teórico sistematizado, apto a dar respostas suficientes para análise constitucional da temática ora estudada.

O mapeamento dos debates e discussões na doutrina jurídica — que se encontra estruturado no segundo capítulo deste estudo — sugere que a pesquisa acadêmica, que invariavelmente se reflete nas decisões dos tribunais, não dedicou atenção adequada à questão, traçando considerações superficiais e timbradas pela insuficiência — ou no mínimo pela falta de sistematicidade e de esmero conceitual.

Ainda no campo teórico, cabe pontuar que há uma preocupação crescente com a dimensão constitucional que o problema da teoria das fontes do direito coloca aos juristas — e a normação da moeda também há de encerrar uma atenção semelhante. Também sob essa ótica ganha força a necessidade de perquirir o conteúdo da constituição monetária — trata-se, a rigor, de uma antessala incontornável, de uma preliminar a debates essenciais acerca do tom da intervenção regulatória sobre a matéria, a respeito das competências e capacidades institucionais da autoridade monetária e sobre os critérios para atuação jurisdicional em nível de controle e de fiscalização normativa.

Daí por que se legitima o propósito de construir um modelo explicativo das relações da administração monetária com a juridicidade constitucional, em cujo contexto o poder monetário do Estado não seja indiferente à constituição, mas antes integre e expresse a ordem de valores inscrita na lei fundamental.

Divisa-se importância neste tipo de investigação quando se considera também o elemento de interconstitucionalidade, vale dizer, das relações sistêmicas com as outras constituições parciais — em especial as constituições econômica, político-federativa, financeira e social. Acredita-se que somente com a garantia da unidade proporcionada por uma visão constitucional da regulação monetária é que será possível, além da renovação conceitual e funcional já mencionada, um melhor entendimento sobre as articulações e o entrosamento das diferentes ordens constitucionais parciais.[23]

Além do elemento teórico, a importância da pesquisa também se credencia *contextualmente*.

[23] Subscreve-se aqui a preocupação de TORRES, Heleno Taveira. **Direito constitucional financeiro**, p. 87.

A moeda — uma construção social cada vez mais complexa, quer enquanto tecnologia, quer sob a ótica das instituições que a definem — e os avanços na regulação financeira tem introduzido modificações não desprezíveis no cenário jurídico. Transformações institucionais na arena da governança, desafios — não só econômicos, mas também jurídicos — para domesticar a moeda fiduciária estatal, a necessidade de responder a crises sistêmicas por meio de estratégias e regulações cada vez mais complexas, a ascensão institucional dos bancos centrais como atores técnicos — e também políticos — cada vez mais relevantes sugerem, já há algum tempo, que o horizonte da paisagem institucional vem sendo alterado de um modo que não pode mais ser simplesmente desconsiderado pela teoria e pela prática constitucionais.

Adicionalmente, diversos aspectos afetos ao regime jurídico-constitucional da moeda, além de reclamarem aprofundamento, encontram-se na iminência de serem debatidos e articulados em nível constitucional.

Com já enfatizado, uma vez abandonado o fetiche em torno do estéril e monocórdico debate sobre a disciplina constitucional do limite de juros, a arena pública nacional vê-se finalmente diante da discussão adequada sobre os predicados institucionais da autoridade monetária, sobre a independência do banco central e a eventual ampliação do seu mandato constitucional, o exame do teto de gastos públicos como uma espécie de âncora fiscal fundamental à garantia da saúde da moeda, o regime jurídico das delicadas interações entre as autoridades fiscal e monetária, os desafios (na perspectiva da saúde da moeda nacional) postos pelos projetos de renda básica emergencial e universal, o horizonte descortinado pelo *offshore* regulatório dos criptoativos e criptomoedas — dentre tantos outros temas que, tramitando no Congresso Nacional e desafiados ou desafiáveis pelo Banco Central e pelo Supremo Tribunal Federal, guardam conexão direta com fundamentos e problematizações de estatura constitucional.

É inegável que também a proeminência da constituição e do discurso constitucional justifica o tema. O mesmo se diga sobre a ascensão do Supremo Tribunal Federal como uma instituição cada vez mais relevante politicamente.

Se a interpretação da constituição é a arena por excelência do tribunal, cabendo à corte deliberar sobre questões cruciais nessa faixa de complexidade institucional, é importante que um tema da relevância da regulação monetária — no que alcança dimensão constitucional — mereça atenção qualificada.

No mais, nota-se uma consciência crescente de que há diferentes formas de o Estado manipular a oferta monetária. É que a moeda — não menos que o tributo, as expropriações e as penas — também tem seus pecados e tentações.

E para responder à pergunta sobre as amarras a que se encontra submetido o Estado (que, por meio de seu emissor, pode criar dinheiro praticamente a partir do nada), é imprescindível sondar direcionamentos também no texto constitucional. É preciso aprofundar, em termos analíticos e tipológicos, o entendimento das normas constitucionais relativas à disciplina da moeda, sua estrutura e funções — não por motivos de curadoria ou erudição dogmática, mas para efetivamente entender como se encontra limitada a liberdade de conformação do legislador e o exercício dos poderes do Estado sobre a moeda.

Finalmente, acredita-se que a pesquisa justifica-se pelos ganhos em que pode resultar — nomeadamente de perfil *qualitativo*.[24]

Ganhos qualitativos, no que podem desdobrar categorias teóricas e conteúdos normativo-constitucionais não evidentes, refinando a malha analítica e compreensiva da ordem jurídica constitucional. Incremento qualitativo considerando também o horizonte de acréscimo de significação normativa, como decorrência de uma compreensão e concatenação mais ampla de conteúdos jurídicos constitucionais articulados enquanto direitos e princípios fundamentais.

Na esteira de importante reflexão de Virgílio Afonso da Silva, o método que preside esse tipo de iniciativa pode gerar ganhos analíticos e de transparência, no que tende a trazer à luz diversas pré-compreensões, quase sempre mal esclarecidas, que, via de regra, acabam por escamotear restrições a direitos fundamentais, como se se tratasse de meras delimitações

[24] "A pesquisa qualitativa não vai medir seus dados, mas, antes, procurar identificar suas naturezas. (...) A compreensão das informações é feita de uma forma mais global e inter-relacionada com fatores variados, privilegiando contextos. A pesquisa qualitativa pode também possuir um conteúdo altamente descritivo e pode até lançar mão de dados quantitativos incorporados em suas análises, mas o que vai preponderar sempre é o exame rigoroso da natureza, do alcance e das interpretações possíveis para o fenômeno estudado" (MEZZAROBA, Orides; MONTEIRO, Cláudia Sevilha. **Manual de metodologia da pesquisa no direito**. 7. ed. São Paulo: Saraiva: 2017, p. 138).

conceituais sem qualquer ligação com o grau de proteção e de realização de direitos.[25]

E é justamente a partir de empreitadas analíticas deste jaez que se criam condições teóricas para a construção de um modelo que tenha, como seu foco, exigências reais de fundamentação jurídica, introduzindo ônus argumentativos claros para qualquer atividade que implique restrições a liberdades e direitos fundamentais.

4. Método da pesquisa (*como* se investiga)

O estudo configura um esforço de sistematização coerente das normas que estão previstas, expressa ou implicitamente, na Constituição brasileira de 1988, e que limitam o conteúdo do poder monetário do Estado. Para atingir essa finalidade, é primeiramente diagnosticado o estado da arte dos debates sobre a moeda na teoria do direito público, visando a recensear e a mapear de que modo o tema vem sendo analisado pela doutrina e como tem se refletido na jurisprudência.

Na sequência, inicia-se o esforço de análise da anatomia do sistema constitucional brasileiro sob a ótica pretendida, na trilha dos três eixos temáticos já indicados — direitos fundamentais, autoridade monetária e jurisdição constitucional.

São examinadas aquelas normas jurídicas que resguardam direitos públicos subjetivos em favor dos indivíduos, assim como aqueloutras que prescrevem como a potestade pública sobre a moeda deve ser exercida — quer no alusivo aos seus limites, quer no tocante à sua forma de exteriorização. Examinam-se, ainda, parâmetros jurídico-constitucionais para arbitragem das tensões correspondentes pelo Judiciário.

Ênfase especial será conferida às normas que limitam o conteúdo do poder monetário, especialmente no que conexionadas com a proteção jurídica da liberdade, da igualdade e da propriedade.

Há um enfoque analítico[26] orientado para a prática, na medida em que o conteúdo e os efeitos das normas tributárias encontram-se atentos às

[25] SILVA, Virgílio Afonso da. **Direitos fundamentais**: conteúdo essencial, restrições e eficácia. 2. ed. São Paulo: Malheiros, 2011, p. 38.

[26] "Na dimensão *analítica* o foco central é a análise dos conceitos básicos e mais elementares envolvidos no objeto da pesquisa. (...) Mas também é parte da dimensão analítica da dogmática

decisões firmadas pelos tribunais — pelo Supremo Tribunal Federal em especial.[27]

Portanto, o enfoque do trabalho, além de *jurídico*, é *analítico* e *funcional*.

Jurídico, pois a metodologia do trabalho insere-se completamente no perímetro do direito. A análise proposta neste trabalho decisivamente não é econômica; a ênfase é dada aos vínculos e questões institucionais e legais. Embora possam ser tecidas lateralmente considerações econômicas, políticas e sociais, e malgrado o trabalho possa exibir elementos de interdisciplinaridade, o enfoque é jurídico, voltado à sistematização coerente da ordenação da moeda na Constituição de 1988.

Analítico, porque procura discernir, explicar e unir os elementos que formam a estrutura da constituição monetária, mediante uso claro da linguagem.

Funcional, porquanto examina a estrutura conceitual das normas constitucionais, com a finalidade de fornecer critérios intersubjetivamente controláveis para o seu melhor funcionamento.[28]

A constituição monetária não é uma mera demarcação de artigos ou títulos atinentes à matéria, mas um corpo de normas a serem aplicadas em conformidade com valores e normas constitucionais.[29] Com a metodologia analítico-funcional da constituição monetária pretende-se assegurar, ou ao menos enfatizar, a unidade do regime jurídico da política e da regulação pública sobre a moeda, articulando-o e enfeixando-o ao nível das fontes e coordenadas constitucionais, nomeadamente no que expressam direitos fundamentais.

jurídica uma minuciosa investigação sobre as relações existentes entre os diversos conceitos estudados. (...) Por fim, como último componente ainda da dimensão analítica da dogmática jurídica, o exame das formas de fundamentação jurídica também desempenha um papel importante" (SILVA, Virgílio Afonso da. **Direitos fundamentais**, p. 31).

[27] Refletindo a partir da exploração analítica da constituição tributária, mas com considerações perfeitamente aplicáveis ao caso presente, a digressão de Humberto Ávila, para quem a análise orientada para a prática (*praxisgerechte Steuerlehre*) busca identificar concatenações de fundamentação material; não consiste em descrição concreta de um caso específico orientado por fatos determinados, nem em decisão de um conflito, mas em interpretação de normas constitucionais (ÁVILA, Humberto. **Sistema Constitucional Tributário**, p. 66).

[28] ÁVILA, Humberto. **Sistema Constitucional Tributário**, p. 641.

[29] TORRES, Heleno Taveira. **Direito constitucional financeiro**, p. 29.

Ainda sobre o método: a investigação e o respectivo problema ou questionamento de pesquisa são estruturados no nível *dogmático*. E aqui convém diferenciar entre *método de trabalho* e *abordagem metodológica*.[30]

Quanto ao método de trabalho, cuida-se de análise do texto da Carta de 1988, da doutrina e da jurisprudência, em termos qualitativos.

No plano da abordagem metodológica, a exploração tem caráter dogmático. Com isso se quer dizer que, em termos metodológicos, parte-se de um propósito de elaboração analítica do quadro da juridicidade constitucional no campo monetário, procurando recolher as contribuições resultantes da intervenção do legislador (constituinte e ordinário), dos estudos doutrinários e da jurisprudência, secundado pela estruturação desse material jurídico em uma unidade compreensiva de sentido.

Uma nota adicional sobre o enfoque dogmático. É conhecida a distinção da dogmática jurídica em três dimensões: *conceitual*, *empírica* e *normativa*.[31] O enfoque deste estudo é predominantemente conceitual — mas decerto não de modo exclusivo.

Na dimensão conceitual, o foco central é a análise dos conceitos básicos e mais elementares envolvidos no objeto da pesquisa, investigando-se as relações existentes entre as noções e definições estudadas. Ocupando-se de questões na faixa de problematização analítica, a intenção primária não é de dar resposta a um conjunto determinado de casos concretos, mas desenvolver uma perspectiva ou modelo de análise.[32]

A perspectiva conceitual ou o conceptualismo proposto, importante consignar, é apenas um nível ou filtro de análise — não a adesão a uma determinada perspectiva de filosofia ou de metodologia fundada em um emolduramento estritamente racionalista e abstrato.

Até mesmo por isso, é natural que o estudo também comporte alguma dimensão empírica e normativa: (i) empírica, no que examina provisões concretas do texto da Constituição de 1988, bem como a aplicação das normas constitucionais pelo Poder Judiciário; (ii) normativa, porquanto visa a encaminhar respostas adequadas ao problema

[30] SILVA, Virgílio Afonso da. **Direitos fundamentais**, p. 30.

[31] SILVA, Virgílio Afonso da. **Direitos fundamentais**, p. 31.

[32] WHITTINGTON, Keith E. Constitutionalism. In: CALDEIRA, Gregory A.; KELEMEN, R. Daniel, WHITTINGTON, Keith E. **The Oxford Handbook of Law and Politics**. Cambridge: Oxford University Press, 2008, p. 282.

analisado, vetorizando soluções e fornecendo subsídios para interpretação e aplicação da constituição.

Finalmente, consigne-se que o trabalho incorpora uma versão *positivista* da investigação das fontes — embora disso não se deva extrair, necessariamente, uma adesão integral, um compromisso do autor com a exclusividade do método positivista para acessar e debater o tema.

A análise da interpretação e aplicação constitucional é empreendida sob moldes tradicionais, seguindo a trilha de modelos teóricos já sedimentados no campo do direito público. Não há ambição ou pressuposição de um novo marco teorético — trata-se de aplicar filtros metodológicos consolidados a um tema que, por tradição, tem recebido pouca atenção da literatura jurídica e baixo nível de refinamento nos julgamentos pelos tribunais. Não se cuida, pois, de releitura, giro copernicano ou reconstrução do edifício teórico — mas sim, singela tentativa de demarcação de um quadrante não devidamente cartografado.

O ponto de vista é canônico, portanto. Buscam-se elementos de inspiração em perspectivas teóricas consolidadas — e o elemento de inovação que pode haver é o de as aplicar a um domínio pouco usual.

Válido ainda destacar que a abordagem aqui proposta não intenciona revelar uma ordem de valores e normas pré-existentes, em uma espécie de fundamentalismo ou ontologismo subentendido, cuja tarefa fosse a de revelar uma *Wertordnung* apriorística, enunciando normativas desfechadas e antecedentes. A empreitada é confessadamente analítica e hermenêutica, ciente de que os conteúdos constitucionais são construídos em processos comunicativos e discursivos, e não um dado metafísico.[33]

Já a modo de encerramento, um registro final sobre o tratamento da bibliografia e da jurisprudência. A pesquisa bibliográfica pretendeu analisar, qualitativamente, a doutrina nacional sobre o tema da constituição monetária. Trata-se da análise de trabalhos produzidos em referência à Constituição de 1988, sobretudo nos campos do direito constitucional, administrativo, financeiro e econômico.

Também a pesquisa jurisprudencial foi constituída sob a perspectiva qualitativa, predominantemente a partir dos julgados do Supremo Tribunal Federal (monocráticos e colegiados) relacionados ao tema.

[33] CANOTILHO, J. J. Gomes. **"Brancosos" e interconstitucionalidade**: itinerários dos discursos sobre a historicidade constitucional. 2. ed. Coimbra: Almedina, 2008, p. 68-69.

Sobre o recurso eventual à bibliografia e à jurisprudência estrangeira — sobretudo americana e alemã —, justifica-se por razões temáticas e metodológicas:[34] temática, eis que a análise da questão da disciplina constitucional da moeda é assunto corrente nos dois países; metodológica, porquanto o enfoque, sobretudo no que se refere à dogmática dos direitos fundamentais, confere uma perspectiva relevante para o exame da questão. O objetivo, diga-se, é buscar subsídios na produção realizada em outros países — jamais de empreender um transplante acrítico.

5. Finalidade e propósitos da pesquisa (*para que* se investiga)

Como já registrado, diagnostica-se uma recusa crônica em perceber a moeda enquanto problema e questão constitucional. Embora se afigure como bem público fundamental aos mercados e ao próprio Estado, a moeda parece não merecer o mesmo nível de atenção, por parte da teoria do direito, do que outros projetos institucionais.

Nesse sentido, uma primeira finalidade deste estudo é chamar a atenção para a necessidade de perceber a dimensão jurídico-constitucional da moeda como tal, sugerindo um enquadramento próprio, uma nova composição estruturalmente constitucional para o tema. Um chamado a uma investigação constitucional-sistemática, ou constitucionalmente orientada da moeda e do dinheiro.

Aplicando a conhecida síntese atribuída a Proust, não se trata exatamente de buscar novas paisagens, mas simplesmente em aplicar um outro olhar — e o olhar a que se convida é aquele perspectivado a partir da constituição.

Mais ainda: o olhar aqui sugerido é o de que a constituição monetária seja identificada como tal — a identificação de algo como algo, *etwas als etwas,* é dizer, da ordem constitucional monetária *enquanto ordem constitucional monetária,* é o que se ambiciona primariamente.

Tenta-se alcançar esse propósito primário por meio do (i) diagnóstico da baixa acuidade da literatura jurídica sobre o tema e, sequencialmente, da (ii) descrição do conteúdo básico da constituição monetária, em sua morfologia e sintaxe elementares.

Decisivamente este não é um *Kampfschrift* — embora tenha um tom introdutório admoestativo, certo ar censura crítica sobre a qualidade dos

[34] SILVA, Virgílio Afonso da. **Direitos fundamentais**, p. 35.

debates jurídicos em torno da matéria, o estudo não busca refutar bases teoréticas nem muito menos insinuar novos alicerces para reformar os estudos do direito da moeda.

Trata-se apenas de, *a partir de vetores tradicionais e canônicos ao direito público*, propor um conceito de constituição monetária, cartografar o respectivo território semântico e compreender sua aplicação.

Um esforço, a partir de elementos clássicos do Direito do Estado, para refinar e subsidiar a compreensão do tema, desenvolvendo uma malha analítica adequada para amparar a justificação das interpretações e decisões firmadas em temas afetos à regulação da moeda, operando ao nível da normatividade constitucional.

Observe-se também que não se trata de desenvolver uma teoria geral da constituição monetária, nem de tratar dela de modo abrangente — o objetivo específico é de, suscitando a necessidade de um quadro referencial adequado para reflexão sobre a questão, empreender uma exploração introdutória da disciplina normativa da moeda na Constituição brasileira de 1988, capturando elementos de sua anatomia básica sob a perspectiva de um determinado ponto de vista jurídico.

Dito isto, ao trabalho podem-se atribuir também algumas intenções secundárias: (i) reorientar gestalticamente a percepção de que o núcleo da constituição monetária repousa sobre as liberdades monetárias, e não sobre os poderes da autoridade monetária — os direitos fundamentais, e não as potestades do Estado, são o centro de gravidade da ordem constitucional monetária; (ii) contribuir para que a estabilidade do valor da moeda seja percebida como conceito, como um autêntico valor e categoria constitucionais; (iii) sistematizar o debate promovido na literatura jurídica nacional produzida a partir de 1988, contribuindo para terraplanar o campo de análise com vistas a estudos futuros; (iv) propor alguns critérios de formulação e refinar a análise de categorias jurídicas centrais da constituição monetária, superando inadequações e falta de clareza semântica; (v) fomentar uma leitura adequada dos institutos constitucionais relacionadas à disciplina da moeda, com vistas à construção de uma interpretação constitucional mais adequada; (vi) tornar inteligíveis e significativas questões monetárias não tematizadas e distantes da especulação dos juristas.

É dessa forma que, se não fizer progredir, nem contribuir para o incremento da compreensão sobre o campo, pretende-se ao menos demandar um terreno comum onde a questão possa ser mais bem debatida.

Subscrevendo uma madura observação de Bernard Lonergan, quem sabe assim se permita a abertura para desenvolvimentos ulteriores de compreensão — abreviando dessa forma os esforços de trabalho de outros.[35]

6. Eixos temáticos: liberdades, autoridade e justiça monetárias

Há diferentes instâncias ou lugares de observação da constituição monetária. Os pontos de partida, assim como as trajetórias analíticas e expositivas possíveis, são, tanto quantos os métodos aplicáveis ao exame do tema, plurais.

Como já observado, neste estudo o problema de pesquisa encontra-se articulado enquanto sondagem do conteúdo normativo de uma ordem constitucional vigente — não se tratando de uma exploração ao nível da teoria da constituição, nem de história constitucional, e tampouco de direito comparado.

A bem da investigação desse objeto, desse conteúdo normativo específico, optou-se por estruturar a prospecção da constituição monetária e de seu espectro temático em três eixos principais, a saber: *direitos fundamentais*, *autoridade monetária* e *jurisdição constitucional* sobre temas monetários. De um modo ainda mais simplificado, e em apenas três palavras: direitos, autoridade e justiça.

Avalia-se que ordem parcelar da constituição monetária afigura-se — ou ao menos pode ser visada — como amálgama desses três elementos estruturantes. Uma redução dos seus respectivos conteúdos normativos decalca prescrições acerca de liberdades, dos poderes e competências da autoridade pública que limita essas liberdades e, finalmente, orientações do árbitro dos conflitos derivados dessa interação.

É importante deixar claro, porém, que o itinerário escolhido é, quando muito, uma instância epistêmica, traduzindo uma estratégia precipuamente didática: não se pretende que nela esteja refletida a estrutura positiva ou mesmo apriorística da ordenação constitucional da moeda.

Na busca de um mínimo de unidade de entendimento sobre a constituição monetária, o esquema direitos-autoridade-jurisdição parece servil à compreensão, em termos amplos, desse quadro — ou pelo menos à

[35] LONERGAN, Bernard. **Insight**: um estudo do conhecimento humano. São Paulo: É Realizações Editora, 2010, p. 38.

redução da sua complexidade. Não se espera, todavia, que traduza a efetiva natureza das coisas, nem que revele a substância exata dessa *Teilordnung*.

Insista-se no ponto: não se condensam nessa abordagem maiores premissas filosóficas, políticas, nem de teoria constitucional. É metódica cujo acerto dogmático possa talvez ser posto em dúvida, mas que se insinua válida na perspectiva expositiva e da organização do itinerário de pesquisa. Na verdade, examinado o critério com alguma boa vontade, ele pode até corresponder ao tipo-base das arquiteturas constitucionais e ao projeto das respectivas plantas baixas; mas é intenção decisivamente não é a de propor uma grade arquetípica — trata-se apenas de sugerir a adesão a essa proposta como excurso, como fio condutor e clave de visualização do tema.

De toda forma, um cuidado prévio, e também constante, será o de evitar uma peregrinação por conceitos, teorias e problemas apressadamente conexionados pela tríade expositiva.

É previsível que a aproximação panorâmica sugerida não dê conta de capturar diversas dimensões e um número não desprezível de problemas constitucionais. Mas, para o intento dessa exploração inicial sobre o tema da ordenação constitucional da moeda, que não pretende nem poderia sobrecarregar um modelo analítico ainda embrionário, o método esboçado — com todas as cautelas transportadas — parece atender bem.

7. Plano da exposição

Recortados o objeto da investigação, o problema de pesquisa que a motiva e os traços gerais da metodologia que vai presidir a sua elaboração, indica-se finalmente o roteiro que permitirá avançar na análise proposta.

O trabalho está divido em dois momentos.

No primeiro, mobiliza-se a literatura relevante acerca do tema da reflexão jurídica sobre a moeda, especialmente no campo do Direito do Estado. Diagnostica-se o quadro de baixa acuidade das discussões jurídicas envolvendo a disciplina normativa da moeda, nomeadamente no nível constitucional.

No segundo momento, após incursionar sobre a pertinência e importância de uma abordagem jurídico-constitucional da regulação monetária, realiza-se a análise do sistema constitucional monetário, com o fito de exibir as dimensões básicas que compendiam a arquitetura da ordenação da moeda na Constituição de 1988 — a partir dos eixos dos direitos fundamentais relacionados à moeda, do perfil constitucional da autoridade monetária e da jurisdição constitucional sobre temas monetários.

Esses dois momentos encontram-se articulados ao longo de seis capítulos.

Este proêmio, correspondente ao Capítulo I, é dedicado à apresentação do tema, do problema e da metodologia de pesquisa, indicando-se ainda o arco expositivo da investigação.

No Capítulo II, empreende-se o mapeamento dos debates e o levantamento do *status quaestionis*, realizando-se a varredura de alguns pontos cegos, controvérsias, exposição de problemas, vertigens e inquietações que informam a especulação jurídica sobre a moeda, designadamente a partir da entrada em vigor da Constituição brasileira de 1988.

No Capítulo III, são lançadas a bases para uma reflexão da matéria em nível constitucional, delimitando-se as noções de moeda (juridicamente considerada) e de constituição monetária, indicando ainda o quadro referencial teórico que franqueia, embora com limites, o acesso ao debate jurídico sobre a moeda ao nível das normas constitucionais. As diretivas constitucionais relativas à regulação monetária, assim como os temas principais que endereçam, são analiticamente rastreados.

No Capítulo IV, analisam-se os limites constitucionais ao poder monetário a partir de seu balizamento material mais importante — aquele corporificado nos direitos e garantias fundamentais relacionados à posição jurídico-subjetiva dos indivíduos. A questão (e o problema) das liberdades monetárias é o tema a ser enfrentado, visando a identificar e capturar — com especial contribuição do suporte teórico da dogmática dos direitos fundamentais — a morfologia dos direitos subjetivos constitucionais relacionados à moeda no texto da Carta de 1988.

O Capítulo V é dedicado à análise da conformação jurídico-constitucional da autoridade monetária e dos limites formais ao exercício do poder monetário do Estado. A opção organizatória, os mandatos da autoridade monetária e as características institucionais que lhe foram atribuídas pela constituição serão recenseados a partir da análise do texto constitucional, do debate doutrinário e da jurisprudência do Supremo Tribunal Federal, de modo a apreender o perfil da autoridade monetária na Carta de 1988.

O terceiro e último eixo expositivo tem assento no Capítulo VI, que se ocupa de entender a dimensão constitucionalmente relevante da atuação do Supremo Tribunal Federal, na condição de árbitro das tensões entre os titulares de liberdades e direitos fundamentais monetários e a autoridade estatal mandatária da potestade pública sobre a moeda. Cuida-se de uma reflexão global, produzida a partir da análise da jurisprudência da corte, sobre a delicada — e também ativa — posição institucional do tribunal no contexto dos embates envolvendo a moeda pública brasileira.

Ao cabo, no Capítulo VII, encerra-se a exposição com um resumo dos principais argumentos e achados da investigação, sumariando com proposições sucintas e objetivas o quanto assentado no curso da dissertação, seguindo-se uma síntese das proposições conceituais formuladas ou insinuadas neste trabalho.

Sugere-se, derradeiramente, como reflexão final, que, na base das especulações aqui contidas, encontra-se uma questão de fundo mais abrangente, e que remete à necessidade de repensar os debates sobre a noção de *justiça monetária* — justiça esta de cuja expressão as especulações sobre o sentido e o conteúdo da constituição monetária exibem apenas uma restrita — embora importante — dimensão.

1.
A MOEDA NA TEORIA DO DIREITO PÚBLICO: ENTRE O ESQUECIMENTO, A PRESSUPOSIÇÃO E A EMERGÊNCIA

O dinheiro é uma criatura da ordem jurídica.

— Georg Friedrich Knapp

A essência peculiar do nosso sistema bancário é uma confiança sem precedentes entre um homem e outro.

— Walter Bagehot

Nossas ideias a respeito do dinheiro são tanto um produto do nosso tempo, quanto do modo como conduzimos nossa política e imaginamos nosso passado.

— Mervyn King

No ano de 1924, um comerciante português falido trama, sozinho, um dos maiores golpes financeiros de todos os tempos. Responsável por um verdadeiro terremoto monetário, Artur Virgílio Alves Reis é o protagonista de um enredo quase inacreditável: em uma sequência tosca de falsificações de assinaturas e construção de influências, conseguiu, em escala industrial, emitir e distribuir dinheiro falsificado.

Naquele que talvez tenha sido o maior crime de falsificação de notas da história, Alves Reis ludibriou a empresa britânica *Waterlow & Sons Limited*, que atuava, naquele tempo, como casa impressora do Banco de Portugal, conseguindo assim emitir notas na extraordinária cifra de cerca de 2,6% do PIB português da época — fazendo com que o golpe atingisse uma escala verdadeiramente macroeconômica. Como se não bastasse, criou e capitalizou um banco, o Angola e Metrópole, por meio do qual seguiu uma espécie de agenda de política monetária e creditícia própria, concedendo empréstimos a taxas juros baixas, sem precisar receber depósitos, a pretexto de fomentar o desenvolvimento de Angola.[1]

O caso é interessante não apenas por suas cifras e seu caráter surrealista ou mirabolante. Após descoberto, o golpe de Alves Reis ganhou uma importante dimensão judicial — não apenas na esfera criminal, em Portugal, mas especialmente perante a justiça inglesa.

Em Londres, o Banco de Portugal ajuizou uma demanda contra a empresa responsável pelas emissões, a *Waterlow & Sons Limited*, sob o fundamento de quebra de contrato e negligência. Este curioso processo se tornou um clássico no direito monetário, precisamente em razão da necessidade de discutir e dimensionar os danos causados a Portugal.

Afinal, o prejuízo causado aos portugueses, como decorrência das emissões fraudulentas, era apenas o custo de imprimir e trocar as cédulas de quinhentos escudos (estimado em cinco mil libras, aproximadamente), ou seria o valor de troca das cédulas tiradas em circulação, fixado em cerca de milhão de libras?[2]

A discussão levada ao tribunal foi interessante, porque precisou incursionar no delicado terreno da natureza da moeda. A corrente que acabou prevalecendo, segundo orientação ministrada pelos Lordes Macmillan e Atkin, trilhou a conclusão de que a natureza intrínseca do dinheiro é representar poder de compra; um banco, ao emitir moeda, colocar-se-ia em uma posição semelhante à do comerciante que subscreve uma promessa de pagamento, de maneira que os danos devem ser mensurados

[1] BLOOM, Murray Teigh. **O homem que roubou Portugal:** a história do maior golpe financeiro de todos os tempos. Organização e prefácio: Gustavo H. B. Franco. Rio de Janeiro: Zahar, 2008, p. 8-9.

[2] BLOOM, Murray Teigh. **O homem que roubou Portugal**, p. 16.

na mesma ordem da responsabilidade em que a instituição financeira incorreu.[3]

Não foi, entretanto, uma decisão isenta de críticas (assim como não foi unânime). Um dos aspectos mais delicados da decisão da justiça inglesa reside no fato de que as notas emitidas fraudulentamente eram *inconversíveis*, é dizer, papel-moeda de curso forçado. Como inclusive se fez constar da opinião judicial minoritária, as notas careciam de valor para além do custo de impressão: em um regime de inconversibilidade, a troca de algumas notas por outras nada agregava à carga do banco.

Quando muito, o dano sofrido pelo Banco de Portugal — e que precisaria ser devidamente demonstrado — seria o dos custos incorridos no enxugamento da inflação provocado pelas emissões clandestinas.[4]

Na verdade, e como reflete, com precisão, o escritor e economista Gustavo Franco, talvez os portugueses estivessem se colocando diante da constrangedora situação de que houve o "contrário do dano" — se a clandestina e pirata "atuação anticíclica" do Banco de Angola e Metrópole elevou o nível da atividade econômica, toda a lógica do cálculo de dano poderia até mesmo ficar subvertida.[5]

O aspecto não passou totalmente despercebido à defesa de Alves Reis perante a justiça portuguesa: o advogado argumentou que seu cliente não era um falsificador, mas um "inflacionista", que simplesmente levara adiante, de modo oficioso, a política fixada pelo Banco de Portugal — e sem qualquer custo para esta instituição.[6]

O episódio é interessante porque ilustra (neste caso, com um colorido tragicômico) algumas das dificuldades conceituais com o papel-moeda fiduciário — uma tecnologia ainda recente naquele tempo, mas que até

[3] MANN. F. A. **The legal aspect of money**. 4. ed. New York: Oxford University Press, 1982, p. 26 e ss. Nas palavras de Atkins: "I therefore find the position to be that the Bank by issuing its note like the trader issues its promise to pay a fixed sum: issues a bit of its credit to that amount; like the trader, it is bound to pay the face value in currency; like the trader it is liable on default to judgment for the face value exigible out of its assets; and like the trader, if it is compelled by the wrong of another to incur that liability, its damages are measured by the liability it has incurred".

[4] NUSSBAUM, Arthur. **Derecho Monetario Nacional e Internacional:** Estudio comparado en el lide del derecho e de la economia. Buenos Aires: Arayú, 1954, p. 120 e ss.

[5] BLOOM, Murray Teigh. **O homem que roubou Portugal**, p. 16.

[6] BLOOM, Murray Teigh. **O homem que roubou Portugal**, p. 279.

hoje continua suscitando suas vertigens e inquietações. Tateando com a adaptação do conceito de senhoriagem para o dinheiro fiduciário de curso forçado, houve certa dificuldade em enxergar claramente a essência da controvérsia, e de como avaliar adequadamente a natureza das restrições a que uma instituição emissora encontra-se submetida.[7]

O caso é ainda especialmente rico no que deixa às claras uma certa falta de familiariedade, um desconfortável estranhamento entre os mundos fronteiriços da economia monetária e do direito da moeda: duas disciplinas que, malgrado possuam o mesmo referente (visto apenas sob ângulos diversos), pouco ou nunca dialogam.

E, visto do lado de cá da fronteira, menos do que uma disposição para o diálogo interdisciplinar, parece mesmo é que o direito interessa-se pouco pelas questões monetárias. Na justiça inglesa, os debates travados no caso do Banco de Portugal exibem com especial destaque essa falta de hábito, essa falta de intimidade dos juristas com a moeda, com sua disciplina normativa e nomeadamente com seus problemas tipicamente jurídicos.

Esse estranhamento é, talvez sem exagero, uma espécie de constante no trato legal das questões monetárias. No Brasil, um episódio conhecido ilustra-o bem: no ano de 1994, após uma entrevista de membros da equipe econômica do ministro Fernando Henrique Cardoso, foi mencionado que as receitas decorrentes do "imposto inflacionário", estimadas para 1993, tinham sido de 12,8 bilhões de dólares. Um cifra decerto impressionante, que chamou a atenção do Tribunal de Contas da União.

Eis então que, diante da notícia e da cifra verdadeiramente notável, o ministro do TCU, Luciano Brandão Alves de Souza, encaminha um ofício ao presidente do Banco Central do Brasil, Pedro Malan.

No ofício, o membro do Tribunal de Contas, que atuava como relator das contas do governo referente ao exercício de 1993, perguntava como era calculado o chamado "imposto inflacionário" — afinal, não havia previsão constitucional de tal *tributo*, além do que seria necessário esclarecer se estava sendo observada a regra da vedação ao financiamento direto ou indireto ao Tesouro pelo Banco Central, nos termos do art. 164, §1º, da Carta de 1988.[8]

[7] NUSSBAUM, Arthur. **Derecho Monetario Nacional e Internacional**, p. 127.

[8] FRANCO, Gustavo H. B. **A moeda e a lei**, p. 144-145.

Bem, o imposto inflacionário não é modalidade tributária, não tem previsão no figurino constitucional, e nunca foi propriamente uma categoria jurídica. Bem intencionada como tenha sido o pedido de informações do TCU,[9] o episódio ilustra algumas das derrapagens conceituais, nem tão infrequentes assim, quando se manipulam conceitos jurídicos relativos à moeda.

O direito e a teoria constitucionais não raramente incidem nessa mesma falta de intimidade. O levantamento que se empreende nas páginas seguintes permitirá entrever que, no campo da especulação jurídico-constitucional relativo à moeda, nem sempre é conferido o melhor (ou no mínimo o adequado) tratamento.

E mais do que uma dificuldade com os melhores e devidos tratos, o mais comum é uma simples falta de remissão constitucional ao problema da moeda. Como se o poder estatal sobre o dinheiro não fosse um ingrediente importante da nossa equação política, não é incomum que o tom da reflexão constitucional sobre a moeda seja simplesmente silente.

Daí por que, nos itens que seguem, procura-se empreender o levantamento do estado da arte dos debates jurídicos em torno da moeda. Enfocando a realidade brasileira e analisando mais detidamente o tópico a partir de 1988, ano da entrada em vigor da atual constituição, são recenseados alguns dos debates a respeito da moeda nacional.

Qual o lugar ocupado pela reflexão legal sobre o dinheiro no imaginário compartilhado dos juristas, e de que modo as especulações sobre regulação monetária são endereçadas, é o tema explorado a seguir.

1. A moeda como inobjeto jurídico

Tome o mais experimentado dos professores brasileiros de Direito Público. Um acadêmico consagrado, universitário de ponta, professor catedrático de Direito do Estado. E lhe pergunte assim, à queima-roupa: — *Poderia me indicar um bom curso de direito monetário?*

[9] Como bem destaca Gustavo Franco: "Era sintomático, revelador e mais que bem-vindo, ainda que muito tardio, que o órgão de controle das finanças públicas indagasse sobre receitas decorrentes da impressão de papel-moeda. Muitos anos se passariam antes de o Banco Central adotar o procedimento hoje estabelecido, por determinação do TCU em 2011, de reportar as variações da conta 'meio circulante' em conjunto com os gastos decorrentes de aquisição, guarda, distribuição, seleção e destruição de numerário" (FRANCO, Gustavo H. B. **A moeda e a lei**, p. 145).

Não é improvável que a resposta seja um arquear de sobrancelhas. Talvez, um pedido para refazer a pergunta. Reticências, possivelmente. Algum tipo de desconforto, no mínimo, por mais capacitado e credenciado que seja o nosso publicista.

Provável que no departamento de direito privado a situação hipotética não se encaminhe de modo diverso — por mais que o professor puxado pelo ombro seja o titular da cadeira de direito das obrigações. Quem sabe não é melhor tentar a sorte com o adjunto da disciplina de direito bancário...

Sem motivos para alarde, entretanto. É natural que seja assim. Esperado, até.

Cursos ou *Manuais de direito da moeda* não ocupam, de habitual, as prateleiras de bibliotecas e livrarias jurídicas. Tampouco *Sistemas* ou *Tratados de Direito Monetário* inscrevem-se em listas bibliográficas ou nos *syllabi* de cursos universitários. Não se tem notícia de que a teoria jurídica da moeda tenha sido agraciada com uma elegante *Instituições de Direito da Moeda*, ou obras de fôlego e de belo nome desse jaez.

Não há *Revistas* ou *Cadernos* de direito da moeda. Na busca por anais de algum congresso de direito monetário, o desfecho não será, provavelmente, dos mais felizes. Sequer na obra do mais prolífico dos juristas nacionais, o alagoano Francisco Cavalcanti Pontes de Miranda — cujo gênio inesgotável inspecionou praticamente todos os quadrantes do Direito Público e Privado brasileiro —, o direito monetário mereceu a honra de batizar alguma obra ou tomo, assim *à l'entrée*.

Avise-nos, pois, quem espalmar as mãos sobre alguma publicação em que *direito* e *moeda* estejam timbrados à capa.

Pode parecer exagero — efetivamente o é em alguma medida —, mas há algo de verdadeiro no relato. O direito da moeda é ramo jurídico que conta com alguma tradição no Brasil e em outros países, não é de todo difícil enumerar importantes estudiosos de direito público e privado que se debruçaram sobre o tema, e assim de memória sempre é possível referenciar alguma obra em que, se sabe, aspectos jurídicos da moeda foram investigados.

Não obstante, há este travo: a disciplina de direito monetário não nomeia cursos, não batiza manuais, não ocupa grades e dificilmente está nas ementas.

Alguém dirá que cursos, sistemas, teorias gerais e instituições são coisas do passado. Pode ser. Aparentemente são.[10] Mas não deixa de surpreender que uma tecnologia tão ubíqua e sofisticadamente jurídica como a moeda encontre na academia de direito tão reduzida consideração.

Se efetivamente procede a conhecida frase de Georg Friedrich Knapp — o bem formulado ditado de que "o dinheiro é uma criatura da ordem jurídica" (*Das Geld ist ein Geschöpf der Rechtsordnung*), frase que inaugura sua clássica obra[11] —, talvez seja o caso de reconhecer que há, aqui, um curioso caso de abandono parental.

Abandono, se não por parte da ordem jurídica propriamente dita, certamente por parte da dogmática do direito — entendida como discurso oficial e senso comum teórico dos juristas. A doutrina jurídica, já se diagnosticou acuradamente, de fato dedica escassa atenção ao entendimento da moeda.[12] Trata-se de um ramo do direito que, elaborado pelos economistas, interpretado pelos advogados e aplicado pelos magistrados, raramente é ensinado nas faculdades.[13] Um ramo dos estudos jurídicos que é em parte deletreado, não raras vezes menosprezado, e seguramente quase que esquecido pela academia.

Embora a fortuna crítica da disciplina conte, inclusive no Brasil, com trabalhos importantes — um aspecto a ser reiteradamente

[10] MENDONÇA, José Vicente Santos de. A verdadeira mudança de paradigmas do direito administrativo brasileiro: do estilo tradicional ao novo estilo. **Revista de Direito Administrativo**, Rio de Janeiro, v. 265, p. 179-198, jan./abr. 2014, p. 182 e ss.

[11] KNAPP, Georg Friedrich. **Staatliche Theorie des Geldes**. Duncker & Humblot: Leipzig 1905, p. 1.

[12] COZER, Cristiano de Oliveira Lopes. **Natureza e propriedades da moeda**, p. 1 ("Causa espécie que a doutrina jurídica dedique tão escassa atenção ao entendimento da moeda. Não é incomum que o seu conceito seja simplesmente pressuposto, como se se tratasse de conhecimento universal e infenso à dúvida. Os textos jurídicos que se propõem a esclarecer o sentido da moeda limitam-se, via de regra, a apropriar-se, sem qualquer questionamento, do conceito formulado pela *ortodoxia* teórica econômica, que se ampara na função de *meio de troca* para definir a essência da moeda. A doutrina jurídica abstém-se, assim, de criticar a definição econômica ortodoxa de moeda, recepcionando-a e manipulando-a como uma noção técnica despida de qualquer conteúdo valorativo. Quando muito, consagra-se alguma atenção à disciplina positiva do curso forçado e da quitação monetária de débitos, que se apresentam como os únicos aspectos propriamente jurídicos de uma idéia que, em seu conjunto, supõe-se escapar à possibilidade de análise não econômica").

[13] WALD, Arnoldo. **O novo direito monetário**, p. 35.

enfatizado —, não deixa de ser curioso notar que esse material dificilmente circula de modo estruturado e sistematizado, na forma de cursos e disciplinas acadêmicas. Nesse sentido, a ausência de obras sistemáticas e de referência sobre a matéria (sob a roupagem manuais, teorias gerais e tratados), se não é propriamente a causa, não deixa de ser um sintoma.

E é interessante observar que, aparentemente, não se cuida de um problema tipicamente brasileiro. Na Alemanha, por exemplo, também já se apontou como marcante o desinteresse da ciência jurídica pelo tema do dinheiro.[14]

Naquele país, Martin Seidel observava, ainda no ano de 2005, que até aquele momento um direito da moeda ainda não emergira enquanto disciplina jurídica autônoma. Karsten Schmidt vai além, asseverando que o direito monetário era "uma espécie de apátrida" no conjunto das disciplinas jurídicas tradicionais.[15]

Também lá se registrou a impressão de que o interesse pelos aspectos jurídicos da moeda somente parece surgir em situações extremas, quando o dinheiro deixa de cumprir suas funções legais, e o estado regular de legalidade é perturbado.[16]

No mundo anglo-saxão, e nesse mesmo compasso, é interessante o relato de F. A. Mann, no prefácio à primeira edição de sua célebre e clássica obra, "The Legal Aspect of Money", de 1938. Confessava o monetarista alemão, radicado no Reino Unido, que a primeira dificuldade com que se deparou, para desenvolver seu trabalho sobre o tema dos aspectos jurídicos do dinheiro, era o fato de que simplesmente parecia não haver trabalhos em língua inglesa sobre a matéria.[17] Aparentemente, a estabilidade monetária e econômica que antecedeu a Primeira Guerra

[14] HERRMANN, Christoph. **Währungshoheit, Währungsverfassung und subjektive Rechte**, p. 1.

[15] HERRMANN, Christoph. **Währungshoheit, Währungsverfassung und subjektive Rechte**, p. 2.

[16] HERRMANN, Christoph. **Währungshoheit, Währungsverfassung und subjektive Rechte**, p. 1-2.

[17] MANN. F. A. **The legal aspect of money**, p. xiii ("The first cause of the difficulties lies in the fact that there does not seem to exist any English (or American) work dealing with the subject as defined above").

Mundial fez com que os juristas considerassem o dinheiro como um fato estabelecido, e não como um problema de maior importância.[18-19]

Um panorama que decisivamente se alterou bastante, como reconheceu o próprio autor, desta feita no prefácio à quarta edição da obra, lançada no ano de 1981.[20]

Mas, mesmo nos dias de hoje, não é raro que sejam suscitadas dúvidas se o direito possui mesmo alguma relevância — marcadamente do ponto de vista prático — no âmbito da moeda.[21] Essa dúvida, ou antes, essa percepção de ausência de relevância prática, pode ser assim resumida: é a inflação que triangulariza as relações patrimoniais.[22] Com o escalonamento da inflação, além do credor e do devedor, passa a ter destaque uma terceira figura, que atua como interveniente oculto: o Estado, emissor da moeda.

Acontece que, quando a inflação deixa de ser um problema agudo, a percepção dessa relação, da importância dos aspectos jurídicos do dinheiro, e da interferência do componente monetário sobre diferentes relações jurídicas volta a cair na penumbra, em uma nova e não raras vezes duradoura névoa de esquecimento.

É dessa forma que, ultrapassada a fase aguda da crise monetária, o interesse dos juristas pelos aspectos legais do dinheiro volta a atravessar mais um novo inverno.

[18] Situação que aparentemente não foi diferente na Itália, país de onde partiram contribuições decisivas para o direito monetário. Como destaca Arnoldo Wald, as obras de Ascarelli e Scaduto, que lançaram as bases da importante teoria das dívidas de valor, surgem também apenas após a Primeira Guerra: de lavra de Scaduto, *I Debiti Pecuniari e il deprezamento monetario*, de 1924; já o trabalho de Ascarelli, *La Moneta*, data de 1928 (WALD, Arnoldo. A teoria das dívidas de valor e as indenizações decorrentes de responsabilidade civil. **Revista de Direito da Procuradoria Geral do Estado da Guanabara**, Rio de Janeiro, n. 23, p. 22-49, 1970, p. 30-31).

[19] Letácio Jansen relata que, no caso brasileiro, o direito monetário somente conquistou sua importância na década de 1940, quando seu estudo se desvinculou da esfera do direito das obrigações, especialmente por influência do comercialista Tullio Ascarelli (JANSEN, Letácio. **A moeda nacional brasileira**, p. 25 e ss.).

[20] MANN. F. A. **The legal aspect of money**, p. v-vi, onde destaca a grande depreciação sofrida pela libra esterlina e a perda do poder de compra interno, e seus efeitos sobre a atenção dedicada aos aspectos jurídicos da moeda.

[21] HERRMANN, Christoph. **Währungshoheit, Währungsverfassung und subjektive Rechte**, p. 2.

[22] WALD, Arnoldo. **O novo direito monetário**, p. 38.

O efeito disso é que, comparativamente com o sistema monetário, outros projetos institucionais ganham maior atenção. Compare-se a atenção dedicada ao regime jurídico-constitucional da tributação com o dedicado à moeda. Ou enfoque dado ao orçamento e ao regime das finanças públicas, comparativamente às questões monetárias. Não se tem dúvidas: do Título VI da Constituição ("Da Tributação e do Orçamento"), os aspectos jurídico-monetários são os menos explorados — um *obter dictum* na literatura jurídica, na academia e nos tribunais.

Note-se que, embora o tema da regulação financeira e bancária seja frequente e sofisticadamente desenvolvido, o mesmo talvez não se possa dizer da regulação *monetária* propriamente dita. A curadoria da matéria monetária é menos contínua, mais pontual e esparsa. Um campo de estudos polvilhado por grandes trabalhos de notável valor, sem dúvidas — mas um espaço feito também de retalhos e descompassos, cosidos invariavelmente a ponto precário.

O aspecto foi bem percebido por Arnoldo Wald. Destaca o estudioso brasileiro do direito monetário que a disciplina decorreu da luta contra a inflação. Por esse motivo, desenvolveu-se enquanto luta travada contra as suas consequências. Dessa forma, foi sobre o problema econômico *conjuntural* (a inflação e os seus efeitos deletérios), e não sobre o aspecto *estrutural* (a gestão da moeda), que se concentrou o enfoque principal da matéria.[23]

Acontece que o redimensionamento da abordagem, para apanhar não apenas os efeitos, mas a fim de alcançar as *causas* propriamente ditas — a moeda pública e a sua governança pelo Estado e pela sociedade — talvez não tenha sido adequadamente empreendido.

O interesse é mais pelos *efeitos da inflação*, e não pela *moeda propriamente dita*. Resultado: o tema da regulação monetária por excelência — que não é o conjuntural, mas sim político e estrutural — resta fora de foco, ausente da fotografia, da retina e do campo de preocupações e interesses jurídicos.

Uma situação que, repise-se, não deixa de ser paradoxal: o *medium* em que se desenrola toda a trama da economia capitalista moderna parece estar simplesmente fora dos modelos teóricos e das preocupações habituais dos juristas.

[23] WALD, Arnoldo. **O novo direito monetário**, p. 31-32.

Uma situação ainda mais paradoxal se subscrita a percepção da moeda como criatura do direito e da ordem jurídica.

O caso curioso de um objeto informacional criado pelas leis — e que talvez recebesse, do filósofo tcheco Vilém Flusser, a alcunha de "inobjeto jurídico"[24] —, mas que, para o discurso oficial da dogmática do direito, remanesce como um inobjeto, mas desta feita não na acepção flusseriana: inobjeto no sentido de um *não objeto*, de uma *não coisa*, eis que majoritariamente invisível à reflexão dos juristas, ausente do horizonte habitual de suas especulações.

2. A moeda e o dinheiro esquecidos pela doutrina do direito público

Seria incorreto, porém — e sobretudo injusto —, afirmar que a moeda foi completamente esquecida pela teoria do direito. Não se trata, a bem da fidelidade aos fatos, de uma desconsideração total do fenômeno monetário, como se a instituição social do dinheiro tivesse remanescido completamente invisível, abaixo da linha da consciência da dogmática jurídica irrestritamente e em absoluto.

Não é, decisivamente, um quadro de esquecimento total, mas apenas de *relativo* esquecimento. Isso porque é sobretudo nos quadrantes do direito público — do direito constitucional e administrativo, em particular — que a moeda parece não desfrutar da mesma atenção dedicada a outros projetos institucionais de igual relevo.

Com efeito, é nomeadamente no campo do Direito do Estado que, avalia-se, a moeda, enquanto instituição social e jurídica, tradicionalmente permanece *off the grid*, não percebida, talvez não valorizada, e no mínimo não suficientemente textualizada.

Como se a importância do centro de gravidade institucional representado pela moeda pública não tivesse sido adequadamente notada pelos publicistas, o dinheiro é não raramente tratado como assunto lateral, praticamente trivial, levando a crer que se cuida de um item não

[24] "'Informações' é o nome de tais inobjetos. (...) As informações atuais que penetram a nossa circunstância para desalojar os objetos são de tipo novo. As imagens eletrônicas nas telas de TV, os dados contidos em computadores, os microfilmes e hologramas e todos estes programas e modelos são a tal ponto 'moles' (*software*) que escapam entre os dedos. São 'inconcebíveis' no significado literal do termo. É erro chamá-los 'objetos'. São inobjetos" (FLUSSER, Vilém. Do inobjeto. **ARS**, São Paulo, v. 4, n. 8, p. 30-35, jan. 2006, p. 32).

devidamente incluído nos limites do imaginário da teoria do Direito do Estado.

Mas, insista-se: esse problema parece mais atuante entre as latitudes do direito público. Nos domínios do direito privado, a moeda parece um assunto mais bem resolvido, psicanaliticamente falando.

Fazendo um amplo inventário da investigação dos aspectos jurídicos da moeda na doutrina civilista brasileira, Letácio Jansen observa que, tradicionalmente, o estudo do dinheiro foi vinculado ao direito das obrigações.[25] Nesse sentido, deitando raízes históricas remotas no exame das Ordenações Filipinas, comentários ao regime jurídico das peças e cláusulas monetárias podem ser encontrados nas obras de juristas portugueses como Paschoal José de Mello Freire dos Reis, Manoel de Almeida e Souza de Lobão e Manuel António Coelho da Rocha.[26]

Logo em seguida, agora já nos escritos de autores nacionais, contribuições ao tema são encontradiças nos trabalhos de importantes civilistas, como Augusto Teixeira de Freitas, Francisco de Paula Lacerda de Almeida, Manoel Inácio Carvalho de Mendonça, Clóvis Bevilácqua, Francisco Cavalcanti Pontes de Miranda, Orlando Gomes, Caio Mário da Silva Pereira e Silvio Rodrigues.[27]

As primeiras obras nacionais editadas especificamente sobre matéria monetária deixam evidente esse claro travejamento civilista. São principalmente fontes de direito privado que balizam os importantes estudos desenvolvidos no Brasil a partir da década de 1950,[28] nos quais se enfrentam, direta e nominalmente, problemas jurídico-monetários.[29]

[25] JANSEN, Letácio. **A moeda nacional brasileira**, p. 31 e ss. Empreendendo um exame da doutrina jusmonetária em um esquadro temporal mais amplo, apanhando contribuições de clássicos autores estrangeiros, cf. JANSEN, Letácio. **A moeda nacional brasileira**, p. 53-68. E também, do mesmo autor: JANSEN, Letácio. **Limites jurídicos da moeda**, p. 18 e ss.

[26] JANSEN, Letácio. **A moeda nacional brasileira**, p. 32-33.

[27] JANSEN, Letácio. **A moeda nacional brasileira**, p. 34-40.

[28] Não que sejam desconhecidas obras de juristas sobre matéria monetária, de períodos anteriores. Ilustram-nas o trabalho de Amaro Cavalcanti, sobre o meio circulante nacional (CAVALCANTI, Amaro. **O meio circulante nacional**, vol. I. Rio de Janeiro: Imprensa Nacional, 1893). Mas se trata, em geral, de obras com claro componente de ciência das finanças, próprias do sincretismo metodológico que vigorava no período.

[29] Inventariando esses trabalhos seminais, cf. WALD, Arnoldo. **O novo direito monetário**, p. 36, nota nº 3.

São deste período, por exemplo, as clássicas obras de Arnoldo Wald — os conhecidos textos "Clásusula de Escala Móvel" e "A Aplicação da Teoria das Dívidas de Valor", espécies de marco zero dos estudos de direito da moeda no Brasil.[30]

A inspiração civilista dos trabalhos explica-se por várias razões. Mas um dos principais aspectos reside na discussão em torno distinção entre *dívidas de valor* e *débitos de dinheiro*.[31]

A diferenciação — bastante cara aos cultores do direito das obrigações — consubstanciava um aspecto crucial, porquanto preparava o terreno para a aplicação das técnicas de indexação monetária, especialmente se considerado que obrigações pecuniárias com cláusula de atualização monetária teriam natureza de dívidas de valor.[32]

Durante muito tempo prevaleceu, especialmente nos tribunais, a tese da taxatividade ou do *numerus clausus* dos casos de correção monetária, não se admitindo o reajustamento sem determinação legal expressa. Nos casos de ações indenizatórias, por exemplo, fazia-se a avaliação do dano de

[30] WALD, Arnoldo. **A Cláusula de Escala Móvel**: um meio de defesa contra a depreciação monetária. São Paulo: Max Limonad, 1956; WALD, Arnoldo. **A aplicação da Teoria das Dívidas de Valor**. Rio de Janeiro: Editora Nacional de Direito, 1959; CHACEL, Julian; SIMONSEN, Mário Henrique; WALD, Arnoldo. **A correção monetária**. Rio de Janeiro: Apec Editora, 1976.

[31] "(...) as dívidas de valor visam a assegurar ao credor um *quid*, ou seja, uma determinada situação patrimonial condicionada por um fim determinado e específico, e não apenas um *quantum*, um certo número de unidades monetárias. O conteúdo da obrigação é, pois, distinto em ambos os casos, embora, na execução, o pagamento se faça em dinheiro nos dois casos. A distinção básica consiste no fato de ser a quantia devida simultânea e cumulativamente o objeto da obrigação e o meio de solução na dívida de dinheiro, enquanto, na dívida de valor, é tão-somente meio de pagamento, não constituindo o objeto da obrigação. Em outras palavras, na dívida de dinheiro, a moeda é meio e fim, enquanto nas de valor é tão-somente meio condicionado a uma finalidade específica" (WALD, Arnoldo. Aspectos processuais da aplicação da teoria das dívidas de valor: do cabimento da correção monetária, independente de pedido explícito, e da sua concessão em execução, mesmo quando não prevista decisão proferida no processo de cognição. **Revista de Informação Legislativa**, ano 18, n. 69, p. 229-260, jan./mar. 1981, p. 231).

[32] Sobre o ponto, cf. PEDREIRA, José Luiz Bulhões. Obrigação pecuniária - Correção monetária - Indexação cambial (Parecer). **Revista de Direito Administrativo**, Rio de Janeiro, n. 193, p. 353-401, jul./set. 1993, p. 354.

acordo com o seu valor no momento em que ocorrera.[33] É com o reconhecimento de que o direito brasileiro consagrou a teoria das dívidas de valor que se franqueia a correção monetária independente de lei e em virtude da própria natureza do débito, por constituir a única forma de garantia adequada da *restitutio in integrum*.[34]

É verdade que alguns trabalhos desse período exploraram aspectos de disciplina jurídica da moeda, mais à feição do Direito do Estado — valendo destacar, neste sentido, as obras de Geraldo de Camargo Vidigal, Pinto Ferreira e de Ives Gandra Martins.[35]

Não obstante, não foi esta, decisivamente, a principal tendência. Enfocando mais na indexação monetária e menos nas instituições responsáveis pela governança da moeda pública, as obras sobre disciplina jurídica da moeda alinham-se, de habitual, mais aos racionais, às categorias e às preocupações próprias do direito privado.

Tanto assim que, analisando o teor do debate sobre regulação monetária em obras de referência do campo do direito público, não é incomum que o tema sequer seja mencionado — ou, quando muito, que seja apenas burocraticamente aludido.

Em cursos e tratados de direito constitucional e administrativo, por exemplo, e mesmo em obras de direito econômico, a disciplina jurídica da moeda, quando chega a ser referida, o é de modo passageiro — talvez, de maneira até mesmo superficial.

Regra geral, a referência, invariavelmente curta e enxuta, é empreendida apenas para recordar algumas das competências da União em matéria monetária e cambial, ou para mencionar aspectos formais do banco central (como a sistemática de nomeação dos respectivos dirigentes)[36] — como se

[33] WALD, Arnoldo. Aspectos processuais da aplicação da teoria das dívidas de valor, p. 235 e ss.

[34] WALD, Arnoldo. Aspectos processuais da aplicação da teoria das dívidas de valor, p. 240.

[35] VIDIGAL, Geraldo de Camargo. **Disciplina dos órgãos de direção monetária**. Tese de livre docência – Faculdade de Direito da Universidade de São Paulo, 1964. FERREIRA, Pinto. **A inflação**. 2. ed. Rio de Janeiro: José Konfino Editor, 1967. MARTINS, Ives Gandra da Silva (coord.). **A correção monetária no direito brasileiro**. São Paulo: Saraiva, 1983.

[36] Ilustrando essa abordagem, cf. SILVA, José Afonso da. **Curso de direito constitucional**. 41 ed. São Paulo: Malheiros, 2018, p. 505; TAVARES, André Ramos. **Curso de Direito Constitucional**. 13. ed. São Paulo: Saraiva, 2015; NERY JUNIOR, Nelson; NERY, Rosa Maria de Andrade. **Constituicão federal comentada e legislação constitucional**. 6. ed. São Paulo:

o regime constitucional e administrativo da moeda fosse, sob a perspectiva do Direito do Estado, algo ancilar, ou simplesmente desimportante.

Corroborando essa impressão, note-se que são raras as monografias tratando especificamente sobre o tema. O regime constitucional da moeda, do banco central e da regulação do dinheiro, se não chega a ser assunto completamente ausente, raramente se materializa em publicações e obras de referência de direito público.[37]

Válido registrar que é nomeadamente em comentários aos textos constitucionais que algumas reflexões a respeito do regime de direito público da moeda podem ser colhidas. Algumas das melhores linhas a respeito do assunto se encontram em análises vertidas, por comentaristas, a enunciados constitucionais relevantes sobre temas monetários — no caso da Carta de 1988, em especial os arts. 21, inciso VII e 164.[38-39] Embora, de regra, o debate seja tão sumário como aquele vertido em tratados, cursos e manuais, alguns comentaristas — Pinto Ferreira em especial — alongam-se um pouco mais nas impressões.[40]

No geral, entretanto, o balanço da literatura relevante de Direito do Estado sugere: à exceção de artigos em periódicos e revistas especializadas,

Revista dos Tribunais, 2017, p. 1092; SILVA, José Afonso da. **Comentário contextual à Constituição**. 8. ed. São Paulo: Malheiros, 2012, p. 700-701.

37 Reforçando a assertiva, vale anotar que textos importantes na área do direito constitucional monetário, apresentados como trabalhos de conclusão em cursos de doutrado e mestrado em direito, não chegaram a ser publicados. Ilustrativamente: CORTEZ, Tiago. **Moeda, Estado e direito:** o papel do Estado na ordem monetária e o seu controle. Tese (Doutorado) – Faculdade de Direito da Univesidade de São Paulo, 2004.

38 CRETELLA JÚNIOR, José. **Comentários à Constituição brasileira de 1988**, vol. VII, arts. 145 a 169. Rio de Janeiro: Fórum Universitária, 1992, p. 3749 e ss.; BASTOS, Celso Ribeiro; MARTINS, Ives Gandra. **Comentários à constituição do Brasil**, vol. 6, tomo II, arts. 157 a 169. 2. ed. São Paulo: Saraiva, 2001, p. 173 e ss. FERREIRA FILHO, Manoel Gonçalves. **Comentários à Constituição brasileira de 1988**, vol. 3, arts. 104 a 169. São Paulo: Saraiva, 1994, p. 139.

39 Digno notar que a tendência para encontrar debates mais profundos em comentários ao texto constitucional também se revela no direito estrangeiro: CANOTILHO, J. J. Gomes; MOREIRA, Vital. **Constituição da República Portuguesa anotada**, vol. I, arts. 1 a 107. São Paulo: Revista dos Tribunais: 2007, p. 1083 e ss.; JARASS; PIEROTH. **Grundgesetz für die Bundesrepublik Deutschland - Kommentar**. 12. Aufl. München, 2012, p. 942 e ss.

40 FERREIRA, Pinto. **Comentários à Constituição brasileira**, vol. 6. São Paulo: Saraiva, 1994, p. 15. e ss.

e tirante algumas monografias e comentários ao texto constitucional, a moeda é tema periférico entre os publicistas.

3. O direito monetário como um (mero) direito de crises inflacionárias

A pouca atenção ministrada à disciplina jurídica moeda, sobretudo no campo do direito público, tem diferentes causas. Uma delas é que, quando a moeda é boa e estável, tende-se simplesmente a não pensar nela. Uma moeda saudável é instrumento neutro por excelência — e se, de maneira geral, as pessoas não se preocupam com ela, talvez seja sinal de que, pelo menos nos domínios da moeda, as coisas estão indo bem.

O escritor brasileiro Gustavo Corção parece ter capturado bem o fato: só é possível essa coisa prodigiosa de não pensar no dinheiro em um regime estável. Em tempos de instabilidade, ninguém pode realizar esse ideal simples e bom; ninguém pode viver quieto na sua renúncia arejada — o dinheiro, pelo fato de sua variabilidade, fica dotado de uma terrível onipresença, e de uma substância tranquila e indiferente, torna-se tumultuoso, passando a ser sentido pela sua inquietante oscilação.[41]

De fato, é somente quando instalada a febre da instabilidade monetária que se costuma recordar que o dinheiro tem normas; que há uma disciplina jurídica, um direito da moeda. É sobretudo nos contextos inflacionários, e especialmente hiperinflacionários, que o direito monetário recrudesce, justamente porque é nesses momentos que eventos sensíveis como alterações de padrões monetários, modificações e proliferações de unidades de contas, desmonetizações, utilização de instrumentos monetários paralelos, dentre outras experiências bissextas, exigem respostas urgentes do direito.[42]

O direito monetário é, nesse sentido, um direito das crises, forjado (ou pelos menos lembrado) nas sucessivas crises monetárias experimentadas

[41] CORÇÃO, Gustavo. **Melhores crônicas**. Seleção de Luiz Paulo Horta. São Paulo: Global, 2010, p. 31-32.

[42] É a pertinente reflexão de FOBE, Nicole Julie. **O Bitcoin como moeda paralela - uma visão econômica e a multiplicidade de desdobramentos jurídicos.** Dissertação (Mestrado em Direito) – Programa de Mestrado Acadêmico da Escola de Direito de São Paulo da Fundação Getúlio Vargas. São Paulo, 2016, p. 15.

no curso da história — e especialmente ao longo do século XX, tempo que, não sem razão, já foi batizado de a "Era da Inflação".[43]

De fato, foi quando se entendeu que a moeda estável era uma ficção, e que a inflação cirurgiava sem anestésico o poder de compra, que a tecnologia jurídica foi recrutada para neutralizar os efeitos da perda do poder aquisitivo do dinheiro.[44]

Nesse sentido, o direito monetário é, na origem, um direito de crises.[45] Um direito das tensões inflacionárias,[46] acionado justamente quando a moeda adoece, e para dar conta dos choques anafiláticos provocados pela corrosão do poder aquisitivo. Uma disciplina, assim, com contornos de soldado de reserva: um direito subsidiário, das crises e para as crises.

43 WALD, Arnoldo. **O novo direito monetário**, p. 26.

44 "Foi, todavia, com as grandes modificações do valor da moeda que o problema da imprevisão passou a adquirir a sua importância no direito contemporâneo. Ainda no século XIX, vivíamos num mundo de esperança, evocado por Stefan Zweig como sendo de monarquias com mais de mil anos de vida, de moedas estáveis e em que o ritmo do tempo não vinha adquirindo a aceleração que o século XX lhe daria. Irving Fischer não descobrira ainda, com seus estudos, as variações do poder aquisitivo da moeda e acreditava-se na estabilidade da moeda, à qual os Estados ainda não tinham dado curso forçado" (CHACEL, Julian; SIMONSEN, Mário Henrique; WALD, Arnoldo. **A correção monetária**, p. 49).

45 Um relato interessante, e que dá conta da histórica e profunda conexão da disciplina do direito monetário com o fenômeno inflacionário, extrai-se do prefácio da obra de Arthur Nussbaum, *Derecho Monetario Nacional e Internacional*, escrito pelo próprio autor: "El autor comenzó el estúdio del derecho monetario en 1920, en momentos en que la inflación alemana de posguerra planteaba sus primeros problemas jurídicos. El progreso ascendente de la inflación y el repentino viraje, en 1923, hacia una severa deflación, multiplicaron los desórdenes jurídicos paso a paso la investigación lo llevo al convencimiento de que una adecuada exposición de los problemas en juego requería la elaboración de una teoría jurídica general de la moneda sobre una amplia base histórica y comparada. Tal planteo fué sometido al público em *Das Geld in Theorie und Praxis des Deustchen und Ausländischen Rechts* ('El dinero em la teoría y en la práctica del derecho alemán y extranjero'), publicado en 1925" (NUSSBAUM, Arthur. **Derecho Monetario Nacional e Internacional**, p. xix-xx).

46 Igualmente permitindo entrever que o problema da inflação constituía o próprio cerne das preocupações do nascente direito monetário brasileiro, pertinente a transcrição das primeiras linhas de um dos mais clássicos trabalhos sobre a matéria, a obra *Cláusula de Escala Móvel*, de Arnoldo Wald: "Se a depreciação monetária é o problema central da economia contemporânea, não podem os juristas desconhecer por mais tempo as suas repercussões no campo do direito. E já se disse que o fenômeno da diminuição do valor da moeda se tornou um calvário para os credores e para os juristas" (WALD, Arnoldo. **Cláusula de escala móvel**, p. 15).

Não é, portanto, apenas uma questão de haver um direito monetário das crises[47] — como também existe um direito constitucional, um direito administrativo, um direito penal ou um direito empresarial das crises. O direito da moeda foi forjado na crise e — eis o que ponto que se pretende aqui enfatizar — é tradicionalmente compreendido como uma disciplina cuja função é justamente tratar convulsões monetárias. Um departamento jurídico que não apenas nasceu de situações monetárias extremas: um ramo do direito com trajes de intensivista, voltado exatamente para lidar com esse tipo de situação excepcional.[48]

Insista-se no ponto: não se nega que outras disciplinas jurídicas tenham surgido e se desenvolvido a partir de situações extremas. Como observa, com precisão, Arnoldo Wald, do mesmo modo que o direito administrativo surge (ao menos em parte) como resposta aos excessos do poder do Estado no plano da governança pública, o direito monetário desenvolve-se como tentativa de limitar o poder do Estado no tocante à emissão e regulação da moeda, evitando que seja empregada como uma forma indireta e disfarçada de tributação inconstitucional.[49]

A questão, porém, é que o direito administrativo, como outros ramos do Direito do Estado, desliga-se dessas origens emergenciais — se não para as esquecer ou superar por completo, ao menos para explorar dimensões e horizontes muito mais largos.

O mesmo, todavia, talvez não se possa dizer da ordenação jurídica da moeda, ainda concebida — ou simplesmente lembrada — como um direito de transição, uma mera regulamentação jurídica das reformas, descontinuidades e crises da moeda.

Um direito com função de estepe, enfadonho, de quando em quando servil aos trâmites burocráticos das trocas de padrões monetários ou aos

[47] "Não há, pois, dúvida que existe um direito monetário da crise, que abrange comandos legítimos que o Estado estabelece dentro de sua competência constitucional, mas também uma jurisprudência construtiva, que condena os abusos e as distorções da legislação monetária estatal" (WALD, Arnoldo. **O novo direito monetário**, p. 30-31).

[48] Novamente Arnoldo Wald resume adequadamente essa percepção: "Trata-se um direito jovem, adolescente, nascido das crises, que ainda busca os seus caminhos e que, no fundo, significa ou deveria significar a aplicação das normas do Estado de Direito a um campo no qual o Poder Público sempre foi arbitrário" (WALD, Arnoldo. **O novo direito monetário**, p. 35).

[49] WALD, Arnoldo. **O novo direito monetário**, p. 31.

reparos das arestas inflacionárias — e, no mais do tempo, desnecessário e deslembrado.[50]

Um ramo do direito público que, dominado pelas tediosas controvérsias e rusgas dos coeficientes de correção monetária, de fato não granjeia maiores atenções, sobretudo porque compreendido como o regime jurídico da exceção monetária, que carrega ainda consigo certo vezo retrospectivo e antiquado. Uma mera ordenança das crises monetárias, demasiadamente concentrada no passado, cronicamente raptada por algum tipo de movimento proustiano ou regressivo.

Percepção essa especialmente válida para o Brasil, onde se conviveu, ao longo de muitas décadas, com a inflação crônica (inflação em tempos de paz, é sempre importante recordar[51]), e também com um fenômeno de profunda fragmentação da moeda — além das oito trocas de padrão monetário, assistiu-se a uma verdadeira "poligamia monetária", em que coexistiram e se sucederam diferentes unidades de conta.[52]

Resultado: a ordenação jurídica do dinheiro foi, ainda que inconscientemente, entendida como um bloco ou disciplina jurídica responsável exclusivamente pela análise da correção monetária. A disciplina deixa de ser direito *da moeda*, considerada em si mesma, e converte-se em (ou é compreendida como) direito *da indexação monetária*.

[50] "Cumpre observar, a propósito, que, nas fases de instabilidade monetária, os juristas costumam cuidar, intensamente, do Direito Monetário embora as suas obras – porque são, muitas vezes, trabalhos de ocasião – fiquem logo depois esquecidas quando sobrevém a estabilidade, fenômeno que também ocorreu no Brasil, nas décadas de 1980 e 1990" (JANSEN, Letácio. **A moeda nacional brasileira**, p. 26).

[51] "Em total e absoluto contraste (...), o Brasil se apresentava como um caso curioso e incomum de hiperinflação desligada de revoluções, guerras e desastres naturais, ou seja, uma inflação de 'tempos de paz' que evoluiu lenta, insidiosa e traiçoeira, qual doença degenerativa que se agrava principalmente pela falta de cuidado" (FRANCO, Gustavo H. B. **A moeda e a lei**, p. 32).

[52] É a pertinente observação de Gustavo Franco, ao analisar os efeitos da edição do decreto-lei nº 857/1969: "(...) tínhamos aqui uma poligamia, em vista do modo caótico como a coisa se processou, pois diferentes unidades de conta que capturavam a perda de poder de compra da moeda de pagamento podiam conviver com moeda de pagamento de curso forçado, segundo a escolha dos agentes e na forma permitida pela lei" (FRANCO, Gustavo H. B. **A moeda e a lei**, p. 118). A partir do referido ato legislativo, a lei monetária tornava-se um dispositivo sobre moeda de pagamento, que devia ser a moeda nacional, enquanto a moeda de conta passava a ser definida *ad hoc*.

As premências da lida com a inflação crônica deslocaram o enfoque, que, tradicionalmente, residiu menos nas instituições monetárias e na governança da moeda pública, e concentrou-se mais na conflagrada administração dos efeitos inflacionários e dos choques provocadas pela perda do poder de compra.

As técnicas de indexação e desindexação colonizaram assim o centro e o foco das preocupações, praticamente monopolizando o rumo das digressões envolvendo a disciplina normativa da moeda. Como ironiza Gustavo Franco, o resultado do encontro nem sempre feliz, e vez por outra desastrado, entre as urgências do economista e a sintaxe do jurista.[53]

E a verdade é que, de fato, a experiência brasileira foi particularmente intensa, quanto ao tema da indexação monetária. Como no país foi sempre pequena a disseminação da indexação cambial ou da chamada dolarização, o país legislou de forma particularmente abundante sobre a separação das funções da moeda, sobre valores reais, dívidas de valor e índices de preços — um quadro que representou complexos desafios no campo dos contratos, direitos e obrigações.[54]

Além disso, não é demais recordar que, após o período militar, o governo civil tem início com a inflação próxima de 220% ao ano e com um imenso deságio de reconfigurar as instituições monetárias para o funcionamento da normalidade democrática.[55]

A própria constituinte foi ambientada nesse cenário de crise. Não se pode esquecer que ela é berçada após os fracassos do Plano Cruzado — a ponto de se observar que, embora fracassado no combate à inflação, o plano teve bem sucedidos efeitos eleitorais na formação da Assembleia Constituinte de 1987.[56-57]

53 FRANCO, Gustavo H. B. **A moeda e a lei**, p. 16.

54 FRANCO, Gustavo H. B. **A moeda e a lei**, p. 40.

55 FRANCO, Gustavo H. B. **A moeda e a lei**, p. 27.

56 CAMPOS, Roberto. **A constituição contra o Brasil**: ensaios de Roberto Campos sobre a constituinte e a Constituição de 1988; organizado por Paulo Roberto de Almeida. São Paulo: LVM Editora, 2018, p. 114-115.

57 "A desmoralização do Plano Cruzado afetou muito a credibilidade do governo, dependendo as novas medidas de uma eleição popular direta e da implantação de um novo regime mais democrático financeiramente que o atual. Estamos, assim, diante de um aparente impasse: por um lado, para que tenhamos uma nova Constituição, devemos ter uma nova moeda. Mas,

Natural, desta forma, que essa clave compreensiva — a do direito da moeda concebido enquanto ordenação jurídica da indexação monetária, forjado para neutralizar os incêndios do aquecimento inflacionário — tenha se impregnado e disseminado. De fato, como é a inflação que costuma triangularizar as relações patrimoniais sob a ótica jurídica, pressupõe-se — refletida ou irrefletidamente — que o direito monetário seja nada mais do que a técnica esmerilhada para tentar gerar proteção eficaz contra os seus indesejados efeitos.

A teoria do direito constitucional, de alguma maneira, acabou sendo feita refém desse modelo compreensivo. E foi dessa forma que, para além da litania sobre a competência do ente federal para emitir moeda e legislar sobre o câmbio, de meia dúzia de observações sobre o regime jurídico do banco central, e de um par de anotações sobre indexação monetária, em matéria de direito constitucional monetário não se costuma empreender maiores investidas interpretativas e aplicativas, diferentemente do que sucede com outros departamentos da lei fundamental.

A noção de limites constitucionais ao poder monetário acaba igualmente refletindo, ainda que como um simples subentendido, essa habitual e restritiva percepção do direito da moeda como uma mera ordenação das crises e transições monetárias.

De igual modo, a constituição monetária, em seu sentido mais eminente, torna-se também, se não uma questão completamente ausente, uma categoria erodida, deficitária, explorada aquém de sua importância e de suas possibilidades.

4. A visão tradicional a respeito da constituição monetária

E desdobrando este último aspecto, é importante destacar que o debate em torno da noção de constituição monetária não é exatamente inédito. Pelo contrário. Notadamente no campo econômico, são facilmente rastreáveis reflexões a respeito de um conjunto de normas que de alguma maneira contenham o poder estatal sobre o dinheiro, enquadrando as

para termos uma nova moeda dependemos de um novo governo, eleito pelo voto direto, cuja eleição dependa de nova Constituição" (JANSEN, Letácio. A Moeda Nacional e a Constituinte. **Revista de Direito da Procuradoria-Geral do Rio de Janeiro**, Rio de Janeiro, vol. 39, p. 5-26, 1987, p. 25).

possibilidades de ação do soberano no exercício do monopólio sobre a emissão de moeda.[58]

Todavia, é igualmente importante atentar para o sentido exato dessa reflexão; refletir o que especificamente esse tradicional debate está levando em consideração, quando se emprega a expressão constituição monetária.

Como se verá, o horizonte de sentido da locução, e o seu respectivo campo semântico, costuma ser mais restrito do que aquele em geral explorado nos domínios da teoria da constituição e do Direito do Estado.

E esse é um aspecto fundamental a ser ressaltado, especialmente porque aponta para a seguinte constatação: embora empregando a mesma locução (a expressão "constituição monetária"), normalmente economistas e juristas não estão se referindo à mesma entidade. A expressão é a mesma; o referente, diverso.

Quando muito, o jurista vale-se acriticamente da mesma noção utilizada pelos economistas — caso em que significante e significado coincidem, mas, nesse caso, por reducionismo a cargo do teórico do direito.

Mas, afinal, quando os economistas (às vezes cientistas políticos) falam em constituição monetária, do que estão tratando? Qual seria, afinal, a visão tradicional a respeito da constituição monetária?

Normalmente, empregando a expressão, querem se referir a um conjunto de regras que constranjam a criação de moeda pelo governo; um conjunto de normas que, de modo estrutural, reduzem a discricionariedade da autoridade monetária estatal, com o objetivo de conter emissões descontroladas por parte do setor público e assim assegurar a estabilidade de preços.[59]

[58] WHITE, Lawrence H.; VANBERG, Viktor J.; KOHLER, Ekkehard A. **Renewing the search for a monetary constitution**. Washington: Cato Institute, 2015, p. vii, onde fala em uma "monetary constitution" enquanto "a set of enforced constraints on the creation of money by government".

[59] Apresenta uma leitura da noção de constituição monetária nesse exato compasso, cf. WALD, Arnoldo. **O novo direito monetário**, p. 33: "Tem sido reconhecido que a gestão da moeda que ocorreu no século XX, com a maior sofisticação, não sido a melhor em nenhum dos países em que o Estado interveio no campo monetário. Assim, nos Estados Unidos, já se propôs a elaboração de uma Constituição monetária, para exercer o controle sobre o monopólio que o Estado desempenha sobre a moeda e, talvez, neste sentido é que se deva abrir o debate na elaboração do direito monetário".

A visão tradicional a respeito da constituição monetária parte da premissa (ou antes, da observação historicamente fundada) de que os governos tendem a abusar dos poderes que lhe são conferidos, de modo que confiar em um governo com poderes não controlados para criar moeda e, por essa via, incrementar suas receitas por meio da inflação, seria perigoso e indesejado.[60]

Exatamente por isso, o enfoque principal dessa visão, que aqui chamamos tradicional, é o de como conter a discricionariedade do poder do Estado sobre a moeda.

E o receituário da contenção desse poder costuma envolver dois aspectos centrais: (i) como domesticar os poderes de emissão do Estado e reduzir a discricionariedade do governo no exercício da política monetária; (ii) como retirar alguma parcela do poder monetário do Poder Executivo, ou ao menos restringir a hegemonia da chefia política do Executivo e de seus braços delegados sobre a política monetária.

Quanto à primeira das preocupações, é comum que o debate em torno de uma constituição monetária remeta imediatamente às especulações em torno do retorno ou da emulação do padrão-ouro.[61] É que o velho regime do padrão-ouro implicava, de modo quase que automático, menor grau de discricionariedade no exercício da política monetária.[62]

Dessa forma, o esboço de uma constituição monetária, dentro deste espectro das especulações, diz respeito à proposição de regras que coloquem a autoridade monetária dentro de um "piloto automático",

60 ROCKOFF, Hugh. Still in Search of a Monetary Constitution. In: WHITE, Lawrence H.; VANBERG, Viktor J.; KOHLER, Ekkehard A. **Renewing the search for a monetary constitution**. Washington: Cato Institute, p. 23-50, 2015, p. 24 ("All the participants in the volume, with the exception of Viner, accepted the conservative political case for a monetary constitution: Governments often abuse the powers granted to them. Entrusting a government with an unchecked power to create money and thus to raise resources through an inflation tax is dangerous").

61 Espelhando esse tipo de debate, cf. ROCKOFF, Hugh. Still in Search of a Monetary Constitution, p. 25 e ss.

62 CONTI-BROWN, Peter. **The power and independence of the Federal Reserve**. Princeton: Princeton University Press, 2016, p. 215 ("As one historian described it, the 'automaticity' of the gold standard and the real bills doctrine meant there was much less discretion to exercise by the central bank. The modern Federal Reserve does not face these limits. The consequence is that the Fed can create its own budget using a statutory authorization from a different era, but with none of the restraints that existed at that time").

resultando, de modo mais ou menos esperado, em uma performance macroeconômica menos errática por parte da autoridade monetária.[63]

A técnica adotada envolve a estipulação de algum tipo de "regra monetária" (*monetary rule*), que assegure a "determinação" (*determinancy*) do sistema — seja controlando a quantidade de dinheiro em circulação, seja vinculando a moeda a alguma *commodity*, seja estipulando *targets* para a inflação.[64] A discussão envolve ainda indagar se essa regra monetária deveria ter, na constituição positivada de um país, algum assento explícito.[65]

É possível constatar que a constituição monetária assim entendida confunde-se, em alguma medida, com a própria política monetária, vale dizer, com o regime monetário no qual o governo compromete-se a atuar, de forma a garantir a estabilidade monetária.

É nesse sentido que, espelhando essa percepção, Jairo Saddi propõe que por "constituição monetária" deve-se entender aquele conjunto de regras concernentes ao poder monetário do Estado, ao modo de exercício da política monetária e ao estabelecimento do uso contínuo de seus instrumentos, assim como dos limites de atuação da autoridade monetária.[66]

O segundo conjunto de formulações relativas à noção de constituição monetária conecta-se com a primeira, no que também ataca o problema da discricionariedade estatal ao exercer o seu poder monetário.

Entretanto, há uma diferença básica: busca-se retirar alguma parcela do poder monetário do Poder Executivo de modo estrutural, alocando ou

[63] YEAGER, Leland B. The Continuing Search for a Monetary Constitution. In: WHITE, Lawrence H.; VANBERG, Viktor J.; KOHLER, Ekkehard A. **Renewing the search for a monetary constitution**. Washington: Cato Institute, p. 1-21, 2015, p. 4.

[64] YEAGER, Leland B. The Continuing Search for a Monetary Constitution, p. 6.

[65] TUCKER, Paul. **Unelected power**: the quest for legitimacy in central banking and the regulatory state. New Jersey: Princeton University Press, 2018, p. 188.

[66] SADDI, Jairo. Em busca de uma "Constituição monetária". **Folha de São Paulo**, junho, 1998. Disponível em <https://www1.folha.uol.com.br/fsp/dinheiro/fi09069804.htm>. Acesso em 02/12/2021. Onde ainda complementa: "Quando a literatura especializada se refere ao padrão-ouro ou ao acordo de Bretton Woods como exemplos de 'Constituição monetária', remete-nos a dois critérios fundamentais: a previsibilidade e a estabilidade do sistema monetário e do sistema de pagamentos como um todo. Remete-nos também ao compromisso dos países com o sistema monetário". Pode dizer que o conceito proposto pelo é decisivamente sofisticado, mas talvez ainda tenha um problema, que adiante será destacado: a dificuldade de colocar a questão dos direitos fundamentais de forma mais clara.

encastelando em alguma outra unidade administrativa, mais ou menos insulada do braço político do Executivo, as deliberações e execuções da política monetária.

Novamente Jairo Saddi explicita essa dimensão da constituição monetária. Trata-se de encaminhar respostas à seguinte indagação: até que ponto a política monetária, exercida por um banco central, deve ser livre das pressões do Executivo?[67] Se historicamente o monopólio da moeda pelo Estado foi enviesado pela hegemonia do Poder Executivo, seria possível retirar alguma parcela do poder monetário do corpo político do Executivo sem afetar a formulação coordenada da política econômica?

Aqui, a questão da constituição monetária diz respeito direta e principalmente ao tema da autonomia (em sentido amplo) do banco central.[68]

Daí por que, não raras vezes, empregar a expressão constituição monetária funciona aqui como uma espécie de gatilho, que já leva os olhos bem treinados do economista a escorregarem na procura da seção onde se discute o tema do banco central autônomo ou independente.

A constituição monetária, nesta acepção, é entendida como o arranjo que visa a atacar problemas de "inconsistência temporal": a busca de resultados imediatos e temporários em termos de produto em detrimento de perdas duradouras (isto é, mais inflação).[69] O modelo de banco central independente, institucional e explicitamente comprometido com o objetivo de manter uma taxa de inflação baixa e estável, mostrou-se como a estratégia mais exitosa em favor da estabilidade da moeda. Constituição monetária aqui, portanto, é falar na relação entre Executivo e BC, assim como no regime jurídico fundamental do banco central, enquanto agência responsável pela governança da moeda.

[67] SADDI, Jairo. **O poder e o cofre**, p. 50, onde, na sequência, desdobra esse componente em duas indagações principais: "Duas questões logo saltam à vista na discussão de política monetária e banco central, e ambas são extremamente relevantes: se o banco central deve ser cerceado por regras ou se a ele deve ser atribuído um poder discricionário".

[68] Principal tema, mas não único. Como também destaca Jairo Saddi, uma outra questão importante é se o escopo das atividades do banco central deve restringir-se apenas à política monetária, ou se os BC's devem estar diretamente envolvidos em aspectos como regulação bancária, abrangendo fusões e aquisições, seguros de depósitos, organização do sistema de intermediação, dentre outros (SADDI, Jairo. **O poder e o cofre**, p. 50).

[69] CARVALHO, Fernando J. Cardim de *et alii*. **Economia monetária e financeira**, p. 153-154.

Note-se que, nos dois conceitos, constituição monetária não significa *estatuto das liberdades*. Ou pelo menos não significa direta e primacialmente estatuto das liberdades.

As liberdades (ou, mais propriamente, os direitos fundamentais) só entram nessa equação de modo indireto ou derivado, como um efeito de segunda ordem. A tutela da liberdade (e especialmente da propriedade) é um efeito esperado e desejado, mas não exatamente a essência da fórmula institucional.

Na visão tradicional, portanto, constituição monetária é sobretudo o *estatuto do poder* — o estatuto do poder estatal sobre a moeda.

E um estatuto específico e restrito, voltando primariamente à redução da discricionariedade da autoridade monetária sobre a gestão do dinheiro, seja constrangendo emissões e veiculando regras monetárias de compromisso com a estabilidade monetária, seja insulando um corpo tecnocrático da esfera política do Executivo, prevenindo assim que a política monetária seja capturada por tentações de expansão monetária, bem como que déficits do governo sejam objeto de financiamento monetário.

Ou seja, uma técnica empregada com vistas a prevenir o "imposto não legislado": a inflação.[70]

A constituição monetária exibe, neste conjunto de acepções, uma natureza essencialmente instrumental, desempenhando funções de mera ferramenta regulatória: é dizer, um instrumento técnico para conformar condutas dos gestores públicos responsáveis pela estabilidade da moeda.

Um instrumental, logo, sem maior densidade axiológica — e sem adesão à discursividade constitucional tal como conhecida pelos juristas de maneira geral.

Repare-se igualmente que o problema da *accountability* também fica de fora do conjunto de preocupações centrais: a preocupação com o regime e as modalidades de responsabilização de autoridades monetárias independentes, a bem da sustentação da sua própria legitimidade, tampouco se insere entre os elementos estruturais dessa noção, ocupando quando muito, uma dimensão periférica e subsidiária.

A constituição monetária, dentro dessa ótica prevalente, é o instrumento assecuratório do cumprimento do dever de preservação da estabilidade da moeda, mediante constrangimento dos poderes de governo.

[70] LASTRA, Rosa María. **Banco central e regulamentação bancária**, p. 24.

São as regras do *monetary policy game*[71] — e talvez nada muito além disso.

5. A moeda no debate constitucional brasileiro após 1988

O molde compreensivo tradicional do direito da moeda e da constituição monetária refletiu-se, largamente, na produção doutrinária e jurisprudencial brasileira — inclusive naquela forjada após o advento da ordem constitucional de 1988.

Um aspecto, porém, parece sutilizar o debate propriamente constitucional. É que, especificamente no campo do direito e da teoria constitucionais, além das preocupações comuns com a inflação os seus efeitos deletérios, assim como com o tema da indexação monetária — matérias que receberam atenção desde as origens do desenvolvimento dos estudos e aplicações sobre direito da moeda no país —, a especulação inicialmente concentrou-se sobre questões e categorias excessivamente formais, de baixa densidade dogmática, estremando-se do perfil próprio dos debates relativos a outros projetos e departamentos constitucionalmente relevantes.

É dessa forma que um diagnóstico importante, apesar da dureza com que já foi formulado, é o de que os debates jurídicos (especialmente os de perfil doutrinário) posteriores à Carta de 1988, a respeito do sistema financeiro nacional, revelaram-se incapazes de lidar com a complexidade da moeda e do crédito.[72]

E revelaram-se incapazes de enfrentar a complexidade — jurídica, econômica e política — do fenômeno monetário porquanto excessivamente concentrada em questões formais, menores, de baixa octanagem teórica e metodológica, tais como: (i) a suposta revogação dos poderes normativos do CMN pelo art. 25 do ADCT; (ii) o limite de 12% para os

[71] VAN DE HAUWE, Ludwig. Monetary Constitutionalism: some recent developments. Procesos de Mercado. **Revista Europea de Economía Política**, Vol. XV, n. 2, Otono 2018, p. 68.

[72] "Os debates jurídicos doutrinários posteriores à Constituição de 88 sobre o sistema financeiro nacional, em sua maioria, revelaram-se incapazes de lidar com a complexidade da moeda e do crédito, ficando mesmo aquém da qualidade acadêmica dos trabalhos sobre a regulação dos demais setores. Oscilaram entre teses interpretativas formalistas, de um lado, e a militância doutrinária, de outro" (VEIGA DA ROCHA, Jean Paul. Direito e moeda no debate constitucional, p. 242).

juros reais, estipulado pelo parágrafo primeiro do art. 192 da Constituição; (iii) a difundida tese da necessidade de "uma única lei complementar" para regulamentar o SFN.[73]

Se a constituição tabelava ou não juros; a que tipo juros exatamente o texto constitucional pretendia referir (se juros reais ou nominais); se a norma em questão era dotada de aplicabilidade imediata; se havia um risco de vácuo regulatório no SFN como decorrência da supressão dos poderes normativos da autoridade monetária; se era ou não necessária uma lei única para disciplinar o SFN, ou se diversas leis complementares poderiam fazê-lo.

Essa foi a essência do debate jurídico ao nível das fontes constitucionais, no período que sucedeu a entrada em vigor da nova constituição.

A interpretação de dispositivos controversos praticamente colonizou as discussões — sobretudo em sede acadêmica.

Resultado: a despeito de a agenda de debates no campo de tensão entre constitucionalismo e regulação ser conhecida, e abranger temas de grande relevo — amiúde explorados em diversas áreas da governança pública —, no campo específico da moeda essas sendas especulativas e investigativas foram cultivadas muito aquém de suas reais possibilidades.[74]

Somando essa percepção ao de fato de que, de regra, a jurisprudência do STF, desde o advento da Carta de 1988, revelou uma tendência a confirmar decisões advindas do Poder Executivo em assuntos pertinentes ao sistema financeiro nacional,[75] constata-se então uma disposição para construir a legitimidade da autoridade monetária sobretudo com base em resultados gerados no espaço socioeconômico, de modo pragmático, como se a constituição e o seu discurso nada (ou pouco) tivessem a contribuir.[76]

[73] É o excelente resumo de VEIGA DA ROCHA, Jean Paul. Direito e moeda no debate constitucional, p. 242.

[74] "No Brasil, o direito monetário ainda tem sido objeto de poucos estudos científicos, não obstante sermos um dos países que mais desenvolveram a correção monetária, que já chegou a se constituir um *know-how* específico suscetível de exportação, e a sociedade que mais sofreu com planos monetários, tanto ortodoxos como heterodoxos, que arranharam a Constituição, violaram as leis, atingiram a propriedade privada e bloquearam o uso da moeda, pelos seus titulares" (WALD, Arnoldo. **O novo direito monetário**, p. 27-28).

[75] DURAN, Camila Villard. **Direito a moeda**, p. 122.

[76] DURAN, Camila Villard. **A moldura jurídica da política monetária**, p. 88.

A visão de que a União deve exercer o poder monetário atendendo às normas constitucionais vigentes, e que os poderes de que se encontra investida não são discricionários, mas uma atribuição condicionada pelo espírito e pelo sistema da ordem constitucional, encontrando em especial limites nos direitos individuais, embora ressaltada em alguns escritos,[77] parece não ter ganhado corpo e altura — pelo menos não corpo e altura *o suficiente* — no conjunto da teorização constitucional e do direito público brasileiro.

No espaço de imaginação institucional destinado à construção de alternativas regulatórias, assim como de desenhos de *accountability* política e social de autoridades monetárias — uma necessidade revalorizada, diante de um cenário que é de desafios e responsabilidade crescentes para os bancos centrais[78] —, a constituição parece não ocupar uma posição de destaque na literatura do Direito do Estado (se é que chega a ser lembrada).

É dizer, em outro giro verbal: na construção do sistema jurídico da moeda, os contornos normativos do poder monetário do Estado, tal como percebidos pela teoria do direito público, não necessariamente levam em conta a variável constituição.

E como inevitável consequência, nem sempre incorporam outro importante componente: o das liberdades e direitos fundamentais.

6. Primeiras críticas à concepção convencional do direito da moeda: a necessidade de uma reorientação teórica

Todas as impressões acima compartilhadas apontam para uma intuição convergente: no ar respirado nos domínios do Direito do Estado, dificilmente é possível perceber a nota de fundo moeda.

Em uma anotação crítica ao precedente do STF no caso Collor I — quando a corte apreciou a validade de diversas medidas do plano econômico, e em especial a ordem de bloqueio de ativos financeiros —, o economista Gustavo Franco observa, com feliz precisão, que uma das grandes lições daquele caso talvez tenha sido com respeito à forma vaga

[77] WALD. Arnoldo. Aspectos constitucionais do poder monetário. **Revista de Informação Legislativa**, Brasília, ano 28, n. 112, p.299-302, out./dez. 1991, p. 299.

[78] DURAN, Camila Villard. **A moldura jurídica da política monetária**, p. 298.

como a Constituição brasileira trata a moeda. Um importante aprendizado de como a inexistência de limitações claras ao poder monetário do Estado implica desproteger o cidadão do abuso (seja através da inflação, seja o perpetrado em reformas monetárias).[79]

Parece irreparável essa observação. Mas não só. Aparentemente é possível alargá-la, estendê-la, desdobrá-la uma nota além: é que, na verdade, não é apenas uma questão de a Carta de 1988 tratar a moeda de forma vaga.

É que a própria teoria do Direito do Estado, e a dogmática jurídica de maneira geral, incidem no mesmo tipo de problema. O direito constitucional, em especial, não parece ter percebido adequadamente a relevância do projeto institucional moeda, quer no conjunto da equação da separação dos poderes, quer na contextura da carta de direitos fundamentais.

Na base, uma das principais dificuldades diagnosticadas é a recusa, ou no mínimo o embaraço, em formular uma pergunta fundamental — pergunta esta muito bem colocada por Marlos Lopes Erling: "Qual a eficácia dos direitos fundamentais no âmbito do direito monetário"?[80]

Afinal, qual a dimensão própria da disciplina jurídica da moeda sob o ângulo das liberdades e direitos constitucionais? Que tipo de conflitos específicos essa dimensão, quase sempre negligenciada, revelou e continua a insinuar?

Aparentemente, essas perguntas não costumam ser formuladas (e tampouco respondidas) pela teoria jurídica com a insistência e consistência necessárias.

Se, como pontua Arnoldo Wald,[81] a evolução esperada do direito monetário seria no sentido de uma crescente sofisticação das soluções

[79] FRANCO, Gustavo H.B. **A moeda e a lei**, p. 474 ("A grande lição disso talvez tenha sido com respeito à forma vaga como a Constituição trata a moeda. Na verdade, a inexistência de limitações claras ao poder monetário do Estado - vale dizer, ao poder do Estado de criar e reformar a moeda - resulta em desproteger o cidadão do abuso, seja o praticado cotidianamente através da inflação, que nada mais é que um imposto sobre os detentores da moeda, seja o perpetrado em reformas monetárias que podem ter efeitos assemelhados a confiscos e empréstimos compulsórios"). Compartilhando impressões semelhantes, cf. WALD, Arnoldo. **O novo direito monetário**, p. 78.

[80] ERLING, Marlos Lopes Godinho. **Regulação do Sistema Financeiro Nacional**, p. 483.

[81] WALD, Arnoldo. **O novo direito monetário**, p. 77-78 ("A evolução do direito monetário está ensejando uma maior sofisticação nas soluções aplicáveis, não se podendo optar

aplicáveis, avançando a fronteira dos debates em torno do binômio nominalismo-valorismo, para alcançar questões mais afetas aos limites do poder monetário do Estado, e designadamente às balizas éticas da soberania monetária, talvez seja o caso de concluir que esse objetivo não foi inteiramente alcançado.

Com efeito, o direito da moeda parece ainda refratário ao que o publicista Gustavo Binenbojm, com feliz precisão e capacidade de síntese, denomina "giro democrático-constitucional":[82] a elevação das bases axiológicas da disciplina ao nível constitucional, passando pelo reconhecimento da centralidade dos direitos fundamentais e da democracia como nortes de toda ação administrativa. De fato, convocada a incorporar essa intenção interpretativa e aplicativa orientada a direitos fundamentais, a especulação jurídica relativa à moeda e ao dinheiro revela-se, se não avessa à sugestão, no mínimo pouco interessada.

Parece existir, demais disso, uma resistência em perceber que o sistema monetário não se resume a um punhado de relações técnicas entre órgãos públicos e instituições financeiras[83] — há uma ampla grade de conflitos sociais e jurídicos a respeito da produção e circulação da moeda, de incontornável interesse para o direito e a teoria constitucional.

Além disso, no debate em torno da regulação do dinheiro ao nível das fontes constitucionais, embora o tema da estabilidade monetária afigure-se central, não pode colonizar a inteireza das reflexões.

A superestimação do problema da inflação,[84] por mais que tenha forte razão (histórica, econômica e política) de ser, deve ceder espaço a outras preocupações de não inferior relevância.

simplesmente entre nominalismo e o valorismo, como faziam autores mais antigos. Algumas distinções se impõem para que as decisões atendam aos imperativos de justiça e eqüidade e se mantenha a coerência do sistema jurídico").

[82] BINENBOJM, Gustavo. **Poder de polícia, ordenação, regulação:** transformações político-jurídicas, econômicas e institucionais do direito administrativo ordenador. Belo Horizonte: Fórum, 2016, p. 37 e ss.

[83] É a importante reflexão de COZER, Cristiano de Oliveira Lopes. **Natureza e propriedades da moeda**, p. 163.

[84] Na verdade, por vezes uma questão, se não em si mesmo superestimada, talvez superestimada em face de outras — designadamente o problema dos riscos financeiros sistêmicos. Sobre o ponto, cf. EL-ERIAN, Mohamed A. **The only game in town**, p. 24 e 43.

Adicionalmente, a despeito de a sobrecarga de temas e matérias regulatórias na constituição não se afigurar necessariamente boa (a "sobreconstitucionalização" não é fórmula redentora), tampouco uma completa desconstitucionalização parece bem-vinda.[85]

A questão fundamental — e esta a tarefa de uma teoria constitucional da moeda adequadamente formulada — é entender a dinâmica causal, assim como os problemas próprios da regulação da moeda ao nível da lei fundamental, de modo a restringir, de forma inteligente, com os meios administrativos e institucionais próprios, e sempre de modo orientado à proteção de direitos fundamentais, a ação do Estado no campo monetário.

Na frase que epigrafa este capítulo, Walter Bagehot destacava que a essência peculiar do nosso sistema bancário é uma confiança sem precedentes entre um homem e outro. Verdadeiro. E parece igualmente verdadeiro que os juristas, de modo geral, talvez estejam confiando excessivamente que o direito — e a constituição em especial — tem pouco a dizer sobre o sistema normativo da moeda.

Conclusão

A reflexão jurídica sobre a moeda exibe um quadro de parcial indefinição. Diagnosticado como uma recusa (ou pelo menos uma dificuldade) crônica da dogmática do direito em perceber e tratar a moeda como objeto jurídico, foram colhidas impressões e explicações ilustrativas deste cenário.

O referido quadro de indeterminação pode ser resumido em três aspectos, que fazem da teoria jurídica da moeda um espaço de sombra e luz, um campo prático e especulativo em que a reflexão aguçada convive com franjas e tarjas de penumbra.

O primeiro desses aspectos manifesta-se como *esquecimento*. Isso porque, sobre a moeda, enquanto categoria jurídica e instituição social, não costuma se concentrar a teoria do direito — a teoria do Direito do Estado em especial.

Não é incomum que a doutrina de direito público, de olhos parcialmente cerrados, passe ao largo do tema da regulação monetária. Quando muito, resvalando a arena da vaguidade, a moeda é tomada como um dado,

[85] CANOTILHO, J. J. Gomes. **"Brancosos" e interconstitucionalidade**, p. 98.

sem maiores implicações jurídicas ao nível das fontes constitucionais, ou simplesmente como mais um projeto regulatório sem maior realce. No mínimo, perdida entre os horizontes do pretérito, a questão é tomada como um tema vencido e já ultrapassado.

O segundo aspecto revela-se enquanto *pressuposição*. A moeda é, nos quadrantes jurídicos, não apenas costumeiramente tomada como um dado, mas admitida como uma instituição social exclusiva ou inerentemente estatal. Aqui, trata-se de reconhecer que a subscrição de alguma das versões da teoria estatal da moeda opera como um sinete inconcusso, presumindo-se — conscientemente ou não — que a regulação do dinheiro é um projeção necessária da soberania estatal.

Subentende-se ainda, com diferentes graus de sofisticação, que o direito da moeda nada mais é do que a disciplina dos poderes de Estado sobre a emissão de dinheiro, uma ordenação voltada à limitação da discricionariedade do governo em matéria de emissão monetária, e nada muito além disso.

O terceiro vezo exibe-se como *emergência*. O direito monetário é amiúde tomado como algum tipo de direito interino, subsidiário e de incidência *in extremis*. Um conjunto de soluções jurídicas episódicas e *ad hoc*, esgrimidas para solver crises de transição monetária, de interesse precípuo nos contextos graves em que a saúde e a governança da moeda pública andam mal. O ramo do direito (privado ou público, parece não se saber ao certo) que trata — ou pelo menos anestesia — a moeda enquanto enfermiça, nodoada pelos efeitos das crises inflacionárias e deflacionárias.

O fio condutor das anotações críticas a esses três aspectos pôde ser assim resumido: a moeda é uma instituição muito mais sofisticada do que costumam refletir os juristas — e de implicações muito sensíveis aos níveis das fontes constitucionais e legais para ser assim simplesmente esquecida, pressuposta ou notada apenas em quadros extremos.

Uma reorientação perceptiva da moeda e da sua disciplina jurídica, ou antes, o fortalecimento dessa reorientação perceptiva já em curso, mostra-se assim conveniente, mercê do necessário exame do problema da regulação à luz de suas projeções jurídico-constitucionalmente relevantes.

É dessa forma que se sugere seja adequadamente endereçado, ou no mínimo verticalizado, o tratamento da disciplina jurídica da moeda em face da constituição.

Dois protocolos de confiança entretecidos com a indispensável contribuição do direito, não se recomenda que a moeda continue a ser mera espectadora do que se passa no campo da teoria constitucional, nem que continue invisível à reflexão mais amadurada e bem nutrida da teoria jurídica sobre outros projetos institucionais de igual (ou mesmo menor) relevo.

2.
O DIREITO MONETÁRIO VISTO DE CIMA: ELEMENTOS PARA UMA TEORIA CONSTITUCIONAL DA MOEDA — OS FUNDAMENTOS DO DEBATE SOBRE A CONSTITUIÇÃO MONETÁRIA

Nem a anarquia nem a política ordinária oferecem previsibilidade e estabilidade monetária.

— James Buchanan

É impossível apreender o significado da ideia da moeda estável se não se percebe que ela foi concebida como um instrumento de proteção das liberdades civis contra incursões despóticas por parte do governo. Ideologicamente, ela pertence à mesma classe das constituições políticas e das declarações de direitos.

— Ludwig von Mises

De uma forma historicamente mutável, a Constituição de uma comunidade organizada assentou sempre três pilares: poder, dinheiro e entendimento.

— J. J. Gomes Canotilho

Dentre alguns dos principais e trágicos episódios de hiperinflação ocorridos ao longo do século XX, encontra-se a experiência da Grécia, transcorrida entre os anos de 1943 e 1944.

Seguramente não eram circunstâncias usuais — o país estava sob ocupação alemã, em pleno curso da Segunda Guerra Mundial. O comissário-chefe das forças nazistas, Hermann Neubacher, sabia que deveria financiar a ocupação do país com recursos locais. E sabia também que o único imposto que os gregos não seriam capazes de evitar era precisamente aquele provocado pela inflação.[1]

O caso é relevante porque, como aponta a literatura, em nenhuma outra experiência monetária conhecida o banco central foi utilizado tão direta e deliberadamente para a maximização de receitas de senhoriagem. Uma situação clara de uso totalitário da moeda. Sem recursos em moeda forte para custear a ocupação e o esforço de guerra, o banco central, controlado por forças invasoras, desandou a praticar uma administração abertamente predatória da oferta de dracmas.A trajetória da inflação grega, depois de agosto de 1944, mostrou-se explosiva, a ponto de se tornar, considerados a média e o aumento mensal máximo nos preços, um caso mais crítico do que a famosa hiperinflação alemã de 1923.[2]

O fim da Segunda Guerra assistiu a outros episódios hiperinflacionários. O caso húngaro, provavelmente o mais impressionante e insólito de todos, registrou números de inflação de 307% ao dia (ou 6% por hora). Uma combinação de circunstâncias infelizes fez com que, mesmo após a cessação das hostilidades em 1945, a desvalorização brutal do *pengö* se tornasse o pior caso de hiperinflação já registrado.[3]

Porém, não é apenas em tempos de guerra, ou por força de ocupação de pérfidos regimes totalitários, que arbitrariedades ou intervenções monetárias temerárias são perpetradas. Nos insuspeitamente democráticos Estados Unidos da América, é notável o caso da *Executive Order n. 6102*, assinada em abril de 1933 por Franklin Delano Roosevelt. A ordem presidencial exigiu que todas as pessoas entregassem, até o dia 1º de maio daquele ano, quaisquer moedas, barras e certificados de ouro

[1] FRANCO, Gustavo H. B. **A moeda e a lei**, p. 564.

[2] MAKINEN, Gail E. The greek hyperinflation and the stabilization of 1943-1946. **The Journal of Economic History**, vol. 46, n. 3, p. 795-805, Sep. 1986.

[3] FRANCO, Gustavo H. B. **A moeda e a lei**, p. 564-565.

em sua posse, diretamente ao Federal Reserve, em troca de $ 20,67 por onça troy.

O episódio, ocorrido no contexto dos esforços para debelar os efeitos da Grande Depressão, é rico de elementos políticos e sutilezas econômicas. Mas a venda forçada de ativos privados, em uma democracia e uma cultura como a americana, não deixa de ser impressionante — sobretudo quando se considera que, nos próprios Estados Unidos, parece haver uma espécie de amnésia coletiva acerca do assunto.[4]

E sobre eventos delicados e potencialmente arbitrários envolvendo a moeda, talvez não seja preciso ir tão longe: a história brasileira recente exibe um repertório suficiente de perplexidades. A situação mais célebre, e ainda fresca na memória nacional, é seguramente a do Plano Collor I, que, dentre outras providências, previu restrições temporárias de liquidez — o (im)popular congelamento das poupanças, que até hoje atemoriza os brasileiros.

Essas e outras experiências, algumas ocorridas em momentos extremos, outras adotadas em contextos mais amenos e até mesmo com boas intenções de estabilização econômica ou monetária, denotam que a manipulação estatal sobre a moeda pode ser não apenas problemática, mas também agressiva e violenta.

Talvez seja até mesmo o caso de dizer que a experiência com a moeda é, na base, fundamentalmente violenta[5] — um processo invariavelmente timbrado pela presença e pela marca da autoridade (não raras vezes do autoritarismo), e coadjuvado pelo monopólio das armas e da tributação. O que a constituição faz (ou tenta fazer) é gerir essa violência. A constituição monetária é, em certo sentido, uma estratégia de gestão da violência estatal sobre a moeda; o protocolo político editado por uma determinada comunidade para lidar com ela.

O conteúdo dessa ordenação constitucional parcial pode encerrar prescrições diversas. Na base, porém, frequentemente é possível divisar um conjunto de compromissos fundamentais acerca de como a autoridade estatal deve ser exercida — quais os seus limites, as suas tarefas, e o que

[4] EDWARDS, Sebastian. **American default**: the untold story of FDR, the Supreme Court and the battle over gold. Princeton: Princeton University Press, 2018, p. xiv.

[5] AGLIETTA, Michel; ORLÉAN, André. **La violence de la monnaie**. 2 éd. Paris: PUF, 1984, p. 143.

se reserva aos particulares em termos de prerrogativas e garantias em face da potestade pública.

Além de *instâncias de poder*, essa ordenação contempla *instâncias de temporalidade*. Os projetos constitucionais são invariavelmente um cruzamento discursivo entre passado e futuro — uma instalação normativa na qual se convocam, além de lugares de experiência, lugares de esperança.[6] A constituição monetária, nessa perspectiva, expressa o protocolo político subscrito de modo duradouro entre o Estado os cidadãos, seja entrincheirando institucionalmente ganhos normativos capitalizados historicamente, seja proclamando tarefas e fins para o futuro.

Qual exatamente o horizonte de sentido dessa articulação normativa da moeda, desse protocolo político e temporal, ao nível das fontes jurídico-constitucionais, é o tema principal deste capítulo. Discutem-se a valia e os limites de uma abordagem constitucional da moeda, analisando-se, na sequência, o esquema básico, a ossatura elementar da ordenação jurídica do dinheiro no texto constitucional brasileiro de 1988.

Adota-se um enquadramento macroscópico, um grau médio de abstração, para que se tenha uma varredura e aprendizagem do conjunto normativo da disciplina constitucional da moeda em termos amplos, prendendo-se às necessidades e aos limites desta investigação. O enfoque, portanto, é sobre os aspectos *gerais* do subsistema, sondando-o tipologicamente.

Neste capítulo em especial, como no conjunto deste estudo de maneira geral, é válido rememorar que se concentra na noção *jurídica* de constituição monetária, na constituição monetária enquanto norma de direito. Não se trata, logo, da acepção em sentido econômico, mas sim legal.

Assim, a constituição da moeda será aqui descrita como a soma de elementos constitucionais de *design* (é dizer, decisões políticas fundamentais), positivados no texto de uma determinada carta política, que disciplinam a ordenação jurídica do dinheiro. A constituição da moeda, portanto, significa o conjunto das normas, de assento e hierarquia constitucional, para regulação do dinheiro no âmbito de um determinado Estado soberano.[7]

[6] CANOTILHO, J. J. Gomes. **"Brancosos" e interconstitucionalidade**, p. 26.

[7] HERRMANN, Christoph. **Währungshoheit, Währungsverfassung**, p. 147 ("In Anlehnung an die oben entfaltete Vorstellung von der Wirtschaftsverfassung als der 'rechtlichen

Além disso, falar em constituição monetária não é falar (ao menos não aqui) em arquitetura do sistema monetário;[8] é tratar de liberdades individuais e de limites ao poder estatal. É refletir sobre a dimensão própria da justiça no campo da moeda.

Há diferentes entendimentos acerca do que seja a constituição monetária, diferentes abordagens para perscrutar o seu conteúdo. Fez-se aqui a escolha pela análise ao nível jurídico, indagando-se pelos direitos, liberdades e poderes do Estado sobre a moeda, e sua respectiva modulação constitucional.

Mais um registro: empregando-se a voz constituição monetária, quer-se aludir ao bloco de normas integrantes do texto constitucional propriamente dito, formalmente considerado. A constituição jurídica da moeda, a forja do mecanismo operacional do dinheiro e do sistema monetário, vai muito além da carta política de um país. Não se tem dúvida, nesse sentido, que atos de estatura legislativa, como a Lei do Sistema Financeiro Nacional (Lei nº 4.595/1964), ou mesmo de hierarquia infralegal, como o decreto presidencial que disciplina o regime de metas de inflação (Decreto nº 3.088/1999), são constitutivos da moeda nacional, no sentido de moldarem a arquitetônica do sistema. Não são constitucionais, jurídico-constitucionais, porém, na acepção aqui empregada.

Constitucional será, portanto, apenas o que desfruta, jurídico-positivamente, dessa qualidade e dessa hierarquia.

Com isso não se pretende excluir a valia de outros sentidos ou acepções para a constituição monetária — trata-se apenas de assentar que não é o campo de significado explorado neste estudo. O que presentemente se analisa é o espaço jurídico-institucional forjado, pela constituição, para a moeda.

Grundordnung des Wirtschaftslebens' lässt sich die Geld-bzw. Währungsverfassung damit all die 'rechtliche Grundordnung', als 'die Summe der verfassungsrechtlichen Gestaltungselemente der Ordnung des Geldes' beschreiben. Währungsverfassung meint somit die Gesamtheit der verfassungsrechtlichen Normen zur Regelung des Geldes, die ein Staat in Ausübung seiner Währungshoheit erlässt").

[8] Enfatizando a dimensão constitucional do dinheiro enquanto arquitetura e estrutura de *design*, cf. DESAN, Christine. The Constitutional Approach to Money: Monetary Design and the Production of the Modern World. In: BANDELJ, Nina; WHERRY, Frederick F.; ZELIZER, Viviana (ed.). **Money Talks**: explaining how money really works. Princeton: Princeton University Press, 2017, p. 109-130.

Sim, porque se efetivamente procede a conhecida frase de Georg Friedrich Knapp, de que a moeda é uma criatura da ordem jurídica, segue-se que é também, e em especial, um produto do ato normativo fundamental, fundante e hierarquicamente superior desta ordem — logo, também uma *criatura da constituição.*

1. Preliminarmente: esboço de uma ontologia da moeda e da lei monetária: a metafísica jurídica do dinheiro

Antes de qualquer investida ou incursão sobre o território da disciplina constitucional da moeda, revela-se fundamental indicar o que exatamente se procura; pelo que se indaga; qual o ser, a substância desse ente que se espreita. Com efeito, indicar as coordenadas semânticas daquilo que se nomina como moeda — moeda a que o objeto específico deste estudo propõe-se a regular — é uma etapa preliminar da investigação.

Ainda que a percepção de senso comum, a noção ordinária do que sejam o dinheiro e a moeda permita adentrar no campo da investigação sem maiores dificuldades, e ainda que a falta de um refinamento crítico não chegue a prejudicar o encaminhamento das reflexões que seguem, apontar objetivamente as notas conceituais mais salientes da concepção de moeda aqui subscritas tem, ao menos, o mérito de clarificar o campo de análise. Trata-se de uma marcação teórica importante, apta a explicitar subentendidos e pressuposições — e, na melhor das hipóteses, capaz até mesmo de desfazer alguns mal-entendidos.

Sobre o problema da definição do dinheiro, da sua conceituação e apreensão da sua substância, já se disse que as grandes invenções do homem são as palavras e o dinheiro — e que "palavras a respeito do dinheiro são, portanto, de duplo interesse para nós".[9]

[9] BUCHAN, James. **Desejo congelado**: uma investigação sobre o significado do dinheiro. São Paulo: Record, 2000, p. 175. E, de fato, a literatura talvez seja um dos melhores repositórios de definições e conceituações a respeito do dinheiro e da moeda. Grandes nomes das letras deram sua contribuição ao problema, estimulando o pensamento com formulações elegantes, curiosas ou simplesmente mais enigmáticas que o próprio tema *in definiendo.* Neste vasto repertório, encontram-se os aforismos e as citas de Doistoésvki ("dinheiro é liberdade cunhada"; em algumas versões, "liberdade sonante" ou "liberdade amealhada"), Borges ("o dinheiro é um repertório de futuros possíveis"), Nietzsche ("dinheiro é a alavanca do poder") e Somerset Maugham ("um sexto sentido, sem o qual você não pode ter pleno uso dos outros cinco"). De Shakespeare, como sabido, recebeu predicados sórdidos (de "escravo dourado", "prostituta vil

Palavras a respeito do dinheiro são de interesse no que permitem aclarar o território semântico da investigação, precisando quais exatamente as suas notas determinantes, as dimensões do conceito. Sim, porque, de maneira geral, a moeda é essa espécie de linguagem comum ("que todas as nações do mundo compreendem", como já observou o dramaturgo inglês Aphra Behn), que a generalidade das pessoas fala (ainda que usando dialetos distintos), mas que poucos conseguem precisar exatamente *o que é*.

Daí a necessidade de uma arrumação conceitual, que franqueie o manuseio mais preciso do termo moeda, e que conceda uma orientação necessária em face da polissemia com que a expressão é empregada (não raras vezes, até mesmo pelo legislador).[10]

Para que se entenda melhor o que é a moeda, e especialmente o que é a moeda *em sentido jurídico*, é preciso analisar duas questões sutilmente diversas: a primeira, qual é o *conceito* de moeda (isto é, qual a natureza, a qual realidade essa noção se refere, qual o ser desse ente, o que faz a moeda ser aquilo que ela é); a segunda, qual o *enquadramento jurídico* da moeda em um determinando ordenamento (isto é, qual o regime jurídico da moeda no contexto específico de um dado sistema normativo).[11]

Analise-se inicialmente a primeira dessas questões — quais são as coordenadas ontológicas do dinheiro, da sua natureza, do que faz a moeda ser aquilo que ela é, assim como para que e por que ela é utilizada.

A questão decisivamente não tem uma resposta fácil. O tema é dos mais movediços não apenas na literatura jurídica, mas mesmo na econômica e, pode-se dizer, inclusive entre cultores da filosofia. O que se esboçará aqui, diante disso, é uma aproximação, uma indicação das marcações principais que permitem apreender, se não o conceito de moeda em si, ao menos a acepção em que é empregado neste trabalho.

da humanidade" o ouro foi famosamente batizado pelo bardo inglês). Economistas também ensaiaram aproximações, valendo recordar Adam Smith ("uma linha férrea através do ar", referindo-se especificamente ao padrão-ouro) e Hayek ("a maior ferramenta da liberdade").

[10] É a precisa observação de CORREIA, Francisco Mendes. **Moeda bancária e cumprimento**, p 46. Em sentido semelhante, mas destacando que a resposta à indagação pela natureza do dinheiro é especialmente relevante para a própria definição de medidas de política monetária (visto que só se pode definir uma política se se souber o que é um dinheiro bom), cf. ZELMANOVITZ, Leonidas. **La ontológia y función del dinero**, p. 57.

[11] Empreendendo essa distinção, CORREIA, Francisco Mendes. **Moeda bancária e cumprimento**, p. 94.

De maneira geral, a literatura costuma definir a moeda a partir das suas *funções*. São as funcionalidades do dinheiro que se costumam empregar para circunscrever o campo semântico. O dinheiro, nesse sentido, e segundo essa conceptualização clássica, usualmente encontrada em obras jurídicas e de ciências econômicas, é o ativo aceito de modo geral, que cumpre as funções de (i) meio de troca, (ii) unidade de conta e (iii) reserva de valor.[12]

Pela função de *meio de troca*, alude-se à utilidade da moeda para servir como instrumento em transações indiretas, tornando desnecessária a dupla coincidência de vontades entre os sujeitos que intercambiam bens e serviços. A moeda, enquanto instrumento dotado de grande comerciabilidade, sendo o ativo mais vendável de todos, exerce a função de intermediária de trocas com excelência, diminuindo custos de transação.[13] Para alguns autores, a função de *meio de pagamento* está absorvida na noção de meio de troca, ou é caracterizada como um mero desdobramento desta.[14]-[15]

A função de *unidade de conta* remete ao emprego do dinheiro como régua ou denominador comum de valor, tornando desnecessária a comparação de pares de bens para que as transações possam ser estimadas e realizadas. Atua assim como uma referência para as transações da economia, representando a unidade em que a avaliação dos preços de bens e

[12] Refletindo essa apreensão estritamente funcional da moeda, cf. GUDIN, Eugenio. **Princípios de economia monetária**. 9. ed. Rio de Janeiro: Agir Editora, 1976, p. 17 e ss; CARVALHO, Fernando J. Cardim de *et alii*. **Economia monetária e financeira**, p. 1; GISCHER, Horst; HERZ, Bernhard; MENKHOFF, Lukas. **Geld, Kredit und Banken**, p. 3-4.

[13] CORREIA, Francisco Mendes. **Moeda bancária e cumprimento**, p 43. ZELMANOVITZ, Leonidas. **La ontológia y función del dinero**, p. 76. SIMITIS, Spiros. Bemerkungen zur rechtlichen Sonderstellung des Geldes. **Archiv für die civilistische Praxis**, 159. Bd., H. 5, p. 406-466, 1960, p. 413.

[14] HAHN, Hugo J.; HÄDE, Ulrich. **Währungsrecht**, p. 9. CORREIA, Francisco Mendes. **Moeda bancária e cumprimento**, p 44-45, para quem a função de meio de pagamento é autônoma, traduzindo o papel que moeda apresenta na extinção de dívidas.

[15] Importante ainda deixar claro que, embora a moeda cumpra a função de meio de pagamento, ela não se confunde com os chamados *meios* ou *processos de pagamento*. O mercado de meios de pagamento envolve processos executados por pelo menos três agentes, com funções distintas, responsáveis pelo fluxo que vai desde o ato de pagamento pelo usuário, passando pelas aprovações, até o recebimento efetivo pelo estabelecimento que aceita esse tipo específico de pagamento (RAGAZZO, Carlos. **Regulação de meios de pagamento**. São Paulo: Revista dos Tribunais, 2020, p. 18).

serviços é expressa. A moeda, aqui, é a medida geral do valor e do preço ("valorímetro").[16]

A noção de *reserva de valor* traduz a valia da moeda para preservar valor ao longo do tempo. Na medida em que, de um modo geral, não se consomem, no curto prazo, todos os ativos recebidos em uma troca, a estabilidade do valor no tempo por meio de algum ativo revela-se fundamental. A funcionalidade como reserva de valor significa a retenção do poder de compra: a unidade de conta mantém-se (ou deve ser mantida) estável.[17]

A conceptualização da moeda em termos funcionais é tão clássica quanto útil. Ela elucida quais classes de ativos desempenham um conjunto cumulativo de tarefas e, desse modo, credenciam-se a serem qualificados como moeda.

Ainda assim, o problema mais evidente dessa definição estritamente funcional de moeda é que ela se revela *dessubstancializada*. É uma definição que diz aquilo para que a moeda *serve*, não aquilo que ela *é*. As funções da moeda não explicitam propriamente a natureza do dinheiro, embora possam esclarecê-la.

Sim, é verdade já se ter dito que a moeda é algo inerentemente sem substância; que a moeda é aquilo para o que ela serve.[18] Mas esse referencial é insuficiente. Uma arrumação conceitual adequada precisa dar conta das diferentes dimensões de um ente; precisa elucidar a substância daquilo que é em suas diferentes facetas, identificando suas fronteiras e limites. E enumerar os usos de uma coisa é apontar apenas para sua *causa final*, para apenas uma de suas fronteiras — reduzindo assim o campo de inteligibilidade.

Portanto, é precisar indagar por aquilo que a moeda efetivamente é — e não apenas por aquilo a que, sendo a moeda o que é, serve e se presta.

Essa indagação não é fundacionalista, no sentido de acreditar que há um *ser-da-moeda* fixo, estável ou mesmo eterno, e que a moeda seja sempre

[16] CORREIA, Francisco Mendes. **Moeda bancária e cumprimento**, p 43. HAHN, Hugo J.; HÄDE, Ulrich. **Währungsrecht**, p. 10.

[17] CARVALHO, Fernando J. Cardim de *et alii*. **Economia monetária e financeira**, p. 3.

[18] "Economistas e juristas, modernamente, qualificam a moeda, não pela forma, mas (sobretudo) pelas funções que ela desempenha. Em certo sentido, diz-se até que a moeda não tem estrutura, mas complexidade funcional" (SILVA, João Calvão. **Euro e direito**. Coimbra: Almedina, 1999, p. 63).

e em todo o lugar a mesma coisa.[19] Trata-se, na verdade, de buscar as coordenadas globais desse ser — uma aproximação, uma captura das suas notas mais gerais, do perfil de sua inteligibilidade.

Uma perspectiva ontológica da moeda tem em mira os seus elementos constitutivos, enfocando aquilo que é importante ou decisivo a respeito de um ente.[20] Enfoca-se a estrutura interna e a as partes constitutivas do objeto conceituado, aferindo ainda como interage em sua dinâmica global e com o ambiente em que se encontra inserido. Além disso, uma ontologia de boa qualidade concentra-se não em propriedades acidentais, mas em elementos que são determinantes — isto é, elementos que desempenham papel importante na elucidação de explicações e mecanismos *causais*.[21]

Dentro dessa linha, um rascunho conceitual da moeda pode ser amadurecido a partir da consideração de ao menos quatro vetores causais, que permitem a penetração no ser do dinheiro. Se conhecer um ente é conhecer as causas que concorrem para a sua constituição — fórmula que apresenta claro precedente na teoria aristotélica das quatro causas[22] —, convém examinar a questão à luz das causas *material*, *formal*, *eficiente* e *final*.[23]

Por causa material tem-se em mira o substrato, o *de que* uma coisa é feita. Falando-se em causa *formal*, alude-se ao seu princípio de inteligibilidade, à sua estrutura interna de funcionamento e operação, sendo aquilo que dá ou confere determinação à matéria. Causa eficiente é o princípio e origem do movimento, aquilo que faz o ser passar da potência ao ato.

[19] Abdica-se, pois, da tentativa de desvelar essências, quintessências ou verdades apriorísticas. Sobre o ponto, cf. MENDONÇA, José Vicente Santos de. **Direito constitucional econômico**: a intervenção do estado na economia à luz da razão pública e do pragmatismo. Belo Horizonte: Fórum, 2014, p. 36-37. Da circunstância de que um conceito de moeda inscrito na natureza das coisas não é buscado, porém, não se entenda que uma exploração ontológica revele-se impossível.

[20] GOERTZ, Gary. **Social Science Concepts:** A User's Guide. New Jersey: Princeton University Press, 2006, p. 27. Como destaca o autor: "Concepts are about ontology. To develop a concept is more than providing a definition: it is deciding what is important about an entity".

[21] GOERTZ, Gary. **Social Science Concepts**, p. 29-30.

[22] ARISTÓTELES. **Metafísica**, volume II. Ensaio introdutório, texto grego com tradução e comentário de Giovanni Reale. 5. ed. São Paulo: Edições Loyola, 2015, p. 73.

[23] ANTUNES, Jadir. Aristóteles e a metafísica do dinheiro. **Revista Internacional de Filosofia**, v. 6, n. 3, p. 85-110, 2015, p. 100.

Por derradeiro, diz-se causa final o *para qual*, o *em vista do que* atua a causa eficiente; é o fim e o bem a que se visa.[24]

O que parcela considerável dos conceitos a respeito da moeda faz é considerar ou atualizar apenas uma dessas quatros dimensões, enfocando ora na causa material, na formal, na eficiente ou na final.[25] Como visto, inclusive, a ênfase nas funções da moeda como expediente habitual de definição de dinheiro é um destaque conferido à sua dimensão final, ao seu *telos*, à intencionalidade da tecnologia social do dinheiro.

Pois bem. A partir dessas coordenadas, a primeira dimensão a ser observada é que a moeda é um experimento de tipo essencialmente comunicativo. Um regime monetário é sobretudo uma função da linguagem, uma tecnologia ou instituição que, por meios discursivos, gerencia confiança e crédito. Já se disse, em formulação bastante feliz, que a economia monetária é uma "economia de palavras", e que é a linguagem que permite gerenciar expectativas e criar pontes de credibilidade em direção ao futuro.[26]

E, de fato, o dinheiro não se confunde com a base material ou digital em que opera. A moeda, em certo sentido, e sobretudo o papel-moeda fiduciário, é uma afirmação do ideal sobre material.[27]

Daí se afirmar que, na base, a causa *eficiente* do dinheiro é o *nomos*, a lei humana discursivamente articulada[28] — situação inclusive muito bem refletida na palavra grega para moeda *(νόμισμα)*, como locução derivada de *νόμος:* um uso, um costume, uma lei ou ordem. Esse *nomos*, já se disse, é uma instância de significado, uma instância constituída por um sistema de tensão entre realidade e uma imagem ou visão.[29]

24 ARISTÓTELES. **Metafísica**, p. 15.

25 SANTOS, Mário Ferreira dos. **Tratado de Economia**, vol. II. São Paulo: Editora Logos, 1962, p. 203, onde mapeia quarenta e três definições a respeito do dinheiro e da moeda.

26 "The bridge to the ephemera of expectations, to sensibilities in the future, is constructed in part with language, through the technical modeling of what I am referring to herein as an 'economy of word'" (HOLMES, Douglas R. **Economy of words**: communicative imperatives in central banks. Chicago: University of Chicago Press, 2014, p. 10).

27 SHELL, Marc. **Dinero, lenguaje y pensamiento**: la economína literária y la filosófica, desde la Edad Media hasta la época moderna. México: FCE, 1985, p. 23.

28 ANTUNES, Jadir. Aristóteles e a metafísica do dinheiro, p. 100-101.

29 COVER. Robert M. Nomos and narrative. **Harvard Law Review**, vol. 97: 4, p. 4-68, 1984, p. 9.

A moeda, nesse sentido, considerada a sua causa eficiente, é um discurso estruturado, uma modulação específica da linguagem por meio da qual se comunica valor.[30]

Esse discurso estruturado, esse *nomos*, apresenta, enquanto instância de significado, um conjunto de signos que não apenas lhe dão estrutura, mas que também lhe imprimem operacionalidade. Trata-se, aqui, da dimensão, da causa *formal* da moeda — sua lei de funcionamento interno, a composição e relação entre os respectivos elementos constitutivos, que permite operar como opera.

Nesse sentido, das muitas tentativas de capturar a definição da moeda, concorda-se com André Lara Resende no sentido de que a mais abrangente e fecunda parece aquela que vê a moeda como um *sistema de registro de débitos e créditos*, acessível de forma eficiente e segura para todos, e que desfruta de credibilidade pública.[31] E essa é justamente a dimensão *formal* da moeda: o dinheiro é uma linguagem estruturada para comunicar valor, que se encontra desenhada e articulada enquanto sistema de créditos e débitos, acessível e eficiente.

Esse sistema, esse registro de créditos e débitos, naturalmente, precisa ter uma representação, um modo de manifestação próprio. O sistema de signos linguísticos por meio do qual a linguagem da moeda opera necessita de uma base, de uma materialização simbólica para funcionar. Esta pode ser considerada, então, a causa ou dimensão *material* da moeda: base físicas ou digitais, *tokens* ou *ledgers*, que são reconhecíveis, usáveis e manejáveis entre os usuários da moeda.

Essa base diz-se aqui material, com isso não se querendo dizer que seja necessariamente *física* — como sabido, a desmaterialização do dinheiro, e seu funcionamento em registros puramente digitais, são crescentes.

Por derradeiro, quanto à causa *final* da moeda, já foi anteriormente referida. Embora os usos do dinheiro não estejam de antemão definidos, e o titular do ativo monetário possa lhe imprimir a destinação que bem

[30] CUNHA FILHO, Marcelo de Castro. As bases institucionais da moeda. **Revista Estudos Institucionais**, vol. 7, n. 1, p. 419-441, jan./abr. 2021, p. 424, onde é explorada a questão à luz da teoria da Niklas Luhmann.

[31] RESENDE, André Lara. **Consenso e contrassenso**, p. 163. Em sentido semelhante: MARTIN, Felix. **Dinheiro:** uma biografia não autorizada. São Paulo: Portfolio-Penguin, 2016, p. 23.

entender, de modo medianamente diferenciado, a moeda volta-se ao cumprimento das três funções classicamente catalogadas: meio de troca, unidade de conta e reserva de valor. Qual delas predomina, e qual pode até mesmo ser considerada fundante do dinheiro tal como o conhecemos, não é o tema a ser enfrentado.

Até mesmo porque, e essa aspecto conceitual e ontológico deve ser enfatizado, subscreve-se aqui a visão da moeda como um *continuum*. Define-se dinheiro não a partir de uma lógica de *all or nothing*, mas como autêntico gradiente de possibilidades.

O dinheiro pode ser vislumbrado como um gradiente em que essas diferentes dimensões causais (especialmente a dimensão final, alusiva aos fins e funções) encontram-se articuladas, de múltiplos modos e intensidades. Há algo, pois, de gradual na compreensão da moeda — circunstância muito bem capturada na conhecida formulação de Hayek, no sentido de que o que existem são graus de *moneyness*, diferentes graus de monetariedade dos variados tipos de ativos que performam como dinheiro.[32]

A essa compreensão da moeda como um gradiente de possibilidades deve-se somar outra: a da concepção dos atributos e característica do dinheiro como algo *elástico*. Elástico no sentido de que nem todas as características e funções típicas da moeda precisam estar cumulativamente e em grau ótimo presentes em um determinado ativo, para que se lhe possa atribuir a natureza de moeda — ou, pelo menos, algum grau de monetariedade. Talvez uma ilustração simples, e de fácil recordação, seja o caso da engenharia conceitual da URV, no contexto do desenvolvimento do Plano Real: um exemplo doméstico em que se introduziu uma moeda de conta geral, ainda que sem valia como meio de pagamento.

Por fim, uma última nota do esboço conceitual aqui divisado para a moeda. A avaliação do que o dinheiro seja, ou de que ativos podem ser considerados como moeda, opera ao nível ontológico, e não deontológico. É avaliação que tenta apreender o que o dinheiro *é*, e não o que *deve ser*, ou ainda o que torna um dinheiro melhor ou mais excelente do que outro. Para esse mister, o que convém explorar são os *atributos* ou *propriedades* da moeda — que não serão aqui examinados, mas que merecem

[32] HAYEK, Friedrich August von. **Denationalization of Money**: the argument refined. 3. ed. London: Institute of Foreign Affairs, 1990, p. 56.

pelo menos alusão nas figuras da *comerciabilidade* (salabilidade, *saleablenss, Absatzfähigkeit*) e *dureza* (*hardness*).[33]

Essas, portanto, as coordenadas ontológicas da noção de moeda aqui subentendidas. Note-se que elas não fixam o sujeito emissor do dinheiro, e muito menos colocam o Estado como agente único apto a dispensar um ativo com caracteres monetários. Sem embargo de reconhecer que, historicamente, a moeda estatal é o caso central da moeda enquanto instituição social, não se avalia que esse fato atraia as consequências ontológicas amiúde atribuídas.

E aqui convém tecer breves considerações a respeito do *enquadramento jurídico*, do regime legal da moeda no contexto de um determinado sistema. Sim, porque uma coisa é o estatuto ontológica da moeda (suas coordenadas metafísicas, indicativas do ser do dinheiro); outra, o estatuto jurídico do dinheiro em uma ordem jurídica concreta.

O regime jurídico da moeda corresponde ao conjunto de atividades dirigidas à sustentação da validade da moeda. Esse regime jurídico é a parcela do ordenamento jurídico que se dedica a (i) estabelecer as características formais da moeda, (ii) disciplinar o curso da moeda nacional, inclusive o seu emprego como meio de pagamento, e (iii) regular as hipóteses de emprego da moeda estrangeira em território nacional.[34]

No caso do sistema jurídico brasileiro, as coordenadas a respeito do regime jurídico da moeda têm delineamentos bem assentados. De fato, sobre o enquadramento legal do dinheiro, e com amparo na dicção expressa da Lei nº 8.880/1994 (art. 1º, *caput* e §1º), assim como nos arts. 1º e 2º da Lei nº 9.069/1995, a moeda corresponde ao padrão de valor monetário exclusivo, dotado de natureza liberatória de obrigações patrimoniais, revestido de curso legal e de exclusiva emissão pelo Estado, por

[33] ZELMANOVITZ, Leonidas. **La ontológia y función del dinero**, p. 76-77. CORREIA, Francisco Mendes. **Moeda bancária e cumprimento**, p. 53.

[34] COZER, Cristiano de Oliveira Lopes. **Natureza e propriedades da moeda**, p. 130. Como pontua o autor, a definição do regime jurídico da moeda não se confunde com o regime jurídico da produção da moeda (que se ocupa de definir os processos de criação, negociação e destruição de moeda), nem com o regime jurídico da política monetária (concentrado na definição dos objetivos gerais, competências, instrumentos e limites para a condução da política monetária), e tampouco com o regime monetário propriamente dito (que prescreve normas específicas para execução da política monetária, via restrição da discricionariedade da autoridade monetária).

meio de órgão competente.[35] Trata-se, aqui, da noção geralmente aceita de que moeda é o meio de pagamento emitido e administrado pelo Poder Público, apresentando eficácia liberatória em face de obrigações públicas e privadas.

Nesse sentido, ao menos no ordenamento brasileiro, não parece haver maiores dúvidas a respeito do que seja, *juridicamente*, moeda. Diferentemente do que sucede em outros países, não se identificam maiores debates nem indagações a respeito do que encontra enquadramento típico como moeda, ou mesmo se algumas de suas materializações específicas (como dinheiro escritural, moeda bancária, valores pagos em sede de execução, dentre outros exemplos) consubstanciam ou não moeda estatal.[36] O conceito jurídico, ou pelos menos o conceito *legal* e *infralegal* de moeda, é orgânico e unitário.

Um aspecto, porém, válido de pontuar, é que a constituição não apresenta um conceito de moeda. É natural, porém, supor que ela se assenta na noção amiúde aplicada pela legislação infraconstitucional.

Uma questão que talvez remanesça em aberto, porém, é se a constituição admite que outros ativos, qualificáveis ontologicamente como moeda (isto é, dotados de alguma monetariedade), podem receber tratamento jurídico, se não igual, análogo.

2. Por uma teoria constitucional da regulação monetária: seu sentido, sua importância e seus limites

Indicadas as coordenadas semânticas do que se entende por moeda neste estudo, e qual horizonte de significado específico que se tem em mira, é igualmente importante precisar qual a abordagem jurídico-constitucional aqui proposta; qual o enfoque teórico insinuado quando se fala em *teoria constitucional da moeda*, ou em *leitura constitucional do direito monetário*, assim como que conjunto de pressuposições e de limitações antecedentes esse enfoque subentende.

[35] Fazendo um amplo apanhado de outras normas legislativas que, compatíveis com esse enquadramento, definem o regime, cf. COZER, Cristiano de Oliveira Lopes. **Natureza e propriedades da moeda**, p. 133 e ss.

[36] Recenseando essas divergências, em países como Portugal, Inglaterra e Alemanha, cf. CORREIA, Francisco Mendes. **Moeda bancária e cumprimento**, p. 97 e ss.

Antes, não se pode deixar de registrar que o exame proposto, a "altura teórica" sugerida, de uma exploração da moeda e do dinheiro ao nível mais elevado das fontes de legitimação do ordenamento jurídico, não se revela inédito. Uma longa tradição — que não é apenas jurídica, mas especialmente filosófica — pode ser rastreada no campo da ética e da deontologia monetária, ocupando-se ela, além da precisão conceitual e da definição do ser da moeda, da armação das bases do entendimento a respeito do que seja uma *moeda justa*.[37]

Esse importante debate, a respeito da justiça monetária, de seu conteúdo e desdobramentos, apresenta antecedentes dignos de nota, deitando raízes nas obras de pensadores da envergadura de Platão[38], Aristóteles[39] e São Tomás de Aquino.[40]

Todavia, é importante sinalizar que se adota, nesta investigação, uma ambição significativamente mais restrita a respeito do sentido e das possibilidades de uma leitura constitucional da moeda e do direito monetário. Na base dessas limitadas intenções, encontra-se a percepção de que um dos papéis fundamentais do direito é o de garantir expectativas normativas; o direito pode ser um instrumento relevante para estabilizar expectativas e servir como ancoragem institucional à confiança na estabilidade do padrão monetário.[41]

Dentro dessa perspectiva, pretende-se então apontar — na verdade, enfatizar — o papel específico das constituições no conjunto desse quadro institucional, enquanto fundamento específico de confiança e de legitimação para o sistema monetário e para as ações do Estado no campo do dinheiro e da moeda.

[37] REIFNER, Udo. **Das Geld**: Recht des Geldes – Regulierung und Gerechtigkeit, p. 17.

[38] BALOGLOU, Christos P. Die geldtheoretischen Anschauungen Platons. **Jahrbuch für Wirtschaftsgeschichte (JWG)**, p. 177-187, 1994/2.

[39] ANTUNES, Jadir. Aristóteles e a metafísica do dinheiro. **Revista Internacional de Filosofia**, v. 6, n. 3, p. 85-110, 2015.

[40] WITTRECK, Fabian. **Geld als Instrument der Gerechtigkeit in die Geldrechtslehre des Hl. Thomas von Aquin in ihrem interkulturellen Kontext**. Paderborn: Ferdinand Schöningh, 2002.

[41] DURAN, Camila Villard. **A moldura jurídica da política monetária**, p. 59, onde enfoca a questão especificamente sob o ângulo da garantia jurídica da independência dos bancos centrais.

Ambições de teorização da justiça monetária para além dessa fronteira encontram-se, logo, absolutamente fora dos limites e do escopo deste estudo. O objetivo é empreender uma sistematização das normas constitucionais positivas relativas à moeda, explicando construtivamente o conteúdo e a estrutura das prescrições introduzidas por essas normas. Essa construção é realizada não de acordo com expectativas meramente subjetivas de justiça, mas sim com base nas diretrizes constitucionais objetivas relativas à justiça monetária, tal como concretamente materializadas no texto constitucional de 1988.[42]

Dito isto, consigne-se que a proposta de um exame constitucional da regulação monetária parte de uma *constatação* — da constatação de uma *necessidade* ou *demanda* específica, relativa ao estudo do direito monetário e da especulação jurídica a respeito da moeda. Diante da constatação dessa necessidade, sugere-se um determinado tipo de investigação, uma determinada modalidade de exploração teórica da regulação monetária. A essa exploração, que possui um *sentido* bem delimitado e específico, atribui-se uma certa *importância*, um valor que a justifica. Finalmente, avalia-se que a abordagem proposta apresenta indisfarçáveis *limites*, que já de saída merecem ser colocados às claras.

Assim sendo, a *teoria constitucional da moeda* aqui defendida possui pelo menos esses cinco elementos: baseia-se em uma *constatação*, decorre de uma *necessidade*, apresenta um *sentido* bem delimitado, possui alguma *importância* que a justifica, e apresenta inexoráveis e confessados *limites*. Convém, então, desdobrar esses elementos.

A respeito da constatação, já disse em momento pretérito que reside na observação de que os debates jurídicos, posteriores à Constituição de 1988, revelaram-se incapazes de lidar com a complexidade da moeda e do crédito, concentrando excessiva energia em questões ociosas — tais como a suposta revogação dos poderes normativos do CMN pelo art. 25 do ADCT, o limite de 12% para os juros reais estipulado no art. 192 e na tese da necessidade de uma única lei complementar para regulamentar o SFN.[43] A despeito de se encontrarem no coração do sistema econômico,

[42] Subscreve-se aqui a cautela de ÁVILA, Humberto. **Sistema constitucional tributário**, p. 79-80.

[43] Trata-se da acurada crítica de VEIGA DA ROCHA, Jean Paul. Direito e moeda no debate constitucional, p. 241. Em sentindo semelhante: DURAN, Camila Villard. **A moldura jurídica da política monetária**, p. 31.

o formalismo e a falta de uma reflexão mais madura a respeito do projeto institucional moeda impressionam.

Sintomático desse quadro é o diagnóstico da discrepância entre o cânone dos livros-texto, de um lado, e a realidade do direito brasileiro, de outro, encontrando-se descasados o discurso jurídico corrente e a prática regulatória, assim como direito que resulta da interpretação construtiva do STF.[44]

A importância do bem público moeda e o papel do direito nesse campo parecem às vezes fora de sintonia.

Ocorre que a posição privilegiada dos bancos centrais no marco de governança do Estado Regulador, aliada à expansão crescente de poderes significativos do Estado — e da autoridade monetária em especial — nesse domínio exigem uma reflexão, um pensar diverso.

Restou evidente, nesse sentido, haver uma demanda. Demanda por uma reflexão mais detida da organização institucional do poder monetário ao nível jurídico — em compasso, por exemplo, com os esforços empreendidos no campo da ciência econômica e da ciência política.[45] Demanda por um exame que lance luz sobre questões como institucionalização das relações de *accountability* entre autoridade monetária, sociedade e poderes políticos; sobre a estrutura da prestação de contas e da responsabilização de bancos centrais; a respeito da identificação de atores estratégicos e poderes de veto para o processo de institucionalização jurídica; acerca das potencialidades de constituições, leis e tratados (*hard law*) para efetivamente balizar o agir da administração monetária.[46]

Nos domínios específicos do direito constitucional, o rol de problemas envolvidos por esse olhar mais amadurado abrange um espectro igualmente amplo de questões. Jean Paul Veiga da Rocha os sumaria com grande lucidez: (i) conciliação do *status* de autonomia das agências reguladoras com a liderança do braço político do governo (especialmente em regimes de perfil presidencialista); (ii) definição de limites ao poder normativo da autoridade monetária (considerada enquanto agência reguladora

[44] Mais uma vez, é a acertada ponderação de VEIGA DA ROCHA, Jean Paul Os incríveis poderes normativos do Conselho Monetário Nacional e do Banco Central, p. 128.

[45] DURAN, Camila Villard. **A moldura jurídica da política monetária**, p. 31

[46] É o excelente mapeamento de DURAN, Camila Villard. **A moldura jurídica da política monetária**, p. 32-34.

especial) *vis-à-vis* o Poder Legislativo, diante da conhecida aporia das delegações legislativas; (iii) balizamento de limites ao controle judicial das escolhas administrativas e regulatórias da autoridade monetária, tanto do ponto de vista procedimental quanto substantivo; (iv) administração da tensão entre a eficiência e *expertise* do regulador, de um lado, e a lentidão e politização típicas de órgãos representativos convencionais; (v) dificuldade de conciliar a visão instrumental, tecnocrática do direito, típica dos reguladores, com os direitos subjetivos e a racionalidade formal típica de juristas.[47]

No direito monetário, portanto, tanto quantos em outros campos do direito público e privado, é bem-vinda uma renovação metodológica que passe — dentre outros filtros — por uma teorização constitucional mais abrangente. Uma teorização que não apenas seja mais sofisticada do ponto de vista analítico, mas que se alinhe à centralidade da normatividade constitucional e dos direitos fundamentais expressos na carta política.

Uma renovação metodológica, logo, que supere a insuficiência dogmática ou a dogmática estritamente instrumental, aderindo ao paradigma constitucional próprio de um Estado Democrático de Direito.[48]

A constitucionalização do direito monetário, portanto, deve ser recepcionada como mais uma projeção da constitucionalização do direito como um todo. Sobre o tema, muito já se escreveu,[49] e o ponto a ser rememorado é a exigência de uma permanente releitura da ordem jurídica — a ordem jurídica monetária inclusa — à luz da constituição.[50]

A essa releitura se pode atribuir importância rastreável em diferentes níveis: filtragem e aperfeiçoamento da interpretação e aplicação do ordenamento jurídico-monetário; sanatória de pontos cegos, uma vez que o exame constitucional do campo normativo franqueia uma perspectiva a partir das liberdades e dos direitos fundamentais; aprimoramento dos fundamentos e justificativas do agir estatal no terreno monetário,

[47] VEIGA DA ROCHA, Jean Paul. Direito e moeda no debate constitucional, p. 240-241.

[48] TORRES, Heleno Taveira. **Direito constitucional financeiro**, p. 64-65.

[49] BARROSO, Luís Roberto. **Curso de direito constitucional:** os conceitos fundamentais e a construção do novo modelo. 2. ed. São Paulo: Saraiva, 2010, p. 262.

[50] MENDONÇA, Eduardo Bastos Furtado de. **A constitucionalização das finanças públicas no Brasil**: devido processo orçamentário e democracia. Rio de Janeiro: Renovar, 2010, p. 123, onde discorre sobre a constitucionalização das finanças públicas especificamente, mas trazendo considerações que se amoldam integralmente ao debate aqui travado.

à medida que se considerem razões constitucionais no momento regulatório; qualificação do debate doutrinário e da metódica jurídica para enfrentamento de temas monetários, nomeadamente em nível de controle e jurisdição constitucional; ganhos compreensivos, como decorrência de um entendimento mais acurado sobre a dinâmica da operação da constituição monetária, em seu funcionamento interno e no relacionamento com o conjunto sistemático da ordem constitucional (inclusive interação com constituições parciais).

Em suma, o aperfeiçoamento do dinheiro enquanto projeto institucional não pode prescindir de um olhar constitucional, que explore e perquira, de modo continuado, os limites do poder estatal sobre a moeda à luz da lei fundamental e dos valores que ela expressa. O mesmo se diga da necessidade de o modelo de governança do Estado Administrativo — um padrão institucional ainda em fase de desenvolvimento e amadurecimento — ser refletido e continuadamente aperfeiçoado sob as luzes da constituição.

Dito isso, não se pode deixar de observar que uma abordagem jurídico-constitucional da moeda encontra claros limites. O sentido de uma leitura constitucional da moeda não pode ser mero apelo retórico — mais um apelo retórico típico da colonização do discurso jurídico pela indisfarçável ambição salvífica da constitucionalização de tudo. Esse discurso, como sabido, pode ser estilisticamente encantatório, mas é repleto de aporias.

O problema do *pathos* utópico de várias metodologias constitucionalizantes é o ponto a ser refletido. Com efeito, certo triunfalismo é rastreável em um número não desprezível de versões autoproclamadas neoconstitucionalistas ou pós-positivistas da teoria jurídica. Ocorre que especialmente a hermenêutica constitucional não pode ser fonte de subjetivismos nem decisionismos.

Se, por um lado, o reconhecimento de força normativa aos documentos constitucionais é fato e diretriz metodológica a serem celebrados, o mesmo não se pode dizer da expressão emocional das intenções morais do intérprete, em detrimento da objetividade dos parâmetros constitucionais e da sua teorização adequada.[51] Tampouco se podem celebrar modelos que desconsiderem a historicidade constitucional, e que

[51] HORBACH, Carlos Bastide. A nova roupa do direito constitucional: neo-constitucionalismo pós-positivismo e outros modismos. **Revista dos Tribunais**, vol. 859, p. 81-91, maio 2007.

eventualmente se mostrem hispostasiados e descompassados do contexto nacional real.[52]

Uma leitura constitucional da ordem monetária, nessa ordem de ideias, não é nem pode ser uma panaceia. Limites inerentes da constituição enquanto instância política e jurídica de equacionamento de questões regulatórias apresentam-se já na largada, e deles não se descura.

Decisivamente não se trata de adesão simplista a mais um modelo de (neo)constitucionalização irrestrita.[53] Portanto, nem defesa eufórica da ideologia constitucionalista, nem aniquilação dos ganhos proporcionados por ela.[54]

Dessa maneira, neste trabalho, quando se fala em leitura constitucionalmente adequada da ordem monetária, ou mesmo em constitucionalização do direito monetário, está-se, primeiramente, cônscio dos problemas, dificuldades e limites que uma metódica desse tipo exibe. Em segundo lugar, é diretriz de confessadas ambições e resultados *limitativos*: o que se pretende é o exame dos aspectos jurídicos da moeda sob o ângulo da constituição em sentido formal.

É indagar, logo, por liberdades e direitos fundamentais, por um exame dos limites constitucionais do poder estatal sobre a moeda, e pelo mínimo moral (constitucionalmente balizado) que deve ser preservado nesse campo.

É perguntar, asim, pelo enquadramento jurídico-constitucional da política e da regulação monetárias — pergunta que, se sabe e se espera, apresentará, felizmente, respostas específicas e inexoravelmente limitadas.

3. A constituição monetária: lugar, conceito, objeto e fundamento

A constituição monetária é subsistema da ordem constitucional global; um conjunto de normas integrantes do quadro maior da constituição do Estado de Direito. Na literatura, sobretudo de matriz alemã, costuma-se indicar que ela é parte da constituição *econômica* (*"Die rechtliche Verfassung*

[52] LYNCH, Christian Edward Cyril; MENDONÇA, José Vicente Santos de. Por uma história constitucional brasileira: uma crítica pontual à doutrina da efetividade. **Revista Direito e Práxis**, Rio de Janeiro, vol. 08, n. 2, p. 974-1007, 2017.

[53] TORRES, Heleno Taveira. **Direito constitucional financeiro**, p. 67-68, onde subscreve cuidados análogos.

[54] CARRILHO, Leonardo. Raízes teológico-políticas da modernidade constitucional. **Revista Publicum**, Rio de Janeiro, n. 15, p. 140-186, 2015.

des Geldwesens bildet eine Teilverfassung der Wirtschaftsverfassung"[55]). Tratar-se-ia, nesse sentido, de uma ordem parcelar da ordenação constitucional da economia, voltada especificamente à disciplina do dinheiro enquanto elemento indispensável dos mercados.

Se a constituição econômica deve ser entendida como ordenação essencial das atividades econômicas, conformando-as mediante normas de garantia e normas diretivas, colocando à disposição do Estado um conjunto de instrumentos que lhe permitam regular o processo econômico,[56] a constituição monetária seria, nesse sentido, uma região dessa ordenação total, tendo como objeto específico o dinheiro.

Há, porém, quem prefira situar a disciplina jurídica da moeda no campo das finanças públicas. A constituição monetária, nesse sentido, não corresponderia a um departamento da constituição econômica, mas a um subsistema do sistema constitucional financeiro. Ricardo Lobo Torres, por exemplo, em seu importante *Tratado*, inaugura o volume dedicado ao orçamento público asseverando categoricamente que a constituição monetária é um dos subsistemas da constituição *financeira*, ao lado da constituição tributária e da constituição orçamentária.[57]

Parece haver de fato uma verdade nessa asserção, na medida em que o sistema monetário é, não menos do que sucede na economia de maneira geral, absolutamente fundamental para o regime das finanças públicas. Afinal, a moeda é o próprio *medium* em que as receitas são recolhidas e o orçamento público é executado.

Toda a trama das finanças estatais desenrola-se no contexto da e submersamente à moeda nacional — uma espécie de engenharia hidráulica no interior de uma dinâmica ubíqua e oceanicamente monetária. De fato, as finanças governamentais não são apenas feitas de causas (as receitas públicas) ou de fins (os gastos públicos); há também o meio (a moeda), no qual se encontram mergulhadas.

[55] HERRMANN, Christoph. **Währungshoheit, Währungsverfassung,** p. 144. EUCKEN, Walter. **Die Grundlagen der Nationalökonomie**. 7. Aufl. Berlin: Springer, 1950, p. 52.

[56] SANTOS, António Carlos; GONÇALVES, Maria Eduarda; MARQUES, Maria Manuel Leitão. **Direito económico.** Coimbra: Almedina, 1995, p. 33-34.

[57] TORRES, Ricardo Lobo. **Tratado de Direito Constitucional Financeiro e Tributário**: o orçamento na constituição, volume V. 3. ed. Rio de Janeiro: Renovar, 2008, p. 1.

Não só isso: é em larga medida o exercício dos poderes financeiros, e especialmente dos poderes tributários do Estado que fecha o circuito da moeda — o campo das finanças públicas, e especialmente o da tributação, é, em larga medida, constitutivo da moeda tal como a conhecemos.[58] Sem o exercício da autoridade que demanda recolher rendas em um dado padrão monetário, talvez não surgisse um padrão capaz de alcançar larga aceitação e curso geral.

Entre a constituição econômica e a constituição financeira, talvez haja uma terceira possibilidade. É o de encarar a disciplina jurídico-constitucional da moeda simplesmente como mais uma normatização de um serviço público, como o regramento de mais um dos bens públicos cuja dispensação a ordem constitucional atribuiu ao Estado brasileiro.

De alguma forma, essa parece ser a visão implicitamente subscrita por parte considerável da literatura de direito público, e nomeadamente de direito constitucional: a ordenação constitucional da moeda nada mais representa do que uma normatização administrativa, um feixe de regras relacionadas à burocrática competência da União para emitir e gerir a moeda.

Essa visão da ordenação da moeda como parte de uma espécie de constituição *administrativa* parece um resquício daquela atitude, muito bem diagnosticada por Gustavo Franco, de tomar a moeda como um assunto de "pesos e medidas".[59]

A moeda, enquanto objeto do direito constitucional, teria algo de burocrático, um afazer amanuense, não alcançando significado maior no conjunto da lei fundamental.

Como sugere a redação do art. 22, inciso VI, da Carta de 1988, que atribui à União competência para legislar sobre sistema monetário e de medidas, títulos e garantias dos metais — todas as competências assim, no mesmo inciso —, talvez a moeda não tivesse dignidade maior do que o sistema métrico (embora, justiça seja feita, a redação de artigos como

[58] RESENDE, André Lara. **Consenso e contrassenso** p. 33-34 ("No entanto, há cada vez mais evidência de que é a decisão da autoridade instituída, de aceitar receber contribuições e impostos numa determinada unidade de conta, que lhe dá essa aceitação generalizada. A moeda, longe de ser uma criação espontânea do mercado, é uma referência institucional. É a unidade de valor utilizada pelo poder, para registrar seus débitos e créditos, adotada pela comunidade").

[59] FRANCO, Gustavo H. B. **A moeda e a lei**, p. 92.

o 21, VII, 48, XIV e 164 efetivamente indiquem que a linguagem, assim como a percepção, mudou).

Ordem parcelar da constituição econômica, subsistema da constituição financeira ou departamento da constituição administrativa. Pode-se talvez dizer que toda a discussão topológica é ociosa, e que eventuais ganhos didáticos que a classificação oportuniza geram mais distorções do que avanços compreensivos.

Entretanto, para fins analíticos, acredita-se que a geografia da constituição monetária importa. Sua localização é um ponto de partida relevante para considerações posteriores acerca do que essa noção compreende: os passos conceituais a serem dados exigem se conheçam as coordenadas do terreno em que a marcha é empreendida.

No mínimo, a discussão acerca do lugar da regulação constitucional monetária pode ter o mérito de pôr a descoberto subentendidos e pressuposições — caso em que o entendimento sobre o *topos* da constituição monetária dirá mais a respeito do analista, e as pressuposições que subscreve, do que sobre a constituição monetária propriamente dita.

A posição aqui subscrita é da constituição monetária como zona de interseção entre diferentes sistemas constitucionais — especialmente o econômico e o financeiro —, mas que se autonomiza e diferencia deles.

Disciplinando as linhas-mestras do sistema monetário e definindo a arquitetura básica que o informa, a ordenação constitucional do dinheiro regula o meio em que se desenvolve todo o tráfego das operações econômicas e das finanças públicas, seja no âmbito da economia privada, seja nos domínios da economia pública.

Não à toa, os poderes de emissão e a governança monetária são temas de interesse comum, tanto do subsistema econômico (notadamente na perspectiva da regulação econômica), quanto do subsistema orçamentário (mormente no que toca às relações e interações entre as autoridades monetária e fiscal).

A disciplina jurídico-constitucional da moeda, portanto, merece atenção não apenas enquanto instrumento de intervenção do Estado no domínio econômico (uma intervenção marcadamente constitutiva, no que cria um espaço institucional próprio e infraestrutural ao desempenho das atividades econômicas), mas também enquanto verdadeiro meio viabilizador (por vezes, incrementador) das receitas e despesas públicas.

Sem embargo, e independentemente da digressão topológica, o fato mais importante a ser enfatizado é o de que a constituição monetária é *materialmente constitucional*, porquanto essencial ao Estado de Direito.[60] Se é comum e frequentemente encontradiça, na literatura de direito público, a referência à natureza essencialmente fiscal dos Estados modernos (aludida sob a fórmula do *Steuerstaat* ou "Estado Fiscal"), o certo é que antes, ou no mínimo não menos, o Estado moderno é um "Estado Monetário": o Poder Público depende da existência do dinheiro como um pré-requisito para sua própria capacidade de agir.[61]

A disciplina básica da moeda na lei fundamental estampa os valores e normas estruturais do regime monetário, alcançando dessa maneira afinidade com a noção material de constituição. De fato, a disciplina constitucional da moeda incorpora, de um ponto de vista substancial, a mesma nota de fundamentalidade política típica de outras decisões constitucionais, como aquelas alusivas à tributação, ao orçamento e sobre os poderes de intervenção do Estado na economia.

A disciplina da moeda, como a história recente tem revelado, exibe também características importantes na perspectiva da separação dos poderes.[62] Ademais, não menos importante, e embora nem sempre lembrado, essas opções políticas elementares a respeito da moeda, em nível constitucional, traduzem decisões sobre direitos fundamentais — e o ponto de contato com normas jusfundamentais é o timbre típico do que alcança o *status* de materialmente constitucional.

Como pontua acertadamente o constitucionalista Marcelo Neves, referindo-se à disciplina dos bancos centrais em especial, mas em digressão válida para as opções políticas sobre a normatização constitucional da moeda como um todo, a regulação da moeda em geral não costuma fazer parte do direito constitucional formal, nem dos elementos canônicos ou do *cursus honorum* da tradição constitucionalista — mas isso mais por

[60] TORRES, Ricardo Lobo. **Tratado de Direito Constitucional Financeiro e Tributário,** p. 1

[61] "Gleichzeitig ist der Staat auf die Existenz von Geld als Voraussetzung seine eigenen Handlungsfähigkeit als Steuerstaat angewiesen" (HERRMANN, Christoph. **Währungshoheit, Währungsverfassung,** p. 146).

[62] HERRMANN, Christoph. **Währungshoheit, Währungsverfassung,** p. 146.

razões contingentes e de surgimento histórico tardio. Do ponto de vista do direito constitucional material, a relevância parece evidente.[63]

E examinando atentamente o texto brasileiro de 1988, constata-se que, além de material, a constituição monetária o é também do ponto de vista *formal*.

A Carta brasileira contempla diversas normas expressas disciplinando os poderes monetários do Estado, ocupando-se deliberada e repetidamente do tema. Embora não tenha recebido um título próprio (como sucedeu com a tributação e o orçamento, encartados no Título VI), e sequer um capítulo ou seção destacada, decisões fundamentais a respeito da regulação monetária foram insculpidas pelo constituinte — nesse sentido seguindo uma antiga tradição do direito constitucional brasileiro.

A constituição em vigor guindou ao texto da lei fundamental opções fundamentais sobre a moeda: desde temas tradicionais, e quase que de reprodução obrigatória, ou simplesmente de praxe (como a outorga de poderes de emissão à União — art. 21, VII; definição de competência administrativa para administração de reservas cambiais — art. 21, VIII; competência para legislar sobre sistema monetário e câmbio — art. 22, VI e VII), passando a temas mais sensíveis, como competências do banco central (art. 164, *caput*) e diretrizes para a política monetária e relações entre autoridades fiscais e monetária (art. 164, §§1º e 2º).

Mais recentemente, por obra do constituinte derivado, quer a título permanente (art. 164-A), quer em caráter temporário (disposições da Emenda Constitucional nº 106, por exemplo), normatizações e diretrizes de conteúdo direta ou indiretamente monetário também ocuparam as páginas constitucionais.

Nessa perspectiva, é possível falar em uma constituição monetária, tanto em sentido formal quanto material. Esse bloco normativo, identificado enquanto subsistema autônomo, posicionado na interseção entre as constituições econômica e financeira, conforma os poderes e limites monetários do Estado (*"what monetary powers and disabilities the Constitution contains"*)[64].

[63] NEVES, Marcelo. **Constituição e direito na modernidade periférica**: uma abordagem teórica e uma interpretação do caso brasileiro. São Paulo: Martins Fontes, 2018, p. xix.

[64] VIEIRA JR., Edwin. **The Monetary Powers and Disabilities of the United States Constitution**, p. 2.

Assim, se a constituição, considerada amplamente, é a ordenação jurídica fundamental de uma determinada comunidade política, a constituição monetária, especificamente, é uma parte dessa ordem fundamental, voltada à conformação dos elementos básicos da moeda e das instituições responsáveis por sua governança.[65]

É possível, então, esboçar um conceito de constituição monetária. Antes, todavia, é importante observar que não apenas existem diferentes conceitos para o que a constituição da moeda e do dinheiro seja, mas também que há diversas abordagens possíveis para o tratamento da questão. Bem examinada a literatura a respeito do tema, é comum identificar que, por constituição monetária, autores estão tratando de objetos completamente diferentes, sobretudo porque adotam recortes e níveis analíticos não coincidentes.

Daí por que, além de indicar claramente qual é a formulação adotada nesta investigação, é igualmente importante pontuar a que objeto a definição visa, e qual é o filtro de análise empregado para acessá-lo.

O enfoque aqui adotado, como já sinalizado preteritamente, é essencialmente jurídico. Interessa ao estudo a disciplina fundamental da moeda em um dado documento constitucional; o regramento jurídico do dinheiro tal como veiculado, em suas normas básicas, na carta política de um determinado país. Com olhos sobre a constituição brasileira vigente, interessa em especial como esse texto ordena as relações fundamentais entre os indivíduos e o poder do Estado nacional.

Uma perspectiva jurídico-constitucional da ordenação da moeda tem, assim, pelos menos dois vieses: de um lado, o recenseamento e a caracterização da autoridade monetária e dos poderes estatais sobre a moeda, sob o pano de fundo de seus interdisciplinares requisitos funcionais e genéticos; de outro, uma análise jurídico-subjetiva e uma reconstrução interpretativa adequada da constituição monetária válida, sob a ótica dos direitos fundamentais.[66]

Repare-se que a abordagem tipicamente jurídica é bastante diversa daquela amiúde encontrada na literatura econômica. Entre os economistas, com a referência à constituição monetária, em geral se quer aludir a

[65] HERRMANN, Christoph. **Währungshoheit, Währungsverfassung,** p. 147.

[66] HERRMANN, Christoph. **Währungshoheit, Währungsverfassung,** p. 5.

regras para controlar emissões monetárias pelo Estado e evitar inflação, mediante contenção da discricionariedade do banco central.[67]

A preocupação, embora esteja de alguma forma relacionada ao esforço de prevenir abusos governamentais (uma preocupação que, como sabido, é muito própria do direito constitucional e da constituição em sentido jurídico), deriva para uma reflexão não de tipo moral ou de justiça — o horizonte é tipicamente econômico, visando a entender de que modo os agentes (públicos e privados) se comportarão em face de determinadas regras monetárias, e de que modo a governança pública pode ser melhor direcionada *vis-à-vis* a necessidade de ancorar e administrar expectativas.

Não à toa, nessa faixa de problematização caracteristicamente econômica, discute-se se a constituição monetária deveria adotar algum tipo de regime semelhante ao padrão-ouro, ou outro padrão de *commodity*; se e que tipos de regras devem ser fixadas para, balizando a política monetária, garantir a estabilidade dos preços; como deve ser a condução da política monetária pelos bancos centrais, a que tipo de objetivos deve visar, e que mecanismos operacionais deve empregar.[68]

A discussão, portanto, é essencialmente sobre regras fundamentais de política pública (política monetária em especial) e de desenho do sistema monetário, usualmente com o propósito específico de reduzir, domesticar ou direcionar a discricionariedade da autoridade monetária.[69]

O conceito econômico, ainda que relevante, não se mostra tão importante para a parte analítica desse estudo. Embora as noções econômicas sobre a constituição monetária possam iluminar a trajetória e gênese de determinadas normas jurídico-constitucionais de disciplina dos poderes

[67] Para um amplo repertório de visões e propostas para a constituição monetária, nessa acepção precipuamente econômica, cf. WHITE, Lawrence H.; VANBERG, Viktor J.; KOHLER, Ekkehard A. **Renewing the search for a monetary constitution**. Washington: Cato Institute, 2015.

[68] KÖHLER, Ekkehard; VANBERG, Viktor J. The Constitutionalization of Money: A Constitutional Economics Perspective. In: WHITE, Lawrence H.; VANBERG, Viktor J.; KOHLER, Ekkehard A. **Renewing the search for a monetary constitution**. Washington: Cato Institute, 2015, p.59-103, p. 64.

[69] Um exemplo bem conhecido foi a tentativa, nos Estados Unidos, de redigir, nos estatutos do Fed, uma obrigação de conduzir a política monetária segundo as diretrizes da regra de Taylor, exigindo que, em caso de desvio dos respectivos parâmetros, os dirigentes tivessem que prestar esclarecimentos ao Congresso (CONTI-BROWN, Peter. **The power and independence of the Federal Reserve**, p. 263).

estatais sobre a moeda, não apresentam a mesma substância dessas normas constitucionais. São noções diversas, endereçando preocupações e problemas diferentes. Um conceito está projetado para a garantia de direitos e para balizamento do poder monetário, carregando fortes tintas de conteúdo moral; o outro volta-se para a conformação de condutas humanas (especialmente dos executores da política monetária), indagando pelas técnicas específicas de como projetar e manejar o sistema monetário para atingir determinados efeitos e objetivos.

Falando em desenho do sistema, outra acepção corrente de constituição monetária conecta-se com essa dimensão arquitetônica — a constituição da moeda entendida como instituição, como produto de um *design* institucional do sistema ou regime monetário.[70]

Essa perspectiva, de dissecação institucional do dinheiro, a fim de exibir a trajetória de desenvolvimento e a configuração da moeda, com o propósito de entender melhor a sua identidade e operação, é seguramente constitucional no sentido de capturar aquilo que a constitui (é dizer, aquilo que a forja, compõe, estrutura). Entretanto, não é constitucional na acepção de decisão política fundamental a respeito do dinheiro, e tampouco da análise dos limites dos poderes estatais sobre ele.

Importante também observar que, empregando-se a voz constituição monetária, tem-se em mira exclusivamente normas de hierarquia constitucional. Como igualmente já se sublinhou, não se tem dúvidas de que atos de estatura legislativa, como a Lei do Sistema Financeiro Nacional (Lei nº 4.595/1964), ou mesmo de hierarquia infralegal, como o decreto presidencial que disciplina o regime de metas de inflação (Decreto nº 3.088/1999), são constitutivos da moeda nacional, na perspectiva de que moldam o sistema jurídico monetário brasileiro, "constituindo-a-ação" do Poder Público e da autoridade monetária nacional no campo da política e da regulação da moeda. Atos normativos desse tipo, indubitavelmente, desenham e implementam a estrutura institucional da moeda, garantindo e articulando a sua operacionalidade.[71]

70 DESAN, Christine. The Constitutional Approach to Money: Monetary Design and the Production of the Modern World, p. 109.

71 CHIAPPIN, José R. N. Os fundamentos jurídicos e econômicos do regime de metas de inflação. **Revista Fórum de Direito Financeiro e Econômico (RFDFE)**, Belo Horizonte, ano 2, n. 2, p. 197-217, set. 2012/fev. 2013.

Nada obstante, atos infraconstitucionais, por maior que seja a importância de que desfrutem, não apresentam os predicados próprios das normas constitucionais — nomeadamente a *supremacia* e a *rigidez* que as caracterizam. Ademais, o mais comum é que o timbre próprio da substância constitucional em sentido material lhes seja ausente: com algumas exceções, a maioria dessas normas não alcança a estatura e dignidade próprias dos regramentos sobre separação de poderes ou proclamação de direitos fundamentais. Dessa forma, não se creditam inseridas no conceito de constituição monetária aqui visado, embora possam eventualmente ser úteis à interpretação de determinadas normas constitucionais, no que concretizem ou complementam seus comandos.

Finalmente, uma derradeira exclusão do campo semântico. Na literatura, não é raro se deparar com a noção de dinheiro ou moeda em sentido constitucional, entendendo-se por isso que compete à lei monetária de um determinado Estado definir os objetos que o governo emite ou que admite como meio geral de troca e de pagamento.[72]

Tampouco essa acepção é a aqui discutida. Essa noção constitucional da moeda traduz opções normativas do legislador ou do regulador, e o que se tem em mira quando aqui se debate a constituição monetária é um conjunto de decisões políticas fundamentais antecedentes, autênticos pré-compromissos envolvendo o exercício da potestade estatal sobre o dinheiro.

Assim sendo, feitos os esclarecimentos e as subtrações devidas, entende-se por constituição monetária a soma de elementos de conformação jurídica da moeda, o conjunto de normas constitucionais, veiculadas explícita ou implicitamente na carta política promulgada por um Estado, no exercício da sua soberania monetária, com o propósito de regular o dinheiro.[73]

[72] HAHN, Hugo J.; HÄDE, Ulrich. **Währungsrecht**, p. 20 ("Regelt das Währungsrecht die Geldverfassung oder das Geldsystem eines Staates, so ist Geld im währungsrechtlichen Sinne nur das, was währungsrechtlichen Vorschriften als solches vorsehen oder anerkennen").

[73] HERRMANN, Christoph. **Währungshoheit, Währungsverfassung,** p. 147 ("Währungsverfassung damit als die 'rechtliche Grundordnung', als 'die Summe der verfassungsrechtlichen Gestaltungselemente der Ordnung des Geldes' beschreiben. Währungsverfassung meint somit die Gesamtheit der verfassungsrechtlichen Normen zur Regelung des Geldes, die ein Staat in Ausübung seiner Währungshoheit erlässt").

Embora apenas normas formalmente constitucionais enquadrem-se nesse conceito, tem-se em linha de conta especialmente as normas com conteúdo materialmente constitucional.

Cuida-se, logo, de princípios e regras voltadas à separação das funções estatais, *vis-à-vis* o fenômeno e o problema monetário, e notadamente à consagração de normas de direitos fundamentais relacionados ao dinheiro.

Constituição monetária, em síntese, é o *estatuto político da moeda*, a definição da disciplina jurídica fundamental da atuação do Estado em matéria monetária. Nesse bloco normativo encontram-se previstas as "regras do jogo" da política e da regulação monetária[74] — especialmente sob a forma de competências estatais (o estatuto organizatório) e direitos fundamentais (o estatuto das liberdades).

Na esteira das reflexões de Jairo Saddi, por constituição monetária entende-se aquele conjunto de regras concernentes ao poder monetário do Estado, ao modo de exercício da política monetária e ao estabelecimento do uso contínuo de seus instrumentos, assim como aos limites de atuação da autoridade monetária junto ao Tesouro, ao sistema financeiro e aos cidadãos de maneira geral.[75]

O domínio da moeda e do dinheiro, nessa compreensão específica, não é encarado como algo apartado do Estado (em uma espécie de dualismo entre governo e o mercado monetário, como se coubesse ao Estado apenas intervir nele), mas de modo unitário, partindo do ponto de vista da existência de uma conjunção entre Estado, economia monetária e finanças públicas.[76]

Essa constituição da moeda ou, em outros termos, essa constitucionalização da disciplina jurídica da moeda, tem alguns fundamentos ou justificativas importantes. O primeiro deles, mais genérico, é comum ao escopo das constituições como um todo: resguardar pré-compromissos (sobretudo via direitos fundamentais) e estruturar juridicamente o poder estatal (em especial mediante técnicas de separação das funções estatais).

[74] VAN DE HAUWE, Ludwig. Monetary Constitutionalism: some recent developments, p. 68.

[75] SADDI, Jairo. **O poder e o cofre**, p. 40-42.

[76] MOREIRA, Vital. Economia e Constituição: para o conceito de Constituição Económica. **Boletim de Ciências Económicas**, Coimbra, vol. XIX, Faculdade de Direito, p. 1-47, 1976, p. 8-9.

Um segundo fundamento, mais específico à matéria monetária, diz respeito a dois critérios fundamentais: previsibilidade e estabilidade do sistema. Como sugere a frase de James Buchanan, que epigrafa este capítulo, nem a anarquia nem a política ordinária oferecem previsibilidade e estabilidade monetária.

Nesse sentido, o recurso à constitucionalização de normas sobre política e regulação monetária justifica-se enquanto estratégia de domesticação do poder governamental, assim como de retirada de certas matérias da deliberação política ordinária, resguardando-as com os predicados de rigidez e superioridade hierárquica.

Finalmente, é cabível apontar um terceiro e último aspecto, que dialoga especialmente com o contexto brasileiro.

Como observado acuradamente na literatura, às vezes toda a discussão em torno da constituição monetária (seu *topos*, conceito, estrutura e funções) é apostrofada como uma "obsessão alemã".[77]

Mas, como também reflete essa mesma literatura, a aparente obsessão tem forte razão de ser: o país, além de haver enfrentado episódios críticos de hiperinflação, foi teatro de experimentos econômicos e políticos os mais variados, em uma testagem empreendida a um custo social, econômico e até de vidas humanas extremamente elevado.

Talvez, no Brasil, esse mesmo argumento não seja despropositado. Também aqui, a inflação crônica e episódios de hiperinflação causaram danos — não apenas econômicos, mas também institucionais. Além disso, o país, embora experimentando tempos de paz ao longo das últimas décadas, foi e é invariavelmente seduzido por experimentalismos diversos, que tem na manipulação da moeda nacional uma ferramenta habitual. Recordar os fundamentos constitucionais da moeda, não apenas pelas razões amiúde sugeridas pela teoria jurídica, mas considerando também a trajetória e o contexto particulares da vida nacional, ressai não menos importante.

[77] HERRMANN, Christoph. **Währungshoheit, Währungsverfassung**, p. 134.

4. Estrutura, funções e temas fundamentais da constituição monetária: a tensão entre liberdade e autoridade como drama central do direito constitucional monetário e suas principais derivações

Visto o que se entende por constituição monetária, qual a sua posição no conjunto da carta política, indicadas as suas dimensões conceituais e pontuado a que objeto essa ordenação jurídica se volta, cabe examinar a estrutura e as funções desempenhadas pela ordem normativa da moeda na constituição — como se encontra concretamente articulada, e a que empregos e utilidades ela se propõe.

Quando se pensa em instituições monetárias em termos constitucionais, é dizer, ao nível das fontes jurídicas veiculadas na lei fundamental, ao menos dois tipos de perguntas assomam. Primeira: como as diretrizes constitucionais empoderam o governo para agir na esfera monetária? Segunda: de que forma as normas constitucionais limitam (ou mesmo proíbem) o Estado de interferir com o dinheiro?[78]

Essas perguntas ajudam a identificar quais elementos compõem a estrutura da constituição monetária. Dentro desse quadro de referência, apenas aquelas decisões básicas e juridicamente conformadoras da atuação estatal — para empoderar ou para limitar — são tomadas como parte da constituição monetária substantiva.

Decisões constitucionais desse tipo, pela sua importância, destacam-se da lei monetária ordinária — e não apenas porque se encontram formalmente veiculadas na carta política de um país, mas também porque moldam a ordem do sistema monetário de tal forma que uma diferente decisão constituiria uma ordem diferente, alterando as condições econômicas funcionais e interdependências da economia monetária.

Assim, para que se repute uma norma como elemento integrante da constituição monetária, miram-se os conteúdos normativos constelados na constituição formal e que sejam efetivamente qualificáveis como decisão geral a respeito da ordem do sistema monetário (*Gesamtentscheidung über die Ordnung des Geldwesens*).[79] Sim, pois essas decisões também devem ter importância jurídica que as faça parecer constitucionais, abrangendo, nesse diapasão, questões de legitimação do poder estatal, separação de

[78] WHITE, Lawrence H.; VANBERG, Viktor J.; KOHLER, Ekkehard A. **Renewing the search for a monetary constitution**, p. viii.

[79] HERRMANN, Christoph. **Währungshoheit, Währungsverfassung**, p. 148.

funções governamentais, limitação e controle da autoridade pública, bem como a posição fundamental dos indivíduos perante a comunidade política.

Outrossim, essa ordenação jurídica da moeda, na lei fundamental, deve refletir uma decisão consciente do constituinte originário acerca de uma ordem monetária ideal, e, para esse propósito, de determinados elementos de *design* não se pode prescindir.

Assim, nessa moldura enquadram-se as decisões normativas acerca da conexão da moeda com algum metal precioso ou com alguma obrigação de cobertura para o papel moeda, sobre a divisão de tarefas e responsabilidades no âmbito do sistema monetário (em particular a definição de um banco central de emissão com caráter monopolístico ou algum tipo alternativo de ordem monetária concorrencial com bancos comerciais dotados de poderes de emissão), sobre o acesso do Tesouro Público ao crédito do banco central, sobre o estabelecimento de regras de curso legal (isto é, de aceitação da moeda emitida pelo Estado como meio de pagamento obrigatório), sobre as possibilidades e condições para emissão de dinheiro escritural por meio de bancos comerciais, acerca do estabelecimento e acesso aos sistemas de pagamentos, as regras cambiais básicas, regras para ingresso e saída de capital estrangeiro e transações internacionais, assim como regras fundamentais sobre a proteção ao poder de compra.[80]

Na Constituição brasileira de 1988, levando-se em consideração as coordenadas e ilustrações acima, é possível resumir o conjunto das normas constitucionais monetárias nos termos seguintes.[81]

São *normas de competência*,[82] integrantes da constituição monetária, aquelas que delimitam o âmbito dos poderes e determinam funções ou poderes normativos a serem cumpridos pelos órgãos do Estado. Inserem-se nessa categoria as previsões constitucionais a respeito: (i) das competências

[80] HERRMANN, Christoph. **Währungshoheit, Währungsverfassung,** p. 148.

[81] Para um apanhado amplo dos enunciados constitucionais relativos à moeda, inclusive com horizonte histórico mais alargado, cf. JANSEN, Letácio. **A moeda nacional brasileira**, p. 43 e ss.

[82] Inspira-se aqui na tipologia das normas sugerida por Heleno Torres, que classifica as modalidades das normas da constituição financeira em cinco grupos: (i) princípios constitucionais; (ii) normas de fins e valores constitucionais; (iii) garantias constitucionais; (iv) normas de competência; (v) normas de estrutura (TORRES, Heleno Taveira. **Direito constitucional financeiro**, p. 93).

administrativas da União para emitir moeda (art. 21, VII) e para administrar reservas cambiais e fiscalizar operações de natureza financeira (art. 21, VIII); (ii) das competências legislativas da União para disciplinar o sistema monetário (art. 22, VI), bem como a política de crédito, câmbio, seguros e transferências de valores (art. 22, VII); (iii) competências do Congresso Nacional para dispor sobre emissões de curso forçado (art. 48, II), sobre matéria financeira, cambial e monetária, instituições financeiras e suas operações (art. 48, XIII), sobre moeda, limites de emissão e montante da dívida mobiliária federal (art. 48, XIV); (iv) competência legislativa da União para dispor sobre finanças públicas, dívida pública e operações de câmbio (art. 163 e incisos); (v) atribuição do banco central para exercer competências de emissão da União (art. 164, *caput*).

Qualificam-se como *normas de estrutura* aquelas que estabelecem a divisão dos poderes e órgãos do Estado, definindo critérios sobre como devem funcionar, prescrevendo fontes normativas, respectivos procedimentos e habilitações de poder. Encartam-se nesse tipo os enunciados constitucionais relativos ao banco central (art. 164),[83] que inclusive definem, para a instituição, algumas restrições (art. 164, §1º: vedação à concessão de empréstimos ao Tesouro Nacional e a qualquer órgão ou entidade que não instituição financeira), habilitações (art. 164, §2º, primeira parte: autorização para comprar a vender títulos de emissão do Tesouro) e responsabilidades (art. 164, §2º, segunda parte: regular a oferta da moeda e a taxa de juros; art. 164, §3º: depositário das disponibilidades de caixa da União).

Interessante é indagar se a constituição monetária prevê *normas de fins e valores*, conformadoras da atividade monetária do Estado brasileiro e definidora de metas para a autoridade pública. É de se esperar, minimamente, que fins e valores sejam encontrados em uma disciplina

[83] Interessante notar que embora o CMN seja o "núcleo institucional de coordenação sistêmica da gestão pública das questões monetárias" (ERLING, Marlos Lopes Godinho. **Regulação do sistema financeiro nacional**, p. 350), e possa até mesmo ser considerado o verdadeiro depositário do mandato de autoridade monetária no Brasil, não recebeu menção explícita do texto constitucional. Pertinente ainda observar que a opção pela redação da expressão banco central, com letras minúsculas, foi uma opção explícita da comissão de redação da constituinte, a fim de não transformar a autarquia federal em um ente constitucional. Presumivelmente tentou-se aludir a um conceito ou função, e não a uma instituição específica (cf. FRANCO, Gustavo H. B. **A moeda e a lei**, p. 449, inclusive com uma pertinente crítica a esse preciosismo).

jurídico-constitucional que se suponha ordenada, sistemática e coerente, sobretudo na forma de princípios materiais. Com efeito, o problema relativo às limitações materiais ao poder estatal (o poder monetário inclusive) é primariamente um problema que diz respeito aos valores e princípios materiais que, além de estarem em relação recíproca, mantém vinculação com princípios formais e postulados aplicativos.[84]

Identificar esses valores e fins é também importante na medida em que, a despeito de não haver entre as normas constitucionais diferença de hierarquia *normativa*, não se exclui a existência de uma hierarquia *axiológica* — na acepção de que é possível cogitar de uma *preponderância axiológica*, indicando que o princípio valorativamente sobrejacente a outro exercerá sobre sua interpretação uma influência interpretativa fundante, podendo gerar ônus argumentativos maiores em caso de restrição, conforme a eficácia peculiar aos princípios.[85]

No caso da constituição monetária, o princípio material aglutinador, veiculador de fins e valores, parece repousar na *estabilidade monetária*. A rejeição da inflação — e, em especial, do imposto inflacionário[86] — parece traduzir uma mensagem implícita, um recado cifrado de diversos enunciados do texto constitucional de 1988.

[84] ÁVILA, Humberto. **Sistema constitucional tributário**, p. 80.

[85] ÁVILA, Humberto. **Sistema constitucional tributário**, p. 90. Em sentido semelhante, a reflexão de Diogo de Figueiredo Moreira Neto: "De resto, mesmo sem indicação, poderá, o leitor atento da nova Carta, encontrar vários outros princípios constitucionais, explícitos ou implícitos, em quase todos os seus nove Títulos. Essa grande quantidade de princípios (...) acaba suscitando o problema prático de sua aplicação harmônica, pois muitos deles são antinômicos à primeira vista, necessitando de um processo hermenêutico para conciliá-los. A solução está no reconhecimento de uma necessária hierarquização axiológica desses princípios, como regra de aplicação harmoniosa. Embora todos os dispositivos constitucionais tenham a mesma *hierarquia normativa*, obviamente não terão a mesma *hierarquia axiológica*" (MOREIRA NETO, Diogo de Figueiredo. A ordem econômica na Constituição de 1988. **Revista de Direito da Procuradoria-Geral do Estado do Rio de Janeiro**, Rio de Janeiro, vol. 42, p. 57-68, 1990, p. 59).

[86] "Inflation wirkt wie eine Steuer auf Bargeld. In diesem Zusammenhang wird auch von der Inflationssteuer gesprochen. Demnach kann der Staat seine Ausgaben entweder direkt über Steuern oder indirekt mit neu gedrucktem Geld, also über Geldschöpfung, finanzieren" (GISCHER, Horst; HERZ, Bernhard; MENKHOFF, Lukas. **Geld, Kredit und Banken**, p. 259).

Forte na diretriz de que nem a anarquia nem a política ordinária oferecem previsibilidade e estabilidade monetária, a consagração, no nível da lei fundamental, do banco central, acompanhado por balizas de responsabilidade fiscal, sugerem que o Estado possui uma tarefa que vai além da mera dispensação de uma moeda pública: a garantia do nível geral de preços é a missão, e também o valor que ilumina essa arquitetura institucional.[87]

A constituição erige a estabilidade como ponto de equilíbrio, fiel da balança na lida com as questões monetárias, insinuando ainda uma estratégia para garantir esse equilíbrio: insulamento das funções da autoridade monetária da política ordinária e adoção de compromissos de natureza fiscal.

Além da estabilidade moeda, é possível asseverar que a livre movimentação de capitais também se erige com uma norma de fins e valores rastreável. O mesmo se diga do princípio da isonomia, aplicável à atuação monetária do Estado não menos do que outras atuações governamentais. *Money is the great equalizer*, e o agir público em matéria de governança da moeda deve se pautar por essa diretriz. Também o nominalismo pode ser cogitado como um estado ideal a ser alcançado, ocupando, nesse sentido, a função de princípio de fins do sistema monetário.

Uma questão interessante, e que tende a assumir projeção no debate atual sobre a moeda, quer diante dos ensaios para expansão dos mandatos dos bancos centrais, quer ainda em face dos reptos de teorias monetárias consideradas ainda heterodoxas[88], diz respeito ao uso da política monetária em favor de medidas de pleno emprego e de atenuação dos efeitos recessivos de ciclos econômicos.[89] A intenção não é de desenvolver os aspectos mais detalhados nem operacionais dessa questão, mas sublinhar que, dentre as normas de fins e valores identificáveis no horizonte normativo da constituição monetária, construções interpretativas em torno da

[87] OHLER, Christoph. Die hoheitlichen Grundlagen der Geldordnung. **JuristenZeitung**, 4, 63. Jahrg., Nr. 7, p. 317-324, April 2008, p. 322, em reflexão que, embora referida ao Banco Central Europeu, é igualmente válida à análise do caso brasileiro.

[88] WRAY, L. Randall. **Understanding Modern Money**: The Key to Full Employment and Price Stability. Edward Elgar, 1998.

[89] RIBEIRO, Ricardo Lodi. A pandemia, a volta de Keynes e a MMT: a crise do princípio do equilíbrio orçamentário. **Revista de Direito Público da Economia (RDPE)**, Belo Horizonte, ano 18, n. 71, p. 153-186, jul./set. 2020, p. 158.

busca do pleno emprego (art. 170, VIII) como vetor constitucional jurídico-positivo e vinculante ganham cada vez mais espaço.[90] À persecução da menor meta de inflação a pleno emprego, nesse sentido, é possível atribuir ancoragem constitucional.

Finalmente, e como derradeira estrutura da anatomia da constituição monetária, convém destacar as *normas de garantias constitucionais*, que protegem direitos e liberdades fundamentais. O tema será desenvolvido com mais vagar no capítulo subsequente, dedicado específica e integralmente à questão. Sem embargo, deve-se adiantar qual a compreensão aqui sustentada: a de que o texto constitucional de 1988 prevê normas consagradoras de direitos fundamentais especificamente monetários.

Essas liberdades monetárias corporificam o verdadeiro cerne das limitações constitucionais ao poder monetário estatal, estabelecendo, em face do Poder Público, *deveres de abstenção*, *deveres de ação* e *deveres de composição*.[91] Esses limites, explícitos ou implícitos, balizam o agir estatal no campo monetário, seja de modo formal (mediante processos, competências e estruturas), seja de modo material (veiculando determinados conteúdos jurídicos exigíveis).

Avalia-se que esses limites e deveres, impostos ao poder monetário, são a outra face de uma moeda que comporta também direitos. Nesse sentido, é possível rastrear direitos fundamentais especificamente monetários entre as normas constitucionais. Esses direitos, se bem examinados, relacionam-se a cada uma das funções monetárias principais: meio de troca, unidade de conta e reserva de valor. Daí se falar em liberdades fundamentais de circulação cambial, de oferta e de escolha monetária, assim como de preservação da estabilidade do valor da moeda.[92] A análise dessas posições jurídico-subjetivas — autênticas *liberdades* ou *direitos fundamentais monetários em espécie* — será empreendida mais adiante.

[90] Respaldando essa linha interpretativa, importante considerar o disposto no art. 1º da recém editada Lei Complementar nº 179/2021. O *caput* do dispositivo deixa claro que o objetivo fundamental do BCB é assegurar a estabilidade de preços. A seu turno, o parágrafo único sinaliza que, sem prejuízo de seu objetivo fundamental, "o Banco Central do Brasil também tem por objetivos zelar pela estabilidade e pela eficiência do sistema financeiro, suavizar as flutuações do nível de atividade econômica e fomentar o pleno emprego".

[91] ÁVILA, Humberto. **Sistema constitucional tributário**, p. 126-127.

[92] HERRMANN, Christoph. **Währungshoheit, Währungsverfassung**, p. 294.

Essa, portanto, a anatomia básica da constituição monetária. Sua dissecção revela normas de competência, normas de estrutura, normas de fins e valores e também normas consagradoras de direitos fundamentais. Mas além de entender o *objeto* dessas normas — isto é, a matéria a que se referem —, é importante compreender as *funções* por elas desempenhadas.

A função central da constituição monetária, observa acertadamente Christoph Herrmann, repousa na proteção da funcionalidade econômica, na tutela das condições efetivas do dinheiro como base da economia — economia caracterizada como é pela divisão do trabalho e pelas decisões descentralizadas dos indivíduos.[93] A constituição monetária, nesse sentido, apresenta como função marcante assegurar o bom desempenho das funções próprias do dinheiro: as de servir como meio de troca, unidade de conta e reserva de valor.

A bem desse propósito, o subsistema organiza o exercício do poder do Estado na área monetária especialmente por meio da criação e estruturação de órgãos e instituições, e da definição de suas tarefas e responsabilidades, integrando os interesses conflituosos alusivos ao dinheiro em uma unidade estatal de ação mediante princípios materiais e formais orientadores.[94]

Um apanhando geral desses encargos, portanto, abrange: (i) função de eficiência organizativa (estrutura o aparelho do Estado a bem da dispensação e manutenção de uma moeda estável); (ii) função de garantia constitucional (não apenas garante a própria manutenção e sustentabilidade do Estado, como, e em especial, salvaguarda direitos e liberdades dos particulares; (iii) função de eliminação de privilégios (a tutela da estabilidade monetária é o grande esforço em prol da neutralidade do dinheiro e, dessa forma, da proteção da liberdade e da propriedade); (iv) função integrativa (a integração do Estado e da sociedade, assim como dos diferentes Estados-nações, não se se faz sem recurso à atividade monetária); e (v) função de controle (o balizamento do agir do Poder Público, e da autoridade monetária em especial, traduz clara preocupação não apenas em alcançar a estabilidade da moeda, mas também em manter preservado o quadro da juridicidade).[95]

[93] HERRMANN, Christoph. **Währungshoheit, Währungsverfassung,** p. 149.

[94] HERRMANN, Christoph. **Währungshoheit, Währungsverfassung,** p. 149.

[95] TORRES, Heleno Taveira. **Direito constitucional financeiro**, p. 105 e ss.

Nessa ordem de ideias, é possível asseverar que a constituição monetária, tanto quanto a instituição social do dinheiro a que ela se propõe a disciplinar, desempenha iguais funções institucionais, que abrangem a *regulação do mercado*, a *estabilização do mercado* e a *legitimação do mercado*.[96] Um ponto, porém, que deve ser ressaltado, é o de que existe uma tendência de enxergar a constituição monetária e as suas tarefas de um modo excessivamente (talvez o mais correto seja dizer necessariamente) estatalista.

A visão do bem público moeda como um projeto inerentemente estatal aprisiona outras possibilidades e campos de exploração da moeda — como se, de alguma forma, a função de organização e de eficiência organizativa turvasse a função de garantia, nublando a dimensão de direitos e de liberdades da ordenação constitucional da moeda. Há fortes razões (sobretudo históricas e práticas) para que seja assim, mas não deixa de haver, nessa atitude, um aprisionamento ou miopia cognitiva.

A função de defesa da constituição monetária é tão importante quanto as demais, e talvez a sua consideração em par com as outras abra espaço para uma especulação jurídica de liberdades privadas relacionados à moeda (inclusive fora da moeda estatal).

Essa compreensão global da constituição monetária e de suas diferentes funções tem, assim, um mérito: o de encaminhar o binário tensional liberdade-autoridade em bases de direitos fundamentais e de separação dos poderes.

5. Interações entre a constituição monetária e as demais constituições parciais

A constituição monetária, enquanto ordenação parcial constelada no conjunto da ordem constitucional global, põe-se em contato com as outras subconstituições, isto é, com as demais ordenações constitucionais parciais — especialmente aquelas representadas pelos subsistemas político, federativo, social, econômico e financeiro.

Além disso, não se pode esquecer que a constituição estatal da moeda apresenta importantes pontos de contato com a ordem jurídica

[96] RODRIK, Dani; SUBRAMANIAN, Arvind. The primacy of institutions: And what this does and does not mean. **Finance & Development**, p. 31-34, June, 2003, p. 32, onde tratam das funções institucionais de *market regulating*, *market stabilizing* e *market legitimizing*.

internacional (com fragmentos de uma constituição internacional, inclusive). Sem dúvidas, uma característica marcante dos sistemas monetários contemporâneos é a forte coordenação das autoridades monetárias nacionais entre si e com as autoridades monetárias internacionais, circunstância essa que desperta relevantes implicações ao nível jurídico-constitucional.

É o perfil dessas relações e interações — da constituição monetária com outros subsistemas constitucionais — que será, neste espaço, objeto de atenção e análise.

Antes, porém, um esclarecimento a respeito do pressuposto de abertura sistêmica e de interconstitucionalidade aqui subscrito. A referência à figura das constituições parciais e das interações entre elas não deve ser lida literalmente. Não se trata de uma afirmação descritiva, no sentido de que essas ordens tenham vida própria e influenciem-se reciprocamente de modo abstrato, em uma espécie de apriorismo das formas jurídico-constitucionais. Trata-se, quando muito, de uma analogia — talvez, de uma metonímia.

O que efetivamente se tem em mira, ao aludir a essas ordenações parciais e a suas relações, é que existem conjuntos de normas com objetos e finalidades próprias, dotadas de certa identidade (de substância e de propósitos), que autorizam traçar um regime comum. Esses conjuntos de normas possuem algum grau de diferenciação funcional, podendo ser separadas para melhor determinação do seu sentido e maior eficiência na sua interpretação.[97]

Outrossim, quando se cogita da palavra de gênero interações, quer-se aludir ao problema das relações interconstitucionais de concorrência, convergência, justaposição e conflitos, verificadas entre dimensões e campos de uma constituição que ser deve interpretada e aplicada de modo unitário[98] — em um esforço de articulação da coerência constitucional que nunca é atividade abstrata e dada *a priori*.

Feito o registro, examine-se primeiramente o teor das relações encetadas entre constituição monetária e *constituição política* (ou *constituição político-federativa*). Entendida esta última como aquele subsistema que rege a forma de organização e atuação da política em toda a extensão do Estado, seu conteúdo central reside na ordenação da separação das

[97] TORRES, Heleno Taveira. **Direito constitucional financeiro**, p. 87.

[98] CANOTILHO, J. J. Gomes. **"Brancosos" e interconstitucionalidade**, p. 266-267.

funções estatais, discriminando competências, responsabilidades, limitações e controles.[99] Nela definem-se as dimensões positiva e negativa da separação dos poderes estatais.

A constituição monetária depende diretamente do esquema de divisão funcional delineado na constituição político-federativa: é a arquitetura plasmada no subsistema político que estrutura a ação monetária do Poder Público e a legitima.[100] Mas não apenas isso. Contemporaneamente, o caso central da governança da moeda pública é corporificado na atividade de *central banking*, caracterizada por uma burocracia técnica diferenciada do corpo político de governo. A essas instituições competem funções diversas (e crescentes), como a emissão monetária, a centralização do sistema de pagamentos, a responsabilidade pela estabilidade do sistema financeiro, a regulação bancária e a administração do câmbio.[101]

Ocorre que essa diferenciação funcional dos bancos centrais, autonomizadas dos poderes políticos, exige uma engenharia institucional cuja base é justamente a constituição política: com efeito, se o modelo de gestão da moeda estatal por bancos centrais é o que tem prevalecido, ante o desiderato de evitar o uso da política monetária, no curto prazo, para geração de benefícios políticos (tentando-se assim superar vieses inflacionários), é evidente que essa arquitetônica implica manipulação da própria forma de organização do Estado.

Daí por que, não é exagerado dizer, a figura dos bancos centrais, tal como atualmente concebidos, tem implicações na própria matriz da separação funcional de poderes.[102] Nesse sentido, decisões políticas fundamentais acerca da governança da moeda representam não apenas uma opção exclusiva do campo da constituição monetária, mas traduzem também conteúdos ínsitos à constituição político-federativa.

Opções normativas relativas a temas como mandatos, objetivos, funções, poderes gerais, governança, autonomia (em suas diferentes dimensões — pessoal, administrativa, financeira) e transparência ultrapassam a fronteira da disciplina jurídico-monetária, ferindo, igualmente, temas sensíveis à ordenação político-federativa. É dizer, de modo mais

[99] TORRES, Heleno Taveira. **Direito constitucional financeiro**, p. 132-133.

[100] DURAN, Camila Villard. **A moldura jurídica da política monetária**, p. 41.

[101] DURAN, Camila Villard. **A moldura jurídica da política monetária**, p. 42.

[102] ACKERMAN, Bruce. Good-bye Monstesquieu, p. 130.

sintético: decisões fundamentais a respeito da governança da moeda são não apenas deliberações ao nível da constituição monetária; são igualmente opções de ordem político-federativa.

Toda interpretação e aplicação da constituição monetária, neste sentido, realiza-se também pelo subsistema constitucional político-federativo.[103] Algumas implicações decorrem dessa assertiva. A mais importante delas é a de que a forma de gestão e organização da moeda, assim como a definição dos modos de intervenção no domínio monetário, exigem observância das balizas definidas no esquema básico do subsistema político. Ilustrativamente, opções de desenho institucional, assim como o grau de discricionariedade atribuído à autoridade monetária, não são neutras do ponto de vista da constituição política. Na medida em que implicam firmar os termos da relação jurídica entre o banco central e o governo, entre o banco central e outras instituições, e também entre o banco central e a sociedade,[104] exige-se atenção aos conteúdos da ordenação parcial político-federativa.

Uma outra anotação decorrente das interações entre os sistemas político e monetário. As decisões de política e de regulação monetária encontram-se concentradas, por opção constitucional, no Executivo e, mais especificamente, em uma agência administrativa, o banco central. Como todas as decisões tomadas por órgãos e entes de Estado, as deliberações firmadas no exercício de poderes monetários encontram-se sujeitas a controle dos demais poderes, quer o Legislativo, quer o Judiciário (este segundo especialmente). Entretanto, e a bem da própria preservação da separação funcional dos poderes — ou antes, a bem de uma separação de poderes que seja efetivamente funcional —, é importante que o núcleo político ou regulatório das decisões firmadas pela autoridade monetária, quando sejam coerentes com a constituição, seja preservado.[105]

Escolhas políticas e regulatórias, que partam da autoridade monetária constitucionalmente investida, exigem um padrão de sindicabilidade

[103] TORRES, Heleno Taveira. **Direito constitucional financeiro**, p. 135, empreendendo reflexão análoga, embora com luzes sobre a constituição financeira.

[104] LASTRA, Rosa María. **Banco central e regulamentação bancária**, p. 16.

[105] TORRES, Heleno Taveira. **Direito constitucional financeiro**, p. 150.

próprio, que não se confunde com os parâmetros de controle da escolha discricionária.[106]

A *constituição econômica* é um segundo ponto de contato do subsistema monetário. Como já mencionado, a constituição monetária pode ser até mesmo considerada como uma região da carta econômica; no mínimo uma zona de intersecção com esse domínio constitucional específico.

Independentemente da topografia, parece evidente que a ordenação jurídica da moeda ocupa uma função estruturante no conjunto da organização do sistema econômico, modelando aquele que é um bem público indispensável à estrutura e ao funcionamento de determinado sistema econômico concreto.[107]

Entre as duas ordenações parciais, parece inclusive haver uma relação de subordinação: a organização jurídica do dinheiro na constituição serve aos propósitos funcionais da constituição econômica, seja para organizar juridicamente circuitos financeiros de uma economia de mercado, seja para franquear intervenções estruturadas do Estado sobre essa mesma economia.[108]

Decisões políticas a respeito da intervenção do Estado no domínio econômico, por meios monetários, devem ser previamente esboçadas no texto fundamental. São questões monetárias de inevitável alcance ou

[106] GUERRA, Sérgio. **Discricionariedade, regulação e reflexividade**, p. 280. Em passagem anterior da mesma obra, o autor acuradamente destaca: "A função jurisdicional instituída, entre outros fins, para evitar ou sustar as escolhas administrativas com erro, abuso e arbitrariedade, é imprescindível para o Estado Democrático de Direito e para a manutenção de garantias e direitos fundamentais dos cidadãos. Entretanto, em alguns casos, o excesso da atuação jurisdicional sobre escolhas administrativas traz consigo a controvérsia acerca da substituição das decisões de agentes públicos, democraticamente eleitos ou não, pelos magistrados" (**Discricionariedade, regulação e reflexividade**, p. 274).

[107] TORRES, Heleno Taveira. **Direito constitucional financeiro**, p. 167.

[108] TORRES, Heleno Taveira. **Direito constitucional financeiro**, p. 180. Capturando esse aspecto, Diogo de Figueiredo Moreira Neto observa: "A moeda deixa de ser entendida como um bem do Estado para ser considerada como um bem da sociedade, que lhe infunde valor com a produção de seus bens e serviços. Com isso, o Estado vê-se compelido a cada vez menos dispor politicamente da moeda para limitar-se apenas a geri-la administrativamente para assegurar sua confiabilidade e sua estabilidade" (MOREIRA NETO, Diogo de Figueiredo. O novo papel do Estado na economia. **Revista de Direito Público da Economia**, Belo Horizonte, ano 3, n. 11, jul./set. 2005).

indagação constitucional o relacionamento entre a autoridade monetária e o setor privado (especialmente o setor bancário); as balizas da atuação da autoridade governamental sobre o mercado monetário; os limites e possibilidades da regulação monetária *vis-à-vis* liberdades econômicas constitucionalmente consagradas.[109]

Nesse sentido, os valores e diretrizes fundamentais, encartados na carta econômica, devem iluminar a interpretação da constituição monetária. Princípios como valorização do trabalho humano, da livre iniciativa, da propriedade privada, da busca do pleno emprego e do livre exercício de qualquer atividade econômica (todos positivados no art. 170, incisos e parágrafo único), assim como a diretriz de subsidiariedade da atuação estatal no domínio econômico (art. 173) informam o sistema monetário modelado pela Constituição de 1988.

O mesmo se diga quanto à subscrição (ou ao menos a admissão) do paradigma de escolhas regulatórias placitado pelo art. 174. Desse expositivo se extrai, em leitura que é amparada pela jurisprudência do Supremo Tribunal Federal, um modelo de governança específico, calcado na proeminência da função regulatória como chave de atuação do Poder Público no domínio econômico.[110]

O modelo de escolhas regulatórias opera em pelo menos dois sentidos: pelo primeiro, oferece ancoragem para atuações normativas e regulatórias por parte da autoridade monetária, enquanto projeções típicas da função estatal regulatória; pelo segundo, anuncia os termos em que se dará essa atuação — não um agir centralista e de absorção, típico do Estado-providência, mas um atuar indireto, técnico e transparente, voltado a finalidades de equilíbrio sistêmico.[111]

A respeito, pertinente a reflexão de Sérgio Guerra, ao meditar sobre decisão do STF, proferida especificamente em relação aos poderes normativos do CMN.[112] De acordo com o publicista, a evolução das escolhas administrativas caminha para uma nova fase, que não nega a necessidade

[109] TORRES, Ricardo Lobo. **Tratado de Direito Constitucional Financeiro e Tributário**, p. 8.

[110] GUERRA, Sérgio. **Discricionariedade, regulação e reflexividade**, p. 125 e ss.

[111] GUERRA, Sérgio. **Discricionariedade, regulação e reflexividade**, p. 146.

[112] GUERRA, Sérgio. Supremo Tribunal Federal (STF) Função normativa do Conselho Monetário Nacional: regulação sistêmica e a capacidade normativa de conjuntura. **Revista de Direito Administrativo**, v. 254, p. 261-273, 2011, p. 261.

de se ampliar a atuação estatal executiva. Se, por outro lado, há incompatibilidade entre a fórmula que compõe a discricionariedade administrativa — oportunidade e conveniência — com as reais necessidades cotidianas da sociedade pluriclasse e os riscos do arbítrio/tecnocracia, por outro, a lei não consegue disciplinar o direito nos detalhes que a solução dos problemas cotidianos exige.

Assim, no caso do CMN (que se assemelha à situação do BCB), a competência para edição de normas de equilíbrio do sistema implica a atribuição de capacidade normativa de conjuntura, em um quadro que — e este é o ponto a ser enfatizado — é perfeitamente compatível com o sistema constitucional.

É dessa forma que, e nesse sentido subscrevendo na íntegra opinião de Marlos Lopes Erling, em obra de fôlego sobre a regulação do Sistema Financeira Nacional,[113] pode-se dizer que o texto do *caput* do art. 174 da Constituição brasileira de 1988, ao prescrever "na forma da lei", legitima a atribuição de poder normativo pelo legislador a entidades administrativas, podendo delegar tais funções a entidades setoriais especializadas — sendo justamente isso o que ocorre nas Leis nº 4.595/1964 e 9.069/1995, que atribuem competência administrativa normativa ao CMN e ao BCB, para tratar de temas de regulação financeira sistêmica.[114]

E é exatamente porque o modelo de regulação admitido pela constituição econômica ilumina o campo da constituição monetária, que um importante vetor axiológico, não textualmente consagrado no título constitucional da ordem econômica, mas inequivocamente ancorado nesse subsistema, deve ser prestigiado. Trata-se do vetor da *segurança jurídica*. Nas escolhas administrativas de perfil regulatório, o parâmetro

[113] ERLING, Marlos Lopes Godinho. **Regulação do Sistema Financeiro Nacional**, p. 336-337.

[114] Com isso não se pretendendo afirmar que seja válida uma delegação irrestrita. Como sabido, em relação ao tema, prevalece o entendimento de que o uso dessa prerrogativa político-legislativa exige ao menos duas atitudes estratégicas simultâneas: (i) definição adequada de parâmetros legais substanciais e procedimentais minimamente suficientes de orientação da atuação administrativa; e (ii) estabelecimento de formas de monitoramento, controle e prestação pública de contas das atividades e resultados administrativos, com vistas a estimular progressos regulatórios (ERLING, Marlos Lopes Godinho. **Regulação do Sistema Financeiro Nacional**, p. 337-338).

de segurança estará sempre presente, atraindo consequências de matiz objetivo e subjetivo.[115]

Esta importante diretriz de segurança, inclusive, configura uma das bases mais importantes para que sustente a legitimidade, o fundamento normativo de um mandamento constitucional de *estabilidade monetária*. A estratégia regulatória de centralização dos objetivos institucionais públicos relativos à moeda, em instituições como os bancos centrais, em larga medida se arvora na finalidade precípua de sustentação da estabilidade da moeda.[116]

Nesse compasso, uma das principais fontes constitucionais para legitimação dessa estratégia é o vetor de estabilidade, radicado justamente no vetor de segurança jurídica, implicitamente previsto no subsistema da constituição econômica.

E uma vez que o aspecto da estabilidade foi mencionado, é importante referir os vínculos entre a constituição monetária e a *constituição social*.

A estabilidade monetária, além de garantir um ambiente social de razoável previsibilidade para a ação dos cidadãos livres e iguais, atenua os efeitos mais intensos da desvalorização da moeda sobre os menos favorecidos,[117] nesse sentido concretizando princípios jurídicos fundantes da ordem social, tal como delineados no art. 193 da Constituição de 1988.

A estabilidade da moeda e a preservação do poder de compra, mais do que simplesmente constituir garantia de um sistema econômico razoavelmente previsível, beneficiam os menos favorecidos. Com efeito, o "imposto inflacionário", *the cruelest tax of all*, incide de forma mais perversa

[115] GUERRA, Sérgio. **Discricionariedade, regulação e reflexividade**, p. 405.

[116] Como resume Camila Duran, atualmente, pode-se observar uma convergência global quanto ao desenho operacional da política monetária, cujas principais características são: (i) processo decisório coletivo, organizado em colegiados ou comitês; (ii) substituição de uma meta operacional quantitativa (controle de agregados monetários) por uma meta de inflação, perseguida principalmente pela manipulação e comunicação da taxa de juros de curto prazo; (iii) política passa a ser formulada com base em projeções futuras, sobrepondo-se ao modelo de política baseado em *feedback*; (iv) no sistema político, a política de estabilização passa a estar em primeiro plano; (v) estabilidade monetária passa a ser considerada bem público, uma vez que a inflação seria fenômeno que reconhecidamente provoca perda de bem estar social (DURAN, Camila Villard. **A moldura jurídica da política monetária**, p. 66-67).

[117] ERLING, Marlos Lopes Godinho. A compatibilidade da estabilidade monetária com os princípios de justiça de John Rawls, p. 45.

sobre os mais pobres, cuja renda ou riqueza nem sempre é apanhada pela correção monetária (ainda mais quando a inflação foge de controle).[118]

Por outro lado, diante do risco de inflação, e caso o compromisso com a manutenção da estabilidade monetária não seja sustentado, é possível extrair, diretamente do texto da ordem social, diretrizes voltadas à preservação do poder de compra, via indexação. É o que se depreende, por exemplo do art. 201, §§3º e 4º, de acordo com os quais os salários de contribuição considerados para o cálculo do benefício serão devidamente atualizados, além da previsão de reajustamento dos benefícios para preservar o valor (nos dois casos, conforme critérios estabelecidos em lei). Cabe ainda aludir ao art. 7º, inciso IV — enunciado que, a despeito de não se inserir na geografia do título da ordem social, guarda nítida afinidade material com aquele subsistema. Cuida-se de previsão que também endereça preocupação com a preservação do poder aquisitivo, fazendo referência à técnica dos reajustes periódicos.

Sobre o ponto, e como se depreende, os enunciados referidos (alguns originais da Carta de 1988, outros inseridos por obra do constituinte derivado) ferem a questão da indexação, muito cara à constituição monetária. Percebe-se uma clara decisão política de proteger grupos vulneráveis dos efeitos corrosivos da inflação — no caso, tentando-se preservar o poder aquisitivo de salários e de benefícios da previdência social. Extraem-se desse dispositivo não apenas a enunciação de uma espécie de *direito à indexação*, mas uma diretriz mais ampla, sinalizando que a indexação deve alcançar todos — e os trabalhadores e inativos foram alvo de menção nominal pela texto constitucional, como uma recordação para que não haja, notadamente entre os mais vulneráveis, os "sem correção monetária".[119]

[118] EASTERLY, William; FISCHER, Stanley. Inflation and the poor. **Journal of Money, Credit and Banking**, Vol. 33, No. 2, Part 1, p. 160-178, May, 2001.

[119] Daí não se devendo concluir que a indexação deva ser imoderada ou irrestrita. A aplicação da correção monetária é remédio contra a ficção da moeda estável, e não algo a se celebrar. Em relação à questão da política salarial e da indexação, cabe ter presente o registro de Mario Henrique Simonsen: "Por volta de 1964, estabelecera-se no Brasil um sistema informal de indexação dos salários. A grande maioria dos economistas do trabalho respeitados na época admitia, como norma de justiça social, que os salários nominais deviam ser reajustados periodicamente na proporção dos aumentos verificados nos índices do custo de vida apurados pelo Ministério do Trabalho. Pelo prestígio dessa opinião, a norma em causa passou a ser seguida na maioria das decisões da Justiça do Trabalho. E, com isso, institucionalizava-se a

Outras diretrizes da constituição social podem se relacionar a temas igualmente relevantes na perspectiva da constituição monetária. Propostas como (i) a expansão dos mandatos da autoridade monetária, para fomentar o emprego ou reduzir desigualdade e pobreza como metas específicas[120], (ii) a questão do emprego de políticas não convencionais de *quantitative easing* com nítidos propósitos sociais (*helicopter money, debt jubelee, money-financed tax cut*, dentre outros)[121], (iii) os programas de renda básica universal e mesmo (iv) a neutralização da seletividade dos *bailouts*, no contexto da atuação dos bancos centrais em quadros excepcionais e de emergência, situam-se na interseção entre os subsistemas monetário, social e financeiro. As deliberações nesse campo devem observar os pontos de contato normativo de todo esse conjunto de ordenação parciais.

Aqui, uma das questões fundamentais, sob o ângulo constitucional-monetário, diz respeito ao uso do instrumento mais adequado (*proper instrument*)[122]: seria realmente a política monetária o meio mais apropriado para atingir esses objetivos sociais? Instrumentos fiscais não seriam mais adequados para a consecução da tarefa? Aos bancos centrais devem ser atribuídos poderes adicionais de natureza política ou técnica?

A constituição brasileira de 1988 não traz uma resposta específica para essas indagações. Entretanto, aponta para diretrizes que devem ser cumulativamente consideradas e ponderadas — e invariavelmente de modo proporcional. E uma diretriz clara, de direito constitucional monetário, que seguramente não pode ser desprezada nem anulada, é a da estabilidade da moeda.

Dessa maneira, visto de que modo as ordenações constitucionais político-federativa, econômica e social interagem com a constituição monetária, cabe fazer uma última menção à importante interação desta com a *constituição financeira*.

espiral preços-salários" (SIMONSEN, Mario Henrique. **30 anos de indexação**. Rio de Janeiro: Fundação Getúlio Vargas, 1995, p. 53).

[120] EPSTEIN, Gerald. **Central banks as agents of employment creation**. Working Papers 38, United Nations, Department of Economics and Social Affairs, 2007.

[121] Para um apanhado amplo a respeito de diferentes estratégias de afrouxamento quantitativo, cf. COPPOLA, Frances. **The case for people's quantitative easing**, p. 68).

[122] TIROLE, Jean. Institutional and economics challenges for central banking. **Monetary policy: the challenges ahead**. European Central Bank, Colloquium in honour of Benoît Cœuré, p. 34-40, Dec. 2019, p. 38.

Durante muitas décadas, o Brasil assistiu ao financiamento de sucessivos déficits orçamentários por meio da emissão de dinheiro. A prática nefasta do "orçamento monetário" viabilizava o custeio de gastos fiscais pela autoridade monetária, apresentando um resultado bem conhecido — inflação. Por conta de experiências desse tipo, a constituição brasileira subscreveu o modelo de segregação, tanto possível, dos assuntos fiscais e monetários, dilatando a distância entre a autoridade que gasta e a que fabrica os instrumentos com que se faz o pagamento do gasto.[123] O disposto no art. 164, §1º ("É vedado ao banco central conceder, direta ou indiretamente, empréstimos ao Tesouro Nacional e a qualquer órgão ou entidade que não seja instituição financeira") é a previsão por excelência dessa filosofia.

É verdade que a própria constituição, no art. 192 (com a redação conferida pela Emenda nº 40/2003), encaminha para o domínio da lei complementar a estruturação do sistema financeiro nacional — circunstância que leva a crer que o texto constitucional tem pouco a dizer sobre a relação entre o Tesouro e o banco central. De fato, a constituição tem pouco a dizer (é bom que seja assim), mas o pouco que diz é relevante, apresentando característica de princípio de estruturação ou arquitetura.

Assim, algum distanciamento entre autoridade monetária e autoridade fiscal é, na Carta de 1988, uma decisão política fundamental e de princípio, de modo que alterações nesse arranjo precisarão ser sempre meditadas à luz dessa diretriz — no extremo, exigirão reforma da constituição para serem modificadas. Como sabido, os termos da relação entre o fiscal e monetário tem sido revisitadas, e o uso não convencional de políticas monetárias tem alcançado o patamar da quase ou parafiscalidade.[124] Em que medida essa repactuação precisará se traduzir em normas constitucionais (para as introduzir ou para revisar normas em vigor) representa um dos grandes desafios, uma das grandes questões jurídicas relativas à interação entre as constituições financeira e monetária.

Outro importante campo de aproximação entre os subsistemas financeiro e monetário revela-se nas normas de equilíbrio orçamentário. Sem adentrar no debate a respeito da efetiva positivação, no texto constitucional

[123] FRANCO, Gustavo H. B. **A moeda e a lei**, p. 137.

[124] FRANCO, Gustavo H. B. **A moeda e a lei**, p. 145-146.

de 1988, de um autêntico princípio do equilíbrio orçamentário,[125] a veiculação de normas próximas do conceito de equilíbrio, ou pelo menos voltadas a ele, sugerem uma preocupação com a questão. Mais do que isso: sugerem que, em alguma dimensão, a conexão entre responsabilidade fiscal e saúde da moeda estatal encontra-se no horizonte de consciência do constituinte (original e derivado).

É também nesse sentido que devem ser interpretadas as enunciações constitucionais a respeito da exigência de edição de lei complementar, voltada à disciplina da dívida pública externa e interna, concessão de garantias pelas entidades públicas, emissão e resgate de títulos da dívida pública (art. 163, incisos II, III e IV), unificação dos orçamentos fiscal, das estatais e da seguridade social (art. 165, §5º), transparência na concessão de incentivos e nas renúncias de receita (art. 165, §6º), vedação de realização de operações de crédito que excedam o montante das despesas de capital (art. 167, inciso III), vedação à utilização de recursos dos orçamentos fiscal e da seguridade social para suprir necessidades ou cobrir déficits de empresas, fundações e fundos (art. 167, VIII), dentre tantas outras fórmulas que, indutoras do orçamento equilibrado, conectam-se com o valor da estabilidade monetária.

O mesmo se diga dos esforços do constituinte derivado brasileiro, invariavelmente polêmicos e nem sempre bem compreendidos, de editar medidas voltadas à manutenção da dívida pública em níveis sustentáveis. A Emenda Constitucional nº 95/2016, instituidora do Novo Regime Fiscal, mais conhecido como "teto de gastos", é expressão dessa preocupação.

A tentativa de contenção do crescimento dos gastos públicos, limitando a expansão das despesas primárias — a técnica especificamente adotada foi a de limitar despesas e investimentos aos mesmos valores gastos no ano anterior, corrigidos pela inflação medida pelo IPCA (art. 107, §1º, do ADCT) — traduz uma clara preocupação fiscal e orçamentária, mas que dialoga com o conjunto de bens protegidos pelo subsistema da constituição monetária.

Cuida-se de um esforço de austeridade, com consequências que podem ser consideradas antipáticas ou indesejadas, mas cuja dimensão voltada à sustentabilidade financeira e aos ganhos correspondentes — inclusive

[125] Para uma ampla avaliação da questão, cf. TORRES, Ricardo Lobo. **Tratado de direito constitucional e financeiro**: o orçamento na constituição, p. 174 e ss.

ao nível de proteção jurídica da estabilidade monetária — não pode ser desconsiderada.

Essas são apenas algumas conexões que se podem rastrear na relação entre a constituição monetária e outros subsistemas da lei fundamental. O campo admite, sem dúvidas, refinamentos analíticos mais verticais.

Muito já se disse, porém, sobre a constituição *nacional* monetária, sua estrutura e seus elementos. Convém que um departamento não menos importante — e não menos desafiador — seja explorado. Trata-se do campo da *constituição monetária internacional*, das relações transversais estabelecidas entre a ordem jurídica doméstica e a ordem internacional em assuntos de política e de regulação da moeda.

6. Dimensão internacional da constituição monetária: fragmentos de uma constituição transversal da moeda

Essencialmente atrelados à soberania estatal, os poderes governamentais de emissão e gestão da moeda são, tradicionalmente, identificados como uma potestade típica do Estado nacional. Pelo menos desde a obra clássica de Jean Bodin já se incorporava a prerrogativa de emitir e cunhar moeda — o chamado *jus cudendae monetae* — como uma derivação inerente ao conceito de soberania.[126] A soberania monetária, identificada como atributo estatal, transmite-se então para o direito constitucional, sedimentando-se a noção de que os poderes de gestão da moeda pública são uma competência própria do Estado-nação.

Dentro dessa perspectiva, talvez se considerasse que o direito internacional (sobretudo o direito internacional público) não teria muito a dizer sobre a moeda — a não ser reconhecer a soberania do Estado sobre ela como uma prerrogativa própria de Estados independentes. Nada mais do que sacramentar, portanto, uma realidade já assente e há muito reconhecida pelas ordens jurídicas nacionais e pela prática jurídica internacional.

Seria um equívoco pensar assim. Não apenas o conceito de soberania monetária tem sido revisitado[127], mas, e até mesmo independentemente dessa reorientação, a experiência monetária tem exibido — já há muitas

[126] ZIMMERMANN, Claus D. **A contemporary concept of monetary sovereignty**. Oxford: Oxford University Press, 2013, p. 9.

[127] Discutindo a questão da erosão do princípio da soberania monetária, como decorrência de limitações (muitas vezes voluntárias) sobre o monopólio estatal sobre a moeda, cf.

décadas — um processo de internacionalização crescente, seja em nível comunitário, seja em nível global.

Nesse sentido, a disciplina jurídica da moeda tem alçando importante estatura internacional, designadamente como decorrência da necessidade de endereçar o problema da cooperação entre os diferentes países[128] — cooperação que abrange desde questões de *estandardização* até medidas de *estabilização*.[129]

Naturalmente, mesmo em países como o Brasil, que não integram comunidades ou uniões monetárias, e no qual se adere ao modelo tradicional de moeda pública estatal e nacional, a questão e as repercussões jurídicas da cooperação monetária internacional se colocam.

A envergadura internacional da disciplina jurídico-constitucional da moeda pode ser visualizada em diferentes interfaces. Ao menos três dimensões sobrelevam-se, merecendo análise mais detida.

A primeira dimensão apanha a ordem internacional considerada em si mesma, é dizer, as normas veiculadas ao nível das fontes de direito internacional público, enfatizando-se a dimensão constitucional (leia-se: natureza de decisões políticas fundamentais) acerca das deliberações firmadas originalmente no âmbito do *jus gentium*. Trata-se do domínio do *direito internacional constitucional*, no qual normas encontram sede diretamente na ordem jurídica internacional — e, alguns casos, para além da mera sede fonte normativa, também mecanismos de aplicação e de execução.

Em uma segunda versão, a constituição monetária internacional deve ser entendida como o conjunto de normas constitucionais domésticas, positivadas na carta política nacional, que disciplinam a relação do Estado com entidades internacionais — o campo do *direito constitucional internacional*, portanto.

HERRMANN, Christoph; DORNACHER, Corinna. **International and European Monetary Law**: An Introduction. Springer, 2017, p. 14.

[128] HERRMANN, Christoph. **Währungshoheit, Währungsverfassung**, p. 244. Como destaca Arthur Nussabaum, "Las leyes monetarias (*monetary laws*) han sido usadas como um instrumento de separación y de controversias económicas. Com todo, son sin duda más apropiadas para unir las naciones entre sí. En la realidad, los acuerdos internacionales se han vinculado desde la antigüedad a cuestiones monetarias" (NUSSBAUM, Arthur. **Derecho Monetario Nacional e Internacional**, p. 691).

[129] NUSSBAUM, Arthur. **Derecho Monetario Nacional e Internacional**, p. 691-692.

O terceiro âmbito aqui enfatizado é o espaço intermediário, de interação ou de sobreposição entre diferentes ordens constitucionais. Cuida-se do espaço próprio do *transconstitucionalismo*, entendida, na acepção do constitucionalista Marcelo Neves, como instância de relação recíproca e de intercâmbio entre ordens jurídicas diversas, próprias de um sistema jurídico multicêntrico, e da "fertilização constitucional cruzada" que faz emergir.[130]

Antes de examinar o que a experiência constitucional brasileira, no que se entrelaça com a ordem internacional, tem a dizer sobre esses três domínios, é importante ter em linha de conta que tipos de problemas específicos as relações monetárias internacionais exibem. O modo como esses problemas são enfrentados pela ordem jurídica doméstica, e de que maneira esse tratamento interconecta-se com o ordenamento internacional, afiguram-se como importante chave compreensiva para a inteligibilidade da dimensão internacional da constituição monetária.

Na literatura, aponta-se que pelo menos quatro questões ou problemas colocam-se sob os cuidados e atenções especiais da lei monetária internacional: (i) a convertibilidade entre as diferentes moedas nacionais; (ii) o livre movimento de capitais e de pagamentos; (iii) o estabelecimento de regime de taxas de conversão; e, finalmente, (iv) a dispensação de liquidez internacional adequada.[131] Na base dessas questões encontra-se o fato de que cada transação econômica transfronteiriça requer a conversão do poder de compra de uma moeda para outra — e a capacidade dos Estados

[130] "O conceito de constituições transversais refere-se ao entrelaçamento entre o direito e a política ou, no caso das 'Constituições civis' da sociedade mundial, um outro sistema social. A questão reside na relação entre sistemas funcionais, concentrando-se nos limites e possibilidades de uma racionalidade transversal (...). A questão é outra quando se trata de transconstitucionalismo. Nesse caso, o problema consiste em delinear as formas de relação entre ordens jurídicas diversas" (NEVES, Marcelo. **Transconstitucionalismo**. São Paulo: Martins Fontes, 2009, p. 115).

[131] HERRMANN, Christoph; DORNACHER, Corinna. **International and European Monetary Law**: An Introduction. Springer, 2017, p. 24. Esses problemas, destacam os autores, conectam-se com o chamado trilema da política monetária. O trilema representa uma hipótese econômica, baseada em achados empíricos, e sua lição básica é a de que há três objetivos de política monetária a serem perseguidos, mas que não são cumulativamente alcançáveis: (i) a estabilização das taxas de câmbio; (ii) o livro fluxo de capitais; e (iii) a manutenção de uma política monetária independente, orientada a metas domésticas. Há um *tradeoff* entre esses três objetivos, de modo que apenas dois podem ser alcançados ao mesmo tempo.

de impedir ou dificultar esse processo transforma a troca de dinheiro em um problema propriamente jurídico.[132]

Embora esses possam ser considerados os problemas centrais, decerto não são os únicos. O monetarista F. A. Mann aponta outros que, embora satélites, merecem alusão: regramento de disputas internacionais relativas às leis ou práticas monetárias domésticas consideradas incompatíveis com obrigações contraídas internacionalmente, censura de abusos perpetrados pela lei monetária nacional (*verbi gratia*, lei doméstica que empreenda confisco de ativos monetários, ou que promova tratamento desigual entre nacionais e estrangeiros), normas de prevenção e repressão à falsificação (pode-se complementar: combate à criminalidade econômica monetária de maneira geral), ou ainda a disciplina de aspectos jurídico-monetários do *jus in bello*.[133]

Esses, portanto, os *problemas* principais de que se ocupa a constituição monetária internacional. E especificamente na arena do direito internacional monetário — isto é, na primeira das dimensões da constituição monetária internacional aqui discutidas, aquela correspondente às fontes e instituições de direito internacional público —, é importante identificar os principais *elementos* que a estruturam.

Na literatura, colhe-se que os componentes fundamentais dessa ordem internacional monetária abrangem: (i) as suas instituições (destacando-se, contemporaneamente, o Fundo Monetário Internacional e o Banco de Compensações Internacionais); (ii) a definição da liberdade de transações e pagamentos internacionais como uma espécie de *Grundnorm* do sistema monetário global; (iii) o estabelecimento de limitações e restrições a essa mesma liberdade de circulação de capitais; (iv) prescrições a respeito da política cambial; e, finalmente, (v) definição de diretrizes para a regulamentação bancária internacional.[134]

132 "Jede ökonomische grenzüberschreitende Transaktion erfordert somit die Umwandlung von Kaufkraft aus einer Währung in eine andere Währung. Die Möglichkeit der Staaten, diesen Vorgang zu unterbinden bzw. zu erschweren, macht aus dem Geldumtausch ein Rechtsproblem" (HERRMANN, Christoph. **Währungshoheit, Währungsverfassung,** p. 245).

133 MANN. F. A. **The legal aspect of money**, p. 472 e ss.

134 HERRMANN, Christoph. **Währungshoheit, Währungsverfassung,** p. 248 e ss, onde decompõe os elementos fundamentais da ordem monetária internacional em (a) *Institutionen der internationalen Währungsverfassung,* (b) *Freiheit des grenzüberschreitenden Zahlungsverkehrs als*

Embora não nos interessem, particularmente, os aspectos minudentes da composição da ordem internacional monetária, cabe referir que o seu desenho atual foi forjado, no ano de 1944, pelos famosos Acordos de Bretton Woods — que serviram ao propósito de estruturar a governança econômica global no pós-Segunda Guerra Mundial. O FMI foi então concebido como a organização multilateral para centralizar a cooperação monetária global e servir como prestamista de última instância para Estados-nação, em tempos de crise.[135]

Antecedentes desse sistema jurídico internacional, é verdade, podem ser encontradas em outras normas e instituições, valendo referir, em especial, o Banco de Compensações Internacionais, estabelecido em 1930 para administrar o pagamento das reparações de guerra devidas pela Alemanha, e que, modernamente, evoluiu para uma espécie de centro de cooperação e coordenação entre bancos centrais, abrigando institucionalmente uma variedade de iniciativas relacionadas a *standards* financeiros internacionais.[136] A República Federativa do Brasil integra ambas as instituições. No caso do FMI, o país é membro original. No caso do BIS, o banco central brasileiro é acionista desde o ano de 1997.

Os objetivos e valores principais da ordenação jurídica internacional da moeda, e das instituições que a compõem, encontram excelente síntese no Artigo I do Acordo relativo ao FMI. Nele são indicados, como objetivos principais da instituição, (i) a promoção da cooperação internacional em matéria monetária, (ii) facilitar a expansão e o crescimento equilibrado do comércio internacional, (iii) promover a estabilidade do câmbio, (iv) auxiliar a instituição de um sistema multilateral de pagamentos para transações correntes entre os membros, (v) proporcionar rede de segurança para membros, permitindo corrigir desequilíbrios das balanças de pagamento e (vi) reduzir o grau de desequilíbrio das balanças internacionais de pagamentos dos membros.

Grundnorm der internationalen Währungsverfassung, (c) *Eigenschränkte Kapitalverkehrsfreiheit*, (d) *Vorschriften über die Wechselkurspolitik* e (e) *Ansätze internationaler Bankenregulierung*.

135 HERRMANN, Christoph. **Währungshoheit, Währungsverfassung**, p. 248. DURAN, Camila Villard. O momento "Bretton Woods" da Covid-19 e a cooperação monetária por bancos centrais, p. 122.

136 HERRMANN, Christoph; DORNACHER, Corinna. **International and European Monetary Law**, p. 16-17.

Os objetivos vinculam-se, portanto, em essência, à finalidade precípua de proteção da liberdade de livre fluxo de capitais, que opera como uma autêntica norma fundamental do sistema jurídico-monetário internacional.[137] A ausência de uma moeda corrente universal (*status* não alcançado mesmo por moedas de reserva, cujo uso, embora predominante, não as torna verdadeira internacionais), faz então da cooperação transacional em matéria monetária uma exigência do sistema, a bem da fluxo desimpedido de investimentos e de pagamentos.[138]

Esse mesmo conjunto de preocupações, valores e bens jurídicos de alguma maneira encontra reflexo e respaldo na ordem constitucional doméstica.

Assim, na segunda margem da constituição monetária internacional — aquela corporificada no direito constitucional internacional doméstico — também esses comandos e diretrizes, ainda que em formulações diferentes, encontram ancoragem.

Não apenas os princípios de cooperação e de integração econômica regem a atuação da República Federativa do Brasil nas suas relações internacionais (art. 4º, IX e parágrafo único), como o conjunto de competências da União para disciplinar o câmbio, o comércio exterior e o investimento estrangeiro (arts. 21, VIII, 22, VII e VIII, 172) deixam claro que o país é, por opção constitucional, uma economia aberta.

O aspecto mais importante a ser destacado, ao falar em projeções internacionais da constitucional monetária nacional, diz respeito ao sujeito, ao ator institucional que protagoniza as iniciativas nesse campo específico.

No Brasil, as competências para celebrar tratados e atuar na esfera internacional concentram-se em agentes do Poder Público federal (que, no caso, fazem as vezes de ator *nacional*, em nome da República Federativa).

É o que se extrai dos art. 49, inciso I (competência do Congresso Nacional para resolver definitivamente sobre tratados, acordos ou atos internacionais) e 84, inciso VIII (competência do Presidente da República para celebrar tratados, convenções e atos internacionais, sujeitos a referendo do Congresso Nacional). Dentro dessa linha, da intelecção direta

[137] HERRMANN, Christoph. **Währungshoheit, Währungsverfassung**, p. 250.

[138] HERRMANN, Christoph; DORNACHER, Corinna. **International and European Monetary Law**, p. 23-24.

dos enunciados da Carta de 1988, parlamento e presidência da República são a ponta de lança doméstica de atuação na esfera internacional.

O que talvez essas competências estritamente formais não capturem é que, contemporaneamente, a coordenação internacional é o verdadeiro coração da atividade dos bancos centrais — especialmente no campo da regulação bancária e da estabilidade financeira.[139] Um elemento marcante da regulação financeira e bancária é a sua estruturação como uma rede de governança transnacional, circunstância que, deve ser destacado, gera importantes repercussões em nível jurídico e de governança.[140] Assim, ainda que por mecanismos informais, o banco central (no caso brasileiro, o BCB) assume papel de ator doméstico na esfera internacional, conduzindo o agir estatal como protagonista, como verdadeiro representante do Estado-nação.

Essa questão, inclusive, desperta consequências no terreno da terceira dimensão da constituição monetária internacional, tal como inicialmente esboçada: o *espaço intermediário da ordem monetária transnacional*, marcado pela interação e sobreposição entre diferentes ordens jurídicas.

Essa dimensão transconstitucional da constituição monetária, verdadeira constituição transversal da moeda, talvez pudesse, com inspiração em Guimarães Rosa, ser chamada de uma "terceira margem" da constituição monetária.

Trata-se de um processo, muito bem diagnosticado na literatura, que aponta para uma ordem internacional monetária mais fragmentada e hibridizada: a cooperação não é mais centralizada por uma organização multilateral, com mandato global específico. Uma rede de autoridades nacionais, empregando arranjos de natureza contratual, e compartilhando modelos de política pública, torna-se responsável pela gestão da moeda em cada jurisdição dos participantes.[141]

[139] CONTI-BROWN, Peter. **The power and independence of the Federal Reserve**. Princeton: Princeton University Press, 2016, p. 230.

[140] MARCUSSEN, Martin. The transnational governance network of central bankers. In: DJELIC, Marie-Laure; SAHLIN-ANDERSSON, Kerstin (ed.). **Transnational governance**. New York: Cambridge, 2006, p. 180.

[141] DURAN, Camila Villard. O momento "Bretton Woods" da Covid-19 e a cooperação monetária por bancos centrais, p. 133. Exemplifica a autora essa avaliação com base em dois casos recentes. No centro do sistema financeiro global, nas crises de 2008 e 2020, o FED e os principais bancos centrais em economias avançadas, em formato de rede, tornaram-se os

Como assinalado por Claus Zimmermann, as transformações decorrentes dessa hibridização observam-se, com especial ênfase, em fenômenos como: (i) importância decrescente dos Estados como autores primários das normas legais; (ii) extensão cada vez menor das normas realmente importantes no campo monetário que são decorrentes de instrumentos de *hard law* (isto é, leis formais garantidas por meios de sancionamento efetivos); (iii) substituição progressiva de regras editadas por instituições multilaterais da ordem monetária internacional.[142]

Trata-se de experiência importante, que aponta para um sistema jurídico de níveis múltiplos, marcado pelo entrelaçamento de ordens internacionais (não apenas monetária, mas também econômica, comercial, de investimentos) e as ordens locais.[143]

Essa constituição monetária sem centro, ou antes, multicêntrica, exigirá a articulação de problemas jurídicos relacionados à moeda e à sua governança em múltiplos níveis — cenário no qual a revisão de paradigmas constitucionais será imperiosa, demandando conversações transconstitucionais mais sólidas entre as ordens jurídicas entrelaçadas.[144]

Conclusão

Neste capítulo esboçou-se um conceito de constituição monetária, delimitando-se em que acepção fala-se em uma ordenação constitucional da moeda e do dinheiro. O horizonte de sentido da expressão, como visto, é essencialmente jurídico — e mais do que jurídico-positivo, jurídico-constitucional.

prestamistas de último recurso para agentes do mercado financeiro global. Essas autoridades monetárias sustentam o funcionamento do mercado do eurodólar, a forma jurídica, por excelência, da moeda internacional. Em decorrência da crise da Covid-19, a rede de swaps consolidou-se como uma espécie de novo acordo de Bretton Woods, em outros termos políticos e base jurídica. Esse novo Bretton Woods, que serve para sustentar o funcionamento do dólar americano como moeda internacional, é, segunda a autora, mais fragmentado: a rede de swaps é altamente seletiva e elitista: é reservada a autoridades monetárias, que estão localizadas em economias integradas financeiramente e com grau mais elevado de desenvolvimento econômico. A crise mais recente revelou que esse arranjo jurídico de cooperação passa a ser permanente e prioritário para os países membros, não se tratando de mais de um recurso simplesmente temporário e paralelo às organizações multilaterais.

142 ZIMMERMANN, Claus D. **A contemporary concept of monetary sovereignty**, p. 37.

143 NEVES, Marcelo. **Transconstitucionalismo**, p. 235.

144 NEVES, Marcelo. **Transconstitucionalismo**, p. 248-249.

É o conjunto de normas veiculadas no texto da lei fundamental, diretamente relacionadas à conformação do poder estatal sobre a moeda, e dos direitos fundamentais correlatos, que se inseriu no campo analítico desta investigação.

Ainda no terreno das delimitações e distinções semânticas, insinuou-se um traçado conceitual para a própria noção da moeda. Uma vez definida a disciplina constitucional da moeda como objeto de estudo, ao menos tracejar o que seria essa moeda a que a constituição propõe-se a disciplinar afigura-se — a despeito de toda a problemática que a ontologia do dinheiro avoca — como passo epistêmico importante. A percepção de moeda como discurso, um linguagem estruturada por meio da qual se comunica valor, articulada enquanto sistemas de créditos e débitos representados por meio de *ledgers* e *tokens* (físicos ou digitais) a que chamamos dinheiro, servil à consecução um perfil básico de funções e dotada de algumas propriedades amiúde rastreadas, decerto se revela limitada e não se desvencilha de certos inconvenientes. Atende bem, porém, para os fins deste estudo.

Na sequência, o sentido e os limites de uma teoria constitucional da moeda foram enfrentados. Destacou-se que o olhar aqui proposto distancia-se por completo de qualquer tipo de ambição redentora, excessivamente confiante na constitucionalização de mais um departamento do direito público. A indagação pela ordenação constitucional da moeda tem em mira ganhos compreensivos e institucionais restritos — ciente, já na largada, dos resultados inevitavelmente limitativos de uma abordagem desse jaez.

Sem prejuízo, justificou-se a importância de um exame dos aspectos jurídicos da moeda ao nível constitucional. Expôs-se também qual seria o mapa cartográfico desse território normativo, e a que categorias e esquemas organizatórios será dedicada maior atenção.

Recrutando auxílio nos esforços da literatura estrangeira para sistematizar o campo da constituição monetária, perspectivada enquanto perímetro de interseção entre as constituições econômica e financeira, delinearam-se conceptualmente os elementos e as funções básicas dessa ordem parcial, indicando ainda o valor-fonte a que ela serve: o da estabilidade da moeda.

Viu-se ainda que, como sucede em outros níveis da ordem constitucional, a tensão entre autoridade e liberdade compõe o eixo da experiência e da gramática jurídico-fundamental a respeito da moeda. De que maneira esse binário tensional é normativamente estabilizado na Carta brasileira de 1988, e de que modo atritos e antíteses políticas relacionadas à moeda pública são administrados constitucionalmente, foram refletidas a partir da análise da estrutura normativa da constituição monetária e de suas interações com outras ordenações constitucionais parciais.

Observou-se que a estabilidade monetária e a superação de vieses inflacionários são uma preocupação central, a fórmula principal de estabilização dessa tensão. A garantia de preservação do valor do dinheiro consubstancia a própria âncora axiológica desse subsistema constitucional.

Insinuou-se, porém, que o projeto de uma moeda conforme a constituição vai além, muito além do combate à inflação. A governança constitucional da moeda é matéria que pode ter na prevenção à corrosão da moeda um tema central — decisivamente, porém, não o único.

Finalmente, encerrou-se com problematização a respeito da insuficiência do paradigma nacional de uma ordenação jurídica da moeda. Fragmentos de uma abordagem internacional da regulação monetária foram insinuados, sugerindo-se pontos de contato normativo entre a regulação financeira internacional e o documento constitucional de 1988.

Malgrado o escopo desta investigação não abranja o espectro, as implicações e as repercussões internacionais da regulação da moeda, as cabeças-de-ponte dessa constelação de problemas na margem própria do direito constitucional doméstico foram debatidas e sumariadas em seus pontos-chave.

Um panorama geral da anatomia da constituição monetária nacional, abrangendo algumas das suas principais dimensões discutidas, pode ser apreendido na tabela a seguir:

TABELA 1. **Resumo da estrutura básica da constituição monetária**

Dimensão constitucional	**Tipo de norma**	**Conteúdo normativo**	**Fundamento constitucional**	**Significado/ Concretização legislativa**
Dimensão *nacional* da constituição monetária.	Normas de competência.	Delimitação do âmbito dos poderes. Previsão das funções ou poderes normativos a serem cumpridos pelos órgãos do Estado.	Art. 21, VII, VIII; Art. 22, VI e VII; Art. 48, II, XIII e XIV; Art. 163; Art. 164, *caput.*	Lei do SFN. Lei 9.069. Lei nº 179/2021.
	Normas de estrutura.	Divisão dos poderes entre órgãos do Estado. Critérios sobre como devem funcionar, fontes normativas, procedimentos e habilitações de poder.	Art. 164, especialmente §§1º, 2º e 3º. Arts. 167 e 167-A.	Lei do SFN. Lei 9.069. Lei nº 179/2021.
	Norma de fins e valores.	Objetivos a serem alcançados pelo Estado. Valores-fonte do subsistema.	Art. 5º, *caput*, I, XXII; Art. 7º, IV; Art. 164-A; Art. 170 e incisos.	Estabilidade monetária, isonomia, nominalismo, pleno emprego.
	Normas de garantia.	Liberdades monetárias. Direitos fundamentais monetários (posições jurídico-subjetivas). Garantias institucionais.	Art. 5º, *caput.* Art. 5º, incisos I, XIII, XIV, XXII Art. 7º, IV.	Legislação cambial, regulação financeira, leis sobre indexação.
Dimensão *internacional* da constituição monetária.	- Normas internacionais. - Normas domésticas. - Ordem transconstitucional.	- Proteção do livre movimento de capitais e de pagamentos. - Autoridade para celebrar tratados. - Entrelaçamento normativo, sobreposições e interações multinível.	- Acordo do FMI, tratados internacionais. - Art. 49, I; Art. 84, VIII. - Acordos contratuais, redes de cooperação, *soft law.*	- Estatutos FMI e BIS. - Normas de direito internacional da CRFB. - Relações contratuais de créditos.

Fonte: elaborada pelo autor.

O capítulo que segue, intimamente conectado ao presente, terá em mira a dissecação de um segmento específico, na verdade central, da constituição monetária: o campo de posições jurídico-subjetivas relacionadas à moeda, é dizer, dos direitos fundamentais monetários.

Se e em que medidas liberdades constitucionais de conteúdo propriamente monetário podem ser reconhecidas, e de que modo erigem-se como o próprio centro de empuxo desse subsistema constitucional, são as questões de que se ocupam as linhas seguintes.

3.
DIREITOS FUNDAMENTAIS MONETÁRIOS: LIBERDADES MONETÁRIAS E AS POSIÇÕES JURÍDICO--SUBJETIVAS RELACIONADAS À MOEDA NA CONSTITUIÇÃO

Qualquer um pode criar dinheiro; o problema é fazer com que ele seja aceito.

— Hyman Minsky

O papel mais importante que uma moeda cumpre é o de ser estável.

— James Buchanan

A correção monetária promete a inflação sem lágrimas.

— Albert Fishlow

A década de 1920 assistiu a processos inflacionários cuja ordem de grandeza diferia de qualquer outra experiência até então conhecida — Áustria, Hungria, União Soviética, Polônia foram atingidas pela hiperinflação basicamente na mesma época.

Dentre essas hiperinflações, uma das mais conhecidas, não apenas pela sua dinâmica econômica, mas especialmente pelos seus efeitos políticos, foi a que atingiu também a Alemanha: o incremento sustentado médio dos preços, nos três anos entre março de 1920 e março de 1923 foi de 20% mensais.[1]

Nesse período, sabidamente de grande turbulência econômica e política, teve lugar um fenômeno particularmente raro: a disseminação, por todo o país, de emissões privadas de moedas, indexadas ou lastreadas, em pequenas denominações, destinadas a servir como meio de pagamento e de troco em comunidades e circuitos específicos.

Como as impressoras do *Reichsbank* e os arranjos de distribuição de cédulas eram insuficientes para dar conta da situação, uma lei foi aprovada, permitindo-se, mediante autorização e contra o depósito de ativos apropriados, a emissão de *tokens* de dinheiro de emergência — *Wertbeständiges Notgeld*, como essas emissões privadas ficaram conhecidas. O objetivo da medida legislativa era principalmente regularizar uma prática que já existia há alguns anos, com a diferença de que o *Notgeld* encontrava agora amparo legal.[2]

Emissões privadas de dinheiro não foram, historicamente, uma idiossincrasia de crises (hiper)inflacionárias. Tampouco representam mera excentricidade teorética ou bandeira libertária de adeptos do *free banking* (que talvez encontrem em Friedrich Hayek um dos seus mais conhecidos e ardorosos defensores). A rigor, a história das emissões privadas confunde-se com a própria história do dinheiro — e mesmo com a trajetória contemporânea e mais recente do papel-moeda fiduciário administrado pelo Estado.[3]

Por vezes, e como a história também mostra, longe de simbolizar a falência da capacidade estatal de fornecer uma moeda estável, emissões por agentes privados cumprem o papel aparentemente saudável de introduzir circuitos financeiros não alcançados pelo dinheiro oficial. É o que denota, dentre outros exemplos que poderiam ser mencionados, o interessante relato de George Selgin sobre a produção de moedas privadas durante os primeiros anos da Revolução Industrial: uma história de como o próprio mercado, ao emitir aqueles que ficaram conhecidos

[1] FRANCO, Gustavo H. B. **A moeda e a lei**, p. 560.

[2] FERGUSSON, Adam. **When Money Dies:** The Nightmare of the Weimar Collapse. London: William Kimber, 1975, p. 50.

[3] DESAN, Christine. **Making money**, p. 295.

como *tradesman's tokens*, foi capaz não apenas de fornecer uma moeda de ampla aceitação e popularidade, mas de como essa iniciativa pode ter sido virtuosa em benefício da embrionária ascensão industrial inglesa.[4]

E não é necessário ir muito longe. Também o Brasil teve sua história e sua experiência com emissões privadas de dinheiro. Como relata o economista Gustavo Franco, após a liquidação do primeiro Banco do Brasil, e diante das dificuldades com o vazio deixado pela instituição (na medida em que no país não havia outros bancos para desempenhar as respectivas funções), assistiu-se à fundação, pioneiramente no Ceará, no ano de 1836, de um banco emissor privado, com patrocínio de comerciantes locais e apoio da administração provincial.[5] Foi o primeiro de uma safra de instituições semelhantes: Comercial da Bahia (1845), do Maranhão (1846), do Pará (1847) e de Pernambuco (1851), dentre outras que se seguiram.

Pensar a experiência das emissões privadas — quer estrangeira, quer doméstica — é particularmente importante para refletir sobre a (in)existência de um privilégio estatal inerente na emissão monetária. Mesmo que se reputem meramente periféricos e residuais os experimentos com instituições emissoras privadas, esses episódios têm o valor de despertar a indagação sobre a existência de autênticas *liberdades individuais relacionadas à moeda*. Afinal, existe uma liberdade de emitir a própria moeda, em concorrência com o Estado? Até onde vai a soberania estatal sobre questões monetárias? Essa soberania chega realmente ao extremo de proscrever a convivência entre a moeda estatal e dinheiro de emissão particular?

Longe de ser um debate puramente teórico ou historicamente circunscrito, a experiência recente tem revelado que a questão se reapresenta. Desde as tentativas com as chamadas moedas sociais,[6] até os ensaios mais recentes (e de grande atenção e ansiedade geral) com os criptoativos,[7] o

[4] SELGIN, George. **Good Money:** Birminghan Button Makers, the Royal Mint, and the Beginnings of Modern Coinage, 1775-1821. Ann Arbor: University of Michigan Press, 2008, p. xi.

[5] FRANCO, Gustavo H. B. **A moeda e a lei**, p. 293.

[6] FREIRE, Marusa Vasoncelos. **Moedas sociais:** contributo em prol de um marco legal e regulatório para as moedas sociais circulantes locais no Brasil. Tese (Doutorado em Direito) – Programa de Pós-Graduação em Direito, Universidade de Brasília. Brasília, 2011.

[7] TRAUTMAN, Lawrence J. Bitcoin, Virtual Currencies, and the Struggle of Law and Regulation to Keep Pace. **Marquette Law Review**, vol. 102, Issue 2, p. 447-538, Winter 2018.

espectro de questões jurídicas avocadas pelo problema das emissões não estatais de ativos monetários sugere que, a par de as dificuldades teóricas e práticas não terem sido solvidas, elas regressam à ordem e à agenda regulatória do dia.

O processo evolutivo da moeda, em seu vasto repertório de futuros possíveis, tem descortinado novos caminhos que reforçam não só a necessidade, mas a própria urgência de se indagar sobre o regime das liberdades, notadamente liberdades constitucionais, no terreno monetário. Há liberdade de emitir moeda? Existe liberdade de escolher com que moeda transacionar? Efetivamente desfrutamos de liberdades de circular livremente com a moeda? Se essas liberdades podem ser restringidas por intervenções estatais, qual a fundamentação jurídico-constitucional adequada para essas intervenções?

Mais ainda: na medida em que se aceite a concentração ou monopólio de poderes e competências monetárias nas mãos do Estado, que direitos derivam dessa potestade pública? Que deveres de proteção específicos a autoridade governamental assume quando se compromete a emitir moeda, restringindo liberdades originais dos indivíduos? Afinal, qual é a contrapartida jurídica dos privilégios estatais sobre o dinheiro? Pergunta final: a constituição tem algo a dizer sobre essas liberdades, e protege direitos fundamentais monetários dos indivíduos?

O importante de formular tais indagações reside no aspecto de que, no campo da política e regulação monetárias, talvez mais do que em outras áreas, a dimensão de liberdade individual resta frequentemente subentendida e inconsciente — ou pior, simplesmente esquecida. Enraizada profundamente na base da experiência monetária contemporânea, a presença ubíqua do Estado e o exercício difuso da autoridade governamental sobre o dinheiro costumam bloquear essas questões. Perguntar específica e objetivamente por liberdades neste campo é especialmente importante, tanto quanto desafiador. Mas a tarefa, mormente nos perímetros do direito constitucional, deve ser executada.

É dessa forma que, com olhos sobre o sistema constitucional brasileiro, o presente capítulo propõe-se a analisar o regime das liberdades relacionadas à moeda na ordem jurídica brasileira. E o faz sugerindo, primeiramente, essa reorientação perceptiva: as liberdades individuais são o eixo gravitacional da experiência monetária. Não é a autoridade pública sobre a moeda que preside a ordenação jurídica do dinheiro — antes, a política e a regulação monetárias figuram em torno do eixo ou ponto arquimédico de um conjunto de liberdades e direitos públicos subjetivos de natureza monetária.

Ainda que se subscreva alguma versão das teorias estatais da moeda, aderindo à primazia da autoridade pública sobre a criação do dinheiro e sobre os seus termos, essa percepção não é ilidida; a rigor, pode-se considerar até mesmo reforçada.

Assim, com base nessa premissa (ou pelo menos com essa recordação em mente), empreende-se uma investigação sobre as posições subjetivas monetárias que, avalia-se, encontram guarida no texto constitucional de 1988. Trata-se de uma exploração inicial, de matriz essencialmente conceitual, voltada ao revolvimento da ordenação jurídico-positiva sobre as liberdades monetárias na constituição. Não se cuida de uma fundamentação normativa, ancorada em bases ou ambições filosófico-políticas; tampouco se trata de um recenseamento empiricamente exauriente do conteúdo das prescrições constitucionais e de sua materialização pela jurisprudência. É uma primeira sondagem sobre o campo, a fim de capturar a questão em suas categorias constitucionais mais gerais.

O roteiro de análise, inspirado na metódica da dogmática dos direitos fundamentais,[8] procurar debater, seriadamente, (i) o significado do direito fundamental, (ii) sua estrutura e conformação jurídicas — enfocando aqui o seu (*ii.a*) âmbito de proteção e a (*ii.b*) alocação de responsabilidades pelas restrições à liberdade —, (iii) as ingerências e limitações incidentes sobre essas liberdades, (iv) os deveres de proteção estatal (quando houver) e, finalmente, (v) a fundamentação jurídico-constitucional para as intervenções sobre o âmbito de proteção do direito.

Um panorama geral dessas posições jurídico-subjetivas é antecipado no quadro-resumo a seguir. Nele apontam-se não apenas aqueles direitos e liberdades cujo resguardo pela constituição parece mais certo e evidente, mas também outras posições subjetivas cuja consideração revela-se importante, ainda que como uma mera hipótese inicial. E, de fato, para alguns desses direitos, há mais perguntas do que respostas:

[8] PIEROTH, Bodo; SCHLINK, Bernhard. **Grundrechte, Staatsrecht II**. 13. Aufl. Heidelberg: Müller Verlag, 1997, p. 7.

Tabela 2. **Resumo das posições jurídico-subjetivas**

Direito fundamental	Âmbito de proteção	Fundamento constitucional	Limitações	Dever de proteção estatal
Liberdade de circulação cambial.	Livre fluxo interno e transfronteiriço de ativos monetários. Liberdade de formas.	Art. 5º, XV. (Além disso: art. 5º, caput, XIII, XXII; art. 170, §º único).	Controles cambiais. Dever de informação. Tributação. Crimes monetários.	Garantia da conversibilidade (direito de converter; taxa de conversão razoável).
Liberdade de escolha monetária.	Livre estipulação da moeda *in obligatione* e da moeda *in solutione*.	Art. 5º, *caput*. (Além disso: art. 5º, caput, XIII w art. 170, §º único).	Monopólio estatal de emissão da moeda. Regras de curso legal.	Garantia da conversibilidade (direito de converter; taxa de conversão razoável).
Liberdade de emissão monetária.	Emissões privadas; *tokens* privados quase-monetários (*v.g.*, moedas paralelas e sociais, criptoativos).	Art. 5º, *caput*. (Além disso: art. 5º, caput, XIII e art. 170, §º único).	Monopólio estatal de emissão da moeda. Vedação ao *free banking*. Criminalização da emissão privada de *tokens*.	Ingerência sobre liberdade de emissão gera dever de prover uma unidade de conta estável.
Proteção do poder de compra (ou proteção do valor da moeda; garantia da estabilidade da moeda).	Garantia da estabilidade do valor da moeda, preservação do poder de compra, liberdade de indexação monetária.	Art. 5º, *caput*, I, XIII e XXII. Art. 7º, IV Art. 170, II, VII, VIII.	Inflação reduzida (e não nula) como meta da política monetária. Nominalismo esclarecido (e não radical).	Metas de inflação, ancoragem de expectativas. Responsabilidade fiscal. Nominalismo.
Outras posições subjetivas: - Continuidade monetária. - Igualdade monetária. - Não surpresa. - Vedação ao confisco. - Privacidade monetária.	Neutralidade da reforma. Não seletividade. "Anterioridade monetária". Proteção de dados.	Art. 5º, I e XXVI. Art. 5º, *caput* e I. Art. 62, §1º, II. Art. 5º, XXII, XXIV. Art. 5º X, XII.	Exceções à continuidade. Discrímen justificado. Inciativa por meio de lei ordinária. Monitoramento.	- Regimes de transição. - Igual acesso e indexação. - Tratamento de dados pessoais monetários.

Fonte: elaborada pelo autor.

O exame específico de cada uma dessas posições subjetivas constituirá o cerne do debate que se segue. Após breve reflexão sobre o conceito e funções dos direitos público-subjetivos dentro do marco do constitucionalismo moderno, efetua-se o exame dos *direitos fundamentais monetários em espécie*, no quadro referencial da Carta de 1988.

A primazia desses direitos sobre a autoridade constitucional monetária é o pressuposto dessa análise. O que se espera é não apenas firmar esse pressuposto, assinalando sua importância e as consequências que dele derivam; intenta-se, mais do que isso, proceder à sondagem, ainda que preliminar, do conteúdo dos direitos para os quais esse pressuposto aponta.

1. Conceito e funções dos direitos subjetivos no moderno estado constitucional: uma perspectiva a partir da teoria da constituição econômica e da dogmática dos direitos fundamentais

O Estado constitucional dos tempos modernos é, sobretudo, um Estado de direitos fundamentais. Embora o direito seja conformado pela história, e o fôlego das ordenações jurídicas não seja mais prolongado que as ordens políticas no qual são forjados, ao Estado constitucional desenhado por ação das revoluções americana e francesa é possível identificar uma nota invariável, um fio condutor comum atributivo de sentido — precisamente os direitos fundamentais, enquanto eixo da regulação jurídico-constitucional e resposta normativa à tensão entre liberdade individual e ordem política.[9]

Daí se afirmar, com alguma frequência, que o constitucionalismo moderno traduz o esforço, do ponto de vista nuclear, de edificar, mais do que um Estado de Direito, um Estado de Direitos Fundamentais.[10]

[9] PIEROTH, Bodo; SCHLINK, Bernhard. **Grundrechte**, p. 6.

[10] LUÑO, Antônio-Henrique Perez. **La universalidad de los derechos humanos y el Estado constitucional**. Bogotá: Universidade Externado de Colombia, 2002, p. 57. HÄBERLE, Peter. Dimensões dos direitos fundamentais à luz de uma comparação de níveis textuais de Constituições. **Revista Direito Público**, Brasília, v. 11, n. 55, p. 183-190, 2014. Com essa observação, porém, não se pretende resumir o movimento constitucional a uma única matriz de ideias e desenvolvimentos — como aponta, acuradamente, Gomes Canotilho, não existe um constitucionalismo, mas sim movimentos constitucionais, cada qual à sua maneira (CANOTILHO, J. J. Gomes. **Direito constitucional e teoria da constituição**. 2. ed. Coimbra: Almedina, 1998, p. 47).

Este *Grundrechtsstaat*, cuja compreensão parte da destilação das propriedades essenciais do Estado de Direito, assim como da compreensão de que suas qualidades e virtudes principais (separação de poderes, supremacia e rigidez da constituição) estão sempre colocadas a serviço da proteção de direitos, faz repousar na proteção das posições jurídico-subjetivas fundamentais o eixo gravitacional da experiência e do próprio valor do constitucionalismo.

Nessa perspectiva, os direitos fundamentais podem ser considerados protagonistas (no mínimo, co-protagonistas heroicos) do projeto constitucional moderno, vetorizando o desenho e arquitetura das leis fundamentais — e dos sistemas sobre elas erigidos — a bem de uma proteção adequada de posições público-subjetivas jusfundamentais.

Não se trata, é claro, de resumir às constituições ao papel de repositório de declarações e cartas de direitos, como se as leis fundamentais pelo mundo encerrassem, de modo exclusivo, a missão única de enunciar posições jusfundamentais, sem se ocupar de outras tarefas e afazeres políticos.

Muito diversamente, subscreve-se a compreensão, larga e tradicionalmente esposada, e assente em sede doutrinária, de que as constituições afiguram-se como a ordenação fundamental da comunidade política, traçando as linhas centrais da organização do Estado e enunciando normativamente os valores e princípios mais elevados a que se vincula, mobilizando-os de forma sistemática. A constituição, nessa acepção, dá às sociedades forma político-jurídica.[11]

Essa ordenação fundamental comporta e avança sobre diferentes campos normativos (soberania, separação dos poderes, representação, juridicidade e fins do Estado) — sendo a proteção de direitos fundamentais apenas um desses âmbitos.

Entretanto, o horizonte relativamente largo das atribuições e ambições constitucionais não impede que se reconheça, na garantia e proteção dos direitos fundamentais, o seu aspecto mais nobre. E mais do que nobre, o seu aspecto ou caso central. O sempre referido artigo 16 da Declaração de Direitos do Homem e do Cidadão de 1789 captura este aspecto de

[11] A respeito da constituição enquanto ordenação da política, pontuando ainda sua dimensão ambígua como instituição e linguagem tanto política quanto jurídica, cf. SCHUPPERT, Gunnar Folke. **A global history of ideas in the language of law**. Frankfurt am Main: Max Planck Institute, 2021, p. 246.

centralidade do resguardo de liberdades e interesses fundamentais por meio de direitos subjetivos, ao enunciar que uma sociedade na qual a garantia de direitos não esteja assegurada não tem uma constituição.

Em um Estado constitucional, portanto, e sem prejuízo de reconhecer a importância das normas sobre organização e disciplina do exercício do poder estatal, a proteção de direitos fundamentais apresenta um papel central, consubstanciando autêntico eixo de gravitação ou fio condutor da ordem constitucional e de sua interpretação e aplicação.[12]

Daí por que, entre as chamadas funções da constituição — especialmente aquelas de inspiração liberal —, a função de proteção de direitos fundamentais é costumeiramente enfatizada. Assim também, quando se cogita da compreensão da constituição em seu sentido material, identificam-se precipuamente nos compromissos firmados nas cláusulas assecuratórias de direitos fundamentais o seu conteúdo mais saliente, o verdadeiro ponto arquimédico do sistema e importante fator de síntese das decisões fundamentais subscritas pela comunidade política.[13]

Dentro dessa ótica, as liberdades e direitos fundamentais constituem não apenas conteúdo indispensável e ponto principal de ancoragem, mas centro irradiador de validade e de legitimação da ordem constitucional — donde o *locus* privilegiado que ocupam no campo da interpretação e da aplicação da constituição.

Reconhecer a centralidade dos direitos fundamentais no horizonte do projeto constitucional moderno não se afigura, deve-se ainda enfatizar, um juízo de tipo meramente histórico; não é observação analítica que se limita a apontar para a topologia privilegiada de que desfrutam, ou a tão somente rastrear as linhas de desenvolvimento que alçaram os direitos fundamentais a pedra de toque dos sistemas constitucionais.

A centralidade aqui enfatizada não meramente estética; é essencialmente ética, deontológica, política, no sentido de que a pretensão constitucional de garantir direitos públicos subjetivos consubstancia o

[12] "Constitutionalism has often been associated specifically with liberalism, with the protection of individual rights against the state. The distinguishing feature of a constitutional state, in this view, would not be its possession of a written document called a constitution but its effective protection of individual rights" (WHITTINGTON, Keith E. Constitutionalism, p. 281).

[13] BARROSO, Luís Roberto. **Curso de direito constitucional**, p. 75.

éthos próprio da ideia moderna de constituição e deliberadamente insere as posições jurídico-subjetivas de caráter público como vértice da ordem constitucional — circunstância esta que, eis o que se pretende sublinhar, atrai importantes consequências de caráter normativo.

A mais relevante dessas consequências é a de exigir que a interpretação e aplicação da constituição e, de modo mais abrangente, a própria atuação do Estado, sejam continuamente conduzidas, conformadas e inspiradas pelos direitos fundamentais enunciados na lei fundamental.[14]

Em essência, cuida-se de assentar que o programa constitucional e o agir estatal afiguram-se um composto de obrigações sempre esteadas pelos direitos fundamentais — de modo que a pergunta pelo ser e o fim do Estado, em suas diferentes dimensões e projeções, deve sempre ter em mira, ou ao menos indagar previamente, a que tipo ou função de proteção de direitos fundamentais determinada dimensão da estatalidade revela-se servil.

Essa instrumentalização virtuosa do Estado e da constituição pelos direitos fundamentais não é estritamente exógena. Não se trata, apenas, de exigir uma leitura ou filtragem constitucional, orientada a direitos fundamentais, da ordem jurídica infraconstitucional — no que se já de denominou de uma necessidade de, mais do que empreender uma interpretação conforme a constituição, de uma exigência de interpretação conforme os direitos fundamentais (*grundrechtskonforme Auslegung*).[15]

O próprio sistema constitucional, endogenamente, deve ser inteligido e operado sob essa ótica. Vértice do sistema, os direitos fundamentais devem iluminar e orientar as demais constituições parciais e integrá-las em uma unidade de sentido, balizando o entendimento e aplicação das categorias e institutos de direito constitucional positivo.

Essa projeção normativa dos direitos fundamentais alcança o sistema constitucional em seus diferentes segmentos e setores — o domínio da constituição econômica inclusive. As decisões políticas fundamentais sobre a ordem econômica, encartadas no texto constitucional, são não

[14] SICCA, Gerson dos Santos. A interpretação conforme à Constituição – *Verfassungskonforme Auslegung* – no direito brasileiro. **Revista de Informação Legislativa**, Brasília, ano 36, n. 143, p. 19-34, jul./set., 1999, p. 22. SCHIRATO, Vitor Hein. **Livre iniciativa nos serviços públicos**, p. 98.

[15] PIEROTH, Bodo; SCHLINK, Bernhard. **Grundrechte**, p. 20.

apenas permeáveis, mas devem ser também travejadas pela eficácia jurídica dos direitos fundamentais.

Trata-se de reconhecer que a interpretação e aplicação da constituição econômica — entendida como soma dos elementos, constitucionalmente positivados, conformativos da ordenação jurídica da economia nacional — também exigem sondagem e investigação prévias sobre a observância e garantia de posições jurídicas jusfundamentais. A pergunta sobre que direitos específicos o cidadão possui em face do Estado, e sobre que liberdades são invulneráveis e quais podem ser restringidas e conformadas, também nesse perímetro se coloca.[16]

O papel central desempenhado pelos direitos fundamentais, portanto, espraia-se pelo conjunto do programa constitucional, e, como visto, não é meramente apelativo nem estético, mas marcadamente normativo. Essa normatividade, deve-se igualmente acrescer, não pode ser compreendida em termos meramente retóricos[17]: a abordagem aqui sugerida não é de mera exaltação da prevalência dos direitos humanos e dos valores por eles expressos, como se as declarações de direitos fossem meros manifestos políticos, normas programáticas ou adereços hermenêuticos desprovidos de autêntica força vinculante.

Os direitos fundamentais apresentam eficácia jurídica e são critérios incontornáveis para a solução de questões de interpretação e aplicação constitucional. Exatamente por isso, a análise jurídica dos direitos fundamentais exige sistematização e metodologia rigorosas; a centralidade dos direitos fundamentais não apenas supõe, mas exige uma metódica adequada, uma dogmática própria que elabore critérios de solução de problemas envolvendo a eficácia, a limitação de direitos fundamentais e a harmonização entre posições subjetivas colidentes.[18]

É exatamente a partir dessas premissas e coordenadas que se avalia importante investigar as posições jurídico-subjetivas relacionadas à moeda na constituição.

[16] HERRMANN, Christoph. **Währungshoheit, Währungsverfassung,** p. 270.

[17] DIMOULIS, Dimitri; MARTINS, Leonardo. **Teoria geral dos direitos fundamentais,** p. 18.

[18] DIMOULIS, Dimitri; MARTINS, Leonardo. **Teoria geral dos direitos fundamentais,** p. 19.

Se existe uma ordenação constitucional da moeda na lei fundamental, é de rigor que o exame desse bloco normativo, dessa constituição parcial, seja empreendido com olhos sobre os direitos públicos subjetivos que o ancoram e direcionam.

É dizer: o especial significado dos direitos fundamentais na ordem constitucional deve ser buscado e perquirido também nos domínios da análise da constituição monetária.[19] Não apenas porque nada impede ou objeta que o seja — não há razão para interditar o exame do sistema monetário sob as luzes da teoria dos direitos fundamentais —, mas designadamente porque o primado das posições jurídico-subjetivas de caráter fundamental no conjunto do Estado constitucional assim o exige.

Mais ainda: esse nível analítico, posto que tradicionalmente desconsiderado, pode se revelar virtuoso, ao dilatar o horizonte da investigação sobre o tema, revelando posições e deveres constitucionais de proteção antes ignorados ou esquecidos.

E o fato é que, quer do ponto de vista conceptual, quer do ponto de vista jurídico-positivo, uma ampla grade de interesses individuais relacionados à moeda e ao dinheiro mostra-se rastreável. Trata-se interesses subjetivos relacionados às funções de troca, de unidade de conta e de reserva de valor da moeda, que traduzem pretensões juridicamente lastreadas. Também se identificam posições jurídicas de caráter coletivo, assim como dimensões objetivas das posições subjetivas individuais.

Essas pretensões e posições jurídicas, na medida em que juridicamente assentadas, e especialmente porque articuladas ou articuláveis com direitos fundamentais constitucionalmente positivados, recomendam uma análise ao nível da dogmática dos direitos fundamentais. Assim, a tarefa que compete ser feita é indagar pelos direitos públicos subjetivos, pelos direitos fundamentais relacionados à moeda na constituição.

Há interesses subjetivos acolhidos pelo texto constitucional, que digam respeito à relação entre os indivíduos, o Estado e a moeda? Conceitualmente, é possível cogitar de uma proteção jurídica jusfundamental a liberdades públicas concernentes ao dinheiro, considerado em si mesmo e no tocante aos seus atributos? A ordem constitucional dá guarida, e existe uma fundamentação jurídica adequada, que ampare

[19] HERRMANN, Christoph. **Währungshoheit, Währungsverfassung,** p. 288.

a salvaguarda de interesses desse jaez, e que imponha, sob a forma de direitos fundamentais, limites à autoridade estatal sobre a moeda?

Em caso positivo, que direitos seriam esses, e quais os respectivos âmbitos de proteção?

São essas algumas das indagações sobre as quais se reflete a seguir.

2. Liberdades monetárias? A proteção jurídico-subjetiva dos interesses individuais de natureza monetária na constituição

As cartas e declarações de direitos humanos não costumam enunciar, literal e nominalmente, direitos relacionados à moeda. Bem examinados os textos constitucionais em vigor, e mesmo cartas já revogadas, é digno de se notar que liberdades relacionadas à moeda e ao dinheiro tradicionalmente não tem, e quase nunca tiveram, assento nos catálogos de direitos fundamentais.

Embora o direito a determinados tipos de prestações e obrigações pecuniárias encontre-se enunciado em textos constitucionais (*verbi gratia*, proteção do salário mínimo, direito a prestações previdenciárias ou assistenciais, etc.), a moeda entra aqui de modo puramente instrumental — ela dificilmente é, em si mesma, o núcleo do interesse individual ou coletivo juridicamente tutelado.

Se, na esteira do já debatido, a própria noção conceitual de constituição monetária é tema quase que estrangeiro à especulação da teoria constitucional, e em larga medida alheio à generalidade dos textos constitucionais modernos, não seria exagerado dizer que a ideia de liberdades ou direitos fundamentais monetários revela-se ainda mais distante — praticamente um devaneio; quiçá, uma excentricidade.

É igualmente válido observar que, diferentemente de outros campos da teoria constitucional — o campo da tributação e das finanças públicas, por exemplo —, sequer a noção de limitações constitucionais ao poder estatal monetário costuma ser tematizado. Ao passo que em matéria de tributação e orçamento público a noção de limitações constitucionais ao poder exacional do Fisco, ou mesmo de restrições ao regime da despesa pública, tem assento jurídico-positivo e amplo detalhamento por meio de regras enunciadas no texto da lei fundamental, o mesmo não se pode dizer quanto à moeda.

Embora a experiência moderna seja timbrada pela administração estatal da moeda pública, raramente o poder estatal sobre ela é nominalmente balizado por limites constitucionais compreendidos como tais — e muito menos por limites constitucionais entendidos e juridicamente reconhecidos como autênticas liberdades ou direitos fundamentais do cidadão em face da autoridade monetária do Estado.

Os limites constitucionais ao poder monetário (poder-se-ia até mesmo objetar se existem, embora toda a lógica do sistema do direito público leve a crer que sim) praticamente não são tematizados, e raramente encontram-se positivados — e, quando o são, dificilmente sob a forma ou concepção específica de direitos fundamentais oponíveis em face do Poder Público.

É certo que, mais do que uma dificuldade decorrente da ausência de debate público sob esse rótulo específico (isto é, de reconhecer os limites constitucionais como limites, os limites como tais), ou ainda da escassa positivação expressa em textos consagradores de direitos fundamentais, a noção de liberdades monetárias parece suscitar dúvidas sobre sua própria relevância ou, mais precisamente, sobre o próprio sentido e consistência dessa noção.

O problema, portanto, residiria não na falta de uma consciência difusa acerca da existência de limites constitucionais ao poder monetário, nem na ausência de lastro em lei positiva, e muito menos no desinteresse da ciência jurídica sobre a moeda e o dinheiro — o problema diria respeito à própria incongruência ou falta de lógica do conceito de direitos fundamentais relacionados à moeda.

Afinal, que tipo de liberdade a moeda e o dinheiro comportariam? Que modalidade de interesse um direito fundamental relacionado à moeda poderia exigir ou tutelar — interesse este que não se confundisse, necessariamente, com algum tipo de obrigação pecuniária já objeto de tutela pelo âmbito de proteção próprio e específico de outro direito fundamental? Posto que existam limites constitucionais ao poder monetário do Estado, esses limites seriam traduzíveis na linguagem dos direitos fundamentais? Seriam esses limites passíveis de estruturação enquanto autênticas posições jurídico-subjetivas, individuais ou mesmo coletivas?

Mais ainda. Conceda-se que exista alguma posição jurídico-subjetiva relacionada à moeda. Mas então caberia indagar: essa posição jurídica caracterizar-se-ia realmente como um autêntico direito *fundamental*, é dizer, como verdadeiro direito público subjetivo constitucionalmente qualificado, especialmente protegido e salvaguardado pelo texto da lei fundamental?

Colocar a questão acerca das liberdades ou direitos fundamentais relacionados à moeda, portanto, avoca pelo menos três ordens de dificuldades: problemas de tipo existencial, lógico e normativo. Trata-se, com efeito, de perquirir (ou objetar) se esses direitos públicos subjetivos *são* (existe uma substancialidade jurídica própria, que não seja meramente nominal?), se *fazem sentido* (isto é, apresentam algum tipo de consistência estrutural lógica, uma unidade coerente de significado reconduzível ao sistema jurídico e ao binômio direitos-deveres?) e, finalmente, se *estão positivados* (ou seja, realmente encontram algum lastro na ordem jurídica vigente e, uma nota além, efetivamente desfrutam do predicado da jusfundamentalidade?).

Sobre o ser desses direitos, o *an sit* das posições individuais presentemente cogitadas, a tarefa envolve perscrutar sua base ontológica, apurando se aludem a interesses subsistentes e reais. Mais ainda, sondar, na perspectiva axiológica (entendida aqui a axiologia como uma ontologia regional, relacionada ao ser dos valores), se os interesses em questão apresentam uma base de valores que os ancorem. A pergunta pelo ser desses direitos pressupõe, portanto, um conjunto de valores básicos a que essas posições jurídicas sirvam e com os quais se conectem, a presença e existência de interesses reais a que esses direitos, enquanto limites constitucionais ao poder monetário, aludam.

Em acréscimo, a consideração dessas posições envolve considerar se esses interesses, acaso existentes, exibem uma consistência estrutural mínima, um princípio de funcionalidade ou operabilidade lógico-jurídica que lhes confiram, a par de existência, sentido. Se a racionalidade e o código jurídicos funcionam para esse tipo de interesses é o que convém aqui interrogar.

E, naturalmente, cabe finalmente examinar se os direitos assim rastreados encontram efetivo abrigo na ordem jurídico-positiva. A etapa final de aproximação desse objeto exige apurar os fundamentos constitucionais de vigência e de validade, analisando a dimensão normativa das posições identificadas.

As perguntas fundamentais, logo, seriam: há algum interesse protegido? Quais bens materiais e valores são protegidos? O que é protegido pela constituição? Há imposição de limites materiais e formais ao poder estatal, alusivamente a essas posições juridicamente protegidas? Que princípios fundamentais do sistema vinculam-se às limitações materiais?[20]

Avalia-se que, no mínimo, essas perguntas e esse exame devem ser feitos. Devem ser feitos porque, como anteriormente discutido, o primado dos direitos fundamentais no conjunto da ordem constitucional assim o exige — e a tarefa mínima que uma análise e interpretação da constituição monetária demanda é justamente o de indagar, em caráter prévio ou prejudicial, se e em que medida essa ordenação jurídico-constitucional da moeda comporta direitos fundamentais, direitos públicos subjetivos especialmente relacionados à matéria jurídica nela versada, assim como de que modo o poder estatal monetário e a autoridade desempenhados nesse campo devem ser direcionadas ou conformadas em favor desses direitos e de seus valores-fonte.

Dessa forma, e como sintetiza Christoph Herrmann, analisando a questão com luzes sobre a Lei Fundamental alemã, a questão de dogmática jurídica que deve ser examinada é *se* e *como* os interesses jurídicos individuais gozam subjetivamente de proteção jurídica na constituição, e ainda, em um nível teórico abstrato, se e como lacunas de proteção podem ser juridicamente justificadas.[21]

Entendida e aceita a tarefa de investigar os direitos fundamentais relacionados à moeda, e a importância de examinar a proteção jurídico-subjetiva dos interesses individuais de natureza monetária na constituição, cabe então definir qual será o tipo de abordagem aplicada; que tipo de método de trabalho e de aproximação metodológica serão conferidos à matéria, de modo a acessar o tema e a delimitar, do ponto de vista da operacionalização conceitual, a questão sob exame.

Algumas distinções e esclarecimentos revelam-se pertinentes. Cabe diferenciar, por exemplo, o *método de trabalho* e a *abordagem metodológica*.[22] Quanto ao primeiro, o método empregado neste estudo é o habitual à pesquisa jurídica: análise do texto constitucional e da legislação em

[20] As indagações inspiram-se no itinerário esboçado por ÁVILA, Humberto. **Sistema Constitucional Tributário**, p. 71. Naturalmente, o foco e objeto de investigação do autor são diversos, no que voltados ao exame da ordem constitucional tributária, e não da ordem monetária.

[21] HERRMANN, Christoph. **Währungshoheit, Währungsverfassung**, p. 267.

[22] SILVA, Virgílio Afonso da. **A constitucionalização do direito**, p. 25.

vigor, da doutrina e da jurisprudência. Partindo do pressuposto de que a exploração visada nesta investigação é precipuamente hermenêutica e argumentativa, a análise da existência e estrutura dos direitos fundamentais dar-se-á e partir do exame de fontes normativas (especialmente o texto da Constituição brasileira de 1988) e de "fontes de autoridade", é dizer, fontes doutrinárias e jurisprudenciais.[23] A pesquisa é de tipo qualitativo, de característica essencialmente interpretativa, construída a partir do exame das fontes normativas.[24]

No alusivo à abordagem metodológica, diferentes enfoques são possíveis e podem ser cumulativa ou alternativamente recrutados. Destaque-se, então, em que horizonte, ao nível de qual tipo de especulação da teoria constitucional, a investigação é empreendida.

Aqui, convém ter presente a distinção sugerida, dentre outros, por Keith E. Whittington, ao emoldurar os desenvolvimentos da reflexão constitucional em três níveis ou faixas de problematização: normativo, conceptual e empírico.[25]

Neste estudo, o enfoque é essencialmente *conceptual*, ocupando-se da ordem constitucional monetária e das posições jurídico-subjetivas a ela associadas tal como operam analiticamente, sobretudo na perspectiva da estruturação dos poderes governamentais e da respectiva limitação por meio de direitos fundamentais.

Não se pretende empreender o estudo da legitimação discursiva, nem oferecer uma orientação substantiva sobre como se deve decidir quanto aos direitos públicos subjetivos relacionados à moeda (preocupação central do enfoque de tipo normativo). Tampouco se busca examinar, em minúcia, diferentes constituições e seus componentes, a fim de revolver a suas dinâmicas factuais de operação interna ou as consequências práticas de determinados desenhos ou arquiteturas jurídicas (questões das quais se ocupa a abordagem *empírica*).

Não se trata de negar a importância dos enfoques normativo ou empírico. Muito diversamente. Porém, o que se encaminha no presente estudo, enquanto introdução ao debate sobre as liberdades e direitos fundamentais monetários, é perscrutar o conteúdo da ordem constitucional e, a

[23] VAN HOECKE, Mark. Legal Doctrine, p. 4.

[24] CRESWELL, John W. **Projeto de pesquisa**, p. 209.

[25] WHITTINGTON, Keith E. Constitutionalism, p. 282.

partir do exame conceitual de suas funções e do seu modo de funcionamento analítico, entender em que medida a estrutura formal de posições subjetivas relacionadas à moeda é consistente com sua lógica de operação.

Ainda sobre a abordagem metodológica, convém ter presente a tripartição proposta por Ralf Dreier e Robert Alexy, ao sugerirem que a dogmática jurídica poderia ser dividida em três dimensões: a *analítica*, a *empírica* e a *normativa*.[26]

O presente estudo vale-se de uma abordagem *dogmática*, porquanto tem como objetivo a reconstrução sistemática de um dado material jurídico, estruturando em uma unidade compreensiva de sentido.[27]

A dimensão da dogmática jurídica é precipuamente *analítica*, porquanto o exame é feito com olhos sobre os conceitos elementares envolvidos no objeto de pesquisa e das formas principais de fundamentação jurídica, sobretudo a partir do referencial teórico da *dogmática dos direitos fundamentais*.[28]

Há, naturalmente, alguma dimensão *empírica* — no que se ocupa da sondagem do direito positivo e vigente, mediante exame direto do texto constitucional de 1988, considerando ainda a visão da doutrina e dos precedentes judiciais firmados a respeito do tema.

O estudo apresenta, também, na perspectiva dogmática, algum escopo *normativo*, no que pretende prescrever soluções — no caso, soluções para a correta interpretação e aplicação da ordem constitucional brasileira em vigor, no horizonte específico de atenção relacionada à regulação monetária. Não obstante, as ambições deste propósito são proporcionais à consciência de que a exploração ora veiculada compõe apenas uma introdução, uma primeira aproximação da matéria, de sorte que o objetivo de fornecer subsídios para a atividade aplicativa e jurisprudencial merece correspectiva calibragem.

É dizer, de outro modo: o objetivo precípuo do debate que se segue, ao ocupar-se centralmente de problemas que se situam no âmbito analítico, é discutir um modo de análise, uma aproximação inicial ou método de

[26] SILVA, Virgílio Afonso da. **A constitucionalização do direito**, p. 25-26.

[27] SILVA, Virgílio Afonso da. **Direitos fundamentais**, p. 31, que toma o conceito de dogmática jurídica de empréstimo de Wolfam Cremer (**Freiheitsgrundrechte:** Funktionen und Strukturen, Tübingen: Mohr, 2003, p. 17-18).

[28] SILVA, Virgílio Afonso da. **Direitos fundamentais**, p. 31.

acesso à aporia das liberdades ou direitos fundamentais monetários.[29] Visa-se não a dar uma resposta conclusiva a esse ou àquele caso concreto, mas derivar um modelo de análise a partir da dogmática dos direitos fundamentais — modelo este que, esboçando uma plataforma inicial para diagnóstico e debate, possa, aí sim, posteriormente, fornecer subsídios para a discussão sobre casos concretos.

O método analítico costuma ter o mérito de trazer à luz diversas pré-compreensões que, via de regra, acabam por disfarçar verdadeiras restrições a direitos fundamentais — como se fossem meras delimitações conceituais sem qualquer conexão com o grau de proteção e de realização desses direitos.[30] Daí por que a virtude da abordagem analítica é de oferecer condições para o exame das exigências reais de fundamentação e dos ônus argumentativos para as atividades que impliquem restrições a direitos.[31]

Dentro dessa perspectiva, a análise doutrinária desempenhará um papel importante — e especialmente a doutrina de língua inglesa e alemã. Este papel, na esteira de reflexão semelhante empreendida por Virgílio Afonso da Silva,[32] se justifica por ao menos duas razões: (i) tematicamente, porque o problema dos limites constitucionais ao poder monetário do Estado, do debate em torno do conteúdo da constituição monetária e da existência e eficácia de direitos fundamentais relacionados à moeda é um problema, se não tradicional, ao menos debatido com frequência nos Estados Unidos e na Alemanha; (ii) metodologicamente, porquanto a abordagem dogmático-analítica apresenta importante sofisticação e densidade especulativa, agregando elementos críticos de valor para a reflexão.

Decisivamente, porém, o objetivo não é discutir a situação do debate em torno da constituição e dos direitos fundamentais monetários nos

[29] SILVA, Virgílio Afonso da. **Direitos fundamentais**, p. 37, oportunidade em que o autor, a partir da percepção da multidimensionalidade da dogmática jurídica, indica diferentes tarefas possíveis no contexto da elaboração de modelos de análise, uma delas sendo a de contribuir para a discussão teórico-geral, o que não implica desertar da responsabilidade nem da preocupação prática da dogmática jurídica.

[30] SILVA, Virgílio Afonso da. **Direitos fundamentais**, p. 38.

[31] SILVA, Virgílio Afonso da. **Direitos fundamentais**, p. 38. PIEROTH, Bodo; SCHLINK, Bernhard. **Grundrechte**, p. 2-3.

[32] SILVA, Virgílio Afonso da. **Direitos fundamentais**, p. 35.

Estados Unidos e na Alemanha, nem muito menos fazer "direito constitucional americano ou alemão no Brasil". Não é um transplante acrítico. Trata-se, apenas, de aproveitamento de um diálogo empreendido em outros países, que examinaram com maior acuidade a questão.

Também a jurisprudência ocupará uma função relevante na análise, empreendendo-se um apanhado sistemático (e não meramente exemplificativo) das decisões judiciais do STF que ferem temas relativos a direitos fundamentais e liberdades com projeção monetária.[33] O valor desse tipo de investigação reside no acesso a uma construção explicativa do conteúdo dessas posições jurídico-subjetivos que não é meramente abstrata, mas de modo essencialmente prático, tal como materializado e orientado pelas principais decisões de tribunais superiores.[34]

Nesse ponto, vale destacar que, embora as decisões do Supremo Tribunal Federal não costumem fazer alusão direta a liberdades ou direitos monetários (usualmente o direito fundamental de propriedade é a chave ou lugar argumentativo que subjaz à *ratio* dos julgados), a jurisprudência do tribunal é particularmente rica quanto à análise de aspectos constitucionais da política e regulação sobre moeda e meios de pagamento, presente a ampla sucessão de planos econômicos voltados à estabilização monetária, com fortes implicações jurídicas. Malgrado a trajetória desses planos não seja um fato histórico a se comemorar, a densa jurisprudência constitucional formada em torno deles franqueia um panorama peculiar sobre o entendimento da Corte a respeito de assuntos monetários.

Finalmente, e antes de passar ao exame das posições subjetivas em espécie, convém elucidar em que sentido se fala de direitos fundamentais, assim como qual a acepção de direitos subjetivos objetivamente subscrita neste estudo.[35]

[33] A importância desse exame é igualmente reforçada por SILVA, Virgílio Afonso da. **Direitos fundamentais**, p. 34.

[34] ÁVILA, Humberto. **Sistema Constitucional Tributário**, p. 55.

[35] Elucidação conceitual que se empreende com ciência de que elencar as características inerentes aos direitos fundamentais implica, necessariamente, partir de uma concepção específica desses direitos e de sua função, com pressuposições teoréticas (não apenas dogmáticas, mas inclusive filosóficas) próprias (SILVA, Virgílio Afonso da. **A constitucionalização do direito**, p. 128).

A análise tem em mira direitos positivados na constituição (de modo explícito ou implícito), excluindo-se do campo de análise direitos pré-positivados (aos quais a expressão "direitos naturais" convém) ou suprapositivos (usualmente compreendidos sob a chave dos chamados "direitos humanos").[36]

Dentro dessa perspectiva, direitos fundamentais são posições jurídicas público-subjetivas de pessoas naturais ou jurídicas, contidos em dispositivos constitucionais de modo explícito ou implícito, e que encerram caráter normativo qualificado no conjunto da ordem constitucional e da comunidade política estatal, tendo por finalidade precípua a limitação do exercício do poder estatal em face da liberdade individual.[37] De um modo mais sintético, seria possível formular: são direitos dos indivíduos, que vinculam o Estado, e cuja particularidade reside na sua categorização constitucional[38] e na finalidade principal de garantir a proteção do indivíduo em face da autoridade estatal.[39]

Sobre o termo específico *direitos*, e o conteúdo semântico que encerra, toma-se por base a compreensão de que o substrato de todo direito subjetivo é, de modo global, um interesse individual — o qual, uma vez consciente e deliberadamente protegido pelo sistema jurídico (vale dizer, uma proteção que não ocorre apenas reflexivamente), passa a desfrutar da natureza de direito subjetivo.[40] Os direitos subjetivos são entendidas como posições jurídicas que garantem uma subordinação tipicamente favorável sobre a capacidade jurídica de outrem, conferindo a possibilidade de alcançar uma determinada situação jurídica oponível em face de outro sujeito.[41]

Esses direitos subjetivos serão considerados fundamentais e vinculantes enquanto positivados na constituição, ainda que o seu reconhecimento

[36] DIMOULIS, Dimitri; MARTINS, Leonardo. **Teoria geral dos direitos fundamentais**, p. 46.

[37] DIMOULIS, Dimitri; MARTINS, Leonardo. **Teoria geral dos direitos fundamentais**, p. 46-47, em cujo conceituação foram buscadas as notas definitórias indicadas na formulação proposta neste estudo.

[38] PIEROTH, Bodo; SCHLINK, Bernhard. **Grundrechte**, p. 13.

[39] HERRMANN, Christoph. **Währungshoheit, Währungsverfassung,** p. 270.

[40] HERRMANN, Christoph. **Währungshoheit, Währungsverfassung,** p. 269.

[41] SCHULEV-STEINDL, Eva. **Subjektive Rechte**: Eine rechtstheoretische und dogmatische Analyse am Beispiel des Verwaltungsrechts. Wien: Springer-Verlag, 2008, p. 160.

não seja explícito: no caso brasileiro, especialmente a cláusula do art. 5º, §2º, sugere a admissão de normas constitucionais implícitas veiculadoras de direitos fundamentais.[42]

Demais disso, pela referência a direitos públicos subjetivos não se olvida, nem muito menos se pretende negar, a singular importância da conhecida dimensão objetiva dos direitos fundamentais e dos deveres de proteção dela resultantes[43] — pelo contrário, este aspecto merecerá atenção própria no curso da análise empreendida.

Deve-se observar que, no curso da exposição das posições subjetivas em espécie, será comum o recurso a categorias, conceitos e ao roteiro analítico próprio da dogmática dos direitos fundamentais, de clara inspiração na teoria constitucional desenvolvida na Alemanha, mas já amplamente recepcionada no Brasil.[44] Nesse sentido, na sondagem do tipo normativo que compõe o direito fundamental (*Grundrechtsbestand*), serão empregadas noções como âmbito de proteção, suporte fático, área de proteção objetiva, área de proteção subjetiva e especialmente o de afetação e intervenção no âmbito de proteção do direito.[45]

Especificamente sobre as diferentes modalidades de afetação de direitos fundamentais, afiguram-se particularmente importantes para a análise. Isso porque, não menos do que outros direitos fundamentais, mas talvez de modo mais intenso ou de maneira simplesmente mais frequente, as posições jurídico-subjetivas relacionadas à moeda parecem revelar uma figura inerentemente restringida (tanto histórica quando conceptualmente).

O recurso às categorias da dogmática dos direitos fundamentais justifica-se pelo objetivo de imprimir uma abordagem metodológica segura, afastando o risco de um debate meramente retórico. E embora se reconheça que a tarefa da dogmática não é resolver conflitos resultantes do choque de interesses causado por concretização de direitos fundamentais, a grade analítica deste referencial teórico franqueia

[42] FERREIRA FILHO, Manoel Gonçalves. **Direitos Humanos Fundamentais.** 2. ed. São Paulo: Saraiva, 1998, p. 30.

[43] PIEROTH, Bodo; SCHLINK, Bernhard. **Grundrechte,** p. 19.

[44] DIMOULIS, Dimitri; MARTINS, Leonardo. **Teoria geral dos direitos fundamentais,** p. 125.

[45] DIMOULIS, Dimitri; MARTINS, Leonardo. **Teoria geral dos direitos fundamentais,** p. 129.

uma base de apoio para a investigação, permitindo enxergar quando se está diante de verdadeira intervenção restritiva por parte dos poderes públicos.[46]

Assim, a partir da premissa de que, sobretudo na sua função de defesa, os direitos fundamentais são formados por uma série de elementos que podem ser analiticamente distinguidos[47], será comum à referência às noções de suporte fático, âmbito de proteção e intervenção — que correspondem, sinteticamente, ao *algo* que se protege, à *extensão* da proteção e aos tipos possíveis de *afetação* do direito subjetivo.

Sobre a noção de *suporte fático* e o modelo teórico dele subscrito, compreende-se conceitualmente como o conjunto de elementos fáticos que a norma jurídica prevê em abstrato e ao qual imputa determinada consequência.[48]

A seu turno, a noção de *âmbito de proteção* traduz aquilo que é efetivamente protegido pela norma veiculadora de direito fundamental; trata-se do comportamento ou *status* jurídico tutelado, assim como de quem se tutela (área de proteção objetiva e subjetiva).[49]

Enquanto espaço ou conjunto de bens efetivamente protegido pela norma, o âmbito de proteção é resultado da subtração do suporte fático daqueles casos e situações que a constituição não pretendeu proteger.

Na análise, parte-se de um *modelo de âmbito de proteção amplo*, considerando-se, portanto, que não há exclusões *a priori* da sua esfera de tutela jurídica, e que toda regulamentação configura uma potencial ou real restrição a direitos fundamentais, impondo consequentes ônus argumentativo ao responsável pela intervenção.[50]

Quanto à terceira noção, de *intervenção no âmbito de proteção*, trata-se da ingerência dos poderes estatais sobre o âmbito originário de proteção

[46] ABRAHÃO, Marcela Rosa. **As restrições aos direitos fundamentais**, p. 75.

[47] SILVA, Virgílio Afonso da. **Direitos fundamentais**, p. 69.

[48] SILVA, Virgílio Afonso da. **Direitos fundamentais**, p. 68, onde também detalha a distinção entre suporte fático abstrato (fatos ou atos do mundo que são descritos por determinada norma e para cuja realização é prevista determinada consequência jurídica), e suporte fático concreto, correspondente à ocorrência concreta, no mundo da vida, dos acontecimentos que a norma juridicizou.

[49] DIMOULIS, Dimitri; MARTINS, Leonardo. **Teoria geral dos direitos fundamentais**, p. 126.

[50] SILVA, Virgílio Afonso da. **Direitos fundamentais**, p. 41-42.

do direito fundamental, mediante ações ablativas fáticas ou jurídicas.[51] Segundo o conceito clássico de intervenção, ela deve reunir quatro requisitos: ser intencional (não é mera consequência colateral), direta, configurada mediante ato jurídico (não é efeito meramente fático) e imperativa. A noção, porém, tem sido ampliada, para abranger praticamente toda e qualquer ação ou omissão estatal, abrangendo situações fáticas e intervenções indiretas, sendo essa a visão adotada.[52]

Em matéria de restrição de direitos fundamentais, adere-se ao modelo da chamada *teoria externa*, que pressupõe a distinção entre o direito em si e as suas limitações. Rejeita-se a abordagem dos limites imanentes; toda e qualquer limitação é entendida como decorrência de uma restrição externa ao direito fundamental.[53]

Finalmente, observe-se que o objetivo não é esgotar verticalmente o conteúdo de cada um dos direitos identificados, com vistas a examiná-los e compreendê-los em sua intimidade, descendo às minúcias reflexivas da dogmática especial dos direitos fundamentais. O que se busca é uma sondagem *inicial*, de modo a os tornar mais compreensíveis; um primeiro traçado, pois, do perfil da sua inteligibilidade.

Em suma, o que se segue é uma exploração inicial, conceitual e interpretativa, do conjunto de posições jurídico-subjetivas relacionadas à moeda e ao dinheiro na constituição.

O exame é empreendido considerando o ordenamento jurídico brasileiro e, mais especificamente, a ordem constitucional instituída em 1988. Investigam-se de que maneira determinados interesses individuais monetários encontram-se juridicamente garantidos e conformados pela lei fundamental (de modo geral) e pela constituição monetária (de modo especial), visando a identificar o tipo normativo do direito fundamental, seu âmbito de proteção e de que modo encontra-se juridicamente limitado.

[51] ABRAHÃO, Marcela Rosa. **As restrições aos direitos fundamentais**, p. 76.

[52] DIMOULIS, Dimitri; MARTINS, Leonardo. **Teoria geral dos direitos fundamentais**, p. 134.

[53] SILVA, Virgílio Afonso da. **Direitos fundamentais**, p. 245.

3. A liberdade de circulação cambial: a prerrogativa de ir-e-vir com a moeda

Vale a pena iniciar a análise das posições subjetivas monetárias pelo exemplo mais claro, de mais fácil apreensão — aquele em que a constituição, de modo expresso (e talvez seja o único caso em que a cortesia da literalidade se apresenta), enuncia literalmente um direito ou liberdade diretamente relacionada à moeda.

Trata-se do direito fundamental encartado no art. 5º, inciso XV, da Constituição de 1988, de clara e inequívoca dicção: "é livre a locomoção no território nacional em tempo de paz, podendo qualquer pessoa, nos termos da lei, nele entrar, permanecer ou dele sair com seus bens".

Trata-se de formulação clássica no direito constitucional brasileiro, veiculada originalmente já na Constituição de 1824 (art. 179, VI), e também em enunciações adaptadas, mas invariavelmente com redação e sentido semelhantes, nas Cartas de 1891 (art. 72, §3º), 1934 (art. 113, item 4; neste caso permitindo livre circulação, ingresso e saída, mas não falando em bens), 1937 (art. 122, §4º), 1946 (art. 142), 1967 (art. 150, §26) e Emenda nº 01/1969 (art. 153, §26).

O texto normativo tradicionalmente fala em bens, de modo amplo, e é natural afiançar que, dentre eles, incluem-se os ativos de tipo monetário. A moeda e o dinheiro, portanto, quer em sua forma física, quer escritural, são objeto de proteção pela norma constitucional. O que se protege é a circulação da propriedade de forma ampla, e a moeda pertencente ao titular do direito fundamental, enquanto integrante de seu patrimônio também. O dinheiro, portanto, pode circular livremente tanto quanto o seu proprietário — podendo ingressar no país, nele permanecer e dele sair.

A prerrogativa de circular livremente com o próprio dinheiro é uma derivação natural (e praticamente necessária) do direito geral de liberdade e da prerrogativa de ir-e-vir sem qualquer embaraço estatal; os bens do cidadão, tanto quanto ele, podem, como regra, circular livremente, descabendo cogitar de interferência estatal ou de imposição de obstáculos injustificados pela autoridade pública.

A primeira e mais importante questão que deve ser feita é se o referido preceptivo constitucional efetivamente assegura algo de especial em relação à moeda e ao dinheiro, ou se não seria mais uma proteção jurídica especial conferida à propriedade e à liberdade pessoal de circulação

— encontrando-se os interesses de circulação monetária do cidadão protegidos aqui de modo puramente ancilar, secundário ou derivado. Esclarecer este ponto é relevante, sobretudo para que já se pontue, de início, qual seria o âmbito de proteção específico, projetado para temas propriamente monetários, que a norma enunciadora do direito tutela.

Embora a norma do art. 5º, inciso XV, não tenha merecido grande atenção da doutrina e da jurisprudência (especialmente do STF) — situação que não representa propriamente uma idiossincrasia brasileira[54] —, é possível avançar no exame da questão, em primeiro lugar percebendo que a norma tutela algo de específico, que vai além, ou ao menos possui algo de mais determinado, da liberdade humana de modo geral e do direito de propriedade.

Com efeito, o suporte fático da norma, os elementos do mundo da vida a que ela aponta, remetem à liberdade de *circulação* (*Freizügigkeit*), seja no sentido positivo (de deslocar-se, de mudar de local), seja na acepção negativa (a liberdade de não mudar, de não ser expulso). E, dentre os âmbitos de proteção especificamente salvaguardados, encontra-se o de transportar bens e haveres pessoais, isto é, de circular com eles.[55] Essa possibilidade de circulação e locomoção com os próprios bens, ou mais propriamente a liberdade de circulação desses próprios bens, confere a nota distintiva própria que, se não autonomiza, ao menos peculiariza esse direito fundamental em relação à liberdade de ação em geral e ao direito de propriedade.

O primeiro aspecto a ser salientado, portanto, é este: há uma possibilidade de circulação com bens e de bens (entre elas moeda e dinheiro), que é tutelada de modo específico. Trata-se de uma liberdade de circulação, protegida constitucionalmente, que permite o transporte interno e transfronteiriço das próprias posses. Embora o texto constitucional não

[54] Como pontuam Bodo Pieroth e Bernhard Schlink, as modernas sociedades industriais estão assentadas em grande mobilidade, de modo que, para um Estado que depende do funcionamento da sua sociedade industrial, a liberdade de circulação é quase uma questão óbvia; só em situações de crise as coisas se passam de modo diferente e podem se tornar necessárias orientações dos movimentos populacionais (PIEROTH, Bodo; SCHLINK, Bernhard. **Grundrechte**, p. 193). Também enfatizando que o tema não costuma suscitar controvérsias, embora sublinhando que essa liberdade é restringida cotidianamente: SILVA, Virgílio Afonso da. **Direito Constitucional Brasileiro**, p. 195.

[55] PIEROTH, Bodo; SCHLINK, Bernhard. **Grundrechte**, p. 194-195.

mencione nominalmente o transporte de dinheiro, parece natural admitir que, dentre os bens referidos, e cuja circulação se protege, encontra-se também a moeda.

Mas há um segundo aspecto a ser salientado. É que de nada (ou de muito pouco) adiantaria proteger a livre circulação de dinheiro e de ativos monetários se, ao mesmo tempo, não forem promovidos meios, ou ao menos liberadas as formas de conversão de uma moeda em outra. É dizer: para que efetivamente se possa falar em livre circulação de bens, revela-se fundamental que um aspecto muito importante dessa circulação (sobretudo quando operar entre fronteiras) seja preservado: a possibilidade de converter divisas em outras, de intercambiar moedas de nacionalidade diversas.

Nomeadamente em países nos quais o curso legal seja mais rigoroso a ponto de obstaculizar a celebração de negócios jurídicos em moeda estrangeira, instrumentos cambiais revelam-se fundamentais: entrar, permanecer ou sair de um país, sem poder converter ativos monetários, é ceifar uma das projeções mais relevantes da prerrogativa de deslocamento e migração — seria o mesmo que, por via indireta, restringir a liberdade de circulação da pessoa, afetando, talvez, até mesmo o seu núcleo essencial.

O câmbio, portanto, sobretudo em matéria monetária, é um aspecto não apenas importante, mas, a rigor, essencial à circulação verdadeiramente livre de pessoas e de capitais. Dessa forma, embora a norma constitucional não fale textualmente em conversão, é igualmente natural admitir que a liberdade de troca de uma moeda por outra é uma consequência necessária do âmbito de proteção do art. 5º, XV. A *conversibilidade*, portanto, é uma dimensão não somente específica, mas central ao âmbito de proteção da liberdade constitucional de circulação.

O art. 5º, XV, portanto, é base para uma fundamentação jurídico-constitucional do direito de liberdade cambial, de um direito à livre circulação de divisas — posição jurídico-subjetiva que, na literatura alemã, já recebeu o nome de *Geldfluchtfreiheit*.[56] Essa liberdade pressupõe que o poder de compra disponível em uma moeda nacional seja trocado por outra estrangeira e, se necessário, transferido para o exterior de maneira física ou escritural.

[56] HERRMANN, Christoph. **Währungshoheit, Währungsverfassung**, p. 363.

É verdade que o recurso à norma do art. 5º, XV, poderia seria considerado desnecessário para fundamentar uma liberdade específica de circulação de ativos monetários. O âmbito de proteção de outras posições jusfundamentais conferiria idêntica e até mais específica guarida à circulação livre da moeda e à sua ampla e desembaraçada conversão. Talvez se considere até mesmo um exagero ou impertinência invocar o inciso XV, que trataria da situação específica (e menos comum) de migrações, emigrações e imigrações, e não das operações de câmbio de maneira geral.

Nessa ordem de ideias, seria possível fundamentar o direito à circulação cambial no direito de propriedade (art. 5º, XXII) e mesmo na cláusula geral da liberdade (art. 5º, *caput*). Na literatura, ademais, a prerrogativa de livre circulação cambial costuma ser fundamentada até mesmo no direito de liberdade profissional[57] — que, no Brasil, tem assento expresso no art. 5º, XIII.

Sem prejuízo, insiste-se na pertinência e relevância do art. 5º, inciso XV, enquanto fonte de uma liberdade cambial geral.

De todo modo, não parece que o referido preceptivo seja o único lastro para uma argumentação constitucionalmente adequada que fundamente a positividade desse direito público subjetivo. Em realidade, é natural admitir que haja diferentes fontes, diferentes sedes argumentativas plausíveis que permitam articular juridicamente a proteção à prerrogativa de circulação cambial.

A livre circulação de capitais, portanto, nessa linha de raciocínio, é uma derivação ou projeção, *cumulativa*, de diferentes direitos fundamentais — especialmente a liberdade geral de ação, o direito de propriedade, a liberdade profissional, o livre exercício de atividades econômicas e, claro, a liberdade de circulação.

É digno de nota que a liberdade de cambial e de circulação desimpedida do capital é considerada, tradicionalmente, uma posição subjetiva clássica da constituição monetária, pontuada por autores de direito da moeda.[58] A razão para isso é clara: durante a vigência do padrão-ouro, e especialmente até a década de 1930, vigia em matéria cambial uma espécie de internacionalismo radical. Não seria exagerado dizer que vigorava a livre possibilidade de trocar moeda nacional por estrangeira, o que inclusive

[57] HERRMANN, Christoph. **Währungshoheit, Währungsverfassung,** p. 367.

[58] HERRMANN, Christoph. **Währungshoheit, Währungsverfassung,** p. 363.

se refletiu no texto do art. 947, §1º, do código civil brasileiro de 1916, de acordo com o qual era lícito às partes contratantes estipular o pagamento de débitos pecuniários em certa e determinada moeda, nacional ou estrangeira.[59]

Mais do que uma liberdade fundante da ordem constitucional monetária nacional, o direito à livre circulação cambial constituía autêntico pilar de um esboço ou fragmento de constituição monetária internacional — traduzindo precisamente a relevância, e notadamente o prestígio, da prerrogativa de efetuar transações entre fronteiras de maneira livre e independente de restrições estatais.[60]

O movimento que se seguiu, porém, de nacionalização da moeda e notadamente de disseminação do papel-moeda desligado do metal, tornou crescentes os controles cambiais e o protecionismo monetário. Como resume Gustavo Franco, a mão pesada do Estado avançou sobre diversas fronteiras, e a disciplina centralizada do câmbio e das remessas internacionais foi apenas mais uma delas.[61]

O surgimento das primeiras normas jurídicas enunciando que os princípios do capitalismo de feição liberal começavam a ceder, e que o regime intervencionista ganhava força, dá-se exatamente no contexto da transição para o regime de moeda de curso forçado, puramente fiduciária. Não sem razão, nenhuma disposição sobre política cambial encontra-se nas constituições de 1824 e de 1891; é com a constituição outorgada de 1934 que, pela primeira vez, atribuiu-se à União a competência para legislar sobre comércio exterior e câmbio.[62]

E, de fato, no Brasil, a disseminação de controles cambiais foi rápida e abrangente, logo se formando um sistema vasto e restritivo de regulamentação, sobretudo por meio do monopólio de compra e de sistemas de racionamento. O Decreto nº 23.238/1933 inaugura a era da centralização

[59] OLIVEIRA, Luís Maurício Sodré de. **Mercado de câmbio**: contribuição ao disciplinamento jurídico no Brasil. Curitiba: Juruá, 2009, p. 136. Não se descura, porém, que já com a Primeira Guerra Mundial, devido à instauração das restrições cambiais e à abolição temporária da obrigação de troca de ouro, os fundamentos dessa conversão internacional ampla de moeda começaram a entrar em colapso, tanto assim que as tentativas no período entre guerras de retornar ao padrão-ouro duraram pouco.

[60] HERRMANN, Christoph. **Währungshoheit, Währungsverfassung,** p. 244.

[61] FRANCO, Gustavo H. B. **A moeda e a lei**, p. 151-152.

[62] OLIVEIRA, Luís Maurício Sodré de. **Mercado de câmbio**, p. 136.

cambial, outorgando ao Banco do Brasil o monopólio da compra de letras cambiais, assim como poderes para controlar seletivamente as vendas, com o intuito de evitar desvalorizações.[63]

Os controles cambiais, embora tenham sido amplamente suavizados, ainda são uma herança fortemente presente.[64] As últimas duas décadas assistiram, no Brasil, a uma notável liberalização desses controles, mas ainda paira, além de alguma insegurança jurídica sobre a disciplina legal de diversas operações, certa falta de percepção de que a liberdade de circulação cambial não só tem amparo constitucional, como, mais do que isso, deve ser compreendido como a regra — as exceções sobre o âmbito de proteção do direito à livre circulação de capital é que precisam ser devidamente justificadas, jamais se autorizando, outrossim, a violação do respectivo núcleo essencial. Daí a pertinência, e mais ainda, a importância, do exame da prerrogativa de circulação cambial sob a ótica da constituição e dos direitos fundamentais.

Seguindo o roteiro inicialmente esboçado, e já passado em revista o significado dessa posição jurídico-subjetiva, avaliar-se-á a estrutura da norma de direito fundamental correspondente à liberdade de circulação cambial (designadamente no que define o âmbito de proteção jusfundamental e a alocação de responsabilidades pela restrição dessa liberdade), as limitações e ingerências sobre o livre fluxo de divisas, os deveres de proteção estatal porventura existentes e, finalmente, fundamentações jurídico-constitucionais adequadas para as limitações estatais.

Como anteriormente assinalado, a liberdade cambial possui guarida em diferentes enunciados constitucionais. Encontra-se constelada no texto constitucional de 1988 a partir de fontes jusfundamentais que abrangem a liberdade geral de ação (art. 5º, *caput*), a liberdade de circulação (art. 5º, XV), a liberdade profissional (art. 5º, XIII), o direito de propriedade (art. 5º, XXII), o livre exercício de atividade econômica (art. 170, parágrafo único). Talvez fosse possível cogitar, ainda, de enraizamento em uma liberdade geral de realizar o comércio exterior (sistematicamente apreensível a partir dos arts. 22, VIII e 237), embora não seja claro se

[63] FRANCO, Gustavo. **A moeda e a lei**, p. 160.

[64] SALAMA, Bruno Meyerhof. Regulação Cambial entre a Ilegalidade e a arbitrariedade: o caso da compensação privada de créditos internacionais. **Revista de Direito Bancário e do Mercado de Capitais**, ano 13, n. 50, p. 157-184, out.-dez. 2010, p. 176.

uma tal posição jurídico-subjetiva efetivamente desfruta de proteção na Carta de 1988.[65] Finalmente, não se pode desconsiderar que os arts. 21, inciso VIII (que atribui a União a competência para fiscalizar operações de câmbio), 22, inciso VII (competência da União para legislar sobre política cambial) e 153, inciso V (competência federal para instituir imposto sobre operações de câmbio) pressupõem e deixam subentendido haver resguardo constitucional para essas operações.

A estrutura de autêntico direito subjetivo — isto é, de posição pessoal que garanta uma subordinação tipicamente favorável sobre a capacidade jurídica de outrem, conferindo a possibilidade de alcançar determinada situação jurídica oponível em face de outro sujeito[66] — ressai clara. A liberdade cambial não se configura como um mero interesse; é possível jurídica favorável ao seu titular, que o investe na capacidade de exigir do Estado proteção contra ingerências, limitações e violações — resguardando tanto liberdades positivas (a liberdade de remeter capitais para outro país; a liberdade de converter uma moeda em outra) quanto negativas (a liberdade de não circular capitais, de não efetuar a transferência de divisas e de as custodiar).

As condutas efetivamente amparadas pelo direito fundamental de liberdade de circulação cambial, o domínio da vida recortado pela norma, não recebe do texto constitucional maiores determinações. Entretanto, nos termos do art. 5º, XV, a liberdade de locomoção em território nacional é livre "em tempos de paz". Interpretado conjugadamente com os arts. 84, XIX, 49, II e 139, I, extrai-se que a salvaguarda da livre circulação pressupõe a ausência de guerra declarada ou a não vigência de estado de sítio.[67] Quadros de excepcionalidade institucional e constitucional credenciam restrições drásticas (malgrado fundamentadas a excepcionais) a liberdades, e dentre elas inevitavelmente a de circulação.

Válido também pontuar que, por opção expressa do constituinte originário, as operações de câmbio sujeitam-se à cobrança de imposto de competência federal, a teor do art. 153, inciso V. A liberdade de circulação

[65] HERRMANN, Christoph. **Währungshoheit, Währungsverfassung,** p. 367, onde esclarece que uma das fontes normativas usadas pelo TCF alemão para fundamentar a liberdade cambial corresponde justamente à *Freheit des Außenhandelns.*

[66] SCHULEV-STEINDL, Eva. **Subjektive Rechte**, p. 160.

[67] SILVA, Virgílio Afonso da. **Direito Constitucional Brasileiro**, p. 195-196.

da moeda é honorável pela via fiscal: a negociação de divisas constitui fato imponível, verificando-se ainda mais duas bases normativas para exigência de tributo sobre outras operações de circulação monetária — em especial, o art. 195, §4º e o art. 74 do ADCT, legitimadores, por exemplo, da extinta CPMF (contribuição provisória sobre a movimentação ou transmissão de valores e de créditos e direitos de natureza financeira).[68]

Dessa forma, quer diante da ausência de maiores restrições constitucionais ao suporte fático (excetuados os dois aspectos acima mencionados), quer a partir do pressuposto analítico — adrede enfatizado — de um âmbito de proteção amplo, a premissa empregada será a de que quaisquer movimentos cambiais e de remessa de divisas encontram-se *a priori* protegidos pelo direito fundamental; não há como definir, de antemão, o que deve ser incluído no âmbito de proteção e o que deve ser dele excluído.[69] Em linha de princípio, portanto, identifica-se na Constituição brasileira de 1988 uma opção pela liberdade ampla de movimentação desembaraçada de capitais — a previsão de incidência de tributos sobre a operação ou a consignação constitucional de que a livre circulação supõe tempos de paz não infirmam a observação, mas antes a reforçam. Nesse sentido, qualquer diminuição na amplitude do âmbito de proteção da liberdade de circulação cambial deve, enquanto intervenção, ser constitucionalmente justificada.

O tema das restrições e ingerências sobre o âmbito de proteção, e as respectivas justificativas constitucionais, é particularmente importante. Na medida em que se reconhece que a liberdade de circulação de capitais encontra-se albergada pela ordem constitucional, ela estará sujeita às restrições que os direitos fundamentais de maneira geral encontram-se submetidos.[70] O que cumpre sondar é o regime de alocação das

[68] QUIROGA, Roberto. **Direito monetário e tributação da moeda**, p. 109. Longe de ser um debate vencido ou datado, a problemática da tributação das transações monetárias volta à tona, não apenas como decorrência de pressões no terreno fiscal, mas especialmente diante do desafio regulatório posto pelas criptomoedas. Nesse sentido, ZILVETI, Fernando Aurelio; NOCETTI, Daniel Azevedo. Criptomoedas e o Sistema Tributário do Século XXI. **Revista Direito Tributário Atual**, n. 44, p. 491-510, São Paulo, IBDT, 2020.

[69] SILVA, Virgílio Afonso da. **Direito Constitucional Brasileiro**, p. 103, que não trata especificamente da liberdade de circulação cambial, mas da liberdade de circulação de maneira geral.

[70] HERRMANN, Christoph. **Währungshoheit, Währungsverfassung,** p. 371.

responsabilidades pelas restrições a essa liberdade, o conteúdo dessas restrições e a existência de justificação constitucional idônea.

Sobre o perfil das competências e atribuições para impor restrições ao âmbito de proteção da liberdade de circulação cambial, e também como sucede com os direitos fundamentais de maneira geral, é possível divisar uma autêntica preferência constitucional pela fonte parlamentar — o Legislativo é o órgão responsável pela atuação primária interventiva em direitos fundamentais.[71] Além do art. 5º, inciso II da Constituição de 1988, os arts. 21, inciso VIII (competência administrativa da União para administrar reservas cambiais e fiscalizar operações financeiras e de câmbio), 22, inciso VII (competência legislativa da União para legislar sobre política de câmbio), assim como a competência tributária federal para instituir exação sobre operações de câmbio, denotam haver um regime de reserva legislativa sobre a matéria. Dessa forma, as decisões de restringir o direito fundamental cabem ao legislador ordinário, a quem compete constitucionalmente a interferência sobre a esfera jurídica individual — sobretudo quando essa interferência for particularmente intensiva.[72]

Sobre o tema específico da reserva de lei, cabe observar que as características típicas da liberdade de circulação cambial são efetivamente de um *direito fundamental com reserva legal* — pelo que se permite ao legislador comum introduzir limitações, restringindo a área de proteção do direito.

Com isso se quer dizer que não se trata, em primeira análise, de um *direito fundamental com âmbito de proteção exclusivamente normativo*, cuja concretização ocorra por meio da lei, à míngua de uma definição constitucional do seu conteúdo.[73]

[71] ABRAHÃO, Marcela Rosa. **As restrições aos direitos fundamentais**, p. 278.

[72] ABRAHÃO, Marcela Rosa. **As restrições aos direitos fundamentais**, p. 279. Sobre o tema das restrições a direitos fundamentais *vis-à-vis* a questão da reserva legal, o ponto de vista subscrito neste estudo é o de aceitar ampla e explicitamente o papel da lei como regulamentadora do exercício de direitos fundamentais, cabendo sempre, porém, estabelecer critérios para que essas restrições sejam controladas. Não se adere, pois, a um modelo de classificação triádica, encontradiço na literatura, de que haveria direitos fundamentais sujeitos a reserva legal simples, reserva qualificada e não sujeitos a qualquer reserva. Sobre o ponto, cf. SILVA, Virgílio Afonso da. **Direito Constitucional Brasileiro**, p. 119.

[73] DIMOULIS, Dimitri; MARTINS, Leonardo. **Teoria geral dos direitos fundamentais**, p. 138.

Nesse campo específico, não ofereceu o constituinte, ao legislador, um amplo poder de definição e regulamentação — um núcleo comportamental básico desfruta de proteção imediata pela constituição, de maneira que é possível traçar uma linha clara entre a concretização do direito e a sua limitação.[74]

Sem embargo, e mesmo reconhecendo a primazia do legislador para definir restrições ao espaço tutelado constitucionalmente, é possível divisar, no campo da regulação cambial (como no campo da regulação monetária de maneira geral), uma maior aceitação ou tolerância a ingerências sobre âmbito de proteção do direito fundamental por meio de atos do Poder Executivo, nomeadamente via atos do CMN e do banco central.[75]

Aqui, talvez mais do que em outros campos, as intervenções sobre o âmbito de proteção do direito são delegadas à administração e especialmente ao regulador — o legislador, em matéria monetária (de modo geral) e cambial (de maneira especial), seja por meio de técnicas de delegação direta, de abertura para investidas de tipo regulatório, em decorrência do uso de conceitos indeterminados, ou simplesmente como decorrência de tolerância a atuações superficiais que interferem de forma quase irrelevante sobre o âmbito de proteção, concebem uma maior margem de atuação ao Poder Executivo.[76]

A leitura de diversos dispositivos da Lei nº 4.595/1964 permite identificar a atribuição, a autoridades executivas, de poderes que são aptos a, pelo menos potencialmente, tocar a esfera correlata ao âmbito de proteção do direito fundamental. É o que se depreende, por exemplo, dos arts. 4º, inciso V (competência do CMN para fixar as diretrizes e normas da política cambial), inciso XXXI (competência do CMN para baixar normas que regulem as operações de câmbio, fixando limites, taxas, prazos e outras

[74] DIMOULIS, Dimitri; MARTINS, Leonardo. **Teoria geral dos direitos fundamentais**, p. 139. Como destacado por Luís Maurício Sodré de Oliveira, a falta de sistemática para o disciplinamento jurídico das questões cambiais é fato que se constata pela própria perspectiva da atual Constituição, bem como das anteriores, em, relegar para o plano infraconstitucional questão que ontologicamente lhe pertence (OLIVEIRA, Luís Maurício Sodré de. **Mercado de câmbio**, p. 273).

[75] ERLING, Marlos Lopes Godinho. **Regulação do Sistema Financeiro Nacional**, p. 338-339.

[76] ABRAHÃO, Marcela Rosa. **As restrições aos direitos fundamentais**, p. 279-280.

condições) e 57, *caput* (imputação, ao CMN, de atribuições de caráter normativo da legislação cambial).

Trata-se de clara outorga de poderes normativos regulatórios à Administração[77] — circunstância que não a torna *per se* inconstitucional, mas que não pode ser desacompanhada da constatação (e das cautelas subsequentes) de que, inevitavelmente, medidas restritivas de direitos fundamentais partirão de atos da autoridade administrativa.

Considerados os objetivos desse estudo, não se empreende uma análise exaustiva das restrições à liberdade cambial e das ingerências sobre o âmbito de proteção do direito fundamental. Importa aqui, essencialmente, compreender as limitações como limitações, as ingerências enquanto ingerências — constatando que representam medidas restritivas sobre a liberdade ou direito fundamental e que, portanto, sobretudo quanto acolhida uma perspectiva ampla do âmbito de proteção, exigem justificativa constitucional adequada, submetendo-se ao controle típico das restrições, sobretudo via teste de proporcionalidade.[78]

Nada obstante, é possível traçar uma tipologia básica das restrições sobre o âmbito de proteção da liberdade de circulação cambial. Essas restrições podem ser compreendidas, genericamente, como impedimentos ou afetações ao livre deslocamento de ativos monetários, seja por meio direto, seja por vias indiretas.[79] O espectro das limitações ao livre fluxo monetário é amplo, e abrange (i) controles cambiais, (ii) medidas de informação e de *disclosure* e (iii) cobrança de tributos.

O termo controle do câmbio, ou controle cambial, significa controle da moeda estrangeira ou, mais precisamente, controle dos meios de pagamento internacionais.[80] Essa supervisão ou centralização pode, no extremo, abarcar o controle, por parte do Poder Público, de todo e

[77] ERLING, Marlos Lopes Godinho. **Regulação do Sistema Financeiro Nacional**, p. 336. Como destaca o autor, em opinião que se subscreve, salvo reservas específicas previstas constitucionalmente, o Poder Legislativo tem legitimidade para, por meio de lei, outorgar capacidade normativa à Administração Pública. Sem prejuízo, ao menos duas atitudes estratégicas são exigidas: (i) definição adequada de parâmetros legais substanciais e procedimentais orientando a atuação normativa administrativa; (ii) estabelecimento de formas de monitoramento, controle e prestação pública de contas, com vistas a estimular progressos regulatórios.

[78] SILVA, Virgílio Afonso da. **Direito Constitucional Brasileiro**, p. 120.

[79] PIEROTH, Bodo; SCHLINK, Bernhard. **Grundrechte**, p. 195-196.

[80] NUSSBAUM, Arthur. **Derecho Monetario Nacional e Internacional**, p. 614.

qualquer tráfego ou intercâmbio financeiro com outros países. Opera-se tanto pela disciplina interna do contrato de câmbio, como por meio de sistemas de autorizações oficiais (*government licences*).[81] Tradicionalmente, especialmente de 1933 a 1982, observou-se no Brasil a criação de uma verdadeira catedral de controles, por meio da sucessão de decretos e atos regulamentares; desde então a regra tem sido a da liberdade dos fluxos monetário.[82]

Algumas limitações, entretanto, ainda se fazem sentir — a herança dos tempos da centralização cambial, embora suavizada, ainda está presente. A liberação cambial tem se dado, nas últimas décadas, especialmente por meio de migração de um sistema autorizativo para um sistema declaratório.[83] Nesse sentido, porém, o dever de comunicação, embora represente uma restrição menos significativa do que o regime de autorização prévia por parte da autoridade cambial, implica uma ingerência sobre o âmbito de proteção do direito, merecendo ser encarada enquanto autêntica restrição.

Essa constatação é reforçada ao se perceber que, no Brasil, a legislação penal ainda tipifica a conduta de evasão de divisas, cominando com sanção penal a realização de operação de câmbio não autorizada, com vistas à remessa de capitais ao exterior. A criminalização de condutas de evasão de divisas, em 1986, representou a elevação da temperatura do conjunto de restrições cambiais, tornando-os mais explícitos e duros e, mais importante, qualificando-os com instrumentos próprios do direito penal. O art. 22 da Lei nº 7.492 fez com que infrações administrativas de ordem cambial passassem a ser consideradas criminalmente relevantes.[84]

Como aponta a literatura, é curioso que essa inovação tenha ocorrido apenas em 1986, quando a longa era de controles cambiais já começava a se aproximar do fim — em alguma medida, o dispositivo, no momento da sua criação, já parecia um anacronismo.[85]

[81] OLIVEIRA, Luís Maurício Sodré de. **Mercado de câmbio**, p. 105.

[82] OLIVEIRA, Luís Maurício Sodré de. **Mercado de câmbio**, p. 270.

[83] SALAMA, Bruno Meyerhof. Regulação Cambial entre a Ilegalidade e a arbitrariedade, p. 176.

[84] BOTTINO, Thiago. Regulação econômica e direito penal econômico: eficácia e desencontro no crime de evasão de divisas. **Revista Brasileira de Ciências Criminais**, Ano 21, vol. 101, p. 125-153, mar.-abr./2013.

[85] FRANCO, Gustavo. **A moeda e a lei**, p. 173. LIRA, Rafael. O crime de evasão de divisas: análise crítica sobre a atuação da mídia nos processos pré e pós-legislativo. Comentários sobre

Finalmente, além dos controles cambiais e do dever de comunicação, uma restrição importante deriva da possibilidade de cobrança de tributos sobre transações cambiais. O fundamento dessa limitação, inequivocamente, diz respeito menos à liberdade de circulação cambial, e mais às projeções jurídicas que decorrem da capacidade contributiva — entendida aqui como o espaço jurídico aberto pelos próprios direitos fundamentais para a tributação, nomeadamente aquela exercida sobre o direito de propriedade e o direito de livre exercício da profissão.[86] Não obstante, embora a restrição não se volte a fins ou à tutela de bens jurídicos propriamente monetários ou cambiais, a consequência da cobrança de tributos sobre a operação é a afetação do âmbito de proteção do direito, de maneira que a imposição de ônus fiscal merece ser encarada como autêntica ingerência.

Uma questão relevante, e que também tangencia o tema da liberdade cambial e de suas restrições, diz respeito à forma da operação ou transação da remessa de divisas. Trata-se de indagar se existe uma *liberdade de formas* na realização de operações cambiais — se e em que medida são válidas restrições estatais sobre quem pode realizar operações de câmbio e através de que canais específicos. Não é propriamente o problema da liberdade de meios de pagamento, mas da existência (ou não) de uma liberdade, constitucionalmente tutelada, de efetuar operações de remessas de ativos por meios não cambiais. A questão, longe de ser cerebrina, coloca-se na ordem do dia em face do desafio regulatório apresentado pelas criptomoedas[87] — e, mais uma vez, caberá analisar a questão sob a ótica do âmbito de proteção do direito fundamental e da justificativa idônea para a restrição ao direito.

Mas não é apenas em torno de limitações que gravita a análise da liberdade de circulação cambial. Também aqui, como sucede com outros

a (des)necessidade da tutela penal. In: FRANCO, Alberto Silva; LIRA, Rafael (Coord). **Direito Penal Econômico**: questões atuais. São Paulo: Revista dos Tribunais, 2011, p. 379-396.

[86] TORRES, Ricardo Lobo. **Tratado de Direito Constitucional Financeiro e Tributário**: valores e princípios constitucionais tributários, volume II. Rio de Janeiro: Renovar, 2005, p. 303.

[87] VALKENBURGH, Peter Van. **Eletronic Cash, Decentralized Exchange and the Constitution**. Coin Center Report, Mar. 2019. Disponível em: < https://www.coincenter.org/electronic-cash-decentralized-exchange-and-the-constitution/>. Acesso em 15/03/2021.

direitos fundamentais, cabe explorar a existência de *deveres de proteção estatais* ou, mais precisamente, da verificação de uma dimensão *positiva* do direito à livre circulação monetária.

Dentro dessa ótica, além da dimensão negativa, a liberdade em questão comportaria um *status positivus*, que não se satisfaz com um dever de abstenção estatal, demandando uma ação ou prestação positiva por parte do poder público.[88]

Aqui, a palavra-chave parece ser *conversibilidade*. O Estado, a bem da proteção da liberdade de circulação cambial, deve zelar e adotar medidas proativas em favor da conversibilidade da moeda nacional. Ao menos três problemas principais de atuação e cooperação monetária transfronteiriça podem ser identificados a partir dessa necessidade: (i) a questão da permutabilidade, combinada com a questão da transferibilidade de dinheiro para fins de pagamento ou transferência de capital; (ii) a questão do sistema desenhado e empregado para definir a taxa de câmbio entre duas moedas; e, finalmente, (iii) a questão dos mecanismos para equilibrar os fluxos de transações desencadeados por esses processos de troca, ou seja, a questão da balança de pagamentos e, portanto, da liquidez internacional.[89] Talvez seja possível cogitar de uma quarta questão: a razoabilidade da taxa de conversão.

O aprofundamento da conversibilidade da moeda nacional, importante salientar, é dever estatal que merece ser lido como uma trajetória, como um conjunto de processos voltados a uma direção. Ela aponta para uma progressiva liberalização do mercado cambial, aliada a esforços de garantir o pleno e fluido funcionamento dos mecanismos de troca de divisas.[90] Nesse sentido, à dimensão positiva da liberdade cambial — no sentido de que, a par da defesa contra restrições estatais, também franqueia a exigibilidade de condutas positivas do Poder Público — é possível atribuir um grau qualificado de programaticidade. Nada obstante, a constatação desse caráter programático não elide necessariamente a sua juridicidade: ainda que a dimensão subjetiva e o grau oponibilidade possam ser discutidos,

[88] SILVA, Virgílio Afonso da. **Direito Constitucional Brasileiro**, p. 104.

[89] HERRMANN, Christoph. **Währungshoheit, Währungsverfassung**, p. 245.

[90] ÁRIDA, Pérsio. Por uma moeda plenamente conversível. **Revista de Economia Política**, vol. 23, n. 3, p. 151-154, jul./set. 2003.

no mínimo as repercussões jurídicas da dimensão objetiva devem ser reconhecidas.[91]

O mapeamento da estrutura geral da liberdade cambial — do seu âmbito de proteção, do regime das suas restrições e dos deveres de proteção estatal associados — já permitiu entrever que, como sucede com os direitos fundamentais de maneira geral, o nível de intervenção e de proteção do direito encontra-se sujeito a justificativas jurídico-constitucionais adequadas.

A liberdade de circulação de cambial é uma proteção do indivíduo, quer no que assiste os direitos fundamentais de livre circulação, de livre exercício da profissão e de propriedade, quer no que permite a defesa contra políticas de Estado deliberada ou negligentemente inflacionárias, permitindo uma alternativa de resistência contra medidas estatais que impliquem erosão do poder de compra e do patrimônio individual.[92]

Mas, como sucede com o quadro geral das liberdades, não se trata de um direito absoluto. Existem diferentes fundamentos constitucionais idôneos para legitimar a restrição do direito, que devem ser controlados a partir da regra da proporcionalidade. Importante é que, na dinâmica de intervenções estatais de conformação e de restrição do direito, seja preservado o respectivo núcleo essencial.[93]

4. As liberdades de escolha e de oferta monetária

A liberdade de circulação cambial é provavelmente, na perspectiva da experiência prática, a primeira e mais imediata das liberdades relacionadas à moeda. Circular livremente com a moeda, transferi-la sem embaraços e

[91] DIMOULIS, Dimitri; MARTINS, Leonardo. **Teoria geral dos direitos fundamentais**, p. 111, onde resumem em quatro aspectos os desdobramentos jurídicos da dimensão objetiva dos direitos fundamentais: (i) normas de competência negativa, (ii) critério de interpretação e configuração do direito infraconstitucional, (iii) permissão para limitar o direito fundamental quando isto for do interesse da própria proteção do titular do direito, e (iv) deveres estatais de tutela dos direitos fundamentais.

[92] HERRMANN, Christoph. **Währungshoheit, Währungsverfassung**, p. 378.

[93] SILVA, Virgílio Afonso da. **Direitos fundamentais**, p. 206. Subscreve-se, para fins dessa análise, o enfoque relativo e subjetivo do autor quanto à noção de núcleo essencial. Com base nessa premissa, se é inconcebível considerar como constitucional uma restrição que invada o conteúdo essencial de algum direito, então o proporcional respeita sempre o conteúdo essencial.

efetuar transações cambiais, de troca de uma moeda por outra, é o que a atividade com a moeda e o dinheiro exibe de mais próximo, de mais direto — quase que de exclusivo.

Embora possa ser considerada a mais imediata das liberdades relacionadas à moeda, talvez não seja a única. Bem examinada a experiência com a moeda, não é difícil perceber que ela não se esgota na livre circulação e troca de ativos monetários. De modo antecedente, é preciso considerar que os próprios bens e serviços que se transacionam foram convencionados em determinada unidade de conta, na métrica de uma determinada moeda ou dinheiro corrente.

Essa circunstância pode então, sem maiores dificuldades, levar à seguinte indagação: essa mesma transação poderia ser convencionada em outra unidade monetária, utilizando-se outro padrão de moeda? Em vez de convencionar uma obrigação em reais, é possível formalizá-la em dólares, euros, libras? É possível ainda definir, para além do padrão monetário, se o pagamento será necessariamente por meio físico ou escritural?

Essa pergunta, quando bem entendida e adequadamente formulada, conduz à intuição em torno de uma possível liberdade de *escolha monetária* — é dizer, da prerrogativa individual de estipular livremente com qual unidade de moeda serão definidas as obrigações contraídas, e a que meio de pagamento será atribuída a eficácia liberatória respectiva.

E veja-se que é também possível ir um pouco além. Se é admissível cogitar de uma liberdade de indicar livremente qual o padrão monetário no qual se celebra um negócio jurídico, seria possível pensar em uma liberdade de forjar livremente esse mesmo padrão monetário? Seria possível conceber uma liberdade de criar o próprio padrão de moeda, é dizer, de ofertar privadamente uma unidade monetária que sirva de métrica e de meio de pagamento para obrigações firmadas entre particulares? Em outras palavras: existe uma liberdade de emitir dinheiro?

Esse segundo conjunto de perguntas abre a discussão acerca da existência de uma hipotética liberdade de *oferta monetária*, isto é, da possibilidade de livre criação e fornecimento de uma moeda privada, em regime concorrencial com os demais padrões monetários em curso — e especialmente em concorrência com as moedas estatais.

Esta breve fenomenologia das liberdades de escolha e de oferta monetária denota que, no mínimo, é possível colocar a questão acerca de outros usos livres da moeda, de outras possibilidades individuais a respeito de manejos antecedentes de ativos monetários — vale dizer, da prerrogativa subjetiva de escolher com que moeda transacionar e contabilizar, e até mesmo de concorrer com outros emissores (públicos ou privados) no fornecimento de moeda.

E mais do que uma cogitação meramente hipotética sobre usos possíveis, talvez seja viável colocar a questão específica sobre a existência de autênticas liberdades, constitucionalmente protegidas, a respeito dessas possibilidades.

Trata-se, portanto, de perguntar não apenas se determinados usos livres da moeda (de escolher com que moeda celebrar negócios e transacionar; de cunhar e emitir moedas paralelas) são possíveis.

Avançando um passo adiante, cuida-se de indagar se esses usos livres, uma vez que se reconheça que fazem sentido e são exequíveis, desfrutam de proteção como verdadeiros direitos fundamentais, vale dizer, se consubstanciam autênticas liberdades protegidas pela constituição.

Durante muito tempo seria possível atribuir a esse tipo de indagação a pecha de cerebrina, experimental ou puramente laboratorial. Eventos e experimentos recentes no terreno da moeda — designadamente os desenvolvimentos com criptoativos e criptomoedas[94] e as tentativas de consórcios de grandes empresas moldarem novos projetos com confessadas intenções de emitir moedas privadas[95] — indicam que não é mais esse o caso. Saímos do terreno das abstrações e, se ainda não alcançado o das implementações, encontramo-nos definitivamente na quadra das tentativas.

O que sucede é que, de tão ubíquas e difundidas as moedas públicas estatais, elas costumam bloquear outros usos — e, portanto, outras liberdades — monetários, encobrindo alternativas privadas de escolha e de oferta. Mais do que isso: essas liberdades são (ou pelo menos eram) de difícil percepção porque já costumam ser forjadas de modo geneticamente restringido, sendo limitadas juridicamente desde o nascedouro. É o que o regime da moeda pública estatal é inerentemente um regime

[94] NAKAMOTO, Satoshi. **Bitcoin:** A Peer-to-Peer Eletronic Cash System. Disponível em: <https://bitcoin.org/bitcoin.pdf>. Acesso em: 16/11/2020.

[95] DIEM. **White Paper v2.0**, 2020. Disponível em: < https://www.diem.com/en-us/white-paper/>. Acesso em: 19/03/2021.

de restrições às liberdades de escolha e oferta monetária — o Estado define *ab origine* um padrão de valor e a ele atribui eficácia liberatória, usualmente proscrevendo (ou no mínimo restringindo sensivelmente) as possibilidades de definição da expressão pecuniária das obrigações em outras unidades de valor.

Assim, o monologar das moedas públicas estatais nubla, ou até mesmo interdita, a visão e notadamente o gozo de liberdades monetárias de tipo essencialmente privadas. Entender o significado dessas liberdades, porém, é um projeto não só importante, mas viável — o que existe é uma falta de hábito, uma falta de costume de pensar esses usos alternativos *como possibilidades* e, mais especificamente, *como liberdades*. Até mais do que como liberdades: como autênticos direitos fundamentais. O fato de que sejam sensivelmente restringidas, e de que a experiência contemporânea em torno da prerrogativa de escolher padrões monetários e de emitir moedas privadas seja timbrada pela original e manifesta interferência estatal, talvez não obste a predicação como autênticos direitos públicos subjetivos — mormente se subscrita a diretriz de um âmbito de proteção amplo dos direitos fundamentais.

Insista-se no ponto: a prerrogativa governamental de emitir moeda não elimina a reflexão em torno de liberdades individuais relacionadas ao dinheiro. A uma, pois há bons fundamentos para julgar que a moeda não é um fenômeno inerentemente estatal (embora o caso central da experiência monetária, sobretudo na perspectiva historiográfica, seja sim estatal). A duas, porque a decisão político-constitucional de atribuir poderes de emissão ao Estado não afasta, em absoluto, a liberdade — ou ao menos um resíduo de liberdade — privada para usar e mesmo fornecer moedas privadas para contratos e contabilizações.

Dessa forma, o afastamento ou a limitação dessas liberdades primárias, se efetivamente forem empreendidos por ato estatal (como é a regra na maioria dos Estados modernos), devem ser encarados como autênticas restrições ao âmbito de proteção de liberdades fundamentais.

A hoje praticamente inquestionada e universalmente aceita prerrogativa do governo em relação à produção do dinheiro não constitui uma necessidade, uma espécie de lei física radicada na natureza das coisas. Cabem ser explorados (no mínimo intelectualmente) os aspectos jurídico-constitucionais que as possibilidades de escolha e de emissão privada de moeda suscitam.

Importante ainda destacar que não se trata aqui de defender um modelo de emissão privada de dinheiro, em concorrência ou mesmo em substituição à moeda estatal administrada.[96]

Qual o modelo mais virtuoso, ou quais coagulações jurídicas ou positivações concretas serão mais aptas a oferecer um dinheiro mais adequado e estável escapam às inteiras ao objetivo dessa reflexão. Põe-se complemente de parte ambições de tipo avaliativo ou prescritivo; o que se pretende é realçar o aspecto jurídico-positivo, a dimensão constitucional da questão — se e em que medida o esquema de liberdades normatizado no texto constitucional ampara uma tal prerrogativa (ainda que para admitir, ato simultâneo, um profundo regime de intervenções e de restrições). Pensar liberdades constitucionais monetárias privadas, portanto, não é firmar uma posição nem estar contra os ventos: é apenas reduzir a opacidade que a centralidade da moeda pública estatal engendra, sondando alternativas abrangidas pela própria moldura normativa constitucional.

É certo que não se conhecem constituições que reconheçam, expressa e literalmente, a prerrogativa individual de escolher padrões monetários e de emitir moedas privadas em regime competitivo. Por outro lado, é igualmente verdadeiro que tampouco se tem conhecimento de textos constitucionais que proscrevam e estorvem textualmente essa possibilidade — o que sucede, em diversos casos, é a atribuição de poderes de emissão ao ente federal ou nacional, sem que a constituição emita um juízo claro e objetivo a respeito do monopólio estatal sobre a moeda. Embora se possa sem maiores dificuldades apontar, argumentativamente, que esse monopólio seria uma consequência natural e até mesmo evidente do sistema, essa conclusão seria apenas uma interpretação possível, não impedindo em absoluto a colocação da questão.

Dessa forma, parece cabível a tentativa de identificar qual seria a fonte normativa para a proteção jurídica ao reconhecimento de prerrogativas constitucionais de escolha e de emissão monetária.

Analisando a questão com olhos no sistema constitucional alemão mas em reflexão que é válida para pensar o caso brasileiro —, Christoph Herrmann aponta que, como base normativa para uma pretensão

[96] Para um resumo das principais crítica à própria viabilidade econômica de um regime de *free banking*, cf. SELGIN, George A. **The theory of free banking**: money supply under competitive note issue. Boston: Rowman & Littlefield Publishers, p. 144 e ss.

jurídico-subjetiva do livre fornecimento privado e competitivo de dinheiro, ou seja, de uma unidade de valor transferível com o objetivo de usá-la como meio de troca para negócios, é possível indicar o direito constitucional de liberdade profissional.[97] A liberdade profissional é geralmente considerada como a principal norma constitucional de ancoragem de uma ordem econômica competitiva e, portanto, inevitavelmente deve ser considerada quando a questão de uma ordem monetária concorrencial, presidida pela diretriz de *laissez-faire*, é levantada.[98]

É certo que, como também alerta o autor, seria necessária indagar em que medida o espectro jurídico da liberdade profissional efetivamente protege um interesse desse jaez — nada obstante, o recurso ao direito fundamental de livre exercício da profissão é uma marcação normativa importante, sobretudo se adotada a perspectiva ampla do âmbito de proteção dos direitos fundamentais.

É possível empregar um raciocínio semelhante para o caso brasileiro. Dessa forma, dentro marco da Constituição de 1988, que confere guarida não apenas à liberdade profissional (art. 5º, XIII), mas também ao livre exercício de atividade econômica (art. 170, parágrafo único), seria possível cogitar de uma proteção jurídica à liberdade de emitir moeda. O serviço estatal de emissão monetária, de competência da União, dentro dessa moldura interpretativa, nada mais seria do que uma obrigação ou tarefa estatal, não representando propriamente uma titularidade ou potestade pública exclusiva.

É dizer: o serviço de emissão e de gestão da moeda pelo ente central, exercido com base na atribuição veiculada pelo art. 21, inciso VII, não excluiria em absoluto a atuação dos particulares.[99] A competência inscrita no enunciado constitucional não deveria ser lida como uma opção irrestrita de dispensação da moeda por um ente central — mecanismos descentralizados e não estatais, como o mercado, poderiam ter espaço.[100]

[97] HERRMANN, Christoph. **Währungshoheit, Währungsverfassung,** p. 294.

[98] HERRMANN, Christoph. **Währungshoheit, Währungsverfassung,** p. 295.

[99] Utiliza-se aqui o raciocínio de SCHIRATO, Vitor Hein. **Livre iniciativa nos serviços públicos**, p. 127. Destaca-se, porém, que o autor não tem em mira o problema específico da emissão de moeda por particulares ou em concorrência com o Estado, não exarando, na referida obra, considerações a respeito do tema.

[100] WEBER, Beat. Geld und Demokratie: Reformdebatten um ein krisenhaftes Verhältnis, p. 74.

Assim, exponenciando (embora não necessariamente extrapolando) o âmbito de proteção constitucional da liberdade profissional e de exercício de atividade econômica, tem-se um possível ponto de contato normativo para a admissão de um regime de livre inciativa na dispensação do bem público moeda — ainda que em concorrência com a moeda pública estatal, emitida e administrada pela União. O tema, embora não explorado pela doutrina brasileira, talvez seja digno de maior atenção.

A seu turno, no tocante à liberdade de escolha monetária, entendida aqui como a liberdade de usar o ativo monetário desejado conforme deliberado, seja para fins de contabilização, seja para fins de troca e pagamento, parece estar ligada à *liberdade geral de ação.*[101]

A noção de liberdade geral de ação, que tem ampla acolhida na literatura constitucional e que desfruta de reconhecimento também em jurisprudência (por exemplo, do Tribunal de Justiça Europeu), não costuma ser analisada com frequência pela literatura brasileira, tampouco havendo recebido manifestação clara do STF.[102] Todavia, não apenas diante de uma perspectiva ampla do âmbito de proteção dos direitos fundamentais, mas também à vista da expressa previsão constitucional de uma liberdade sem qualificativos, no *caput* do art. 5º, não parece plausível deixar de reconhecer o assento jurídico da liberdade geral de ação — denotando não a proteção constitucional a uma liberdade sem limites, mas que eventuais restrições a ações enquadráveis no espectro dessa liberdade geral devem ser justificadas (da mesma forma que ocorre com as restrições a quaisquer outros direitos).[103]

Mas a liberdade geral de ação não seria o único ponto de apoio normativo para se sustentar um direito fundamental de livre escolha monetária. Deve-se também incluir a *liberdade de contrato* como um princípio básico constituinte de um sistema jurídico privado livre — e na medida em que a liberdade contratual se entenda no âmbito da atividade profissional, esta se inclui na liberdade profissional protegida pela lei fundamental.

[101] HERRMANN, Christoph. **Währungshoheit, Währungsverfassung,** p. 314, onde postula a proteção da escolha de meios monetários pela *Allgemeinen Handlungsfreiheit.*

[102] SILVA, Virgílio Afonso da. **Direito Constitucional Brasileiro**, p. 166.

[103] SILVA, Virgílio Afonso da. **Direito Constitucional Brasileiro**, p. 166-167.

A liberdade contratual requer a livre determinação do objeto do contrato, não apenas a especificação do serviço principal típico, mas também a contraprestação a ser concedida. Daí por que soa admissível o argumento de que a ordem jurídica legitima o acordo contratual de que uma contraprestação não é devida em unidades da moeda oficial por um determinado serviço, mas na unidade monetária que se quiser convencionar.[104]

Da mesma forma, o alcance dessa liberdade garantiria, ao menos *prima facie*, o acordo de uma contraprestação em moeda estrangeira, ou seja, uma contraprestação em padrão de conta distinto do Estado em cujo território se celebra o pacto, bem como, no âmbito da moeda nacional, a escolha entre o pagamento em dinheiro físico ou em moeda escritural.[105] Avançando no argumento (ou pelo menos na hipótese), ter-se-ia igualmente a possibilidade de entabular a contraprestação em ativos monetários emitidos por agentes privados.

São rastreáveis no texto constitucional, portanto, liberdades fundamentais que amparam, de modo amplo e genérico, usos livres (de emissão e de escolha) da moeda. Com isso, insista-se, não se pretende insinuar uma liberdade insuscetível de restrição. O ponto fulcral é que essa liberdade geral, e as prerrogativas que dela derivam, não são mera concessão legal — é dizer, não são mero perímetro de tolerância outorgado pela lei. Não se trata de uma liberdade residual administrada, ministrada como uma espécie de indulgência constitucional. O direito genérico de liberdade, expressão da autonomia individual, antecede a lei — não é o que resta depois dela.

Na base dessa reflexão, é importante salientar, encontra-se a relação da liberdade geral de ação com a legalidade. De maneira geral, a literatura constitucional brasileira supõe que a liberdade geral de ação é algo que resta depois da regulação estatal.[106] O problema é que essa interpretação esvazia quase que por completo a liberdade geral de ação — que, contraditoriamente, seria garantida apenas se não fosse restringida. Essa forma de interpretar a relação entre direitos fundamentais e a lei parece inválida:

[104] HERRMANN, Christoph. **Währungshoheit, Währungsverfassung,** p. 314.

[105] HERRMANN, Christoph. **Währungshoheit, Währungsverfassung,** p. 314.

[106] SILVA, Virgílio Afonso da. **Direito Constitucional Brasileiro,** p. 167.

a liberdade deve ser tomada como regra, e a restrição, como uma exceção que demanda fundamentação.[107]

Nessa ordem de ideias, as possibilidades atuais da emissão privada de moeda, malgrado residuais e praticamente inexploradas, não eliminam o seu enraizamento antecedente nesta liberdade geral — mais do que isso, não podem ser consideradas mera concessão, mera transigência da legalidade.

Em outras palavras, é dizer: o fato de que os usos privados não *estejam* amadurados não significa que não *sejam* livres. Certo fatalismo inconsciente, ou ilusão intelectual, de que toda moeda pública seja necessariamente estatal, pode embotar a visão da liberdade — mas isso não quer dizer que essa liberdade inexista. Talvez, quando essa liberdade for mais aventurada e experimentada, o vazadouro de suas possibilidades se revele, e a percepção de que necessita ser mais bem compreendida e entalhada mostre-se de modo mais nítido.

Até lá, porém, é suficiente a consciência de que o âmbito de proteção da liberdade geral de ação (art. 5º, *caput*), assim como de outras liberdades específicas (designadamente liberdade profissional e livre exercício da profissão), conferem guarida constitucional a usos livres de ativos monetários, embora igualmente franqueiem, *actum simultaneum*, restrições fundamentadas.

Aqui, vale observar que a convivência de liberdades de escolha e de emissão monetária com um regime de centralidade da moeda estatal não é meramente hipotética, mas já ocorre — embora em diferentes graus e intensidades. Duas ilustrações de como é concebível essa convivência podem ser identificadas, *verbi gratia*, (i) na admissão, por alguns países, da livre escolha da moeda de contabilização e de pagamento em contratos privados (exemplificando um regime de admissão mitigada de liberdade de escolha monetária), e (ii) na experiência com moedas sociais e paralelas que, embora não tão expressivas comparativamente às transações em moedas estatais, são não apenas representativas da existência de margem para liberdades condicionadas de emissão monetária, como servem de interessante precedente para reflexão em torno do uso crescente de criptomoedas.

[107] SILVA, Virgílio Afonso da. **Direito Constitucional Brasileiro**, p. 167.

Sobre a admissão de celebração de contratos em moedas diversas da nacional, de maneira geral, as regras de curso legal (*legal tender, gesetzliches Zahlugsmittel, corso legale, cours légal*) consubstanciam o mais importante óbice à liberdade individual de escolher com que moeda transacionar.[108]

Ao definir que a moeda nacional não pode ser juridicamente recusada pelo credor, se é oferecida pelo devedor em cumprimento da obrigação, o curso legal restringe (quando não elimina) a liberdade de escolha monetária, ao circunscrever apenas a determinadas espécies monetárias a obrigatoriedade de aceitação e a respectiva eficácia liberatória.[109] As leis monetárias modernas, em regra, definem a moeda estatal como não recusável — sua aceitação é cogente, e não facultativa.[110]

Entretanto, embora essa seja a regra, há exceções — isto é, casos em que a legislação admite convenções privadas em outras moedas, seja como unidade de conta (dinheiro *in obligatione*), seja como meio de pagamento (moeda *in solutione*).[111] Se, no Brasil, o art. 318 do Código Civil estabelece a nulidade das convenções em pagamento em ouro ou em moeda

[108] Como será destacando mais adiante, curso legal não se confunde com curso forçado: "Enquanto *meio de troca*, a moeda é meio de pagamento, dotada de poder liberatório de quaisquer dívidas, tanto no sistema de *curso legal* (*cours légal* ou *Zahlungsmittel*), que admite sua convertibilidade vinculada a qualquer outro bem, como ouro, prata, etc., como no sistema de *curso forçado* (*cours forcé* ou *Zwangskurs*), que determina sua inconvertibilidade e, em consequência, torna sua aceitação obrigatória, como único meio liberatório possível sob uma ordem jurídica" (MOREIRA NETO, Diogo de Figueiredo. Estabilização monetária, p. 8)

[109] NUSSBAUM, Arthur. **Derecho Monetario Nacional e Internacional**, p. 62-63. As regras de curso legal pertencem basicamente ao direito privado, embora o direito tributário — e a obrigação de pagar tributos em termos de moeda nacional — não possa ser desconsiderado como engrenagem relevante na dinâmica monetária. Sem prejuízo, a liberdade de escolha aqui debatida tem em mira essa esfera de liberdade específica, própria do direito contratual e obrigacional, de definir livremente com que moeda particulares podem transacionar.

[110] MANN, F. A. **The legal aspect of money**, p. 198, onde faz a importante observação de que, na ausência de legislação especial, as partes devem ser tomadas como livres para prever contratualmente o pagamento em moeda estrangeira

[111] NUSSBAUM, Arthur. **Derecho Monetario Nacional e Internacional**, p. 67-68. O autor indica também, como exemplo de derrogação parcial das restrições do curso legal, janelas temporais nas quais o próprio governo — sobretudo diante de casos de inflação — recorreu à previsão de variar ocasionalmente o montante até o qual uma peça monetária devia ser obrigatoriamente aceita (*legal tender by scale*).

estrangeira (salvo os casos previstos na legislação especial), o mesmo não sucede em outros países.

Nos Estados Unidos, de maneira mais permissiva, admite-se que as partes podem eleger outras formas de pagamento — e até mesmo recusar o pagamento em moeda nacional. Outros regimes, como o da zona do euro, preveem que, na celebração de contratos, as partes são livres para eleger outras formas de pagamento, mas não a ponto de recusar o pagamento na moeda soberana — uma espécie de curso legal moderado, que restringe em maior grau a liberdade de escolha monetária. Esse panorama sugere que, a despeito da existência de moedas públicas amplamente dispensadas pelo Poder Público, algum grau de proteção à liberdade de escolha monetária pode ser preservado — e um debate interessante é o de indagar se essa preservação, mais do que uma faculdade ou permissão do legislador, não seria um imperativo ou necessidade.

A seu turno, quanto a espaços para liberdade de emissão monetária, e sem precisar recorrer a diversos precedentes históricos que se sucederam ao longo da trajetória monetária moderna, em diferentes momentos e países do mundo, é pertinente apontar o caso contemporâneo das chamadas moedas sociais ou paralelas. Geralmente associadas a experiências e programas de finanças sociais ou solidárias, voltadas para a geração de emprego e renda e para o desenvolvimento territorial, as moedas sociais circulantes locais revelam-se exitosos em diversos países, e no Brasil inclusive.[112] Embora as características próprias dos sistemas em que as moedas sociais florescem — timbrados pela reciprocidade, ajuda mútua e pelos laços comunitários — estejam longe de reproduzir o ambiente de mercado e de amplitude pública típicos das moedas estatais modernas, as experiências com moedas cooperativas denotam que sistemas monetários duais (ou, melhor colocando: sistemas *plurais*, em uma espécie de poliglotia de espécies e ativos monetários) tem espaço no regime da moeda pública estatal.

E a questão fundamental é que esse espaço, ainda que reduzido e experimental, parece difícil de ser compreendido sem recurso às categorias dos direitos e das liberdades.

[112] FREIRE, Marusa Vasoncelos. **Moedas sociais**, p. 65. Para um panorama mais abrangente, cf. LIETAER, Bernard; DUNNE, Jacqui. **Rethinking money**: how new currencies turn scarcity intro prosperity. Barrett-Koehler: San Francisco, 2013, p. 59.

Sem prejuízo, tampouco se pode ignorar que o regime das liberdades de escolha e de oferta monetária é, como já indicado, profundamente restringido.[113] O espectro dessas restrições abrange não apenas as já mencionadas regras de curso legal, mas também normas prevendo o monopólio estatal de emissão de ativos servis ao emprego como meios de pagamento, limitações à emissão e cunhagem de ativos cambiais, limitações à criação de dinheiro escritural e eletrônico, dentre outros condicionamentos e proibições que podem ser catalogados.[114] Não raramente essas restrições vão além da esfera administrativa e regulatória, alcançando dimensão penal — como exemplifica o caso do art. 292 do Código Penal.

Limitações desse jaez apresentam ancoragem constitucional de fácil detecção. A previsão de prerrogativas estatais de emissão monetária precisa ser acompanhada de meios que assegurem a dispensação de moeda pública estável — e as restrições às liberdades de emissão privada e de escolha monetárias representam um desses meios.[115] Aqui, em mais uma oportunidade, o problema reside menos na detecção de uma raiz normativa legitimadora das restrições, e mais na realização de um teste de proporcionalidade adequado.

Sem prejuízo, já configuraria um avanço reflexivo importante conceber esse teste como aplicável. A racionalidade ínsita à admissão de um âmbito de proteção amplo para os direitos fundamentais, coadjuvada pelo perfil das liberdades subscritas pelo texto constitucional de 1988, sugere haver espaço para que se cogite de direitos fundamentais de emissão e escolha monetária. O ponto, insista-se, não é realizar uma defesa da cessação dessas restrições (como se elas não tivessem razões técnicas, econômicas e jurídicas de ser), mas sim de entender essas restrições *como restrições*: de entender que se cuida de ingerências estatais que limitam e

[113] Um debate importante é se a moeda corresponderia a um tipo de *monopólio* natural. Para alguns autores, a história sugere que o monopólio do dinheiro foi imposto pelo Estado por meio de consideráveis intervenções e restrições legais, não se tratando propriamente de um monopólio natural: a estrutura normativa existente para garantir a posição de emissor exclusivo não seria necessária se o dinheiro representasse verdadeiramente um monopólio desse tipo (HERRMANN, Christoph. **Währungshoheit, Währungsverfassung,** p. 321).

[114] HERRMANN, Christoph. **Währungshoheit, Währungsverfassung,** p. 302 e ss.

[115] HERRMANN, Christoph. **Währungshoheit, Währungsverfassung,** p. 312.

condicionam liberdades gerais antecedentes, decotando o âmbito de proteção de direitos fundamentais relacionados a usos livres da moeda pelos particulares.[116]

5. A autoridade obriga: a garantia da proteção jurídica do valor da moeda como eixo central da experiência com a moeda estatal fiduciária e administrada

Nos itens precedentes, passou-se em revista o conjunto ou feixe de liberdades individuais diretamente relacionadas à moeda — liberdades que, se bem entendidas, são prévias a quaisquer intervenções estatais, e talvez até mesmo ao próprio Estado. Analisou-se de que modo é possível atribuir a essas posições jurídico-subjetivas a condição de autênticos direitos fundamentais, e em que medida exibem pretensões juridicamente exigíveis e efetivamente correlacionadas ao dinheiro.

Refletiu-se de que modo essas liberdades individuais compendiam o próprio eixo de uma constituição monetária erigida sobre a perspectiva de que são os direitos fundamentais, e não os poderes e competência do Estado, o centro gravitacional da ordenação política fundamental da moeda.

Toda essa especulação, entretanto, não pretende encobrir dois fatos incontroversos: (i) não são os usos livres e privados da moeda que compõem o caso central da experiência monetária moderna — essa experiência, tanto quanto a trajetória histórica revela, é essencialmente estatal em seu fornecimento e operacionalização; (ii) não são os usos livres da moeda que garantem, *de facto* e *de jure*, a estabilidade do valor e a manutenção da capacidade compra — é o Estado, atuando como emissor principal e garante da estabilidade do valor, que é e tem sido efetivamente capaz de assegurar um mínimo de solidez e constância, ou ao menos uma depreciação monetária minimamente controlada dos ativos de tipo monetário

[116] Talvez represente um desafio menor apresentar justificação jurídica ao monopólio estatal, sobretudo quando a Constituição mesma proporciona tal sorte de legitimação, ao veicular competências legislativas e administrativas de emissão a gestão da moeda. Não obstante, parece constituir uma perspectiva dogmática importante considerar que, o que se identifica presentemente como monopólio estatal da provisão de meios de pagamento corresponde, a partir das balizas teóricas da *Stufentheorie*, ao estabelecimento de uma barreira de admissão profissional, que somente se admite para fins de proteção de bens comunitários importantes (HERRMANN, Christoph. **Währungshoheit, Währungsverfassung,** p. 312).

(a despeito dos diversos e conhecidos episódios críticos, de hiperinflação e de inflação crônica, depondo em sentido contrário).

Daí se dizer que a garantia da proteção jurídica do valor da moeda, *na moeda estatal* e *por virtude do exercício das competências monetárias estatais*, corresponde ao caso central da experiência monetária contemporânea.

Isto significa dizer que, embora usos livres e liberdades individuais relacionadas à moeda não se encontrem proscritos da experiência estatal monetária, existe uma tradição política e constitucional de confiar ao Estado a tarefa, as responsabilidades e especialmente as prerrogativas próprias da garantia da estabilidade da moeda.[117]

Daí por que, não é exagerado afiançar, o desafio de garantir moeda estável é missão atribuída pela constituição ao Poder Público; o desafio de combater a inflação e a deflação, se não o é de forma inerente ou essencial, é histórica e tradicionalmente colocada sob responsabilidade estatal.

Em certo sentido, inclusive, é como se a garantia da moeda estável fosse uma espécie de contrapartida pelo monopólio estatal sobre a emissão da moeda;[118] uma compensação, veiculada enquanto compromissos institucionais, em decorrência dos notáveis poderes assumidos pela autoridade monetária estatal, a partir da decisão de concentrar nela os poderes monetários de uma dada comunidade política. Com os poderes, as responsabilidades. De fato, *Hoheit verpflichtet* — a autoridade obriga.

Essa afirmação, também é importante dizer, não é feita de modo ingênuo. Não se desconsidera que a história da moeda é, em larga medida, a trajetória da depreciação progressiva dos diversos padrões monetários, da manipulação da moeda por grupos políticos no controle do Estado. A história da moeda, assinalou Jhering não sem alguma razão, é a história da sua depreciação.[119]

Daí por que, é possível sumariar, a proteção jurídica do valor da moeda e da estabilidade do nível geral de preços constitui, para o mal ou para o bem, entre acertos e desacertos, o drama central (não raras vezes a

[117] Tradição esta vigorosa e bem sucedida o bastante a ponto de identificar que o termo moeda designa o sistema monetário criado pelo Estado; assim também, para entender que a conformação desse sistema é expressão direta da soberania estatal (cf. HAHN, Hugo J.; HÄDE, Ulrich. **Währungsrecht**, p. 11).

[118] VISCHER, Frank. **Geld-und Währungsrecht**, p. 23.

[119] WALD, Arnold. **A cláusula de escala móvel**, p. 29.

tragédia) do direito constitucional monetário, a verdadeira pedra de toque desse subsistema constitucional. A garantia da estabilidade é o ponto de equilíbrio — e também de atrito — entre poderes do Estado sobre a moeda e os direitos dos cidadãos; o fio de prumo da tensão entre autoridade e liberdade monetárias.

A busca da preservação do poder aquisitivo e do equilíbrio do nível de preços, seja balizando a política monetária, seja conformando a arquitetura do sistema jurídico, constitui o eixo da constituição monetária — que dificilmente poderia ser aceita como tal, se não garantisse direitos de defesa e precauções institucionais contra a interferência estatal sobre o valor do dinheiro, ou no mínimo proteções jurídicas de tipo obrigacional e radicadas no direito de propriedade.[120]

Note-se que essa afirmação é ainda mais relevante no contexto de um regime de moeda puramente fiduciária — isto é, em um regime caracterizado não apenas pelo curso legal, mas também pelo curso forçado.[121]

Em um regime dessa natureza, timbrado como é pela nota da inconversibilidade, e rompidos todos os vínculos da moeda com a natureza, o valor do dinheiro, de sua função como meio de troca, reside unicamente em seu poder de compra, ou seja, em sua capacidade de adquirir bens e serviços. Os custos de produção ou o valor intrínseco do dinheiro não desempenham mais nenhum papel para as moedas fiduciárias modernas, que se torna, em essência, um produto da confiança e do curso legal. É verdade que a inconversibilidade talvez já fosse, há muito tempo, mais decorativa e ornamental do que substanciosa — mas o fato é que o regime da moeda puramente fiduciária, introduzido de vez no Brasil no ano de

[120] "Das eine Währungsverfassung, die weder gegenüber dem Staat ein Abwehrrecht gegen Eingriffe in den Geldwert gewährt, noch vertragliche Vorkehrungen gegen eine solche zulässt, denn Interessen der Individuen entspricht, wird man kaum annehmen können" (HERRMANN, Christoph. **Währungshoheit, Währungsverfassung,** p. 362).

[121] O curso forçado (*cours forcé; corso forzoso; Zwangskurs*) é outro congênere do curso legal. Com essa expressão, faz-se referência à qualidade de curso legal aplicada ao papel-moeda inconvertível, contendo, consequentemente, dois elementos: primeiro, a regra de curso legal, vinculada à relação credor-devedor; segundo, a regra de não conversão, vinculada à relação entre o emissor da moeda e o respectivo portador. Uma moeda deste último tipo denomina-se moeda fiduciária. Trata-se, como alerta Arthur Nussbaum, de conceitos jurídicos independentes, cuja fusão só tem servido para provocar confusões dentro da teoria jurídica monetária (NUSSBAUM, Arthur. **Derecho Monetario Nacional e Internacional**, p. 78).

1933 (Decreto nº 23.501), é um marco não apenas de um novo paradigma monetário, mas também de um novo conjunto de poderes e responsabilidades para as autoridades públicas.[122]

A principal dessas responsabilidades foi e continua sendo a de não extrapolar os amplos poderes de emissão; o desafio de usar a mágica do papel-moeda "sem dela abusar".[123]

A moeda fiduciária inconversível torna-se mais do que nunca uma expressão do crédito público, dos fundamentos da economia e de uma gestão monetária voltada à estabilidade do padrão de valor. Estabilidade esta que, como ficou cada vez mais claro, é alcançada mediante diversos compromissos institucionais, e também com recurso a tecnologias tipicamente jurídicas: no plano institucional e da política monetária, equilíbrio fiscal e desenvolvimento da governança pelos bancos centrais; no plano jurídico, prestígio ao nominalismo e técnicas de indexação.

Daí por que, não seria exagero assinalar, a estabilidade monetária erige-se como autêntico valor e categoria constitucionais. Mesmo que os textos constitucionais em geral não veiculem uma determinação expressa de que o Poder Público deve atuar em favor da preservação do valor da moeda nacional[124], a análise sistemática do sistema constitucional monetário permite depreender que a administração estatal da moeda somente se justifica, jurídico-constitucionalmente, pelo imperativo de resguardar a estabilidade de seu valor, não podendo o Estado dela se assenhorear para finalidades que lhe sejam estranhas.[125]

De modo ainda mais amplo, é cabível refletir que a estabilidade monetária pode ser compreendida como uma dimensão ou circunstância da própria noção de justiça, eis que o exercício de liberdades pelos cidadãos livres e iguais no ambiente econômico pressupõe, e pode-se dizer que até mesmo exige, previsibilidade razoável para agir — o que só pode ser garantido pela estabilidade monetária, já que o valor dos bens sociais é expresso em moeda nas sociedades mais organizadas.[126]

[122] FRANCO, Gustavo. **A moeda e a lei**, p. 100.

[123] FRANCO, Gustavo. **A moeda e a lei**, p. 103.

[124] HAHN, Hugo J.; HÄDE, Ulrich. **Währungsrecht**, p. 65.

[125] MOREIRA NETO, Diogo de Figueiredo. Estabilização monetária, p. 19.

[126] ERLING, Marlos Lopes Godinho. A compatibilidade da estabilidade monetária com os princípios de justiça de John Rawls. **Revista de Direito Bancário e do Mercado de Capitais**, vol. 54, p. 45-57, out./dez., 2011.

O ponto mais importante, porém, que deve ser aqui salientado, é o de que a estabilidade monetária não corresponde a uma diretriz constitucional genérica, norma programática ou singela emanação de uma noção difusa de justiça. Há bons argumentos para se defender que existem lastro e estruturas jusfundamentais, é dizer, autênticas posições jurídico-subjetivas, de matriz constitucional, relativamente à preservação do valor monetário.

Nessa linha de pensamento, a estabilidade monetária possuiria uma tradução própria em termos de direitos fundamentais, é dizer, um parâmetro expresso na linguagem da liberdade e dos direitos dos indivíduos: tratar-se-ia da noção de segurança ou garantia jurídica da proteção do valor da moeda — a *Geldwertstabilität* ou *Geldwertsicherung*.[127]

A proteção da estabilidade da moeda seria, assim, dentro dessa compreensão, um direito fundamental. O interesse na preservação do valor monetário comportaria uma dimensão juridicamente imperativa e exigível voltada à segurança do poder aquisitivo do dinheiro, cabendo ao Estado, diante do risco da inflação ou da deflação, deveres de estabilidade e de proteção tanto em nível objetivo quanto subjetivo.[128]

O conteúdo normativo da proteção jurídica da estabilidade monetária, em nível constitucional, apresentaria ao menos duas dimensões ou projeções: (i) dimensão objetiva: plasmada no compromisso com a estabilidade de preços, mediante estabilidade orçamentária, políticas e predicados institucionais (como autonomia e independência) do banco central e, ao nível da arquitetura do sistema jurídico, positivação e garantia do princípio do valor nominal; (ii) dimensão subjetiva: a proteção do valor de compra como desdobramento específico do âmbito de proteção do direito de propriedade e da liberdade contratual, nomeadamente, neste segundo caso, mediante técnicas e salvaguardas obrigacionais contra a perda de poder de compra (em especial, indexação).

[127] HERRMANN, Christoph. **Währungshoheit, Währungsverfassung**, p. 331.

[128] HAHN, Hugo J.; HÄDE, Ulrich. **Währungsrecht**, p. 65 ("Normalerweise bleibt es dabei, dass die Geldschuldgläubiger das Inflationsrisiko tragen. Gerade sie haben deshalb Interesse an Geldwertstabilität. Daher ist der Frage nachzugehen, ob und in welchem Umfang das Grundgesetz und das europäische Unionsrecht die Kaufkraft des Geldes Objektiv-rechtlich schützen und ob es eine Anspruch des Einzelnen auf staatliche Maßnahmen zum Erhalt der Geldwertstabilität gibt").

Sobre a primeira dimensão, o que convém indagar é se a Constituição brasileira de 1988 prevê um dever jurídico, uma responsabilidade objetiva de preservação do valor da moeda, que deva orientar a política monetária e a atuação do banco central. Cuida-se ainda de perquirir em que termos se dá essa vinculação da autoridade monetária em face do nível de preços, e de que modo encontram-se balizadas as intervenções que deve levar a efeito para concretização da diretriz de estabilidade.[129]

De maneira geral, é possível assentar que uma política monetária e desenhos institucionais voltados à proteção da estabilidade da moeda erigem-se como as principais proteções jurídicas, de cariz objetivo, contra intervenções e oscilações detrimentais ao valor do dinheiro. Embora os consensos e as sabedorias formadas em torno de como efetivamente garantir essa estabilidade tenham cambiado ao longo do tempo, a política monetária pode ser compreendida como o conjunto de princípios, normas e programas adotados por um país para administrar a moeda em prol do objetivo primordial da manutenção do nível de preços.[130]

Mormente em um sistema monetário baseado em papel-moeda sem substância real, a confiança das pessoas jurídicas na estabilidade da moeda assenta-se essencialmente na expectativa de uma boa política monetária de um banco central que seja o mais independente possível de influências políticas.[131]

A credibilidade revela-se fundamental nesse cenário, sobretudo para evitar problemas de inconsistência temporal: a busca de resultados imediatos e temporários em termos de produto em detrimento de perdas duradouras (isto é, mais inflação). O modelo de banco central independente, institucional e explicitamente comprometido com o objetivo de manter uma taxa de inflação baixa e estável, mostrou-se como a estratégia mais exitosa em favor da estabilidade da moeda.[132]

Não foi a isso que se assistiu no Brasil, notadamente a partir da introdução da moeda puramente fiduciária entre nós, no ano de 1933. Inflacionismo crônico, descompromisso político com a estabilidade do

[129] HAHN, Hugo J.; HÄDE, Ulrich. **Währungsrecht**, p. 65-66.

[130] OLIVEIRA, Marcos Cavalcante de. **Moedas, juros e instituições financeiras**, p. 187.

[131] VISCHER, Frank. **Geld-und Währungsrecht**, p. 104.

[132] CARVALHO, Fernando J. Cardim de *et alii*. **Economia monetária e financeira**, p. 153-154.

valor da moeda e indexação seletiva pautaram a experiência monetária nacional. No país, o que se tinha era uma ilusão, uma verdadeira ficção da moeda estável.[133]

De um lado, um Estado perdulário financiava déficits crescentes mediante emissão e moeda, recusando um orçamento equilibrado; de outro, não se garantia a indexação (ou se garantia, mas de modo seletivo), e o banco central, tardiamente forjado e logo em seguida capturado, não se mostrava capaz de empreender uma boa governança da moeda nacional. Sem estabilidade de preços, aumentavam-se as incertezas e distorções, impedindo o alargamento dos horizontes de decisão, com consequente repercussão negativa sobre os investimentos e o ganho de produtividade. O itinerário até a hiperinflação estava encaminhado.

A constituição brasileira em vigor não prevê, textual e nominalmente, um compromisso da autoridade monetária com a estabilidade de preços — pelo menos de uma leitura estritamente literal do texto constitucional, uma tal obrigação não é diretamente extraível. Não obstante, é possível identificar, na Carta de 1988, blocos de inovações de grande importância para assuntos monetários, e que alcançam o tema da estabilidade monetária. O principal deles remete ao art. 164, parte integrante do capítulo das finanças públicas, e que dispôs objetivamente sobre o relacionamento entre o tesouro e o banco central, em contraste com outras constituições.[134]

Especialmente os parágrafos segundo e terceiro do art. 164 enunciaram princípios e mecânicas de operação importantes: o parágrafo segundo comprometeu o mecanismo do orçamento monetário com acomodação pela conta movimento, constituindo um duplo progresso — tornava mais transparentes eventuais desequilíbrios e isolava do banco central dos desarranjos fiscais; o parágrafo terceiro, criando a conta única do tesouro no banco central, ampliou o controle sobre fluxos de recursos públicos.[135] Embora não haja um mandato claro de busca da preservação do valor da moeda (as normas da Lei nº 4.595/1964, que dispõem sobre o Sistema Financeiro Nacional, já contemplavam diretrizes medianamente apontadas para esse sentido), parece claro que o texto constitucional visou a

[133] SIMONSEN, Mario Henrique. **30 anos de indexação**, p. 14

[134] FRANCO, Gustavo. **A moeda e a lei**, p. 448.

[135] FRANCO, Gustavo. **A moeda e a lei**, p. 449-450.

um avanço institucional, com indicativo de clara separação entre funções fiscais e monetárias.

Por outro lado, deve-se também observar que o esforço em favor da estabilidade de preços não envolve apenas esforços do regime monetário; há também uma dimensão *fiscal* nesse programa.

Se o regime monetário confere uma missão de proteger a estabilidade de preços, o regime fiscal garante a sustentabilidade da relação dívida pública/PIB, permitindo a administração da dívida de modo prudente para, dentre outras preocupações, evitar repercussões deletérias em termos de inflação.[136] Nesse sentido, o texto original de 1988 não proclamou explicitamente um princípio de equilíbrio orçamentário, mas aderiu, induvidosamente, à ideia da necessidade desse equilíbrio, a se viabilizar em especial pela legislação ordinária. Há, pois diretivas constitucionais para o equilíbrio orçamentário, que encontram na literatura jurídica excelente sumário.[137]

Intimamente conectado a este tema encontram-se os esforços do constituinte derivado brasileiro, invariavelmente polêmicos e nem sempre bem compreendidos, de editar medidas voltadas à manutenção da dívida pública em níveis sustentáveis. A Emenda Constitucional nº 95/2016, instituidora do Novo Regime Fiscal, mais conhecido como "teto de gastos", é expressão dessa preocupação.

A tentativa de contenção do crescimento dos gastos públicos, limitando a expansão das despesas primárias — a técnica especificamente adotada foi a de limitar despesas e investimentos aos mesmos valores gastos no ano anterior, corrigidos pela inflação medida pelo IPCA (art. 107, §1º, do ADCT) — traduz uma clara preocupação fiscal e orçamentária, mas que dialoga com o conjunto de bens protegidos pelo subsistema da constituição monetária.

Cuida-se de um esforço de austeridade, com consequências que podem ser consideradas antipáticas ou indesejadas, mas cuja dimensão voltada à sustentabilidade financeira e aos ganhos correspondentes — inclusive ao nível de proteção jurídica da estabilidade monetária — não podem ser

[136] FRAGA NETO, Arminio. Sobre a relação entre os regimes fiscal e monetário no Brasil, p. 194.

[137] Para um apanhado detalhado dessas diretivas, cf. TORRES, Ricardo Lobo. **Tratado de direito constitucional e financeiro**: o orçamento na constituição, p. 182-186.

desconsiderados.[138] O aspecto, nem sempre rememorado neste debate, é que (eis o paradoxo) medidas de austeridade e de ancoragem fiscal estão, também elas, voltadas à proteção de direitos fundamentais. Isso porque, no extremo, os conflitos distributivos que não se consigam resolver mediante incremento da tributação, rolagem ou contenção da dívida pública, terão a solução final assaz conhecida: inflação.[139-140]

A Emenda Constitucional nº 109/2021 é também ilustrativa desse panorama de reforço da disciplina fiscal. O compromisso com a sustentabilidade da dívida pública (adotado expressamente no art. 164-A) denota a subscrição de deveres de proteção que alcançam não apenas as arenas fiscal e orçamentária, mas também, ainda que reflexa e indiretamente, a arena da estabilidade monetária.

À luz dessas considerações, é possível constatar que a Constituição de 1988 oferece amparo para que se repute juridicamente assegurada uma dimensão objetiva da proteção à estabilidade da moeda. Se, como aponta a literatura,[141] a garantia do valor da moeda e da preservação do poder de compra revela-se, normativamente, por meio de (i) salvaguardas da política fiscal, em especial com proibição de déficits excessivos nos orçamentos públicos e o financiamento monetário dos gastos do governo,

[138] MACHADO SEGUNDO, Hugo de Brito. Emenda Constitucional 95/2016 e o teto de gastos. **Revista Controle**, Fortaleza, v. 15, n. 2, p. 22-40, jul./dez., 2017, p. 38.

[139] Pertinente, aqui, a reflexão de Casalta Nabais: "A imposição de limites máximos à dívida pública não consubstancia nem um postulado de origem neoliberal decorrente do 'consenso de Washington', nem uma criação europeia do Pacto de Estabilidade e Crescimento (...), nem é, no respeitante a Portugal, uma qualquer imposição da Troika. Bem ao contrário, num quadro de natural limitação às ambições de realização humana, em que os *commoda* se encontram limitados pela correspondentes *incommoda*, a liberdade pela responsabilidade e os direitos pelos deveres, a limitação ou restrição ao endividamento público deve ser analisada como verdadeira 'regra de ouro' da economia contemporânea dos Estados desenvolvidos, cujo propósito é, precisamente, o de evitar as situações de bancarrota" (NABAIS, Casalta. Crise e sustentabilidade do estado fiscal. **Revista da Faculdade de Direito da Universidade do Porto**, Porto, vol. A1, p. 95-126, 2014, p. 123).

[140] Para uma abordagem técnica do problema, destacando como o aumento da distância entre o resultado fiscal e sua meta interfere de modo prejudicial na dinâmica inflacionária, cf. WU, Thomas; RORIZ, Fernando. Efeitos da política fiscal sobre a eficácia da política monetária em tempos de baixo crescimento. In: BACHA, Edmar (org.). **A crise fiscal e monetária brasileira**. Rio de Janeiro: Civilização Brasileira, 2016, p. 449-465.

[141] HERRMANN, Christoph. **Währungshoheit, Währungsverfassung**, p. 336-337.

de (ii) garantia da independência do banco central e estabelecimento da estabilidade de preços como objetivo primário da política monetária, e de (iii) resguardo do princípio do valor nominal no campo do direito das obrigações, inevitável a observação de que o texto de 1988, especialmente após emendas reformadoras, subscreve, diretamente, ao menos a primeira dessas dimensões.

Quanto à garantia da independência do BCB, não há uma sinalização inequívoca do texto constitucional nesse sentido. Mas o fato é que, em primeiro lugar, há bons argumentos sugerindo que a constituição brasileira já assegura uma autonomia *de facto* à instituição, além do que a garantia da estabilidade de preços enquanto meta primária da política monetária afigurar-se-ia como uma espécie de programa constitucional implícito de defesa da estabilidade do valor de compra da moeda.

Em segundo lugar, e talvez fulminando a discussão, foi recentemente editada a Lei Complementar nº 179/2021, que assegura autonomia ao BCB e nominalmente indica, logo na abertura do ato legislativo (art. 1º), que o Bacen tem por objetivo fundamental assegurar a estabilidade de preços. É lei complementar com um colorido constitucional e que, embora não desfrute de hierarquia superior, inevitavelmente confirma um vetor constitucional voltado à garantia da estabilidade monetária.

Finalmente, sobre a terceira dimensão objetiva da *Geldwertsicherung* — aquela consubstanciada na proteção ao princípio do valor nominal —, tampouco há uma diretriz constitucional clara acatando-o literalmente como norma estruturante do sistema jurídico. Também aqui, todavia, colhe-se na literatura vasta reflexão a respeito de uma matriz constitucional do princípio do valor nominal, que, a despeito do silêncio do constituinte, deteria sim proteção ao nível da lei fundamental.[142]

Pelo princípio do valor nominal, consagra-se a identidade e homogeneidade da unidade monetária, com o dever de ter de pagar a mesma quantidade ou soma nominal de moeda, independentemente das variações de valor inerentes à sua apreciação ou depreciação.[143] A lógica, o significado do nominalismo é o de que, se um país introduzir uma moeda e de alguma forma vincular o valor dos meios de pagamento nela baseados

[142] JANSEN, Letácio. **Limites jurídicos da moeda**, p. 27.
[143] JANSEN, Letácio. **Limites jurídicos da moeda**, p. 26-27.

ao valor de outros bens ou serviços, o valor desse dinheiro resulta unicamente de seu valor de face.[144]

Se a dimensão jurídico-objetiva da proteção do valor da moeda manifesta-se, no campo da política monetária, mediante medidas voltadas à manutenção do nível geral de preços, no campo propriamente jurídico, a cristalização dessa proteção opera-se na figura do princípio do valor nominal.[145] O nominalismo é a marca característica, a tradução própria da estabilidade do valor da moeda para o campo da ordem legal.

Apesar de, do ponto de vista funcional, apenas o poder de compra do dinheiro ser realmente decisivo para os indivíduos, o ordenamento jurídico baseia-se de forma bastante abrangente no princípio do nominalismo, segundo o qual o poder de compra é irrelevante, e o valor nominal é o ponto decisivo.[146]

Em essência (ou pelo menos em sua versão eminente), o princípio do valor nominal significa que apenas o valor nominal de uma dívida monetária é relevante, mesmo que o poder de compra da moeda acabe mudando.

Esse é o sentido técnico do nominalismo,[147] que, é claro, comporta temperamentos, como adiante será destacado.

Mas o nominalismo pressupõe uma moeda estável[148] — em uma economia inflacionária, o princípio do valor nominal confunde-se com a ilusão monetária. Daí por que se afirma que, em paralelo ao sentido puramente técnico do nominalismo, releva considerar o princípio do valor nominal enquanto um compromisso de estabilidade do valor da moeda; uma arquitetura ou *design* de sistema orientado à manutenção de um padrão de valor e à preservação da estabilidade desse padrão, considerado o poder de compra. É especialmente nessa acepção que se fala em nominalismo enquanto dimensão objetiva de uma proteção constitucional da preservação do valor da moeda.

[144] HAHN, Hugo J.; HÄDE, Ulrich. **Währungsrecht**, p. 35.

[145] HERRMANN, Christoph. **Währungshoheit, Währungsverfassung**, p. 334.

[146] HERRMANN, Christoph. **Währungshoheit, Währungsverfassung**, p. 361.

[147] "Wenn ein Staat eine Währung einführt und den Wert der darauf basierenden Zahlungsmittel in keiner Weise mit dem Wert andere Güter oder Leistungen verknüpft, folgt daraus zwigend das *technische Nominalwertprinzip*" (HAHN, Hugo J.; HÄDE, Ulrich. **Währungsrecht**, p. 35).

[148] VISCHER, Frank. **Geld-und Währungsrecht**, p. 52.

Uma sede explícita, veiculada literalmente no texto constitucional, consagrando o princípio do valor nominal, aparentemente não pode ser encontrada na Carta brasileira de 1988. Como sucede em outras ordens jurídicas, o princípio em questão permeia o ordenamento legal, reivindicando validade como norma de direito público, a menos que disposições mais específicas tenham precedência sobre ele.[149]

No sistema constitucional de 1988, é possível falar em ancoragem para o nominalismo, que não seria apenas um princípio geral do direito civil, mas uma diretriz incorporada pela nova ordem constitucional.[150] Seu assento jurídico-positivo, porém, é implícito, difuso, apreensível mediante intelecção sistemática da lei fundamental.

O que talvez se encontre mais claro, na constituição brasileira vigente, é que não se subscreveu um modelo puro ou absoluto de nominalismo. Há variados enunciados constitucionais abordando o tema da correção monetária, denotando que existe espaço constitucionalmente válido para a indexação, sem que se cogite de uma vulneração ao conteúdo (ao menos o conteúdo essencial) do nominalismo.[151] Dessa forma, embora se possa dizer que há um compromisso da constituição com o nominalismo, o mesmo não se pode dizer de um compromisso com uma versão específica de nominalismo — a versão *absoluta* ou *radical* do nominalismo.

Com efeito, temperamentos valoristas encontram assento explícito na Carta de 1988 e, mais do que isso, são uma tradição (embora uma tradição em muitos sentidos criticável) do sistema jurídico brasileiro. Na redação originária, falam textualmente em correção monetária o arts. 46, 47 e 57 do ADCT; por obra do constituinte derivado, ferem o tema da indexação o art. 100, §20 e, no ADCT, os arts. 33, 107, II, e 111. Enunciado de importância para essa reflexão é o art. 7º, inciso IV, ao definir, como direito fundamental social dos trabalhadores, o salário mínimo com reajustes periódicos que lhe preservem o poder aquisitivo.

[149] "Als Resultat lässt sich festhalten: das Nominalwertprinzip durchtdringt die Teilrechtsordnungen, weil es als öffentlich-rechtlicher, nämlich währungsrechtliche Norm Geltung beansprucht, soweit ihm nicht speziellere Bestimmungen vorgehen" (HAHN, Hugo J.; HÄDE, Ulrich. **Währungsrecht**, p. 38).

[150] JANSEN, Letácio. **Limites jurídicos da moeda**, p. 29-30.

[151] HAHN, Hugo J.; HÄDE, Ulrich. **Währungsrecht**, p. 39, refletindo a questão em termos análogos, com enfoque sobre o sistema germânico.

Não seria exagerado concluir que a constituição vigente subscreve uma modalidade de *nominalismo temperado* ou *esclarecido*. Se a versão pura de nominalismo monetário, veiculada pelo art. 2º do Decreto nº 23.501/ 1933, praticamente desapareceu do sistema jurídico brasileiro, especialmente ao longo do quarto de século que se seguiu ao Decreto-Lei nº 857/1969, e se tampouco o valorismo aberto, próprio do período de fragmentação e poligamia monetária experimentado no país a partir da década de 1960 desfruta de acolhida pelo sistema constitucional nem pelo conjunto de leis que forjaram o Plano Real, parece ter havido a adoção (ou ao menos a aceitação) de um modelo conciliador. Um modelo de acomodação em que são harmonizados dispositivos anteriores, que estabeleciam o nominalismo característico de uma economia de preços estáveis, com os traumas da experiência inflacionária, admitindo-se então usos moderados da indexação.[152]

Assim, empreendendo uma síntese, e para resumir o quanto observado a respeito da dimensão objetiva de uma proteção constitucional da estabilidade do valor da moeda, é possível asseverar que: (i) salvaguardas da política fiscal, em especial com proibição de déficits excessivos nos orçamentos públicos e de financiamento monetário dos gastos do governo tem guarida explícita no texto original de 1988 e em emendas de reforma, apontando para um compromisso jurídico-objetivo com a estabilidade da moeda; (ii) a garantia da independência do banco central e estabelecimento da estabilidade de preços como objetivo primário da política monetária, embora não tenham assento expresso na Carta, são opções legislativas não apenas compatíveis, mas coerentes com a ordem constitucional global, que contem sinalizações implícitas nesses dois sentidos; e (iii) o resguardo do princípio do valor nominal é empreendido pela ordem constitucional de 1988 de modo implícito, como um princípio geral estruturante do sistema monetário, mas não em sua forma radical, e sim na modalidade temperada, admitindo-se usos moderados da indexação monetária.

Feitas essas observações sobre a dimensão objetiva, importa verificar se uma dimensão subjetiva da proteção da estabilidade monetária apresenta ancoragem jurídica positiva. Trata-se de uma questão ainda mais complexa: diagnosticar se há, na ordenação constitucional da moeda,

[152] FRANCO, Gustavo. **A moeda e a lei**, p. 128.

autênticos direitos públicos subjetivos relativos à proteção do valor jurídico monetário é tema amplamente debatido, sobretudo na literatura e jurisprudência estrangeira, sendo difícil divisar algum consenso[153] — embora se possa divisar inclinação pela negativa.

As mesmas dúvidas podem ser transportadas para a análise do caso brasileiro.

É que pelo menos duas grandes dificuldades assomam quando se discute o caráter subjetivo ou individual de uma posição de garantia contra a perda do poder de compra: a uma, não se trataria de posições jurídico-subjetivas autônomas, mas mera projeção ou desdobramento de outros direitos fundamentais (como propriedade e liberdade contratual); a duas, talvez sequer se possa considerar que essas posições desfrutem de verdadeira natureza de direitos subjetivos, por não traduzirem situações exigíveis em face do Estado — carecendo essas posições de autêntica justiciabilidade.[154] De fato, em um regime de moeda fiduciária, de curso forçado, o compromisso com a estabilidade do valor de compra pode ser comparado a uma "promessa de não ficar doente"[155] — um programa vago, difuso, dirigido genericamente à coletividade e não passível de judicialização pelos interessados.

Sem prejuízo, é possível identificar, na literatura, ao menos quatro fontes potenciais para legitimar uma dimensão jurídico-subjetiva da proteção constitucional do poder de compra: (i) a garantia do direito de propriedade[156]; (ii) a liberdade contratual, e nomeadamente uma das suas dimensões específicas, a proteção da confiança[157]; (iii) a

[153] FORKEL, Hans-Walter. Staatsschuldenkrise, Geldentwertung, Grundgesetz: Gibt es einen Grundrechtsschutz gegenstaatlich herbeigeführte Inflation? Anmerkungen zu einem Thema mit Zukunft. **Zeitschrift für Rechtspolitik**, 44. Jahrg., H. 5, p. 140-143, p. 140-143, Juli, 2011. KÖHLER, Michael. Die Wertstabilität des Geldes als Inhalt der Vertragstreue und der Eigentumsgarantie. **JuristenZeitung**, 68. Jahrg., Nr. 20, p. 957-966, Oktober, 2013. ÇOBAN, Ali Riza. Inflation and human rights: protection of property rights against inflation under the European Convention of Human Rights. **Essex Human Rights Review**, vol. 2, n. 1, p. 62-78, 2005.

[154] HAHN, Hugo J.; HÄDE, Ulrich. **Währungsrecht**, p. 68.

[155] FRANCO, Gustavo. **A moeda e a lei**, p. 133.

[156] HAHN, Hugo J.; HÄDE, Ulrich. **Währungsrecht**, p. 68.

[157] KÖHLER, Michael. Die Wertstabilität des Geldes, p. 966.

liberdade de indexação[158]; (iv) a cláusula constitucional de proteção da isonomia.[159]

O amplo debate sobre os fundamentos da garantia constitucional do valor da moeda, em termos subjetivos, e sobre a efetiva caracterização dessa dimensão individual, não será aqui detalhada. A posição subscrita, porém, é de que a proteção contra a perda do poder aquisitivo não é, ao menos não no sistema jurídico brasileiro, uma proteção individual contra a inflação *tout court*, ampla e genericamente considerada.

Não parece haver um direito fundamental individual de não sofrer inflação, ou um direito de exigir do Estado (ou mesmo de um emissor privado) que não inflacione os preços nem deprecie a moeda. A estabilidade de preços é um objetivo de política monetária a ser alcançado por meio de medidas concretizadoras do banco de emissão, e o que efetivamente desfruta de proteção, jurídico-subjetivamente, do ponto de vista estritamente individual e monetário, são os efeitos decorrentes dessa perda de poder aquisitivo — razão por que é o direito à indexação e à estipulação de cláusulas de preservação do valor aquisitivo que efetivamente podem desfrutar de jusfundamentalidade.

Nesse sentido, um direito fundamental à indexação (*Indexierungsfreiheit*) parece encontrar guarida como autêntica posição jurídica-subjetiva: um direito fundamental propriamente monetário, voltado não à proteção contra a inflação, mas sim contra os efeitos dela. O seu âmbito de proteção envolve não apenas a prerrogativa de estipular cláusulas obrigacionais de preservação do valor, mas também a garantia de que essas cláusulas reflitam a real perda de poder aquisitivo da moeda, espelhando a depreciação concreta.

Não se desconsidera, porém, que essa liberdade de correção monetária pode se reputar como um direito não autônomo — um mero desdobramento de um direito subjetivo antecedente, correlato à percepção de uma determinada paga integral em dinheiro.[160] De fato, como já sugeria Pontes de Miranda, a expressão "correção monetária" é elíptica: não é a moeda que se corrige; é o valor da moeda ou, mais precisamente, corrige-se o valor das dívidas ou das promessas em moeda, para que o valor, não corri-

[158] HERRMANN, Christoph. **Währungshoheit, Währungsverfassung**, p. 353.

[159] FORKEL, Hans-Walter. Staatsschuldenkrise, Geldentwertung, Grundgesetz, p.142.

[160] BRITTO, Carlos Ayres. O regime constitucional da correção monetária, p. 51.

gido, da moeda, deixe de ser nocivo às relações jurídicas entre devedores ou promitentes e credores ou promissário.[161] De um modo ou de outro, porém, o ponto a ser ressaltado é que o direito à indexação (autônomo ou não) exibe características de direito público subjetivo, exigível individualmente e justiciável.

Finalmente, ainda sobre a garantia da preservação do valor da moeda enquanto garantia constitucional, mais duas observações. A primeira delas diz respeito à dimensão jurídico-subjetiva e à sua exigibilidade em nível coletivo. Como dito, apenas as prerrogativas decorrentes do direito à indexação parecem revelar os predicados próprios das posições tipicamente individuais. Isso não significa, porém, que a garantia da estabilidade da moeda não possa, em absoluto, desfrutar de algum tipo de exigibilidade a nível coletivo.

Diz-se isso porque, além de ser rastreável uma dimensão objetiva dessa garantia, também parece haver uma diretriz constitucional programática voltada à estabilidade da moeda. Aqui, a jurisdição constitucional teria meios, inclusive via processo objetivo, de controverter políticas macroeconômicas que, seja em decorrência de efeitos inflacionários, seja em face de interferência anti-isonômica sobre os expurgos de taxas de inflação elevada, apresentam-se como lesivas a direitos de propriedade e a direitos contratuais.[162]

A segunda e última observação insere-se exatamente nesse contexto. É que, caso se considere que a garantia da proteção do valor da moeda efetivamente desfrute de estatura jusfundamental, o esquema de intervenção estatal sobre o seu âmbito de proteção deverá observar a lógica das demais restrições de direitos fundamentais — submetendo-se, nesse sentido, ao teste de proporcionalidade. E aqui, talvez mais do que em outros segmentos do direito público, o problema da interferência estatal diz respeito menos ao que o Poder Público fez para restringir o âmbito de proteção, e mais ao que deixou de fazer para salvaguardar o direito. Em síntese: a proibição de proteção deficiente (*Untermassverbot*), tanto

[161] MIRANDA, Francisco Cavalcanti Pontes de. **Tratado de Direito Privado**, Tomo 50. 1. ed. Campinas: Brookseller, 2003, p. 677.

[162] Para um amplo panorama, na jurisprudência internacional, da violação de direitos humanos como decorrência de efeitos da inflação, cf. ÇOBAN, Ali Riza. Inflation and human rights, p. 66.

quanto possa ser efetivamente reconhecida como aplicável, compendiará a análise principal do escrutínio do agir estatal em matéria de garantia da estabilidade monetária.

6. Análise de outras posições jurídico-subjetivas fundamentais

O rol de liberdades constitucionais rastreáveis, com respeito à proteção de posições individuais relacionadas diretamente à moeda, não parece se esgotar no conjunto dos quatro direitos acima debatidos. Se as liberdades de emissão, de escolha e de circulação cambial insinuam-se como o eixo dos direitos de usos livres da moeda e, coadjuvadamente a elas, o direito à proteção do valor da moeda emoldura o núcleo da tutela constitucional das posições jurídicas monetárias, aparentemente não são os únicos direitos públicos subjetivos rastreáveis no texto constitucional.

É possível cogitar de outras posições qualificáveis como jusfundamentais, que igualmente traduzem proteção de interesses jurídicos diretamente relacionados à moeda. É bem verdade que essas posições talvez nada mais traduzam do que desdobramentos, no campo monetário, de outros direitos fundamentais — apresentando, nessa toada, não uma natureza própria ou autônoma, mas correspondendo apenas a uma atualização ou coagulação específica de determinados direitos na ambiência das questões jurídico-monetárias.

Não obstante, avalia-se importante examinar essas outras posições jurídicas. Ainda que não desfrutem de singularidade que autorize predicá-las como autênticos direitos autônomos, a investigação do ponto de contato normativo desses direitos com relações de tipo monetário enfatiza a estatura constitucional de certos aspectos da política e da regulação monetárias, reforçando que certas dimensões aparentemente satélites da disciplina jurídica da moeda possuem alcance e devem ser enfrentadas ao nível constitucional.

Nesse sentido, um aspecto constitucional saliente — e experimentado no Brasil inclusive sob a égide da constituição em vigor — diz respeito à reforma e à transição de padrões monetários, isto é, ao processo de substituição da moeda circulação por uma nova unidade monetária.

A introdução de uma nova moeda é um processo sempre delicado, invariavelmente problemático e não raras vezes violento — e que, exatamente por essas razões, desperta a atenção do direito constitucional. A transição monetária, não apenas porque objetivamente complexa, mas também por envolver a manipulação de um extenso tecido normativo, não é nem pode ser empreendida *ex abrupto*, em uno instante e a partir do nada: ao invés, e justamente por isso, a transição necessita operar-se de forma normativamente coerente, de modo que transformações, adaptações e acomodações jurídicas assegurem a necessária convergência e continuidade jurídica dos regimes.[163]

A definição, conversão ou transformação da moeda anterior em expressão do novo padrão monetário estabelece-se enquanto equivalência ou fungibilidade, afigurando-se fundamental a continuidade jurídica ou ligação recorrente (*recurrent linking, recurrenten Anschluss*) entre a nova moeda e a moeda substituída.[164] Com efeito, embora a soberania monetária dos Estados abranja a denominação, a redenominação e o valor da sua moeda, bem como a ligação, passagem ou comunicação entre a anterior e a nova, ela não é desvinculada da necessidade de observância da continuidade jurídico-monetária das leis, contratos e outros instrumentos — aquilo a que autores alemães chamam de "*Das Prinzip der Währungsrechtlichen Kontinuinät*" (o princípio da continuidade monetária).[165]

A necessidade normativa de preservação dessa continuidade jurídica ou ligação recorrente é expressão direta do âmbito de proteção de diferentes direitos fundamentais. No caso da constituição brasileira, a diretriz de estabilidade e de neutralidade da introdução do novo padrão monetário tem base normativa na proteção na autonomia da vontade (amparada pela liberdade geral de ação do art. 5º, *caput*), na garantia institucional da propriedade (art. 5º, XXII), assim como na proteção do direito adquirido e do ato jurídico perfeito (art. 5º, XXXVI).

Também é possível extrair uma diretriz de neutralidade da reforma monetária, assim como a veiculação de um regime de transição que garanta a preservação das relações jurídicas negociais, a partir do *princípio constitucional da continuidade*.[166]

163 SILVA, João Calvão. **Euro e direito**, p. 32.

164 SILVA, João Calvão. **Euro e direito**, p. 34.

165 SILVA, João Calvão. **Euro e direito**, p. 51.

166 LEISNER, Anna. **Kontinuität als Verfassungsprinzip**: unter besonderer Berücksichtigung des Steuerrechts. Tübingen: Mohr Siebeck, 2002, p. 165, onde reflete sobre a dimensão constitucional do princípio.

A construção dogmática da continuidade enquanto norma constitucional radica-se na própria arquitetônica do Estado de Direito, mas também possui fundamento específico no postulado constitucional da igualdade.[167] Na constituição de 1988, o art. 5º (*caput* e inciso I) protege juridicamente a isonomia e confere o fundamento normativo para a preservação da igualdade em suas diferentes dimensões — inclusive a igualdade no tempo e seus diferentes desdobramentos. A conservação e continuação das relações econômicas e jurídicas encetadas sob o pálio do antigo padrão monetário devem ser mantidas, tanto quanto possível, intocadas — a continuidade pretende resguardar intocada a *lex contractus* ou *obligationis*, a despeito da alteração da *lex monetae*.

E se a questão da continuidade monetária dialoga com o princípio constitucional da isonomia, seguramente não se trata do único desdobramento que o postulado da igualdade projeta no campo monetário. Embora o tema não seja frequente na literatura, o conteúdo normativo da igualdade apanha relações de tipo monetário, e uma atenção mais dedicada a estes aspectos revela-se não apenas bem-vinda, mas também promissora.

Sem pretensão de ingressar nos debates mais capilares acerca da estrutura da norma que consagra a isonomia, parte-se aqui do pressuposto de que a igualdade, na condição de autêntica supernorma constitucional, submete o ente estatal às seguintes obrigações:[168] (i) enquanto princípio, impõe ao Poder Público o compromisso de buscar um estado de igualdade, para cuja realização deverá adotar comportamentos que promovam este estado, tratando-se de uma espécie de função protetiva panorâmica; (ii) enquanto regra, a constituição exerce uma função negativa, de bloqueio, descrevendo o que o Estado deve ou não deve fazer; (iii) enquanto postulado, a na condição de metanorma, exige do Estado a aplicação do conjunto de normas de modo que privilegie a igualdade, conectando congruentemente as regras e princípios aplicáveis à situação regulada.

Seja como princípio, regra ou postulado, o ente estatal, no exercício do poder monetário que lhe é atribuído constitucionalmente, deve observância à norma da igualdade. Nesse sentido, os campos de aplicação da isonomia são tantos quantos os campos de atuação da autoridade estatal

[167] LEISNER, Anna. **Kontinuität als Verfassungsprinzip**, p. 199.

[168] ÁVILA, Humberto. **Teoria da igualdade tributária**. 3. ed. São Paulo: Malheiros, 2015, p. 142-143.

monetária. No campo da indexação monetária, por exemplo, e dos esforços jurídicos do Estado para a preservação do valor da moeda e do poder de compra, não pode o legislador privilegiar determinados grupos em detrimentos de outros.

Longe de se tratar de uma hipótese ou exemplo de laboratório, a trajetória monetária brasileira exibe diversos episódios em que a correção monetária era um privilégio de poucos — havia os grupos com acesso à indexação, e aqueles sem (os "sem correção monetária"). Notadamente após a introdução do curso forçado da moeda fiduciária estatal, em 1933, a intepretação dominante invalidava qualquer cláusula de atualização monetária não expressamente autorizada por lei especial[169] — e as leis especiais eram especialmente seletivas (quando não dirigidas) ao abrir exceções ao nominalismo.

Também em matéria de controles cambiais o seletivismo das medidas de restrição, se bem examinadas, desafiava teste à luz da isonomia: o regime de câmbios múltiplos e suas prioridades setoriais, que vigorou no país antes das tendências liberalizantes mais recentes, findavam por criar mecanismo de favorecimentos e de punições.[170] Para além do problema da introdução de uma dicotomia entre o câmbio oficial e o livre, e de todas as dificuldades para desatar o legado de décadas de controle e restrições, o seletivismo em matéria cambial expressava a ausência de uma filtragem constitucional adequada via norma constitucional da isonomia.

Tratando de assuntos mais atuais, é importante pontuar o alcance constitucional, também sob a ótica da norma prestigiadora da igualdade, de temas como mandatos e instrumentos dos bancos centrais.

A ampliação de seus afazeres institucionais dos BC's, de modo a abranger preocupações relativas à desigualdade econômica,[171] assim como o exame antecipado do manejo de determinados instrumentos e políticas monetários *vis-à-vis* a isonomia (caso dos projetos recentes envolvendo as *central bank digital currencies*[172] e dos projetos de extensão subjetiva

[169] FRANCO, Gustavo H. B. **A moeda e a lei**, p. 112.

[170] FRANCO, Gustavo H. B. **A moeda e a lei**, p. 197.

[171] HANSEN, Niels-Jakob H.; LIN, Alessandro; MANO, Rui C. Should Inequality Factor into Central Bank's Decisions? **IMF Working Paper**, 20/196, September, 2020.

[172] LARUE, Louis; FONTAN, Clément Fontan; SANDBERG, Joakim Sandberg. The promises and perils of central bank digital currencies. **Revue de la régulation**, 28, 2nd semester, Autumn, 2020.

dos programas de *quantitative easing*[173]) sugerem que a temática apresenta alguma densidade jurídica — e, no mínimo, que há argumentos e problemas encaminhados como decorrência da colocação do problema da igualdade monetária. A questão, talvez não menos antiga do que a postulação de Richard Cantillon e do exame dos efeitos batizados com o seu nome,[174] sugere que diversos momentos da experiência monetária — desde a sua oferta, passando pela política estatal e seus mecanismos de transmissão[175] — não são neutros do ponto de vista da isonomia, donde a necessidade de uma filtragem constitucional permanente e adequada.

Ainda no contexto da igualdade, mas talvez revelando uma posição jusfundamental autônoma, caberia considerar em que medida o acesso a uma moeda barata — é dizer, ao crédito com taxas de juros saudáveis — poderia ser considerado um autêntico compromisso constitucionalmente vinculante.[176]

O problema, que não se resolve a golpe de canetas nem mediante aposição de tetos normativos à taxa de juros, diz respeito à existência ou não de lastro, no texto da constituição, para um roteiro operacional de aperfeiçoamentos institucionais que, ainda que programáticos, visam a colocar o país em um patamar superior de governança da moeda.[177]

E intimamente associado aos âmbitos de proteção das normas constitucionais consagradoras da continuidade jurídica e da isonomia, encontra-se o conjunto de posições subjetivas que decorrem da garantia constitucional

[173] COPPOLA, Frances. **The case for people's quantitative easing**, p. 57.

[174] SIEROŃ, Arkadiusz. **Money, inflation and business cycles:** the cantillon effect and the economy. Abingdon: Routledge, 2019. CARVALHO, André Roncaglia de; BORGES NETO, João Machado. A economia monetária de Cantillon e o debate moderno entre ortodoxia e heterodoxia. **Economia e Sociedade**, Campinas, v. 28, n. 1, p. 31-51, Abr./2019.

[175] O economista Gustavo Franco recorda um caso peculiar, de quebra da isonomia no contexto crítico de quadros inflacionários: antes de entrada em vigor do Plano Real, havia o problema das remunerações pagas pela Administração Pública em datas diferentes. Às vezes, funcionários da mesma carreira eram pagos em dias diversos com base no mesmo valor nominal, circunstância que representava perdas substanciais de poder de compra, em situação potencialmente inconstitucional, diante da quebra da regra da igualdade (FRANCO, Gustavo H. B. **A moeda e a lei**, p. 592).

[176] FLOREZANO, Vincenzo D. **Sistema financeiro e responsabilidade social:** uma proposta de regulação fundada na teoria da justiça e na análise econômica do direito. São Paulo: Textonovo, 2004, p. 115.

[177] FRANCO, Gustavo H. B. **A moeda e a lei**, p. 708.

do direito adquirido, do ato jurídico perfeito e da coisa julgada — que, no caso da Carta brasileira de 1988, desfruta de assento expresso e jurídico-positivo no art. 5º, inciso XXXVI.

Absolutamente fundamental no terreno das relações jurídico-monetárias — como faz prova a vasta jurisprudência constitucional do STF a respeito do tema —, a proteção contra a aplicação retroativa da lei é dos temas mais salientes envolvendo a disciplina normativa da moeda.

Esse efeito protetivo é especialmente potencializado como decorrência de, diferentemente do que sucede em outros ordenamentos, o sistema constitucional brasileiro consagrar expressamente, no catálogo de direitos fundamentais, essa modalidade de garantia.

O primeiro ponto a ser observado, embora talvez um tanto quanto óbvio, é o de que não se pretende aqui insinuar que exista uma proteção jurídica contra a retroatividade especificamente monetária. A proteção do ato jurídico perfeito, do direito adquirido e da coisa julgada não apresenta, no campo monetário, autonomia ou singularidade — o que existe é uma frequência do problema da retroatividade das leis no campo da moeda, sobretudo quando consideradas as experiências de reformas e transições de padrões de valor. Não se cogita, pois, de uma (ir)retroatividade especificamente monetária, mas do estudo dela no campo da moeda.

E o que se extrai da constituição brasileira é uma proteção normativa, qualificada como autêntica posição jusfundamental, contra a retroatividade das leis — inclusive as leis monetárias promulgadas pelo Poder Público. Embora a ordem constitucional vigente não tenha acolhido o princípio da irretroatividade das leis de maneira ampla (tal como corporificado, por exemplo, nas constituições de 1824 e 1891), a Carta de 1988 apôs limites à eficácia retroativa dos atos normativos estatais, precisamente mediante resguardo do direito adquirido, do ato jurídico perfeito e da coisa julgada. De nítida inspiração na teoria dos direitos adquiridos de Francesco Gabba, o texto constitucional não veda em absoluto a retroatividade, mas conforma a irretroatividade restrita à proteção de direitos adquiridos.[178] Assim, se a retroatividade normativa não fica proscrita em absoluta, ao menos algumas barreiras lhe são impostas.

[178] ALMEIDA, Lilian Barros. **Direito adquirido:** uma questão em aberto. São Paulo: Saraiva, 2012, p. 77-78.

Ainda no tocante a essas barreiras, e como enfatiza a doutrina, os destinatários da norma constitucional abrangem não apenas o Parlamento, mas também o Executivo e o Judiciário: a cláusula do art. 5º, inciso XXXVI, tem como destinatários todos os poderes públicos constituídos, ficando vedado ao legislador, aos magistrados e às autoridades administrativas praticar atos que causem ofensa ao direito adquirido.[179] Todo o agir estatal, nesse sentido, encontra-se jungido aos limites constitucionais impostos à retroatividade.

A garantia constitucional do art. 5º, XXXVI, representa um importante desdobramento da proteção, radicada na lei fundamental, à segurança jurídica. Cuida-se de defesa constitucional em favor da estabilidade das relações jurídicas pretéritas — um caso especial de segurança jurídica voltada para o passado.[180]

Sobre o ponto, é importante mencionar que embora o perfil retrospectivo da segurança jurídica não esgote o espectro de posições de defesa que decorrem dessa importante cláusula constitucional — devendo-se reconhecer que ela abrange igualmente dimensões voltadas para o presente e para o futuro (caso, por exemplo, da proteção à confiança legítima) —, destaca-se aqui a proteção deferida aos direitos adquiridos por duas razões fundamentais: primeiro, porque são objeto de menção explícita e textual por enunciado da constituição; segundo, na medida em que vários foram os conflitos jurídicos, ao longo da história monetária brasileira, envolvendo precisamente a interpretação e aplicação dessa cláusula constitucional. Dessa forma, embora cada vez mais o debate doutrinário e jurisprudencial esteja se concentrando em outras dimensões da segurança jurídica, a clássica e vetusta dimensão consubstanciada na proteção jurídica do direito adquirido, do ato jurídico perfeito e da coisa julgada não apenas tem o seu valor inerente, como desponta de importância singular no contexto das relações jurídico-monetárias.

Nesse sentido, uma das mais importantes orientações, veiculadas pela jurisprudência brasileira, especialmente do Supremo Tribunal Federal, foi a de que a alteração de padrão monetário excepciona o princípio da intangibilidade dos atos jurídicos perfeitos e do direito adquirido, incluindo-se, nesse âmbito de exceção, a fixação do critério de conversão

[179] ALMEIDA, Lilian Barros. **Direito adquirido**, p. 78-79.

[180] SILVA, Virgílio Afonso da. **Direito constitucional brasileiro**, p. 240-241.

para a moeda nova do valor de obrigações legais ou negociais orçadas na moeda velha.[181] Inicialmente construída, do ponto de vista argumentativo, a partir da noção de que leis de ordem pública (dentro desse gênero compreendidas a espécie leis monetárias) não se sujeitavam às restrições decorrentes da proteção constitucional outorgada aos direitos adquiridos, passando à compreensão mais adequada de que, na verdade, o que não há é direito adquirido a regime jurídico, consolidou-se o entendimento, no âmbito pretoriano e doutrinário, de que a lei monetária pode afastar a proteção constitucional ao ato jurídico perfeito, ao direito adquirido e à coisa julgada, como decorrência do fato de que ela altera o estatuto jurídico da moeda.[182]

É certo que essa mesma jurisprudência constitucional colocou limites a essa retroação — precisamente para garantir uma mínima e adequada proteção à cláusula do art. 5º, XXXVI. Nesse sentido, fixou-se entendimento de que se lei superveniente alcançar os efeitos futuros celebrados anteriormente a ela, é lei retroativa, porque interfere na causa do negócio jurídico, devendo por isso ser considerada inválida. Da mesma forma, definiu-se que há limites para aplicação imediata das leis monetárias: a natureza de determinados contratos.[183]

Foi mediante formulações desse tipo que a interpretação e aplicação da referida cláusula constitucional consubstanciaram um dos mais importantes capítulos construtivos do direito monetário brasileiro, forjado especialmente nos tribunais.[184] Dessa maneira, se de um lado consagrou-se a chamada retroatividade mínima da lei, garantindo-se o efeito imediato das normas de direito monetário, por outro lado limites ao exercício do poder monetário do Estado, sob o ângulo temporal, restaram igualmente demarcados — inclusive mediante responsabilização civil da União, como decorrência de atos legislativos inconstitucionais.

Avançando no exame aqui proposta, e dentre outras posições jurídico-subjetivas relacionadas à moeda com ancoragem constitucional, é

[181] DURAN, Camila Villard. **Direito e moeda:** o controle dos planos de estabilização monetária pelo Supremo Tribunal Federal, p. 115-116.

[182] DURAN, Camila Villard. **Direito e moeda:** o controle dos planos de estabilização monetária pelo Supremo Tribunal Federal, p. 97.

[183] WALD, Arnoldo. **O novo direito monetário**, p. 70.

[184] WALD, Arnoldo. **O novo direito monetário**, p. 29.

também importante mencionar aquela que deriva da norma do art. 62, §1º, inciso II, e que deita raízes profundas não apenas no sistema jurídico brasileiro, mas especialmente no imaginário nacional. Inserido pela EC nº 32/2001, o enunciado normativo veda a edição de medidas provisórias que visem à detenção ou ao sequestro de bens, de poupança popular ou qualquer outro ativo financeiro.

A normativa, enunciadora de uma espécie de proibição de confisco e retenção monetária ou, no mínimo, veiculadora de uma regra de não surpresa aplicável ao campo do direito da moeda, representou uma clara resposta do constituinte derivado à MP nº 168/1990, posteriormente convertida na Lei nº 8.024/1990 — o célebre e polêmico Plano Collor I, que, dentre outras providências, previu restrições de liquidez, determinando que certas obrigações fossem convertidas na moeda nova apenas depois de determinado período.[185]

O confisco da moeda nacional é potencialmente ofensivo a diversos bens e direitos constitucionalmente tutelados:[186] proteção ao direito adquirido e ao ato jurídico perfeito (art. 5º, XXXVI), restrições constitucionais à edição de empréstimo compulsório (art. 148), garantia constitucional da propriedade (art. 5º, XXII) e limitações constitucionais à desapropriação lítica (art. 5º, XXIV). Mas a reforma promovida pela Emenda nº 32 buscou eliminar pela raiz, quando não eventuais resquícios de dúvida acerca da inconstitucionalidade de medida desse jaez (se é que ainda existiam), ao menos o instrumento principal de que o Executivo poderia dispor para promover medidas extremas de bloqueio de liquidez: o emprego da medida provisória.

Ao proscrever o manejo da espécie legislativa para essa finalidade específica, acrescendo o rol de matérias para as quais o emprego da medida provisória é defeso, incrementou-se, em nível material e formalmente constitucional, o espectro de proteção dos titulares de ativos monetários.

É que a autoridade monetária deixou de ter, ao seu dispor, expediente legislativo célere e capaz de, com eficácia, alcançar ativos de alta liquidez. Embora em matéria de relações monetárias a ousadia do arbítrio estatal

185 OLIVEIRA, Marcos Cavalcante de. **Moeda, juros e instituições financeiras**, p. 249.

186 MENDES, Gilmar Ferreira. A reforma monetária de 1990 – A problemática jurídica da chamada "retenção de ativos financeiros" (Lei nº 8.024, de 12.04.1990). **Revista de Direito Administrativo**, Rio de Janeiro, vol. 186, p. 26-92, out./dez. 1991, p. 27-27.

amiúde beire o impronunciável, ao menos as estratégias assentadas no fator surpresa foram duramente sufocadas.

Ainda no campo das posições jurídico-subjetivas potencialmente autônomas, é cabível referir o direito fundamental à privacidade (art. 5º, X) e o sigilo de dados (art. 5º, XII). É válido refletir em que medida esses direitos fundamentais projetam seus âmbitos de proteção sobre questões especificamente monetárias. De maneira geral, pode-se dizer que temas especificamente monetários encontram-se *grosso modo* abrangidos pela proteção constitucional do sigilo e da proteção de dados bancários, não havendo, do ponto de vista pragmático, e talvez até mesmo analítico, sentido em se cogitar de uma tutela especificamente monetária.

Não obstante, especialmente diante de novas ferramentas e instrumentos desenhados pelas autoridades estatais monetárias, parece admissível falar em um espectro protetivo voltado especificamente a posições individuais de tipo monetário. Os experimentos atuais com as já referidas *central bank digital currencies* sugerem que, dentre outras preocupações, o elemento proteção de dados pessoais exigirá atenção e cuidado especiais.[187]

O desenvolvimento dessa tecnologia reclamará medidas de proteção e tratamento de dados pelo Poder Público — obrigação esta derivada, no caso brasileiro, não apenas da eficácia direta das normas constitucionais, mas designadamente da concretização legislativa empreendida pela Lei Geral de Proteção de Dados Pessoais (LGDP - Lei nº 13.709/2018).[188]

Finalmente, uma última nota. O Estado é o destinatário precípuo dos deveres impostos pelos direitos fundamentais constitucionalmente assegurados. Mas, especialmente em uma quadra na qual esforços de emissão e de gestão privada da moeda são aventurados, e na medida em que efetivamente se reconheça que a constituição protege posições jurídico-subjetivas relacionadas à moeda, não é possível descartar a questão (e o problema) da eficácia normativa desses direitos nas relações entre particulares.

[187] Endereçando especificamente o aspecto da proteção de dados pessoais e da importância de que a moldura normativa dos CBDC's leve em consideração a questão, cf. AUER, Raphael; BÖHME, Rainer. The technology of retail central bank digital currency. **BIS Quarterly Review**, p. 85-100, March, 2020, p. 93 e ss.

[188] SILVA, Virgílio Afonso da. **Direito Constitucional Brasileiro**, p. 208.

O tema da eficácia horizontal dos direitos fundamentais monetários, malgrado pareça distante e puramente abstrato, não será aqui analisado — mas convém que seja ao menos referido.

E referido para observar que, de regra, a aplicação das normas constitucionais nas relações entre particulares ocorre de maneira indireta, mediada, observando as vias do direito infraconstitucional.

Contudo, há situações em que a aplicação direta pode fornecer uma solução adequada, sobretudo em casos de violação intensa ao âmbito de proteção, e quando não há uma medida legal editada para reger o caso.[189]

No campo monetário, considerados os recentes ensaios que se apresentam, e levando ainda em consideração a dificuldade dos legisladores para lidar com novas e inesperadas dinâmicas, parece importante não descartar essa possibilidade — a de que, em situações excepcionais, a aplicação direta de normas de direitos fundamentais (nomeadamente as que asseguram liberdades de escolha e de circulação, privacidade e até mesmo estabilidade do poder de compra), mesmo em relações estritamente privadas, será solução a ser considerada.

Conclusão

Neste capítulo foi debatido o tema das liberdades individuais e coletivas relacionadas diretamente à moeda.

Discutiu-se se e em que extensão essas liberdades efetivamente se traduzem em direitos fundamentais constitucionalmente protegidos, e em que medida as posições jurídico-subjetivas correlatas realmente desfrutam do predicado da jusfundamentalidade.

A posição subscrita é a de que a constituição resguarda não apenas interesses, mas autênticos direitos subjetivos, os quais se revestem do *status* e do regime próprio das posições jusfundamentais.

Esta conclusão não se alcança a partir de um mero desejo de leitura constitucional "a qualquer custo" da moeda, nem tampouco de uma "conta de chegada" epistemológica. O reconhecimento desses direitos públicos subjetivos é decorrência do sistema de liberdades fundamentais na Carta de 1988, do respectivo esquema organizatório e da disposição para refletir sobre o fenômeno monetário fora do campo de sombras do economicismo e da ajuridicidade.

[189] SILVA, Virgílio Afonso da. **Direito Constitucional Brasileiro**, p. 115.

Aplicando a grade analítica franqueada pela dogmática dos direitos fundamentais, foi possível divisar a estrutura básica desses direitos, elucidando como se encontram articulados elementos como âmbito de proteção, intervenções, ingerências, deveres de proteção e o quadro geral das justificativas constitucionais para as medidas restritivas estatais.

Um catálogo provisório desses direitos fundamentais abrange liberdades monetárias "clássicas" (como a liberdade de circulação cambial), velhas liberdades que tem exigido um novo olhar — situação das liberdades de escolha e de emissão monetária —, posições subjetivas com perfil de garantia institucional (caso do direito à proteção da estabilidade do valor da moeda e do seu poder de compra), assim como figuras que, neste estudo, foram cogitadas como hipóteses ou apenas a título de exploração inicial.

Um tema importante, igualmente insinuado, foi o da análise das liberdades *na* moeda pública e das liberdades *fora* ou *além* dela.

A experiência central com a moeda pública administrada, se tradicionalmente já dificulta o debate sobre as questões da liberdade *na* moeda estatal, praticamente interditou o exame das liberdades existentes *fora dela*.

Avoluma-se, porém, a percepção de que o bem público moeda não é necessária nem monopolisticamente estatal — há espaço para investidas de atores distintos do Estado, seja por meio de agentes privados, seja via mediação de estruturas descentralizadas ainda em fase experimental e em germe. Os casos, embora periféricos e satélites, há muito deixaram de ser irrelevantes.

E nem por isso as nervuras constitucionais deixarão de alcançar o fenômeno. Talvez, e pelo contrário, com mais razão ainda se justifique a investida dos direitos fundamentais sobre um campo que é não apenas de incertezas técnicas e epistêmicas, mas também de dúvidas quanto aos reclamos da razão prática.

É dessa maneira que, do ponto de vista da teoria do direito, pelo menos dois grandes desafios foram aqui divisados: (i) enriquecer o campo analítico para dar conta de velhas e novas dinâmicas da moeda pública estatalmente administrada — seja repristinando e atualizando debates prematuramente abandonados sob escombros de pressuposições pouco refletidas, seja recenseando novas realidades monetárias com as ferramentas próprias do direito público; (ii) forjar as condições para pensar direitos e liberdades fora da moeda estatal, em um horizonte no qual ideias retroativas sobre o Estado e seu *arcanum* de poderes jurídicos sobre a moeda provavelmente serão de pouca valia.

Ontem, como hoje, os fins e tarefas do constitucionalismo tem exigido a articulação do pensamento da possibilidade com o pensamento da realidade — em parte as constituições são crônicas que se submetem aos fatos, em parte discursos que se servem dos fatos para superá-los. De mais seguro e permanente neste processo, apenas a percepção de que as tarefas e exigências do dia colocarão novamente a nu premissas e déficits teóricos e dogmáticos.

Especificamente no fluxo dos novos experimentos e acontecimentos monetários, não se sabe ainda como as constituições se ligam a essa trama.

De algum modo aproximado e vago, porém, algo se pode afiançar: embora abdicando previamente de qualquer tom solene e grave, e despidas todas as notas de triunfalismo, com certeza será necessário considerar o que a teoria dos direitos fundamentais e a sua técnica tem a dizer a respeito.

4. A AUTORIDADE CONSTITUCIONAL MONETÁRIA: O ESTATUTO JURÍDICO DO PODER DO COFRE E O REGIME CONSTITUCIONAL DO BANCO CENTRAL

> *O dinheiro comanda o mundo, mas quem comanda o dinheiro?*
>
> — John F. Kennedy

> *Certo o ditado de que nada pode sair do nada; salvo no reino da estética e da política monetária.*
>
> — Marc Shell

> *A inflação brasileira é mais que um fenômeno monetário: é uma deformação institucional.*
>
> — Roberto Campos

É bem conhecida a avaliação de Lênin, ou ao menos a avaliação a ele atribuída por John Keynes, de que a melhor maneira de destruir o sistema capitalista é corrompendo a moeda. Com um processo contínuo de inflação, os governos podem confiscar uma parte importante da riqueza — um modo secreto e furtivo de subverter a base da sociedade, em um processo que empenha todas as forças ocultas da economia na sua destruição.[1]

Talvez com essa orientação em mente, durante conflitos bélicos não foram infrequentes as tentativas de desestabilizar as economias monetárias de adversários. A Alemanha Nazista ensaiou, nos anos 1940, por meio do *Sicherheitsdienst*, e sob a alcunha de *Unternehmen Andreas*, uma conhecida tentativa de falsificar notas bancárias de libras esterlinas, com o deliberado intento de provocar um colapso na economia britânica.

Em outros episódios, a hostilidade contra a moeda nacional foi mais incisiva. No ano de 1991, quando a Somália colapsou em uma guerra civil, o banco central somali foi invadido, seus cofres foram destruídos e todo o dinheiro saqueado. O mesmo sucedeu na invasão do Iraque, em 2003, por tropas americanas: bombardeios aéreos destruíram o banco central iraquiano e anularam a capacidade do governo de imprimir mais dinares.

Beligerâncias dirigidas, portanto, diretamente contra a instituição que fazia as vezes de autoridade monetária. E o que particularmente é curioso, especialmente sobre esses dois últimos casos é que, a despeito dos assaltos contra os bancos centrais nacionais, a corrupção da moeda, talvez esperada pelas forças agressoras, não foi exatamente alcançada: no caso somali, os *shillings* continuaram a circular mesmo após o colapso do Estado e do seu banco central — um interessante caso de aceitação continuada da moeda, mesmo após a queda do soberano.[2] No caso iraquiano, de modo ainda mais intrigante, o bombardeio do banco central aparentemente levou a uma apreciação dos dinares no *overnight*, como decorrência da maior confiança depositada na moeda, já que agora o governo do Iraque não poderia mais imprimir dinheiro de modo indiscriminado — uma aplicação conhecida da lei de que escassez gera apreciação.[3]

Em outros episódios históricos, a corrupção da moeda não decorreu do ataque a uma autoridade ou instituição monetária, mas da *multiplicação dessa autoridade* — da sua pulverização em vários centros de poder, com

[1] KEYNES, John Maynard. **The economic consequences of the peace**. London: MacMillan, 1920, p. 220.

[2] LUTHER, William J.; WHITE, Lawrence H. Positively valued fiat money after de sovereign disappears: the case of Somalia. **GMU Working Papers in Economics**, n. 11-14, April, 2011.

[3] TROFIMOV, Yaroslav. Saddam Hussein is scarce, but not the Saddam Dinar. **The Wall Street Journal**, April 24, 2003. Disponível em: <https://www.wsj.com/articles/SB105121482170539800>. Acesso em 09/06/2021.

efeitos tragicamente corrosivos sobre a unidade e estabilidade da moeda nacional. Em alguma medida, foi ao que se assistiu no Brasil, durante o Regime Militar e o início da Nova República: o Banco do Brasil e bancos estaduais, por meio da "conta movimento", permitiam que políticos federais e estaduais emitissem quantidades ilimitadas de moeda, mediante operações de créditos que podiam ser ordenadas diretamente junto a essas instituições financeiras, obrigando o BCB a compensá-las. Como esperado, a (hiper)inflação foi o resultado experimentado.[4] O resultado não da ausência de uma autoridade monetária, mas da presença de muitas delas.

Esses e outros exemplos sugerem que, na base da experiência com a moeda, encontra-se a questão (e também o problema) da autoridade monetária — daquela instituição sobre a qual se deposita a confiança na preservação do valor do dinheiro, e que envidará esforços contínuos nesse sentido, a fim de manter a estabilidade da moeda por ela emitida.

Em larga medida, as experiências (bem ou mal sucedidas, intencionais ou involuntárias) de corrupção da moeda são, na realidade, investidas contra a autoridade monetária, esforços de minar a credibilidade e a confiança nela depositadas — atingindo-se, então, por via de consequência, o padrão monetário e o sistema econômico em que circula.

Algumas vezes, é verdade, a autoridade monetária mina a sua própria credibilidade, demitindo-se dos deveres e tarefas dos quais é mandatária.[5] No extremo, e os episódios históricos beiram o inumerável, a atuação do Estado no campo monetário não se dá exatamente sob o signo da autoridade, mas em bases genuinamente *autoritárias*. Escapando às balizas do Estado de Direito (e de modo geral, em se tratando de relações jurídico-monetárias, infelizmente balizas nem tão diáfanas assim), a soberania monetária não raras vezes converteu-se em ditadura.

Por essas e outras razões, é fundamental rastrear o que a constituição monetária tem a dizer sobre a autoridade estatal no campo da moeda e do dinheiro. Se procede a avaliação de que a soberania monetária deve

[4] FRANCO, Gustavo H. B. **A moeda e a lei**, p. 423-424.

[5] "Throughout the ages, currencies have ceased to exist because of one rudimentary fact: governments are unable to resist the temptation to create free money for themselves" (BHATIA, Nik. **Layered money:** from gold and dollars to bitcoin and central bank digital currencies, 2021).

ser limitada por uma moral, por uma ética monetária,[6] uma projeção fundamental do direito constitucional monetário, e portanto da eticização do agir administrativo em matéria argentária segundo os cânones da lei fundamental de uma nação, é justamente o da conformação jurídica da autoridade pública responsável pela política e regulação da moeda.

O que cabe investigar, portanto, é de que maneira a constituição monetária estrutura, em bases jurídico-institucionais, a autoridade estatal responsável pela governança pública da moeda. Se também é verdade que o controle sobre o dinheiro e as finanças é uma das determinantes fundamentais da efetiva soberania estatal,[7] afigura-se fundamental sondar de que modo essa soberania se materializa e cristaliza em termos institucionais e operacionais, e de que modo a constituição empodera e conforma entidades a bem da gestão monetária.

E não só isso: torna-se cada vez mais nítida a compreensão de que não basta a criação de um banco central independente para atender às necessidades de uma sociedade livre: é preciso, ademais, estabelecer um conjunto de medidas e parâmetros jurídicos para proteger o indivíduo e a sociedade contra excessivas intervenções (ou mesmo omissões) do Poder Público no campo monetário.[8]

Nesse sentido, o presente capítulo debruçar-se-á sobre o que a Constituição brasileira de 1988 diz, especificamente, sobre a autoridade monetária nacional; sobre os comandos, explícitos e implícitos, voltados à conformação do poder estatal sobre a moeda; sobre as diretrizes e orientações que a lei fundamental encaminha ao agente administrativo responsável pela formulação e execução da política monetária.

Se nos itens precedentes da exposição enfocou-se o sentido global da disciplina jurídica do poder monetário na constituição, bem como os direitos e liberdades fundamentais em torno dos quais gravita esse poder, o que convém examinar, nesta quadra, é de que modo a sentinela avançada da estabilidade monetária encontra-se positivamente estruturada pelo texto constitucional — qual, portanto, o perfil jurídico do guardião da moeda na Carta de 1988, e de que modo predicados institucionais lhe

6 WALD, Arnoldo. **O novo direito monetário**, p. 31.

7 PISTOR, Katharina. From territorial to monetary sovereignty. **Theoretical Inquiries in Law**, vol. 18, Issue 2, p.491-517, July, 2017.

8 WALD, Arnoldo. **O novo direito monetário**, p. 33.

foram atribuídos a bem da defesa do cidadão comum contra os excessos do Estado.

Não se descura nessa análise que o perfil da soberania monetária vem se alterando substancialmente, em larga medida como decorrência da globalização e de inéditos cenários e desafios políticos, econômicos e institucionais. Tampouco se desconsidera que o mesmo se passa com os mandatos e instrumentos sob encargo dos bancos centrais, a impingir mudanças sucessivas na atividade de *central banking* e nos parâmetros de sua atuação.

Nada obstante, existe algo de minimente estável na conformação e estruturação da autoridade monetária e dos seus poderes. E não apenas há algo de estável, como parece positivo que a constituição estabilize algo e contenha prescrições nesse sentido. A autoridade monetária, lembra Jairo Saddi, é um agente político como qualquer outro e, como tal, também negocia constantemente seu espaço político.[9] O constituinte de 1988 teve então o cuidado, seguramente atento também à trajetória institucional do país, de prever, ainda que de maneira econômica, normas específicas a respeito do banco central.

É certo que, como já apontado, existe uma dificuldade crônica do direito constitucional em acompanhar o ritmo do desenvolvimento da atividade dos bancos centrais, e as consequências da sua centralidade no marco da governança pública moderna. De alguma forma, é como se a disciplina constitucional dos bancos centrais, antes de se tornar um elemento canônico do Direito do Estado, e posto que noviciado, já chegasse atrasado, não logrando efetivamente se traduzir em um marco de autêntica supervisão dessa atividade — que não apenas é cambiante, mas também cada vez mais complexa. Sem embargo, avalia-se que há contribuições importantes das constituições para a matéria, e a Carta 1988 as ensaiou.

Em outras palavras, significa dizer: é importante que haja um perfil jurídico básico da autoridade monetária na constituição. Desarranjos institucionais no campo da autoridade monetária costumam ter graves consequências. Como diagnosticou Roberto Campos, na frase que epigrafa este capítulo, a inflação brasileira representou mais do que um fenômeno estritamente monetário: tratou-se, em realidade, de uma deformação institucional.

[9] SADDI, Jairo. **O poder e o cofre**, p. 63.

Notadamente em uma quadra na qual o horizonte descortinado por moedas (ou quase-moedas) paralelas coloca desafios à centralidade da autoridade monetária estatal, não se pode escapar ao enfrentamento do conteúdo jurídico, e especialmente jurídico-constitucional, do poder estatal sobre o dinheiro; sobre os termos da convivência entre ela e uma autoridade difusa ou simplesmente descentralizada sobre determinada categorias de ativos dotados de alguma monetariedade; e especialmente sobre a cautelas, preocupações e cuidados de que a forja da autoridade pública sobre a moeda costuma encontrar-se investida.

E a constituição brasileira parece ter esse cuidado. Forte na orientação de que a constituição "não parte da liberdade como instituição, mas da instituição como amparo ou complemento da liberdade"[10], o especial significado da autoridade estatal sobre a moeda e do figurino com que foi conformada para as liberdades fundamentais deve ser ressaltado. E a par de ressaltado, dissecado em seus elementos estruturais. Assim, a exploração que segue progride, seriadamente, enquanto análise (i) do poder estatal sobre a moeda considerado como projeção da soberania, (ii) dos limites desse poder, (iii) do emolduramento jurídico-constitucional da política e regulação monetárias e, finalmente, (iv) da estrutura da autoridade constitucional monetária, quer no alusivo aos seus predicados institucionais, quer no tocante às relações que enceta com outras autoridades constitucionais.

Novamente radicada na premissa de que a ordem constitucional contém mais normas do que o seu texto literalmente enuncia, a inspeção penetra desde a superfície jurídica sensível ao fundo normativo que, posto implícito, exibe-se mais permanente. Amplo como possa parecer, o poder monetário não pode ser identificado apenas como o poder emissor[11] — embora a oferta de moeda seja um dos mais importantes poderes monetários do Estado, seguramente não é o único. Daí por que convém articular, constitucionalmente, a autoridade monetária sobre o dinheiro não apenas ao nível do que as fontes constitucionais expressamente enunciam — mas também do que potencialmente reservam. Afinal, quais as reservas de poder dos bancos centrais, e a quais exigências de legitimidade se submetem?[12]

[10] CANOTILHO, J. J. Gomes. **"Brancosos" e interconstitucionalidade**, p. 82.

[11] SADDI, Jairo. **O poder e o cofre**, p. 42.

[12] KING, Mervyn. **The end of alchemy**, p. 209-210.

1. Conceito, dimensões e compreensão moderna na noção de poder soberano, em especial à luz de suas projeções monetárias

Não menos clássica do que a indicação da soberania como o fundamento do exercício do poder estatal, haurida pelo menos desde a obra de Jean Bodin, é a associação, empreendida também pelo mesmo autor, da prerrogativa de cunhar moeda como integrante desse mesmo conceito de soberania.[13]

Poder estatal, soberania e prerrogativa de emitir moeda caminham então juntos — ou são pelo menos assim percebidos. O conúbio entre esses três elementos, sua íntima e praticamente indissociável associação, é recorrente não apenas no senso comum, mas também na literatura do Direito do Estado. Daí por que, e praticamente sem reservas, o *jus cudendae monetae* — o direito do Estado de estatuir, emitir e circular a moeda por ele criada em seu território — é tomado como uma projeção inexorável da soberania e, portanto, dos poderes ínsitos aos Estados-nação.[14]

Em um famosa formulação da Corte Internacional de Justiça, lançada em demanda que inclusive tinha o Estado brasileiro como parte, "*it is indeed a generally accepted principle that a state is entitled to regulate its own currency*", de modo que a moeda, tanto quanto os tributos, os controles cambiais e alfandegários, e a admissão de estrangeiros, deve ser considerada, *prima facie*, como uma matéria essencialmente abrangida pela jurisdição doméstica dos Estados-nação.[15]

[13] ZIMMERMANN, Claus D. **A contemporary concept of monetary sovereignty**, p. 9. Como destaca o autor, os escritos de Jean Bodin nos *Les Six Livres de la République*, de 1576, são a primeira expressão sistemática do princípio da soberania como a chave fundamental para o exercício do poder estatal. O conceito de soberania, para Bodin, é de particular interesse para o presente capítulo, na medida em que explicitamente incorpora a prerrogativa real de cunhar moeda. Nesse sentido, Bodin provavelmente foi influenciado por um contemporâneo menos famoso, François Grimaudet, que insistia depender o valor do dinheiro do Estado, que possuiria, privativamente, o direito de cunhar moeda ou de, uma vez cunhada por outrem, definir o seu valor.

[14] MANN, F. A. **The legal aspect of money**, p. 465 ("Money is an institution of municipal law. It is the product of the *jus cudendae monetae* belonging to the supreme power in every state. The State's undeniable sovereignty over its currency is traditionally recognized by public international law; to the power granted by municipal law there corresponds and international right to the exercise of which other States cannot, as a rule, object").

[15] Permanent Court of International Justice, 16th Session, France vs. Brazil, Case concerning the payment in gold of Brazilian Federal Loans Contracted in France, Judgement n. 15, 12 July 1929.

Ao menos dois aspectos dessa associação visceral, orgânica entre soberania estatal e poderes de emissão monetária merecem ser destacados. O primeiro deles, de que a noção de soberania monetária foi originalmente elaborada por juristas, como uma tentativa de integrar o exercício de poderes monetários com a já estabelecida soberania das monarquias absolutistas, em uma moldura legal coerente. O segundo, seguramente mais importante considerados os intentos desse estudo, é o de que a definição e a compreensão que se tem de soberania monetária parecem não ter se desenvolvido significativamente, do ponto de vista conceitual, desde as obras clássicas da teoria do Estado.[16]

As raízes regalianas do instituto, portanto, são ainda visíveis.

Mas não só. É particularmente interessante observar que, originalmente, assuntos monetários não eram, *de jure*, uma genuína tarefa sob encargo do Estado. Sim, é verdade que os Estados, de maneira bem sucedida, tomaram controle e posse da moeda em razão de vantagens práticas que detinham, comparativamente a entidades privadas. Mas, na base e na origem, a questão não era vista e tomada assim. Como destacado na literatura, foi somente após o processo de apossamento estatal da esfera monetária que filósofos e juristas fortaleceram o exercício de prerrogativas de cunhagem com uma moldura jurídica coerente, articulando-a com a noção de soberania.[17]

Com essa observação pretende-se sugerir que a soberania monetária aproxima-se de uma noção jurídica consuetudinária e, mais importante, indicar que o conceito é dinâmico. Talvez menos por reflexão do que por hábito, consolidou-se na consciência e no discurso jurídico a vinculação entre soberania e moeda, de modo inerente e estático.

A conclusão não é necessariamente errada, mas o sentido do poder estatal sobre o dinheiro pode sempre ser mais bem refletido. E mais bem refletido para considerar que, embora a realidade monetária contemporânea seja moldada pela existência de um monopólio estatal sobre a emissão de moedas e notas bancárias, bem como por uma rígida regulação legal do sistema bancário, esse desfecho não é o resultado de um processo natural em que o Estado assumiu, sem concorrência, uma função que lhe caberia

[16] ZIMMERMANN, Claus D. **A contemporary concept of monetary sovereignty**, p. 11.

[17] HERRMANN, Christoph; DORNACHER, Corinna. **International and European Monetary Law**, p. 13.

naturalmente — em vez disso, os governos nacionais, século após século, usando todos os meios de poder a seu dispor, impuseram a soberania estatal sobre o dinheiro.

O Estado, não é exagerado concluir, se atribuiu a soberania monetária.[18]

É certo que, para a chamada "Teoria Estatal do Dinheiro", o Estado é um pressuposto até mesmo lógico para a existência da moeda. A moeda é tomada como uma "criatura da ordem jurídica", sendo assim equiparada ao próprio Estado. O direito ou permissão do Estado para a criação do dinheiro, nesse sentido, seria um desdobramento ou consequência natural da própria estatalidade do direito.

A soberania monetária do Estado seria, então, um dado radicado na natureza das coisas.

Particularmente, não é a visão subscrita neste estudo. Avalia-se que também a soberania monetária é um construído, e não um dado.

Seja como for, e a despeito da sua mutabilidade e flexibilidade, é possível identificar coordenadas conceptuais mínimas a respeito da soberania estatal sobre a moeda, e da entidade mandatária desses poderes — a autoridade monetária.

A noção de autoridade monetária expressa a conexão entre soberania e moeda. Na esteira de importantes reflexões de Christoph Herrmann,[19] o entendimento do termo soberania monetária significa, em essência, o direito de um Estado de emitir regramentos para a criação, organização e manutenção de um sistema monetário, isto é, um sistema de unidades de valor transferíveis para uso como meio geral de troca.

A soberania da moeda não é, portanto, *senão o poder de adotar uma constituição monetária como a ordem básica do sistema monetário de um determinado Estado.* Como encarece o autor, é até certo ponto arbitrário definir que poderes individuais concretos são atribuídos, e os afazeres e responsabilidades fundamentais do Estado — como inclusive sugere uma comparação das disposições jurídico-monetárias de diferentes ordens constitucionais nacionais.[20]

Revela-se comum, todavia, a menção do direito de emitir papel-moeda, em conexão com a definição de poderes de regulação e supervisão bancária.

[18] HERRMANN, Christoph. **Währungshoheit, Währungsverfassung,** p. 97 e ss.

[19] HERRMANN, Christoph. **Währungshoheit, Währungsverfassung,** p. 104.

[20] HERRMANN, Christoph. **Währungshoheit, Währungsverfassung,** p. 104.

Também um alto grau de significado quanto ao conceito de soberania monetária assume o poder de celebrar tratados de direito internacional sobre questões monetárias, em particular tratados que envolvem a adoção da moeda de uma parte contratante, na área doméstica da outra parte contratante, por meio das chamadas leis de moeda. Todas essas manifestações são entendidas como expressão da soberania do governo sobre moeda.[21]

É pertinente observar que, em doutrina, embora o termo soberania monetária seja frequentemente usado, ele raramente é definido. No entanto, algumas opiniões sobre quais poderes devem ser considerados como parte dessa soberania podem ser rastreadas. Autor de obra clássica de direito monetário, F. A. Mann indica que a soberania envolve liberdade do legislador para definir a moeda de seu país, para decidir se deve ser baseado ou não no ouro, se quer ou não depreciar o seu valor, se pretende abolir ou permitir as cláusulas-ouro, se quer impor controles cambiais e outras medidas que afetem relações monetárias.[22]

Em linha com a terminologia alemã tradicional, Herrmann Fögen distingue entre soberania monetária (*Geldshoheit*), direito de cunhagem (*Münzregal*) e monopólio de notas (*Notenmonopol*). A soberania inclui o poder de legislar, sobre quais itens são monetários e quais são meios de pagamento não monetários. Segundo o autor, a faculdade de emitir notas de caráter monetário, o direito de cunhagem e o monopólio da emissão de notas não constituiriam propriamente um privilégio inerente ao Estado. O que sucede é que aqueles que detêm esses poderes estariam sujeitos a uma disciplina normativa rigorosa.[23]

A seu turno, Milan Shuster descreve a autoridade monetária como segue: um Estado, como parte de sua prerrogativa de regular a sua própria moeda, é livre para definir unilateralmente o valor de sua unidade monetária básica para fins de transações cambiais com moedas estrangeiras; ademais, é livre para fazer variar o valor da moeda, seja pela desvalorização, seja pela valorização, quando avalie vantajoso ou necessário fazê-lo; é ainda livre para reduzir — parcial ou completamente — as transações com moedas estrangeiras por meio do uso de mecanismos de controle cambial.[24]

[21] HERRMANN, Christoph. **Währungshoheit, Währungsverfassung,** p. 105.

[22] MANN, F. A. **The legal aspect of money**, p. 465.

[23] *Apud* HERRMANN, Christoph. **Währungshoheit, Währungsverfassung,** p. 113.

[24] *Apud* HERRMANN, Christoph. **Währungshoheit, Währungsverfassung,** p. 113.

Uma exposição detalhada da noção de autoridade monetária encontra-se em Geneviève Burdeau. A autora indica, como alguns de seus desdobramentos, a eleição da unidade monetária (*le choix de l'unité monétaire*), o direito de produzir dinheiro (*le pouvoir d'émettre la monnaie*), o direito de substituir o dinheiro em circulação (poder de alterar a moeda em circulação — *le pouvoir de remplacer la monnaie en circulation*), a escolha do sistema monetário (*choix du système monétaire*), estatuto e funcionamento do banco central (*statut et fonctionnement de la banque centrale*), a disciplina do câmbio e organização das relações com os sistemas monetários estrangeiros (*organisation des relations avec les systèmes monétaires étrangers*), assim como a organização e controle do setor bancário (*organisation et controle du système bancaire*).[25]

De maneira similar expressa-se Rutsel Martha: a soberania monetária refere-se ao poder inegável do Estado, reconhecido pelo direito internacional, de regular a sua própria moeda, isto é, o poder de emitir uma designada moeda com caráter de curso legal, de impor controles cambiais, assim como de selecionar o mecanismo por meio do qual o valor interno e externo do dinheiro é determinado e mantido. Essas manifestações da soberania monetária são atribuições do *jus cudendae monetae*, que pertencem ao rol de prerrogativas de todo Estado.[26]

Tullio Treves menciona uma pequena, mas importante característica da autoridade monetária: "a soberania monetária inclui o poder de definir a unidade monetária, de definir cédulas e moedas em múltiplos da unidade e de demandar que os pagamentos em tais notas e moedas sejam aceitas como de curso legal pelo seu valor nominal".[27]

Os mesmos elementos são apontados por François Gianvitti: "a soberania monetária inclui essencialmente três direitos exclusivos a um dado Estado: (i) o direito de emitir uma moeda, isto é, moedas e notas bancárias que detêm curso legal dentro de seu território; (ii) o direito de determinar e de mudar o valor dessa moeda; (iii) o direito de regular o uso dessa moeda, ou de qualquer outra moeda, dentro de seu território."[28]

[25] *Apud* HERRMANN, Christoph. **Währungshoheit, Währungsverfassung,** p. 113-114.

[26] *Apud* HERRMANN, Christoph. **Währungshoheit, Währungsverfassung,** p. 114.

[27] *Apud* HERRMANN, Christoph. **Währungshoheit, Währungsverfassung,** p. 114.

[28] *Apud* HERRMANN, Christoph. **Währungshoheit, Währungsverfassung,** p. 114.

O economista Robert Mundell compreendeu a soberania monetária de forma tripartite: (i) a prerrogativa de determinar o que constitui uma unidade de conta (a *commodity* ou o *token* em que os preços são especificados); (ii) o direito de estipular quais são os meios de pagamento — mediante definição do curso legal para quitação do débito; (iii) o direito de produzir dinheiro ou de determinar as condições sob as quais ele é produzido.[29]

Martin Selmayr também identifica elementos semelhantes, distinguindo entre as regras contábeis (concessão e retirada do caráter monetário, determinação da aceitação de curso legal) e a ordenação da garantia do valor, que ele reconhece essencialmente como requisitos que devem ser assegurados, para garantir que o dinheiro possa cumprir suas funções econômicas básicas.[30]

Rosa María Lastra identifica cinco elementos da soberania monetária: (i) poder de emitir notas e modas; (ii) poder de regular o dinheiro, o sistema bancário e o sistema de pagamentos; (iii) o poder de controlar a base monetária e a taxa de juros; (iv) o poder de controlar a taxa de câmbio e de determinar o regime cambial; (v) poder de impor controles cambiais.[31]

Como se depreende, as definições encontradas na literatura sobrepõem-se em grande parte. As sutis diferenças residem no fato de que nem todos os autores incluem a regulação bancária e dos sistemas de pagamento no conceito de soberania monetária. As definições dadas, porém, não implicam que essas áreas estejam excluídas. O que se constata, portanto, é um maior ou menor detalhamento de algumas noções centrais compartilhadas.

Sumariando o conjunto de notas do conceito de soberania monetária, tal como refletidas na literatura, é possível então inventariar os seguintes elementos: (i) determinação e alteração da unidade de conta, do seu valor nominal e da sua denominação; (ii) criação de um banco central ou de outra autoridade monetária; (iii) determinação do poder de emitir notas e moedas, assim como de estatuir a respectiva proteção jurídica (notadamente proteção pela lei penal); (iv) regulação a respeito das possibilidades e das condições para criação de dinheiro escritural e de dinheiro

[29] *Apud* HERRMANN, Christoph. **Währungshoheit, Währungsverfassung,** p. 114.

[30] *Apud* HERRMANN, Christoph. **Währungshoheit, Währungsverfassung,** p. 114-115.

[31] *Apud* HERRMANN, Christoph. **Währungshoheit, Währungsverfassung,** p. 115.

eletrônico; (v) regulação sobre estabelecimento e operação dos sistemas de pagamentos; (vi) prerrogativas de regulação bancária, na medida em que se encontram diretamente associadas às funções de criação de moeda e de processamento de pagamentos; (vii) estipulação dos meios de pagamentos para dispêndios do governo e recolhimento de tributos e outras receitas estatais; (viii) fixar a moeda de curso legal para pagamento entre partes privadas; (ix) estabelecer restrições ao uso de moedas estrangeiras dentro do território do Estado ou pelos seus nacionais; (x) proibição ou regulação de cláusulas assecuratórias de valor (*v.g.*, cláusula-ouro); (xi) definição do regime dos controles cambiais e regime das remessas de capital; (xii) definição do regime de conversão da moeda nacional e estipulação do sistema cambial.[32]

No plano internacional, a soberania monetária também projeta consequências jurídicas. A mais importante delas reside no dever dos Estados de reconhecer medidas monetárias de outros Estados que se referem à sua própria moeda.[33] A obrigação de reconhecer a eficácia da lei monetária estrangeira é inclusive universalmente aplicada pelos tribunais como uma questão do direito internacional consuetudinário.[34]

[32] HERRMANN, Christoph. **Währungshoheit, Währungsverfassung,** p. 116 "(Resümierend lassen sich die folgenden Sachmaterien unter einen weit verstandenen Begriff der Währungshoheit subsumieren: - Festlegung und Änderung der Währungseinheit, ihres nominalen Wertes und ihrer Stückelung; - Schaffung einer Zentralbank oder sonstigen Währungsbehörde; - Festlegung der Befugnis zur Ausgabe von Banknoten und Münzen sowie deren strafrechtlicher Schutz; - Regelungen über die Befugnis und Bedingungen zur Schaffung von Buch- geld und elektronischem Geld; - Regelungen über die Errichtung und den Betrieb von Zahlungsverkehrs- systemen; Sonstige Fragen der Regulierung des Bankwesens, die unmittelbar mit der Geldschöpfungsfunktion und Zahlungsabwicklungsfunktion von Banken zu tun haben; - Festlegung des Zahlungsmittels für staatliche Auszahlungen und die Erhebung von Steuern, Abgaben und Gebühren; - Bestimmung eines gesetzlichen Zahlungsmittels für Zahlungen zwischen Privaten; - Beschränkung der Nutzung von Fremdwährungen im eigenen Hoheitsgebiet bzw. durch eigene Staatsangehörige; - Verbot bzw. Regelung von Wertsicherungsklauseln; - Einführung und Aufhebung von Kapital- und Zahlungsverkehrskontrollen und -beschränkungen; - Festlegung der Konvertibilität der Währung sowie des Wechselkurssystems").

[33] MANN, F. A. **The legal aspect of money**, p. 275 ("It has been shown that a foreign country's legal tender legislation determining the composition, denomination, and, accordingly, the nominal value of the foreign money concerned must be recognized everywhere, and that, as to such questions, the law of the currency applies").

[34] HERRMANN, Christoph. **Währungshoheit, Währungsverfassung,** p. 103-104.

Esse princípio revela sua importância especialmente nos contextos de reforma monetária, quando é necessário decidir sobre dívidas monetárias contratuais na moeda reformada.

De acordo com o princípio nominalista, deve-se observar a noção já mencionada de *recurrent linking* da moeda nova com a moeda antiga, e fundamentar essa decisão. Além deste dever de reconhecimento, existe a obrigação de proteger as moedas de países terceiros contra a falsificação por seus próprios nacionais ou em seu território.[35]

Vistos os elementos estruturais da noção de soberania monetária, não se pode deixar de observar, entretanto, que, a par da própria fluidez do conceito, em parte a própria categoria vem sendo erodida. Com efeito, como aponta a literatura, o fato de que a capacidade real dos Estados de exercer seus direitos às vezes é resultado de acordos internacionais e, portanto, menos resultado do exercício direto da soberania do Estado, encontrando-se ainda cada vez mais sujeito a limites legais e factuais, está mudando a compreensão de soberania como direito dos Estados de regular seus negócios de maneira independente.[36]

O desgaste (quando não o próprio desaparecimento) da soberania monetária pode, nesse sentido, ser pensado enquanto uma projeção do próprio desgaste da soberania do Estado em geral. Cada vez mais, os mercados financeiros internacionais pressionam, de modo considerável, as decisões de política econômica e monetária[37] — embora se deva notar que esses mercados financeiros internacionais existem apenas com base no direito internacional e nas ordens jurídicas internas que protegem a livre circulação de pagamentos e capitais (e que foram impostas e são salvaguardadas pela vontade dos Estados-nação).[38]

[35] HERRMANN, Christoph. **Währungshoheit, Währungsverfassung,** p. 104.

[36] ZIMMERMANN, Claus D. **A contemporary concept of monetary sovereignty**, p. 16.

[37] O próprio fenômeno das criptomoedas pode representar uma "ameaça" a essa soberania, considerando que os riscos que o uso disseminado desses ativos pode colocar sobre as moedas soberanas são semelhantes aos de uma "dolarização da economia" (cf. PRATES, Marcelo M. Money in the twenty-first century, p. 64).

[38] HERRMANN, Christoph. **Währungshoheit, Währungsverfassung,** p. 101-102. Outro importante ponto, destacado pelo autor: mesmo a renúncia completa da própria moeda e a introdução de uma moeda estrangeira como moeda legal é uma expressão, não uma renúncia, à soberania monetária, pois a reintrodução de uma moeda separada é possível a qualquer momento. Somente quando um Estado não puder mais aplicar sua lei monetária de maneira

A contestação conceitual à noção de soberania monetária sugere que, se a categoria não deve ser abandonada, ela merece no mínimo ser revisada — e revisada especialmente para reconhecer que a regulação (e especialmente a regulação monetária), no contexto de uma economia global interdependente, é uma atividade compartilhada.[39]

Nesse sentido, a soberania monetária é, cada vez mais, ela mesma, uma soberania compartilhada.[40]

2. Conteúdo, condições e limites da autoridade estatal sobre a moeda: o perfil jurídico da autoridade monetária na constituição

Decisivamente, a autoridade monetária brasileira — a materialização institucional da soberania do Estado brasileiro no campo próprio da moeda — não nasceu pronta.

É certo que, não apenas no Brasil, os bancos centrais configuram uma construção institucional relativamente recente, surgindo gradualmente ao longo do século XIX, a partir de diferentes contextos e tradições, e amadurecendo no decorrer da segunda metade do século XX.[41]

O caso brasileiro, entretanto, exibe algumas particularidades. A principal delas diz respeito à gênese tardia do banco central: a criação da instituição passou por vinte anos de discussões políticas no âmbito do Poder Legislativo.

Até a promulgação da Lei nº 4.595, em 1964, uma sequência de projetos de lei, substitutivos e emendas se seguiu — uma tramitação arrastada

eficaz, apesar da existência de sua própria moeda, com obrigação de assunção e proibição simultânea de moedas estrangeiras, é que se tem uma "moeda falida", uma descontinuação da soberania da moeda.

[39] Sobre o ponto, a pertinente análise de José Eduardo Faria: "O denominador comum dessas indagações, que consiste numa das premissas centrais deste trabalho, é a ideia de que a integração dos mercados financeiros em escala global sujeita as economias nacionais às consequências de decisões tomadas fora de seus respectivos territórios. Evidenciando assim que os espaços tradicionalmente reservados ao direito positivo e à política legislativa já não coincidem com o espaço territorial, e que os Estados nacionais enfrentam dificuldades crescentes para neutralizar os efeitos de fatores externos e atuar como regulador do sistema financeiro doméstico e globalizado por meio de seus mecanismos internos, essas questões colocam o pensamento jurídico frente a alguns problemas importantes" (FARIA, José Eduardo Campos de Oliveira. Poucas certezas e muitas dúvidas: o direito depois da crise financeira, p. 303).

[40] ZIMMERMANN, Claus D. **A contemporary concept of monetary sovereignty**, p. 31-32.

[41] FRANCO, Gustavo H. B. **A moeda e lei**, p. 284.

que encontrava em deputados e senadores ligados ao Banco do Brasil (banco comercial que detinha prerrogativas monetárias e financiava especialmente o setor agrícola) um fonte de rejeição veemente.[42]

E como se não bastasse o caráter tardio do processo de separação entre autoridade monetária e banco comercial, houve também retrocessos.

Em seus primeiros três anos de existência, a autoridade monetária brasileira caracterizou-se por relativa independência em relação ao Poder Executivo, prevendo-se inclusive mandato fixo de dirigentes, com período de exercício superior ao do presidente da República.

Em 1967, todavia, o banco central torna-se uma burocracia integrada à política macroeconômica do governo militar, passando a gestão da moeda a ser secundária em relação à política fiscal.[43]

Malgrado esse aspecto tampouco configure um fenômeno tipicamente brasileiro — Octávio Gouvêa de Bulhões já anotara que bastava contemplar a generalização da anarquia monetária da América Latina para compreender que a disciplina do valor da moeda não se restringia à existência de um banco central[44] —, a criação de um terreno "parafiscal", onde políticas fiscal, creditícia e monetária misturavam-se, aliada a fraquezas no arranjo institucional e composição do Conselho Monetário Nacional, levaram, de modo progressivo, à captura política da autoridade monetária nacional e ao franco desfibramento da governança pública da moeda.

Um itinerário que conduziu a resultados conhecidos — e à circunstância no mínimo pitoresca de os debates constitucionais de 1987-1988 desenvolverem-se no mesmo momento em que o país caminhava para a hiperinflação.[45]

Talvez por isso, a Constituição de 1988 previu balizamentos e contornos para a autoridade monetária. É verdade que parte desses contornos é antigo. Fórmulas constitucionais tradicionais são repetidas, talvez o que se encontre de mais importante esteja nas entrelinhas (implicitamente positivado, portanto, e não acima da literalidade da linha d'água), sendo ainda

[42] DURAN, Camila Villard. **A moldura jurídica da política monetária**, p. 104.

[43] DURAN, Camila Villard. **A moldura jurídica da política monetária**, p. 102-103.

[44] FRANCO, Gustavo H. B. **A moeda e lei**, p. 388, onde também recorda o diagnóstico de Roberto Campos a respeito do problema: "É que o Banco Central, criado independente, tornou-se depois subserviente. De austero xerife passou a devasso emissor".

[45] FRANCO, Gustavo H. B. **A moeda e lei**, p. 397.

disputável definir até onde a constituição pretendeu ir na demarcação dos espaços e do perfil da autoridade monetária nacional.

Nada obstante, há um perfil. Há um figurino, ainda que elementar, para a autoridade monetária, decalcando-se em determinações concretas o regime da entidade depositária do exercício da soberania monetária nacional.

Dentro da lógica, exposta no item anterior, de que a soberania monetária se materializa por meio de diferentes elementos e determinações, é possível identificar, no texto constitucional de 1988, um conjunto de decisões a respeito: (i) da determinação e alteração da unidade de conta, do seu valor nominal e da sua denominação (art. 21, VII; art. 22, VI); (ii) criação de um banco central ou de outra autoridade monetária (art. 164; art. 52, III, "d"); (iii) previsão do poder de emitir notas e moedas, assim como de estatuir a respectiva proteção jurídica, inclusive mediante proteção pela lei penal (art. 21, VIII; art. 48, XIII); (iv) regulação a respeito das possibilidades e das condições para criação de dinheiro escritural e de dinheiro eletrônico (art. 48, XIII); (v) regulação sobre estabelecimento e operação dos sistemas de pagamentos (art. 21, VIII); (vi) prerrogativas de regulação bancária, na medida em que se encontram diretamente associadas às funções de criação de moeda e de processamento de pagamentos (art. 22, I, VI, XIX; art. 192); (vii) estipulação dos meios de pagamentos para dispêndios do governo e recolhimento de tributos e outras receitas estatais (art. 21, VI, VII; art. 22, VIII; art. 24, I e II); (viii) fixação moeda de curso legal para pagamento entre partes privadas (art. 21, VII; art. 22, VIII); (ix) estabelecimento de restrições ao uso de moedas estrangeiras dentro do território do Estado ou pelos seus nacionais (art. 21, VIII; art. 22, VII; art. 48, XIII); (x) proibição ou regulação de cláusulas assecuratórias de valor, como cláusula-ouro (art. 22, I, VI e VII); (xi) definição do regime dos controles cambiais e regime das remessas de capital (art. 22, VII; art. 48, XIII); (xii) definição do regime de conversão da moeda nacional e estipulação do sistema cambial (art. 22, VII; art. 48, XIII).

É possível rastrear, portanto, no texto constitucional, um conjunto de coordenadas a respeito das dimensões objetiva e subjetiva da autoridade monetária.

Objetiva, na medida em que a Carta de 1988 enumera dados formais, as competências jurídicas, amplamente consideradas, da autoridade monetária. Aquele que talvez configure o principal aspecto do perfil da autoridade monetária — a concessão do monopólio de emissão da moeda — é bem antigo, e lugar-comum na tradição constitucional brasileira, havendo sido reiterado no texto de 1988, juntamente com outras competências de igual quilate (como a disciplina do regime cambial).

E também são veiculadas coordenadas subjetivas, no que se indica a instituição depositária do mandato deste feixe de atribuições objetivas: o banco central.[46]

Sobre o ponto, interessante notar que embora o CMN seja o "núcleo institucional de coordenação sistêmica da gestão pública das questões monetárias",[47] e possa até mesmo ser considerado o verdadeiro depositário do mandato de autoridade monetária no Brasil, não recebeu menção explícita do texto constitucional. O art. 164 fala em banco central, e o CMN não é nominado em outras linhas do texto de1988.

Pertinente ainda observar que a opção pela redação da expressão banco central, com letras minúsculas, foi uma opção explícita da comissão de redação da constituinte, a fim de não transformar a autarquia federal em um ente constitucional.

Presumivelmente, portanto, tentou-se aludir a um conceito ou função, e não a uma instituição específica.[48]

Mas, independentemente desse detalhe, o fato é que o art. 164, *caput*, deixa claro que a competência da União para emitir moeda será exercida pelo banco central.

Outrossim, firme na percepção de que autoridade, sobretudo no campo da moeda, é quem fala, quem detém o poder do discurso e das ferramentas — "*Narratives, articulated in concert with open market operations*"[49]—, o art. 164, §2º, encarrega também o banco central de comprar e vender títulos do TN, com o objetivo de regular a oferta de moeda ou a taxa de juros. É o

[46] "A atribuição de autoridade monetária ao Banco Central do Brasilé conferida pela CF de 1988, preceituando que a 'competência da União para emitir moeda será exercida exclusivamente pelo banco central'. Conserva o pensamento nuclear do direito constitucional pretérito. (...) O discurso constitucional, nos termos do art. 164 do texto fundamental, orienta-se no sentido de colocar o poder emissor da moeda unicamente sob o controle do banco central" (FERREIRA, Pinto. **Comentários à Constituição brasileira**, p. 16-17).

[47] ERLING, Marlos Lopes Godinho. **Regulação do sistema financeiro nacional**, p. 350.

[48] FRANCO, Gustavo H. B. **A moeda e a lei**, p. 449, inclusive com uma pertinente crítica a esse preciosismo.

[49] HOLMES, Douglas R. **Economy of words**, p. 4.

banco central, portanto, o responsável pela dinâmica performativa e pelo gerenciamento das expectativas próprias da economia monetária.

A constituição avança para responder mais algumas perguntas. Além de indicar quem é a autoridade monetária, e o conteúdo básico dessa autoridade, é possível rastrear também o sentido dessa autoridade (a finalidade, o *para quê* do seu exercício), assim como vedações ao mandatário do poder monetária estatal (*o que não deve ser feito* pela autoridade).

A respeito das finalidades e mandatos do banco central, e como já debatido em momento anterior, o princípio material aglutinador da própria constituição monetária, hierarquizador de seus fins e valores, parece repousar na *estabilidade monetária*. A rejeição da inflação parece traduzir uma mensagem implícita, um recado cifrado de diversos enunciados do texto constitucional de 1988. A consagração, no nível da lei fundamental, do banco central, acompanhado por balizas de responsabilidade fiscal, sugere que o Estado possui uma tarefa que vai além da mera dispensação de uma moeda pública: a garantia do nível geral de preços é a missão, e também o valor que ilumina essa arquitetura institucional.

Também a tutela deferida à segurança jurídica configura uma das bases mais importantes para que se sustente a legitimidade, o fundamento normativo de um mandamento constitucional de estabilidade monetária. A estratégia regulatória de centralização dos objetivos institucionais públicos relativos à moeda, em instituições como os bancos centrais, arvora-se precisamente na finalidade precípua de sustentação da estabilidade da moeda.[50]

Finalmente, o perfil jurídico-constitucional da autoridade monetária contém também prescrições negativas, vale dizer, vedações à atuação institucional do BC. É o que se extrai, por exemplo, do art. 164, parágrafos primeiro (limites ao relacionamento com o Tesouro; limites no relacionamento com entidades financeiras) e segundo (limites à atuação do banco central no mercado de títulos).

[50] Como igualmente salientado, não se exclui a existência de outros mandatos implícitos, ou no mínimo compatíveis com a Constituição de 1988. Por exemplo, e como igualmente já discutido, dentre as normas de fins e valores identificáveis no horizonte normativo da constituição monetária, a busca do pleno emprego (art. 170, VIII) consubstancia importante vetor constitucional jurídico-positivo. À persecução da menor meta de inflação a pleno emprego, nesse sentido, é possível atribuir ancoragem constitucional.

3. Emoldurando juridicamente a política e a regulação monetárias

A constituição é parte importante da engrenagem que serve como base normativa da autoridade monetária. Por base normativa refere-se à sustentação jurídica do exercício dos poderes monetários pelo Estado, assim como à previsão de mecanismos de *accountability* política e social, que oferecem parâmetros para avaliar a ação ou omissão monetária.[51]

Como anota Camila Duran, no sistema jurídico brasileiro, o formato que essa base normativa assumiu apresenta um claro travejamento constitucional. É que a autoridade monetária brasileira apresenta reconhecimento constitucional explícito, combinado com atos normativos que, emanados do Poder Legislativo, estruturam o seu funcionamento.

Deveras, é especialmente na norma do art. 164 da Carta de 1988, prescrevendo que a competência exclusiva da União para emissão monetária deve ser exercida pelo banco central — não falando expressamente no BCB, mas referindo a um modelo de banco central, responsável pela gestão monetária — que se evidencia um assento ou *status* constitucional dos poderes monetários do Estado brasileiro em matéria de moeda, a serem desempenhados por uma instituição específica.[52]

Esse modelo, inclusive, tem importantes implicações ao nível normativo: a supressão ou alteração do regime do banco central no sistema monetário nacional depende de alto consenso político, considerada a necessidade de emenda constitucional para revisitar a sua estrutura institucional. Mais do que isso: o modelo de banco central traduz também uma opção substantiva da carta política, autêntico pré-compromisso normativamente vinculante, voltado à proteção de direitos fundamentais, donde a verificação de implicações que vão além da mera exigência de observância de rito formal e quórum qualificado para a sua revisão.

Essa descentralização administrativa da regulação em favor de uma instituição específica, por outro lado, recebe da constituição alguns enquadramentos.

[51] DURAN, Camila Villard. **A moldura jurídica da política monetária**, p. 211.

[52] DURAN, Camila Villard. **A moldura jurídica da política monetária**, p. 211-213. Como destaca a autora, esse modelo é diferente do americano (a forma de estruturação do Fed não tem assento constitucional, decorrendo os poderes monetários exclusivamente da lei) e do europeu (modelo de autoridade com fundamento transnacional).

O mais importante deles é o de estabelecer um compromisso (*a credible commitment*) da autoridade monetária de combater a inflação, preservando o poder aquisitivo da moeda de maneira duradoura.[53] Discutiu-se, em seção anterior, que o compromisso traçado pela Carta de 1988 com a estabilidade monetária, enquanto objetivo institucional, extrai-se, no mínimo implicitamente, de diferentes dispositivos do texto constitucional.

Além desse importante vetor, a constituição veicula outra normas, com importantes implicações para a autoridade monetária, na perspectiva do balizamento da sua atuação institucional: (i) a proibição de financiamento ao Tesouro Nacional, nos termos do art. 164, §1º da Constituição, preservando o órgão emissor de pressões políticas ou circunstanciais para financiar despesas do governo;[54] (ii) o estabelecimento de algum grau de vinculação entre Executivo e banco central, como uma decorrência da prerrogativa presidencial veiculada no art. 84, XIV[55] — talvez até mesmo sugerindo que, se o modelo de banco central *autônomo* não parece contrariar a lei fundamental, talvez o mesmo não se possa dizer de uma versão de banco central *independente*; (iii) a previsão de supervisão parlamentar no mecanismo de indicação dos dirigentes do banco central, nos termos do art. 52, III, "d", indicando que algum grau de escrutínio do Legislativo sobre a atividade da instituição deve ser reconhecido, como um desdobramento da própria fórmula de freios e contrapesos;[56] (iv) a limitação do espectro de relacionamentos com os setores público e

[53] CONTI-BROWN, Peter. **The power and independence of the Federal Reserve**, p. 61.

[54] "O primeiro aspecto legal que deve estar elevado a nível constitucional é uma total vedação de financiamentos ao Tesouro Nacional. O Banco Central pode regular a oferta monetária com títulos próprios, sendo impedido de adquirir títulos de emissão do Tesouro. Assim, deve estar legalmente coibido de financiar qualquer entidade ou órgão que não seja instituição financeira (de resto também já estabelecido em norma constitucional), limitando-se, além das referidas operações com títulos, a seus empréstimos de última instância ou ao uso da janela do redesconto, voltadas para uma tarefa distinta" (SADDI, Jairo. **O poder e o cofre**, p. 218).

[55] SADDI, Jairo. **O poder e o cofre**, p. 188 e ss.

[56] DURAN, Camila Villard. **A moldura jurídica da política monetária**, p. 108-109. "Essa ingerência administrativa do Legislativo se explica como instrumento político destinado a limitar o poder, na mais clássica forma de 'freios e contrapesos' do princípio da separação harmônica e equilibrada dos poderes (...). Sem prejuízo do direito de nomeá-los, a 'sabatina' no Senado pode ser considerada meio de controle de poder, não configurando qualquer tipo de usurpação de funções constitucionais" (SADDI, Jairo. **O poder e o cofre**, p. 188).

privado, considerada a norma do art. 164, §1º (segunda parte), indicando que a instituição não deve, em linha de princípio, operar no varejo; (v) a especialização do banco central, presente a opção constitucional de jungir o papel da instituição ao contexto e às missões próprias da competência da União para emitir moeda (art. 164, *caput*), denotando que atribuições de fomento e desenvolvimento, por exemplo, encontram-se foram do raio de atuação institucional;[57] (vi) o estabelecimento dos princípios dos mecanismos de prestação de contas (*accountability* e *answerability*) da autoridade monetária.[58]

Este último aspecto merece ser ressaltado. A constituição veicula a planta-baixa do desenho institucional das relações do BC com o Executivo, o Legislativo, autoridades de controle e a própria sociedade, visando à supervisão da autoridade monetária.[59] Também o banco central, por opção constitucional, é destinatário do dever jurídico de prestar contas.

4. A criatura de Jekyll Island: agência reguladora, instituição constitucional autônoma ou quarto poder? Posição, competências e funções constitucionais do banco central

Os bancos centrais, como já observado, podem ser considerados entidades voltadas a atacar um tipo de conflito específico: os conflitos de interesse intertemporais de longo prazo, envolvendo a manutenção da saúde da moeda.

É provavelmente esta a sua missão principal: diante de conflitos intertemporais, interesses políticos de curto prazo podem eventualmente sobrepujar as considerações de longo prazo, em uma circunstância que, mais do que apenas danos econômicos, pode gerar graves ameaças à própria democracia.[60] A subversão dos objetivos mais duradouros de manutenção

[57] SADDI, Jairo. **O poder e o cofre**, p. 234.

[58] SADDI, Jairo. **O poder e o cofre**, p. 225.

[59] DURAN, Camila Villard. **A moldura jurídica da política monetária**, p. 175 e ss.

[60] TUSHNET, Mark. **The new fourth branch:** institutions for protecting constitutional democracy. New York: Cambridge University Press, 2021, p. 93 "intertemporal conflicts of interest might justify creating an IPD when politicians' interests in short-term political advantage are likely to dominate the consideration of the long run and when phenomena that will be realized in the long run pose threats to democracy. Central banks are the most common institutions to deal with intertemporal conflicts".

da estabilidade de preços, em troca de ganhos políticos imediatos, traduz o conhecido problema da "inconsistência temporal", para usar o jargão da política monetária.[61]

E exatamente porque esse tipo de missão apresenta-se é que os bancos centrais desfrutam, em diversas ordens jurídicas, de especial regime protetivo haurido diretamente da constituição.[62] Como observa Mark Tuhsnet, a instituição, mais do que simplesmente empreender gerenciamento de interesses, expectativas e medidas econômicas, protege a democracia da mesma forma como órgãos eleitorais e entidades de combate à corrupção.[63]

O assento e a função constitucionalmente proeminentes dos bancos centrais, no marco da lei fundamental vigente, sugere então que é importante indagar: afinal, qual a posição jurídica dessas instituições na carta política? Considerada a sua importância para a defesa da própria democracia, e a gravidade política de que cada vez mais desfrutam, qual o regime constitucional dos bancos centrais? Podem, de fato, ser considerados um quarto poder da República?[64] Se entidades constitucionais autônomas, ou instituições essenciais à democracia, como essas entidades encaixam-se no marco da governança pública contemporânea? E que orientação a Constituição de 1988 ministra a respeito do tema?

A bem do exame da questão, é necessário compreender as agências reguladoras — e o banco central incluído — no horizonte mais abrangente em que o processo de descentralização administrativa por meio desse tipo de entidades se insere.

Dentro desse propósito, convém observar que o modelo de agências reguladoras construído no Brasil exibe clara inspiração na experiência americana. Como enfatizado na doutrina, o modelo de agencificação,

[61] FRIEDMAN, Milton; GOODHART, Charles A. E. **Money, inflation and the constitutional position of the central bank**, p. 93.

[62] "(...) many though not all constitutions today do provide special protection for central banks charged with supervising fiscal policy to avoid excessive inflation by disciplining governments that adopt too many debt-financed policies and may provide for environmental protection agencies. These constitutions acknowledge the existence of intertemporal conflicts of interests similar in character to intratemporal ones" (TUSHNET, Mark. **The new fourth branch**, p. 30).

[63] TUSHNET, Mark. **The new fourth branch**, p. 5, nota 19.

[64] WALD, Arnoldo. **O novo direito monetário**, p. 37.

especialmente aquele surgido com maior ênfase na década de 90, durante o governo Fernando Henrique Cardoso, sob a direção de Luiz Bresser Pereira, é uma reprodução parcial do padrão burocrático existente nos Estados Unidos.

Para efeitos históricos, este novo padrão tem como marco a criação da *Interstate Commerce Commission* (ICC), em 1887.[65] Como aponta Sérgio Guerra, em que pese já se poder rastrear a existência de intervenção estatal indireta sobre outras atividades ao menos desde meados do século XIX, a criação da ICC marca o início da implantação de uma nova estrutura de governança pública e de uma nova lógica de regulação de atividades econômicas.

O movimento de implantação desse novo desenho de governança decisivamente não foi um movimento isolado. O século XX assistiu, em campos variados como o dos bancos centrais, da regulação ambiental, sanitária, do trabalho e da proteção ao consumidor, à criação de um conjunto de agências pretensamente livres do controle político partidário, em um esforço coordenado para guiar as políticas públicas com base em imperativos marcadamente técnicos — e não por interesses baseados em resultados partidários e de política majoritária.[66]

Esse amplo processo foi importante para descentralizar a governança estatal — especialmente sobre temas complexos e preponderantemente técnicos, que não teriam na arena política tradicional o adequado tratamento.

É este então o propósito que anima a forja do novo modelo: garantir o insulamento de certas estruturas administrativas fundamentais da intervenção *ad hoc* de agentes políticos eleitos, de modo a preservar o desempenho de funções precipuamente técnicas.[67]

[65] GUERRA, Sérgio. Aperfeiçoando a Regulação brasileira por agências: quais lições podem ser extraídas do sesquicentenário modelo norte-americano? *In*: GUERRA, Sérgio (coord.) **Teoria do Estado Regulador**. Curitiba: Juruá, 2015, p. 13-106, p. 14.

[66] MORAN, Michael. **The British Regulatory State**: High Modernism and Hyper-Innovation. New York: Oxford University Press, 2003, p. 12.

[67] CYRINO, André Rodrigues. **Direito constitucional regulatório**: elementos para uma interpretação institucionalmente adequada da Constituição econômica brasileira. Rio de Janeiro: Renovar, 2010, p. 235.

Assistiu-se, então, a um amplo programa de reconfiguração dos aparelhos do Estado, que consubstancia também, deve-se pontuar, uma clara resposta à crise da arquitetura e das funções estatais.[68]

Como assinala com precisão Jacques Chevallier, os múltiplos desafios com os quais o Estado foi confrontado ao longo do século XX, embora não tenham colocado em questionamento a pertinência da esfera estatal, foram acompanhados de um conjunto de transformações que, longe de serem superficiais, são de ordem estrutural e contribuem para redesenhar a figura do Estado.[69]

Observa-se então a expansão e a estruturação da burocracia em novas bases, alterando-se a forma da atuação governamental — surgindo o modelo que ficou conhecido como Estado Administrativo (*administrative state*).

Como pontua James Landis, um dos arquitetos do novo padrão de governança nos Estados Unidos, o modelo de Estado Administrativo surgiu pela inadequação da forma tripartite clássica de exercício do poder do Estado para lidar com os complexos problemas modernos, em um cenário de intensa mudança econômica.[70]

No Brasil, o modelo de administração gerencial tentou seguir modelo próximo ao sistema norte-americano de agências, visando a esvaziar a forte centralização de poder nas mãos da Administração Direta.[71]

Mas o propósito não foi inteiramente alcançado. Sem embargo de avanços que merecem ser reconhecidos, o sistema em vigor no Brasil

[68] CHEVALLIER, Jacques. **O estado pós-moderno**. Tradução de Marçal Justen Filho. Belo Horizonte: Fórum, 2009, p. 23.

[69] GUERRA, Sérgio. **Aperfeiçoando a Regulação brasileira por agências**, p. 22. SORDI, Bernardo. *Révolution, Rechtsstaat* and the rule of law: historical reflections on the emergence and development of administrative law. ROSE-ACKERMAN, Susan; LINDSETH, Peter (org.). **Comparative Administrative Law**. Chentelham: Edward Eugar Publishing, 2012.

[70] CUÉLLAR, Mariano-Florentino. James Landis and the Dilemmas of Administrative Government. **George Washington Law Review**, Washington, v. 83, n. 4/5, p. 1330-1357, Jul./2015. GUERRA, Sérgio. **Aperfeiçoando a Regulação brasileira por agências**, p. 24.

[71] BRESSER PEREIRA, Luiz Carlos. Da Administração Pública burocrática à gerencial. *In*: BRESSER PEREIRA, Luiz Carlos; SPINK, Peter Kevin (Org.). **Reforma do estado e administração pública gerencial**. Rio de Janeiro: FGV, 1998.

ainda propicia uma forte concentração de poderes nas mãos do chefe do Executivo, com atuação voltada para as alianças políticas.

Apenas uma pequena fração do modelo de agencificação norte-americano chegou à Administração brasileira — o componente de prestígio de interesse políticos ou partidários em detrimento do fortalecimento institucional perdura —, de modo que ainda há uma longa marcha e uma ampla agenda em aberto voltada para o desenvolvimento de autarquias especiais verdadeiramente independentes, com autonomia decisória e proteção dos dirigentes contra demissões imotivadas, dentre outros predicados institucionais de relevo.[72]

A despeito dessa constatação, consequências estruturais claras da mudança para esse novo modo regulador de governança fazem-se sentir em maior ou menor grau. Dentre essas consequências, a ascensão de uma nova classe de agências especializadas e de comissões que operam autonomamente em relação ao governo central é a mais evidente.

Naturalmente que, e como sublinha Alexandre Santos de Aragão, nenhum modelo administrativo é integralmente descentralizado ou pluricêntrico; há invariavelmente uma necessária centralização — pelo menos até determinado grau.[73]

A adoção completa de uma estrutura descentralizada levaria à desintegração da organização administrativa e à sua inviabilização prática. O que se verifica é a transformação dos modelos de administração pública, levando a uma fragmentação harmônica do aparato administrativo, à necessidade de novos instrumentos de integração e de coordenação, e ao reconhecimento de novos graus do exercício autônomo da discricionariedade, com emergência de mecanismos de controle mais finalísticos do que hierárquicos.

Deve-se ainda observar que, de modo consorciado à ascensão desse novo desenho institucional descentralizado e em rede, a função estatal regulatória ganha uma posição de destaque no cenário da atuação governamental. O caso central da atuação pública e governamental muda, pois,

[72] CAVALCANTI, Francisco de Queiroz Bezerra. A independência da função reguladora e os entes reguladores independentes. **Revista de Direito Administrativo**, Rio de Janeiro, n. 219, p. 253-270, jan./mar. 2000.

[73] ARAGÃO, Alexandre Santos de. **Agências reguladoras e a evolução do Direito Administrativo Econômico**. Rio de Janeiro: Forense, 2002, p. 208.

de orientação. Do Estado operador passa-se a um perfil diverso, o do Estado regulador.[74]

A regulação, talvez até mais do que uma forma ou estrutura de governança, torna-se uma chave compreensiva de síntese para o próprio direito administrativo.[75]

A lógica de delegação de funções públicas para agências independentes, e de aposta no modelo ancorado no desempenho de atribuições regulatórias, lastreia-se em larga medida na complexidade crescente da sociedade contemporânea.

Sociedades e dinâmicas cada vez mais complexas reclamam engenharias institucionais de poderes integrados, demandando a articulação das funções estatais em outra clave, apta a resolver de modo satisfatório as novas e peculiares questões colocadas.

Trata-se, portanto, de uma questão que vai muito além da mera expertise técnica. Cuida-se de desenhar instituições e criar interfaces, mecanismos e ferramentas que credenciem as instituições para melhor lidar com a complexidade crescente dos sistemas econômicos e financeiros.

E todo esse quadro de mudança do modelo de burocracia centralizada para o de agências reguladoras, com missões e responsabilidades regulatórias, tem nos bancos centrais um dos seus principais expoentes, precisamente uma de suas ilustrações mais marcantes.

Especialmente no campo monetário e financeiro, as agências independentes gozam de duas vantagens significativas: conhecimento e experiência específicos e a possibilidade de assumir comprometimentos dotados de credibilidade política.[76] No caso específico dos bancos centrais,

[74] "A regulação se distingue dos modos clássicos de intervenção do Estado na economia; ela consiste em supervisionar o jogo econômico, estabelecendo certas regras e intervindo de maneira permanente para amortecer as tensões, compor os conflitos, assegurar a manutenção de um equilíbrio do conjunto; pela regulação, o Estado não se põe mais como ator mas como árbitro do processo econômico, limitando-se a enquadrar a atuação dos operadores e se esforçando para harmonizar as suas ações" (CHEVALLIER, Jacques. **O estado pós-moderno**, p. 76).

[75] SUNDFELD, Carlos Ari. Direito público e regulação no Brasil. *In:* GUERRA, Sérgio (org.). **Regulação no Brasil**: uma visão multidisciplinar. Rio de Janeiro: FGV, 2014, p. 111.

[76] MAJONE, Giandomenico. Do Estado positivo ao Estado regulador. *In*: MATTOS, Paulo Todescan (coord.). **Regulação Econômica e Democracia**: o debate europeu. 2. ed. São Paulo: Revista dos Tribunais, 2017, p. 19-20.

essas duas vantagens ficam muito evidentes. A lógica de delegação que preside a criação das instituições opera precisamente dentro dessa dupla clave — de um lado, representa uma fórmula de solução para o problema do comprometimento político, ao mesmo tempo em que endereça a questão da credibilidade técnica.[77]

Se o que distingue o modelo de agências do modelo burocrático generalista tradicional é a combinação de conhecimentos e experiências específicos e independência juntamente com especialização, os bancos centrais podem ser considerados entidades *par excellence* desse novo desenho de governança pública.

E essa qualidade especial dos bancos centrais dentro do marco do Estado Regulador faz com que desfrute de uma posição diferenciada inclusive em nível constitucional.[78]

Embora por questões de surgimento histórico tardio os bancos centrais não integrem muitas vezes os chamados elementos canônicos do direito constitucional, ou não façam parte do direito constitucional formal, integram seguramente o direito constitucional material.[79]

No caso brasileiro, com mais razão ainda, considerada a consagração e o assento formal da instituição no art. 164 da Carta de 1988.

E diga-se mais: a importância qualificada dos bancos centrais no marco de governança do Estado Administrativo decorre não apenas de sua posição singular, e dos predicados institucionais (e mesmo constitucionais) em geral atribuídos à entidade, mas especialmente dos grandes poderes que lhes são atribuídos.

Essas instituições, de maneira geral, detêm uma ampla capacidade de influenciar indivíduos, empresas, instituições e governos que interajam no âmbito da economia de mercado globalizada. Sobre qualquer financiamento imobiliário, qualquer hipoteca, qualquer contrato de cartão

[77] MAJONE, Giandomenico. Do Estado positivo ao Estado regulador, p. 20.

[78] FRIEDMAN, Milton; GOODHART, Charles A. E. **Money, inflation and the constitutional position of the central bank.** London: Institute of Economic Affairs, 2003, p. 91-92. STOBER, Rolf. **Allgemeine Wirtschafts-verwaltungsrecht**: Grundlagen des deutschen, europäischen und internationalen öffentlichen Wirtschaftsrechts. 17. Auflage. Stuttgart: Kohlhammer, 2011, p. 96.

[79] NEVES, Marcelo. **Constituição e direito na modernidade periférica**: uma abordagem teórica e uma interpretação do caso brasileiro; prefácio original de Niklas Luhmann. São Paulo: Martins Fontes, 2018, p. xix.

de crédito há de ser reconhecido o poder do banco central sobre os seus termos. Os bancos privados — engrenagem fundamental da economia capitalista — encontram-se profundamente conectados com o sistema do banco central. O mesmo se diga de entes públicos e mesmo governos estrangeiros — como o caso recente da crise financeira de 2007-2008 parece haver demonstrado.[80]

Até mesmo por isso, os bancos centrais são habitualmente mencionados como exemplo indicativo da fratura do modelo clássico de tripartição de poderes.[81] A mudança significativa de direção na segunda década do século XX, em favor de bancos centrais independentes, para além de todas as implicações de desenho institucional que avoca, sugere que o que está em jogo — mormente quando considerados os poderes da instituição — é o próprio redesenho do esquema funcional de separação dos poderes.[82]

Observa-se assim uma contínua evolução dos bancos centrais, de instituições inicialmente projetadas como bancos de titularidade privada, para a posição privilegiada de maestros do sistema financeiro — papel ainda em fase de esboço, sujeito a desenvolvimentos em aberto e crescentes.

Com isso não se pretende dizer que existe um modelo institucional único, e que a posição especial a que essas instituições foram guindadas indique um desenho jurídico uniforme. Conquanto os objetivos gerais de regulação financeira sistêmica sejam mundialmente compartilhados por diversos países, tendo em mira o ideal de estabilidade monetária e financeira, a experiência internacional evidencia a inexistência de um modelo de desenho institucional regulatório único.

Modelos domésticos de desenho institucional regulatório para o mercado financeiro têm sido moldados historicamente, segundo trajetórias distintas ligadas às respectivas particularidades econômicas.[83]

Mas fato é que, embora não haja modelo ou desenho regulatório ideal e atemporal, existe uma espécie de consenso regulatório razoavelmente

[80] CONTI-BROWN, Peter. **The power and independence of the Federal Reserve**. New Jersey: Princeton University Press, 2016, p. xviii.

[81] ACKERMAN, Bruce. Good-bye Monstesquieu. *In*: ROSE-ACKERMAN, Susan; LINDSETH, Peter (org.). **Comparative Administrative Law**. Chentelham: Edward Eugar Publishing, 2012, p. 130.

[82] Sobre o ponto, cf. ACKERMAN, Bruce. The New Separation of Powers. **Harvard Law Review**, Cambridge, vol. 113, n. 3, p. 633-729, Jun./2000.

[83] ERLING, Marlos Lopes Godinho. **Regulação do Sistema Financeiro Nacional**, p. 343.

estabelecido — uma sabedoria sedimentada ao longo dos anos e da experiência histórica — no sentido da consagração da estratégia regulatória de centralização dos objetivos institucionais de estabilidade monetária em um banco central.[84]

No caso brasileiro, a despeito da não subscrição do padrão puro de Estado Administrativo, verificando-se um Estado Regulador em vias de desenvolvimento, pode-se dizer que o texto do *caput* do art. 174 da Constituição de 1988 legitima a atribuição de poderes normativos pelo legislador a entidades administrativas — legitimidade essa inclusive já reconhecida pela jurisprudência constitucional do STF.

E essa atribuição efetivamente ocorre nas Leis nº 4.595/1964 e 9.069/1995, que atribuem competência administrativa normativa ao Conselho Monetário Nacional (CMN) e ao Banco Central do Brasil (BCB) para tratar de temas de regulação financeira sistêmica.

Assim é que, no sistema brasileiro, o CMN — a instituição que é verdadeiramente depositária do mandato de autoridade monetária — afigura-se como instituição mais importante no esquadro da regulação financeira sistêmica.[85]

A seu turno, o Banco Central do Brasil é a autarquia que executa a política monetária e financeira, segundo as diretrizes normativas estabelecidas pelo CMN.

As competências da instituição abrangem a (i) execução da política monetária, (ii) prestação do serviço de meio circulante, (iii) tutela sistêmica das infraestruturas financeiras de mercado, (iv) gestão da política cambial, (v) assessoria financeira do governo e (vi) regulação sistêmica de entrada, funcionamento e saída das instituições autorizadas — tudo com foco no controle do risco sistêmico e atento ao ideal de estabilidade financeira sustentável ao longo do tempo.[86]

[84] ERLING, Marlos Lopes Godinho. **Regulação do Sistema Financeiro Nacional**, p. 343.

[85] ERLING, Marlos Lopes Godinho. **Regulação do Sistema Financeiro Nacional**, p. 350. Como destaca o autor, o CMN afigura-se como um núcleo institucional de coordenação sistêmica da gestão pública das questões monetárias e financeiras, responsável pela formulação das políticas públicas relativas ao estabelecimento de diretrizes regulatórias sobre moeda, crédito e câmbio.

[86] SADDI, Jairo. **O poder e o cofre**: repensando o Banco Central. São Paulo: Textonovo, 1997, p. 198.

As duas entidades apresentam grande proximidade com o conceito, a estrutura e o modo de atuação das agências independentes.

Entretanto, como assinalado pela doutrina, lapsos conceituais impedem que sejam caracterizadas como autênticas agências reguladoras independentes.[87]

Não obstante, no caso do BCB, embora se cuide de banco central vinculado ao seu Poder Executivo, sem autonomia *de jure*, observa-se que há uma independência operacional *de facto* — nomeadamente a partir da introdução do sistema de metas de inflação pelo Decreto Presidencial nº 3.088/1999.

Esses poderes normativos, importante que se diga, foram e tem sido continuamente placitados por precedentes judiciais — e especialmente pela jurisprudência do Superior Tribunal de Justiça[88] e do Supremo Tribunal Federal.[89]

Em síntese, é possível sumariar o quanto afirmado nas proposições de que o desenvolvimento do Estado Regulador tem na figura dos bancos centrais uma de suas entidades de proa. O movimento progressivo de delegação de poderes — sobretudo de perfil regulatório — para entidades descentralizadas e independentes assiste, ao longo de pelo menos um século, a uma versão robustecida nessas instituições.

E em um desenvolvimento maciço e impactante para a governança pública moderna, poderes cada vez mais fortalecidos de supervisionar e definir os termos de troca para os bancos privados e outras partes do sistema financeiro os tornam, mais do que parte do Estado Regulador, figura de destaque do aparato estatal desenvolvido nas últimas décadas — situação que coloca claros desafios para a teoria e para a prática do direito público.[90]

[87] ARAGÃO, Alexandre dos Santos. **Agências reguladoras**, p. 300. Como resume o autor, quanto à situação do CMN, o fato de se tratar de um órgão integrante da estrutura ministerial não é, por si só, apto a descredenciá-lo como agência reguladora independente – é a inexistência de algumas garantias autonômicas, orgânicas e materiais, que obstam a caracterização. No caso do CMN, a possibilidade de exoneração *ad nutum* denota não haver uma proteção qualificada dos dirigentes.

[88] STJ - **REsp nº 507.123**, rel. Min. Eliana Calmon, DJ de 19/09/2005.

[89] STF - **RE nº 286.963**, rel. Min. Sepúlveda Pertence, DJ de 20/10/2006.

[90] TUCKER, Paul. **Unelected power**: the quest for legitimacy in central banking and the regulatory state. New Jersey: Princeton University Press, 2018, p. 8.

Do ponto de vista constitucional, o especial regime do BCB e do CMN não parece fazer dessas entidades, ainda, figuras constitucionais autônomas ou mesmo um quarto poder da República. Mais próxima da figura das chamadas funções neutrais,[91] o arranjo institucional dos bancos centrais corporifica uma estratégia ou modelo de governança. Constitucionalmente protegido, sim, mas não cristalizado sob a forma de autêntico Poder.

5. Aspectos institucionais constitucionais do banco central: também e para além do debate em torno da autonomia e independência da instituição

Para além da previsão de um *status* ou assento constitucional do modelo de banco central, e adicionalmente à introdução de uma moldura básica que baliza o agir da autoridade monetária, o texto constitucional brasileiro prevê, também, predicados para essa autoridade.

Com efeito, da Carta de 1988 extraem-se também diretrizes a respeito dos atributos do banco central. Para além de *substantivos* (o que é essa autoridade monetária; qual o modelo que o texto constitucional subscreveu em relação ela) e de *verbos* (o que a autoridade monetária deve fazer; o que essa mesma autoridade não está autorizada a fazer), a lei fundamental brasileira contempla também *adjetivos*: qualidades, atributos, predicados dessa mesma autoridade, a fim de a conformar e de proteger a sua atuação institucional.

De maneira geral, pensar em predicados da autoridade monetária é suscitar, praticamente de imediato, a discussão em torno da autonomia ou independência do banco central. Suscitação esta que, de tão habitual, e como discutido anteriormente, é não raras vezes tomada como uma sinonímia entre a própria noção de constituição monetária e o

[91] "Portanto, o Direito pós-moderno, ao cometer, em dois níveis, o político e o administrativo – respectivamente, a órgãos constitucionalmente independentes e a órgãos administrativamente autônomos – o desempenho de funções neutrais, acorreu com atualidade e eiciência para superar esse impasse de legitimação, priorizando os interesses públicos primários sobre todos os demais e garantindo equidistância decisória na ponderação concursal entre múltiplos valores, legitimando-se plenamente, tanto em termos correntes, quanto em termos inalísticos, mas tudo sem interferir nas atividades partidariamente orientadas, a cargo dos órgãos governamentais do Estado" (MOREIRA NETO, Diogo de Figueiredo. **Novas mutações juspolíticas**: em memória de Eduardo Garcia de Enterría, jurista de dois mundos. Belo Horizonte: Fórum, 2016, p. 257).

tema da autonomia-independência do BC.[92] A constituição monetária, nesta faixa de significação, é entendida como o arranjo que visa a atacar problemas de "inconsistência temporal": a busca de resultados imediatos e temporários em termos de produto em detrimento de perdas duradouras. Constituição monetária, portanto, nesta acepção, é falar na relação Executivo-BC.

Como igualmente assinalado preteritamente, essa visão da constituição monetária, limitada à questão dos predicados da autoridade monetária, *vis-à-vis* o trinômio dependente-autônomo-independente, revela-se reducionista. O conteúdo normativo da constituição monetária vai muito além da disciplina das relações entre Poder Executivo e banco central.

Feito esse registro, diga-se ainda que, por automia ou independência do BC, não se refere exclusivamente à questão do estabelecimento de mandatos para os dirigentes da instituição. Jairo Saddi, por exemplo, aponta cinco condições para o estabelecimento de um banco central autônomo: (i) limitação de objetivos e funções, (ii) especificidade e precisão de metas, (iii) base estatutária para autonomia, (iv) garantias institucionais do Executivo e (v) nomeação da diretoria do banco central.[93]

A rigidez dos mandatos dos dirigentes é, pois, condição necessária, mas não suficiente da autonomia formal de bancos centrais.

Dito isto, a Carta de 1988 não parece subscrever opção explícita por um modelo de banco central específico. Talvez seja possível concluir, a partir de uma leitura sistemática da Carta, que o paradigma da *independência* não encontre lastro, considerada a previsão constitucional de ingerência do Executivo (art. 84, XIV) e do Legislativo (art. 52, III, "d" — dispositivo constitucional interessante, no que alude especificamente aos dirigentes) sobre a instituição. As versões de BC *dependente* ou *autônomo*, por outro lado, parecem encontrar, ambas, ancoragem, sem que haja uma opção ou predileção da Carta por alguma delas.

[92] SADDI, Jairo. **O poder e o cofre**, p. 50.

[93] SADDI, Jairo. **O poder e o cofre**, p. 56. Frise-se que o autor acuradamente distingue *autonomia* de *independência*. A autonomia é uma independência degradada; uma liberdade apenas relativa, apenas para alguns aspectos. O banco central autônomo continua como parte da Administração, havendo subordinação da instituição ao Chefe do Poder Executivo, ainda que possa estar livre de ingerências na condução da política monetária.

Em outras palavras: algum grau de delegação de poderes ao BC é constitucionalmente viável, para garantia da meta de estabilidade de preços.[94] Em relação ao grau ou intensidade dessa delegação, não parece haver uma diretriz constitucional clara, salvo sugestão de que algum nível de vinculação ao Executivo e ao Legislativo deve ser preservado.

Neste sentido, cabe pontuar que a previsão da LC nº 179/2021, ao definir mandato para dirigentes do BCB, e limites à exoneração,[95] ressai em linha de princípio válida, no que, dentro de um enquadramento de possibilidades de conformação abertas pela Constituição, dão concretude e aplicação ao programa constitucional de defesa da moeda e da estabilidade do seu poder de compra, por meio de um modelo de governança específico.

O mesmo se diga em relação ao art. 6º, *caput*, da LC nº 179, que exclui a possibilidade de vinculação a ministério, mas não afasta, até porque não poderia, o BCB da Administração Pública federal, incluindo a instituição expressamente em todos os seus sistemas estruturantes e submetendo-a, por conseguinte, aos mecanismos de coordenação e controle, em harmonia com as previsões contidas no art. 84, II, da Carta de 1988.[96]

O conjunto de predicados institucionais envolve ainda o problema da limitação dos objetivos e funções do BC.[97] Tampouco aqui se cogita de circunscrição rígida de missões institucionais por parte da Constituição. Todavia, esses objetivos precisam guardar alguma coerência com fundamentos constitucionais contemplados, explícita ou implicitamente, para o BCB, sob pena de extravasamento somente admissível via emenda de reforma.

[94] DURAN, Camila Villard. **A moldura jurídica da política monetária**, p. 54 ("Em tese, a delegação de poderes ao banco central independente é viável politicamente porque sua única ou prioritária meta seria a estabilidade de preços. Dessa forma, afastar-se-ia a necessidade de arbitragem de valores pelo poder político, entidade que tem como função institucional deliberar sobre situações de *trade-offs* inererentes").

[95] A normativa referida encontra-se nos arts. 4º e 5º da LC nº 179/2021.

[96] É a acertada avaliação contida no Parecer Jurídico 169/2021-BCB/PGBC, apresentada nos autos da ADI n. 6.696/DF.

[97] DURAN, Camila Villard. **A moldura jurídica da política monetária**, p. 272 e ss.

6. Relações e interações entre a autoridade monetária e outras autoridades constitucionais

À maneira do debate travado em seções anteriores, a respeito do perfil das interações entre a constituição monetária (entendida enquanto subsistema constitucional relativo à normatização constitucional do poder monetário estatal) e outros departamentos constitucionais (especialmente as constituições econômica, federativa financeira, tributária e social), também a questão — e o problema — das relações entre a autoridade monetária e outras autoridades constitucionais merece um enfrentamento específico.

Considerada a política e regulação monetárias em uma perspectiva ampla, abrangendo não apenas o controle da moeda, mas a percebendo também como extensiva aos seus instrumentos e efeitos indiretos,[98] é natural que a atuação institucional da autoridade constitucional monetária se interconecte e tensione — quando não colida — com a de outros entes institucionais. A atuação do poder público sobre a arena monetária não se dá tópica nem isoladamente: ela interfere inevitavelmente sobre diferentes domínios da governança estatal.

É especialmente nesse sentido que se diz que também a autoridade monetária põe-se em contato com as outras subconstituições e as autoridades institucionais que lhe são próprias. E é desse modo, e por essas razões, que o perfil básico dessas relações e interações será, neste espaço, objeto de mais detida atenção e análise.

Uma das ilustrações mais evidentes desse conjunto de interações reside nas relações estabelecidas entre a *autoridade monetária* e a *autoridade fiscal*. O relacionamento entre a autoridade monetária e o governo que a instituiu apresenta múltiplas faces, passando pela centralização ou não dos recursos do governo no banco central, pela remuneração desses recursos, pela rentabilidade e a forma de pagamento ou refinanciamento dos títulos do governo que vencem na carteira da autoridade monetária, até a transferência de seus resultados positivos e cobertura dos negativos.[99]

[98] SADDI, Jairo. **O poder e o cofre**, p. 48.

[99] BRASIL. **Relacionamento entre autoridade fiscal e autoridade monetária**: a experiência internacional e o caso brasileiro. Tesouro Nacional. Brasília, 2013, p. 3.

A forte interação entre ambas as autoridades é caudatária da íntima conexão entre as políticas monetária e a fiscal.[100] A primeira pode interferir na política fiscal, por exemplo, por meio da influência da fixação da taxa Selic sobre a dívida pública, já que uma elevação da taxa de juros pode aumentar os encargos da dívida e forçar o tesouro nacional a alterar a composição de seu balanço a fim de manter uma trajetória sustentável de endividamento.

Por sua vez, a política fiscal impacta a execução da política monetária de diversas maneiras. Por um lado, um aumento do déficit público derivado de uma política fiscal expansionista pode exigir financiamento por meio de emissão de moeda, prejudicando as metas de inflação da autoridade monetária. Por outro lado, ainda que os déficits públicos sejam financiados pelo TN com emissão de dívida, o mandato do BC será afetado pelos impactos sobre o produto do efeito *crowding-out* do crédito privado.[101]

Como resumem Ana Paula Higa e José Roberto Afonso, do rol de atividades desempenhadas pelo banco central há pelo menos três que são representativas da estreita relação que existe entre esta instituição e o tesouro nacional. A primeira, diz respeito ao fato de o BC executar operações de mercado aberto por meio da compra e venda de títulos públicos emitidos pelo Tesouro; a segunda refere-se ao fato de o Caixa Único do Tesouro ficar sob a guarda do Banco Central; e o terceiro, está relacionado ao papel de depositário das reservas internacionais exercido pelo Banco Central, mas cujo resultado apurado, seja prejuízo ou lucro, pertence ao Tesouro.[102]

A incursão do texto constitucional sobre o delicado e específico tema da relações entre as autoridades fiscal e monetária, no caso brasileiro, tem

[100] CANDIDO, Matheus Justino. **A relação financeira entre o Banco Central e o Tesouro Nacional em um modelo DSGE**. Dissertação (Mestrado em Economia – Área de concentração: Economia), Universidade Estadual de Ponta Grossa, 2019, p. 14.

[101] CANDIDO, Matheus Justino. **A relação financeira entre o Banco Central e o Tesouro Nacional**, p. 14-15.

[102] HIGA, Ana Paula; AFONSO, José Roberto. **Algumas inter-relações da política fiscal com a monetária, cambial e creditícia no Brasil**. Texto para discussão nº 66. Centro de Estudos da Consultoria do Senado Federal, Brasília, novembro, 2009, p. 2-3, onde também destacam que, embora as atribuições de cada agente estejam definidas e tenha havido muitos avanços institucionais ao longo dos últimos anos, ainda há aspectos nas relações entre estas duas instituições que merecem maior conhecimento, melhor entendimento e mais debates.

importantes razões de ser. As proteções legais existentes para impedir o financiamento do TN pelo BC não foram efetivas durante boa parte da história brasileira — inclusive com graves consequências para a governança da moeda —, de modo que se fazia necessário disciplinar, detalhada e vinculantemente, alguns pontos do relacionamento entre essas duas autoridades.[103]

É dentro dessa ótica que deve ser compreendido, por exemplo, o art. 164, §1º, que proíbe explicitamente o financiamento do TN pelo BC: "É vedado ao banco central conceder, direta ou indiretamente, empréstimos ao Tesouro Nacional e a qualquer órgão ou entidade que não seja instituição financeira". A Lei de Responsabilidade de forma similar, impede a emissão de títulos próprios pelo BC, a fim de evitar que a liquidez adicional gerada por um aumento de gastos fosse enxuta pela emissão de títulos da autoridade monetária — possibilitando um financiamento implícito do TN pelo BC.

O art. 164, §1º da Constituição de 1988 representa a culminação de um longo processo institucional de separação entre autoridade monetária, autoridade fiscal, e o desempenho de atividades comerciais pela autoridade investida do mandato de guardião da moeda. Desde a fundação da Sumoc tinha-se em mira a ideia de que, para se alcançar uma moeda verdadeiramente estável, era preciso um banco central. Por outro lado, como já refletia, na década de 60, o jurista Octavio Gouveia de Bulhões, com um déficit grande do Tesouro e sem perspectivas de equilíbrio orçamentário, um banco central seria inútil.[104]

Um marco importante desse desenho institucional, e do qual o art. 164, §1º é alguma medida reflexo, ocorreu em 1986, quando o CMN extinguiu a "conta movimento" do Banco do Brasil, mantida com o banco central, e encerrou a duplicidade de autoridades monetárias. A conta movimento, anota-se na literatura, havia sido criada em 1965 e tinha como função registrar as operações realizadas pelo banco comercial, na condição de agente financeiro do banco central.[105] Ocorre que, com o tempo, passou a ser utilizada como fonte de recursos financeiros para o Banco do Brasil,

[103] CANDIDO, Matheus Justino. **A relação financeira entre o Banco Central e o Tesouro Nacional**, p. 15.

[104] DURAN, Camila Villard. **A moldura jurídica da política monetária**, p. 105.

[105] DURAN, Camila Villard. **A moldura jurídica da política monetária**, p. 107.

sem limitações — o que acabava viabilizando a implementação das políticas de crédito do governo, sem a necessidade de aprovisionamento de recursos para tanto. Emissão de moeda sem o devido controle, portanto.

A Carta de 1988 consolidou o arranjo institucional de separação entre as duas autoridades, concentrando poderes em torno da figura do banco central. A teleologia ínsita do preceito do art. 164, §1º repousa no objetivo de assegurar a estabilidade monetária, vedando qualquer tipo de empréstimo ao governo. Para a boa disciplina da moeda, e conhecendo o notório mau comportamento do Estado brasileiro em relação aos seus gastos, tentou-se evitar a canalização da emissão monetária para o financiamento déficit público.[106]

É verdade que o mandamento constitucional nasceu "contornável". A vedação à compra de títulos do tesouro não é absoluta, visto que, na sequência, o §2º do art. 164 autoriza o banco central a "comprar e vender títulos de emissão do Tesouro Nacional, com o objetivo de regular a oferta de moeda ou a taxa de juros".

No que Mário Henrique Simonsen denominou de possibilidade de um "financiamento disfarçado", o banco central poderia participar de leilões primários e, por operações de mercado aberto, adquiri-los e injetar liquidez na economia, contornando o preceptivo constitucional.[107]

No entanto, e como já mencionado, a LRF buscou neutralizar esse risco, já que o seu art. 39 determina que o banco central somente pode comprar diretamente títulos emitidos pela União que estejam vencendo em carteira.[108] Trata-se de medida que assegura a proibição de financiamento do governo por meio da expansão monetária, o que parecia integrar o cerne das preocupações do constituinte de 1988.[109]

Por outro lado, é também verdadeiro que a Lei nº 11.803/2008 inicia um conjunto de alterações sobre a forma de apuração do resultado do BCB.

[106] SADDI, Jairo. **O poder e o cofre**, p. 192-193.

[107] SADDI, Jairo. **O poder e o cofre**, p. 193.

[108] "Art. 39. Nas suas relações com ente da Federação, o Banco Central do Brasil está sujeito às vedações constantes do art. 35 e mais às seguintes: I - compra de título da dívida, na data de sua colocação no mercado, ressalvado o disposto no § 2º deste artigo; (...) § 2º O Banco Central do Brasil só poderá comprar diretamente títulos emitidos pela União para refinanciar a dívida mobiliária federal que estiver vencendo na sua carteira."

[109] DURAN, Camila Villard. **A moldura jurídica da política monetária**, p. 108, nota n. 134.

A partir da sua edição, o resultado do Banco Central passou a ser apurado separadamente: por um lado, apura-se o resultado relativo às operações com reservas cambiais depositadas no Bacen e, por outro, o resultado com as demais operações, dando tratamento diferenciado para cada um deles. Uma importante modificação feita pela Lei 11.803/08 foi a possibilidade de o Tesouro usar os recursos recebidos do BC não apenas para amortizar o principal da dívida mobiliária, mas também para pagar os juros dessa dívida. Tal alteração estava contida no § 3º do art. 6º (para o caso do resultado decorrente da equalização cambial) e no art. 3º da lei (para o caso do resultado das demais contas). Nos dois dispositivos substitui-se a expressão "devendo ser amortizada" por "devendo ser paga". Isso aumentou a margem de manobra do Tesouro para utilizar os recursos do resultado do BC para custear suas despesas financeiras e primárias, fragilizando a restrição orçamentária do TN e estimulando a expansão dos gastos.

Como destacado na literatura, a lei promoveu importante alteração nas relações entre BC e TN, criando uma nova modalidade de colocação de títulos do TN na carteira do BC: sempre que a autoridade monetária ficar com poucos títulos em carteira, o TN foi autorizado a entregar mais títulos ao BC, sem contrapartida financeira. Uma espécie de capitalização do BC pelo TN, que recebe títulos para o seu ativo e registra a contrapartida como aumento do patrimônio líquido.[110]

Desde as alterações instituídas pela edição da Lei nº 11.803/2008, especialistas da área financeira e fiscal vêm apontando os riscos decorrentes para o equilíbrio fiscal das contas no Brasil, assim como a erosão do paradigma constitucional de separação entre TN e BCB.

Não só: colocou-se em dúvida a própria constitucionalidade da medida.[111]

[110] MENDES, Marcos. **A Lei 11.803/2008 e a relação financeiro Tesouro – Banco Central.** Núcleo de Estudos e Pesquisas da Consultoria Legislativa, Texto para discussão n. 189, fev./2016, p. 27 e ss., onde também destaca que, tão logo se aprovou a Lei 11.803/08, houve uma guinada na política de rolagem da dívida pública federal. O Tesouro passou a usar os expressivos resultados transferidos pelo BC no pagamento de amortização e juros da dívida junto ao mercado.

[111] FRANCO, Gustavo. O jogo do papagaio. In: BACHA, Edmar (org.). **A crise fiscal e monetária brasileira.** Rio de Janeiro. Civilização Brasileira, 2016, p. 243, onde criticamente acidamente a alteração legal: "Não deve haver um pingo de dúvida que a sistemática da

Mais recentemente, a Lei nº 13.820/2019 introduziu novas alterações no quadro legislativo da relação entre TN e BCB, sugerindo que modificações nos fluxos financeiros entre as duas autoridades consubstanciam não apenas tema sensível, mas um circuito ainda em construção e sujeito a diferentes alternativas.[112]

Nesse sentido, outro item da agenda regulatória do dia, e que também fere o delicado assunto das interações entre tesouro e banco central, diz respeito aos projetos de emissão de *central bank digital currencies* (CBDC's).

De fato, uma importante alternativa de regulação indireta, que vem sendo concebida por vários reguladores ao redor do mundo no contexto da disciplina jurídica das criptomoedas, encontra-se consubstanciada no desenvolvimento de moedas digitais dos bancos centrais, especialmente projetadas para concorrer com os criptoativos emitidos por agentes privados e descentralizados.[113]

A questão que o art. 164 introduz, na perspectiva das CBDC's, diz respeito à convivência do dispositivo, e da teleologia a ele ínsita, com as propostas de desenvolvimento de CBDC's para o varejo, expandindo o alcance da atuação dos bancos centrais para o público em geral. Nesse sentido, embora não se extraia, especificamente da redação do texto constitucional brasileiro, nenhuma restrição direta à criação e emissão de CBDC's, alguns modelos de desenho regulatório podem implicar ofensa indireta à norma.

lei 11.803/08 para a apuração e transferência de resultado do BC tem o mesmo efeito de um empréstimo, embora um bom advogado possa sempre dizer que não há contrato de empréstimo, apenas um mecanismo, ainda que matreiro e questionável, de apuração de resultado. (...) No caso em tela, a dúvida sobe de patamar, pois, se formos adotar uma postura permissiva e aceitar interpretações reducionistas sobre o alcance do artigo 164 (§1º) acima transcrito, tudo o que se pensou de bom sobre a separação entre o BC e o TN depois de 1998 estava errado. Teríamos desistido de uma das melhores passagens da Constituição exclusivamente pelo medo de punir quem a violou".

[112] BASSI, Camillo de Moraes. **A nova relação entre o Tesouro Nacional (TN) e o Banco Central (Bacen):** as condições que permitiram a transferência da Reserva do Resultado (RR). AFIPEA, Nota Técnica n. 13, 2021, p. 7.

[113] LARUE, Louis; FONTAN, Clément; SANDBERG, Joakim. The promises and perils of central bank digital currencies. **Revue de la régulation**. Capitalisme, institutions, pouvoirs, v. 28, 2020.

Isso porque, em primeiro lugar, o banco central, tal como projetado pela Carta de 1988, não foi pensado para trabalhar com o varejo[114] — em geral, os BC's não possuem relacionamento direto com o público; o seu único elo de relacionamento com o varejo é o papel-moeda, e em nenhum dispositivo constitucional parece haver abertura explícita para outro tipo de interação mais ampla.

Além disso, especialmente em um modelo de CBDC de conta corrente (*account-based* CBDC), pode haver potencial violação da norma constitucional que veda a concessão de empréstimos a instituição que não seja instituição financeira.

Sobre o ponto, cabe observar que, quanto aos modelos de *design* de CBDC's, duas são as espécies apontadas: a CBDC em formato de *tokens* e o modelo de conta corrente. Em outras palavras: *token based* CBDC e *account-based* CBDC.[115]

Sobretudo no modelo de conta corrente, a CBDC pode ser compreendida como a extensão do sistema de banco central para o público de maneira geral. Enquanto que, pelo modelo atualmente em vigor, apenas os bancos comerciais e algumas poucas instituições financeiras são admitidas no sistema, a *account-based* CBDC franquearia acesso amplo ao sistema, abrangendo quaisquer empresas e todos os cidadãos.[116]

[114] FRANCO, Gustavo. **O futuro do dinheiro**, 2020, p. 51 Disponível em: <https://iepecdg.com.br/wp-content/uploads/2020/12/O-futuro-do-dinheiro-3.docx.pdf>. Acesso em 27/12/2021.

[115] "For ledger design, CBDC can be divided into token-based and account-based. Token-based CBDC refers to the use of tokens for transactions between digital wallets through centralized or decentralized settlement systems.3 The token-based CBDC may have more potential, such as anonymity and offline transactions. Digital currency is defined with one of the key features: the P2P transferability. Account-based CBDC is traded by opening an account in the central bank or other delegated entities such as comercial banks. In this typology, the term account-based refers to the access control to the network based on a different design of CBDC and the respective payment system. An account-based CBDC differs from the traditional account-based wholesale central bank money with a P2P wholesale transferable system, for example, a permissioned blockchain. Financial institutions can use wholesale CBDC to transact financial assets" (LEE, David Kuo Chuen; YAN, Li; WANG, Yu. A global perspective on central bank digital currency. **China Economic Journal**, 14:1, 52-66, 2021, p. 54).

[116] LARUE, Louis; FONTAN, Clément; SANDBERG, Joakim. The promises and perils of central bank digital currencies, p. 3 ("If implemented, CBDC would be legal tender in a given monetary zone and labelled in a national currency. It could then take either of two shapes: it

Pois bem. A dificuldade posta, sob a ótica constitucional, de um modelo de conta corrente, é que, a par de o relacionamento amplo com o público não ter previsão constitucional, a emissão de *tokens* diretamente em favor de particulares (pessoas físicas e empresas) pode configurar, ainda que por vias indiretas, algum tipo de concessão de crédito. Com efeito, o incremento do poder de comprar via disponibilização do ativo em conta, seja mediante injeção de liquidez por ato do próprio BC, seja por algum mecanismo de *overdraft*, pode ser considerado um ato análogo àquele que a Constituição, no art. 164, §1º, visa a evitar.

Em outras palavras: mais do que um problema de falta de autorização normativa explícita para emitir CBDC's — particularidade que não seria apenas brasileira, afigurando-se ainda como regra em boa parte dos países[117] — é possível divisar ao menos esses dois obstáculos adicionais: vedação a relacionamento amplo com o público e proibição de concessão de empréstimos a entidade que não seja instituição financeira.

Assim, pelo menos três são as dificuldades constitucionais que, de pronto, o desenvolvimento de alternativas regulatórias nos moldes das CBDC's podem apresentar: (i) ausência de autorização constitucional específica; (ii) falta de autorização para que o BC atue no varejo; (iii) vedação constitucional à concessão de empréstimos a entidade que não seja instituição financeira.

É verdade, entretanto, que essas três dificuldades parecem ser facilmente superáveis. No caso brasileiro, talvez bastasse uma emenda à constituição que, explicitamente, superasse essas restrições e enunciasse, textualmente, que a emissão de CBDC's inclui-se entre as ferramentas à disposição do banco central.

could be a form of digital coin or token, making it more similar to cash; or it could be a form of digital account, making it more similar to bank deposits and central bank reserves (Dyson & Hodgson, 2016; Bordo & Levin, 2017, p. 6-8). In practice, virtually all CBDC proposals are "account-based", as this option seems both easier to implement, safer and under direct control of the central bank (Barrdear & Kumhof, 2016; Bordo & Levin, 2017). In essence, then, CBDC is an extension of the system of central bank reserves to the general public. While only commercial banks (and a few financial arms of companies) are allowed to take part in that system today, CBDC would open it up to all citizens and firms").

[117] BOSSU, Wouter; ITATANI, Masaru; MARGULIS, Catalina; ROSSI, Arthur; WEENINK, Hans; YOSHINAGA, Akihiro. **Legal Aspects of Central Bank Digital Currency**: Central Bank and Monetary Law Considerations. IMF Working Paper, November, 2020, p. 14.

Uma alternativa normativa que, no caso do sistema constitucional brasileiro, seria de fácil execução, e ainda útil para eliminar quaisquer incertezas a respeito da invalidade da medida.

É um caminho, seguramente. Entretanto, aparentemente a resposta não é tão simples — e por pelo menos duas razões.

A uma: intervir em cláusulas constitucionais relevo — caso da norma que prevê uma clara separação entre autoridades fiscal e monetária, ou da que limita o campo subjetivo de interações do BC — pode ser interpretada como uma erosão, uma inválida erosão, do modelo de banco central autônomo e apartado da autoridade fiscal.

A duas: a alternativa da emenda à constituição pode encontrar limites na proteção constitucional dedicada ao livre exercício da atividade econômica, especialmente se considerados os riscos que a emissão de CBDC's pode representar à atividade bancária.[118] Embora se afigure precipitado assentar qualquer tipo de inconstitucionalidade sob esse fundamento, não parece exagerado que a preocupação seja colocada.

Uma das importantes questões a serem refletidas, portanto, é até que ponto a matriz institucional das relações entre autoridade fiscal e autoridade monetária pode ser alterada, sem quebra de pré-compromissos constitucionais vinculantes. Decerto, um dos mais importantes desafios a serem enfrentados no cambiante campo da regulação monetária.

Finalmente, um importante conjunto de interações da autoridade constitucional monetária — nem sempre recordado, e menos ainda debatido — dá-se com a *autoridade de emergências constitucionais* ou, mais propriamente, com a disciplina constitucional das crises.[119] Cuida-se, aqui, de questão que nem sempre se encontra enunciada adequadamente: a atribuição de poderes excepcionais ao banco central encontra que tipo de limites jurídicos?

[118] NABILOU, Hossein. Testing the waters of the Rubicon: the European Central Bank and central bank digital currencies. **Journal of Banking Regulation**, vol. 21, Issue 4, n. 2, 299-314, 2020.

[119] FERREIRA FILHO, Manoel Gonçalves. A disciplina constitucional das crises econômico-financeiras. **Revista de Informação Legislativa**, ano 27, n. 108, p. 33-48, out./dez. 1990, p. 33 ("Toda e qualquer tentativa de limitar o poder, a fim de impedindo-lhe os abusos, assegurar a liberdade e outros direitos fundamentais, esbarra sempre num problema: a organização limitativa do poder própria para momentos de normalidade é inadequada para os períodos de grave crise").

O debate em torno da atribuição episódica de competências extraordinárias aos bancos centrais de maneira especial (ou a agências reguladoras de modo geral) nem sempre parece atento às importantes implicações jurídicas — em alguns casos, implicações constitucionais — da adjudicação de competências e instrumentos não convencionais a essas instituições. Se o que se discute em quadros de emergência é a possibilidade de as agências avançarem além dos seus mandatos legais, e de empregarem medidas fora do repertório institucional tradicional, parece evidente que a questão em torno da identificação e demarcação de limites afigura-se decisiva.

Foi especialmente durante a gestão da crise econômica de 2007-2008 que se lançaram indagações semelhantes. Naquela ocasião, foi possível observar que, a fim de estabilizar os mercados de crédito e monetário, houve notável expansão dos poderes conferidos a bancos centrais para interferir no sistema financeiro. As autoridades monetárias inovaram em instrumentos de política, à medida que a fixação de meta para a taxa de juros básica da economia exibia suas limitações em um ambiente de elevada incerteza.[120]

Mais recentemente, no contexto do esforço mundial dos bancos centrais para o combate dos efeitos da crise do coronavírus, questionamentos semelhantes vieram à tona, considerando que, em diversos países, os bancos centrais objetivamente cruzaram a linha — a linha dos mandatos tradicionais da instituição e dos seus instrumentos de atuação.

Elementos dessa importante questão podem ser divisados em um episódio recente no Brasil. Trata-se do caso da Emenda Constitucional nº 106/2020 — mais conhecida como Emenda do "Orçamento de Guerra" —, que atribuiu, no contexto dos esforços de combate à crise gerada pela pandemia do novo coronavírus (SARS-CoV-2, causador da Covid-19), poderes emergenciais ao BCB.

A Emenda atribuiu ao banco central ferramentas importantes para atuação no mercado financeiro e introduziu, no cenário regulatório brasileiro, novas possibilidades de atuação da instituição, ampliando o seu "poder de fogo" no combate e prevenção a crises.

[120] DURAN, Camila Villard. Crise econômica e o papel do direito na política monetária: um estudo da *accountability* do Bacen, do BCE e do Fed. **Revista de Direito Público da Economia**, São Paulo, v. 1, p. 23-52, 2012.

A PEC, gestada no momento de concentração de esforços para enfrentamento da crise causada pelo novo coronavírus, conferiu ao BCB — de modo excepcional e em caráter emergencial —— poderes para atuação no mercado de crédito que já vinham sendo discutidos e cobrados por atores econômicos e políticos, alinhando o ferramental da instituição com o detido por outros bancos centrais do mundo.

A teor do que se contém nos arts. 7º e 8º da EC nº 106, ampliaram-se temporariamente os instrumentos de atuação do BCB, municiando a autoridade monetária com novo ferramental, incrementando aqueles de que já dispõe para atuação em situações críticas, permitindo à instituição alcançar segmentos importantes do mercado de capitais que dão sustentação ao financiamento da atividade econômica.

Dois importantes instrumentos guarneceram o ferramental do BCB: (i) permissão de compra de ativos privados nos mercados financeiros, de capitais e de pagamentos, no âmbito mercados secundários nacionais e (ii) possibilidade de compra de títulos de emissão do Tesouro Nacional, no mercado secundário local ou internacional.

O caso envolve preocupações sobre o regime constitucional das crises econômico-financeiras, e sobre as relações entre autoridade monetária e a autoridade de emergências constitucionais, na medida em que, também neste caso, trata-se objetivamente de, diante de um quadro excepcional, avançar para além dos mandatos tradicionais do BCB e de seus afazeres institucionais habituais.[121]

De fato, franqueou-se a intervenção direta da instituição no mercado de crédito, expandindo a janela de liquidez para além do mercado bancário — em uma assunção de tarefas que ultrapassa a missão institucional de salvaguarda da estabilidade da moeda e do sistema financeiro.

Daí por que, mais do que conveniente, é necessário perquirir a que tipo de limites e condicionantes jurídicos, especialmente constitucionais, esse extravasamento de atribuições (mesmo que episódico e temporário) se subordina.[122]

[121] As considerações que seguem extraem-se de trabalho prévio deste autor: OLIVEIRA E MIRANDA, Bruno Felipe de. Estado Regulador de Exceção: uma reflexão sobre a atribuição de poderes emergenciais aos bancos centrais. **Revista da Procuradoria-Geral do Banco Central**, Brasília, vol. 15, n. 1, p. 113-133, jun. 2021.

[122] É a importante reflexão de Julia Black, que chega a formular a questão com um pouco mais de objetividade: "So where in all this 'mess', lies the constitution?" (BLACK, Julia. The Credit

A relação entre legalidade (chave compreensiva mais ampla a que a noção de limites se vincula) e emergências é inerentemente problemática. É nomeadamente nos quadros extremos e de crise que a legalidade, enquanto padrão de conformidade da atuação administrativa, afigura-se mais desafiadora.

É que desses contextos excepcionais pode resultar uma habilitação para a Administração desempenhar certas tarefas, ou praticar determinado tipo de atos, com um conteúdo específico que, em circunstâncias normais, não lhe competiria ou, mesmo que lhe pertencesse, nunca teria essa substância, forma ou procedimento.

A declaração de estados de exceção ou de calamidade pode assim comportar autêntica licença para diferentes estruturas e atuações administrativas, admitindo todo um conjunto de providências que em situações normais seriam consideradas ilegais.[123]

Adrian Vermeule resume essa tensão, ilustrando-a nas figuras dos *legal black and gray holes.* Parte da premissa de que aspiração de estender a legalidade a todos os âmbitos da juridicidade administrativa, eliminando por completo os elementos schmittianos do direito administrativo, parece irremediavelmente utópica. "Buracos negros legais" então surgem quando estatutos ou regras legais isentam explicitamente o Executivo dos requisitos do Estado de Direito ou excluem explicitamente a supervisão judicial da ação executiva. "Buracos cinzas", autênticos "buracos negros disfarçados", aparecem quando existem algumas restrições legais à ação executiva — não se tratando propriamente de um vazio sem lei —, mas as restrições são tão sutis a ponto de permitirem que o governo faça o que bem entender. Trata-se mais de uma fachada de Estado de Direito, do que de autênticas proteções jurídico-substantivas.[124]

A discussão remonta ao conhecido desafio de Carl Schmitt: a tese de que a resposta a situações de emergência tem, por natureza, que ser

Crisis and the Constitution. *In*: OLIVER, Dawn; PROSSER, Tony; RAWLINGS, Richard (Ed.) **The Regulatory State**: Constitutional Implications. Oxford: Oxford University Press, 2010, p. 94).

[123] OTERO, Paulo. **Legalidade e administração pública**: o sentido da vinculação administrativa à juridicidade. Coimbra: Almedina, 2011, p. 993.

[124] VERMEULE, Adrian. Our Schmittian administrative law. **Harvard Law Review**, Cambridge, n. 122, p. 1095-1149, 2009, p. 1097.

parcial ou totalmente isenta do cumprimento dos requisitos normativos associados com a legalidade em tempos de normalidade.

Daí a defesa de Carl Schmitt — que, no interlúdio da República de Weimar, argumentou que o direito e a lei não são capazes de governar o estado de emergência — de que o Estado de Direito não tem lugar no estado de exceção.

É na abertura da obra *Teologia Política* que o autor lança a frase célebre de que "Soberano é quem decide o estado de exceção". Na afirmação extrai-se que em tempos anormais o soberano é legalmente descontrolado.[125]

O pensamento de Schmitt, é claro, vai além. Não é apenas o soberano legalmente descontrolado no estado de emergência: a qualidade de ser soberano é que verdadeiramente se revela na resposta à pergunta de quem decide sobre o estado de emergência.

Sem pretensão de solver o desafio, talvez fosse o caso de reconhecer que todo regime administrativo irá tolerar algum nível previsível de desvio, talvez até mesmo de abuso de poder, como subproduto inevitável de atingir outros fins desejados de maneira geral. Sob essa ótica, o abuso de poder governamental seria algo não a se eliminar, mas a se otimizar, como decorrência de *tradeoffs* inescapáveis com que a governança pública precisa lidar.[126]

Seja como for, pressupõe-se e argumenta-se aqui que uma resposta a emergências, reais ou alegadas, e mesmo em cenários extremos, deve ser governada e parametrizada pelo Estado de Direito e pela constituição. Trata-se de adesão a uma concepção substantiva juridicidade, e não meramente procedimental: o *rule of law* é um arranjo normativo de princípios constitucionais fundamentais que protegem os indivíduos de ações arbitrárias, inclusive (e sobretudo) em quadros de exceção.[127]

[125] SCHMITT, Carl. **Political Theology:** Four Chapters on the Theory of Sovereignty. Cambridge: MIT Press, 1988, p. 5. Em certo sentido, o entendimento de Carl Schmitt sobre o estado de exceção não corresponde a um buraco negro legal, mas um autêntico vazio produzido juridicamente.

[126] VERMEULE, Adrian. Optimal abuse of power. **Revista de Direito Administrativo**, Rio de Janeiro, vol. 278, n. 3, p. 15-43, set./dez. 2019.

[127] DYZENHAUS, David. **The constitution of law:** legality in a time of emergency. Cambridge: Cambridge University Press, 2006, p. 2. Como destacar o autor – em reflexão também válida para o Brasil – as alegações de Schmitt, forjadas na estufa da política de Weimar e na desintegração da tentativa de estabelecer a democracia na Alemanha, podem parecer exageradas

É com base nessa premissa que, avalia-se, o tema deve ser analisado. Limites substanciais importam. O balanço entre liberdade, de um lado, e segurança e estabilidade (ou outros valores caros em situações extremas), de outro, não pode ser dar às custas das liberdades e direitos fundamentais, e tampouco em detrimento ou mediante erosão do arranjo institucional que informa o esquema constitucional positivo de separação e harmonia entre os poderes.[128]

A questão fundamental —- central a esse debate centenário — reside então em como projetar o mecanismo da exceção ou de emergência em termos constitucionais, permitindo uma singradura segura "entre Cila e Caríbdis". Mesmo que se considere que o estado de exceção afigura-se um caso de extra-legalidade, é fundamental que não mergulhe na total anomia, bem como que dimensões importantes de juridicidade sejam preservadas.

Além desse vetor fundamental (repise-se: aspectos substanciais da juridicidade devem ser tutelados), não se pode descurar que o julgamento prudencial das autoridades políticas é um elemento igualmente decisivo.

Não importa quão específica e detalhada seja uma constituição em relação ao estado de emergência — é o julgamento e o subsequente comportamento da autoridade pública principal que definirá o caráter de seu regime de poder de emergência: se constitucional ou meramente abusivo, ditatorial.

Talvez por isso, de forma geral, nos diferentes sistemas jurídicos e em diferentes contextos emergenciais, o julgamento prudencial sobre a exceção e os poderes correspondentes e dela derivados encontram-se alocados

para os advogados comuns de jurisdições como o Reino Unido, o Canadá e a Austrália, e mais ainda para os advogados dos Estados Unidos, dado o lugar da declaração de direitos na cultura política americana. No entanto, a análise de precedentes e do registro judicial apoia amplamente as alegações de Schmitt – embora não pela ideia de que o Estado de Direito não tenha lugar em uma emergência, mas pela noção de que apenas uma concepção formal ou estritamente processual do Estado de Direito é apropriada para emergências (DYZENHAUS, David. **The constitution of law**, p. 35).

[128] KUO, Ming-Sing. The moment of Schmittian Truth: conceiving of the state of exception in the wake of the financial crises. *In:* JOERGES, Christian Joerges; GLINSKI, Carolai (ed.). **The European Crisis and the Transformation of Transnational Governance:** Authoritarian Managerialism versus Democratic Governance. Oxford: Hart, 2014, p. 83-97.

na chefia do Executivo e nos Parlamentos — politicamente responsivos (especialmente ao eleitorado e às urnas) como são.

Entretanto — e a constatação que segue é fundamental para a presente digressão —, com a especialização da administração, os poderes de emergência passam a residir nas mãos dos dirigentes das várias agências administrativas — em vez de concentradamente no gabinete do chefe do Executivo.

Sanford Levinson e Jack Balkin chamam esse fenômeno de "ditadura distribuída" (*distributed dictatorschip*): cada vez mais poderes excepcionais são atribuídos diretamente a agências — de maneira que, se antes o problema de um *Executive unbound* era essencialmente uma dificuldade com a chefia do Executivo, presentemente os arranjos emergenciais ou de exceção geram pressões em outros territórios da estrutura de governo.[129]

Como encarecem os autores, o foco no Poder Executivo como mecanismo principal da exceção constitucional naturalmente leva as pessoas a identificar o soberano com um único indivíduo — em geral, o chefe de governo. Mas isso se revela incorreto. O poder de exceção é quase inevitavelmente disperso no moderno estado administrativo. As questões políticas atuais exigem cada vez mais conhecimento especializado, ao passo que mesmo os presidentes mais capazes provavelmente não têm o conhecimento detalhado necessário para uma ação rápida e decisiva.[130]

Não é difícil rastrear as causas desse fenômeno. Quando as emergências ocorrem, o padrão legislativo de resposta é o da delegação — pelas mesmas razões que fazem da delegação um padrão legislativo em tempos de normalidade, só que com ênfase acrescida.[131] É que as delegações — e especialmente as deslegalizações — são a ferramenta legislativa primeira para lidar com problemas complexos e que demandam respostas imediatas e em larga escala; a dificuldade dos parlamentos de prover ajustes e medidas de política pública no ritmo adequado e necessário, que é

[129] LEVINSON, Sanford; BALKIN, Jack M. Constitutional Dictatorship: Its Dangers and Its Design. **Minnesota Law Review**, vol. 94, p. 1789-1866, June 2010, p. 1840.

[130] LEVINSON, Sanford; BALKIN, Jack M. Constitutional Dictatorship, p. 1841. Com olhos na crise financeira do *subprime*, a avaliação dos autores é de que "In the economic crisis of 2008, President Bush was largely a figurehead, whether by choice or by circumstance. The Treasury Secretary and the Chairman of the Federal Reserve made the key executive decisions."

[131] POSNER, Eric A.; VERMEULE, Adrian. **The executive unboud:** after the Madisonian republic. New York: Oxford University Press, 2010, p. 32.

agudizada em tempos de crise, faz do recurso à delegação, mais do que uma conveniência, um imperativo.

É natural, nesse cenário, que as agências reguladoras — o Executivo estendido — sejam recrutadas a agir. Algumas instituições são candidatas naturais a essa convocação. Os bancos centrais são uma delas, enquanto naturalmente vocacionados para atuar em crises e, portanto, para navegar nas águas da excepcionalidade.

A história recente exibe exemplos claros desse fenômeno. Uma nova referência aos eventos da crise financeira de 2008 é inevitável. Há pouco mais de dez anos, quando o mundo assistia ao derretimento do mercado de crédito a partir dos Estados Unidos, ameaçando as principais instituições financeiras de Wall Street, ao mesmo tempo em que uma grave recessão parecia inevitável, aspectos da política monetária foram construídos e desenvolvidos em pleno voo.

E um dado importante dessa história, nem sempre recordado, é que larga margem de discricionariedade repousava nas mãos não do presidente dos Estados Unidos, mas nas do *chairman* do banco central americano, Ben Bernanke, que muitas vezes fazia as vezes de agente decisor — em uma espécie de exercício *de facto* de poderes de exceção.[132]

À primeira vista, isso parece ser uma descrição notavelmente schmittiana do papel desempenhado pela diretoria do Federal Reserve, mais particularmente, por seu presidente.

O soberano de Schmitt é justamente a pessoa que pode definir algo como uma crise e, em seguida, basicamente fazer o que achar necessário para enfrentá-la.

Mas o detalhe daquele caso — que guarda alguma semelhança com a crise do coronavírus — é que o presidente do banco central não é um soberano. Ele é um agente comissionado, ainda que com prerrogativas de proteção e estabilidade no exercício do cargo.

[132] LEVINSON, Sanford; BALKIN, Jack M. Constitutional Dictatorship, p. 1841. Como reconhecem os protagonistas do episódio, não era uma decisão fácil — envolvia identificar as extensões dos poderes do Fed, decidir o que seria a coisa certa a fazer e explicar por que era a postura correta: "Even former Fed chairman Paul Volcker said the Fed's actions 'extend to the very edge of its lawful and implied powers', which was accurate - we had been careful not to go over the edge - but did not sound like a complement. We were realizing that we faced a dual challenge: figuring out the right thing to do, and explaining why it was the right thing to do" (BERNANKE, Ben S.; GEITHNER, Timothy F; PAULSON JR., Henry M. **Firefighting,** p. 51).

Aqui, como em tantos outros casos, o Estado Regulador solapa as noções convencionais do soberano como uma figura centralista isolada no topo da pirâmide burocrática, que toma solitariamente decisões políticas fundamentais em caráter de exceção. Pelo contrário, assiste-se, cada vez mais, a delegações e atribuições de poderes a diferentes soberanos em suas diferentes áreas de expertise (sistema financeiro, segurança pública, proteção sanitária, etc.) — como o se o moderno Estado Regulador fosse uma soberania distribuída, pulverizando átrios de poderes de quase--exceção entre diferentes agências e burocratas.[133]

Em parte, isso constitui uma necessidade prática diante da complexidade e magnitude da administração pública contemporânea. Decisivamente não se pretende aqui reabilitar a retórica do Executivo unitário — a realidade de formas e poderes cada vez mais desagregados no poder executivo moderno, em que o poder de tomada de decisão unilateral é (e precisa ser) cada vez mais distribuído, é um dado que atende a reclamos pragmáticos inescapáveis.[134]

Entretanto, divisar limites e condicionantes deste processo afigura--se primordial. Se o Estado Regulador não chega a ser o pesadelo de Tocqueville, não se pode perder de mira o risco de desgovernos e muito menos enganar-se por uma visão apolítica da expertise técnica.[135]

Daí a relevância de o problema ser pensado em termos constitucionais — e, mais do que constitucionais, democráticos. O risco de que burocracias auto-perpetuantes insulem-se da competição popular e política, em formas não competitivas de governo, é não menos indesejado do que o verificado em ditaduras, regimes políticos de vanguardas partidárias, de pequenos grupos sociais dominantes ou em teocracias.

133 LEVINSON, Sanford; BALKIN, Jack M. Constitutional Dictatorship, p. 1841.

134 A irreversibilidade desse movimento é amiúde sublinhada por Adrian Vermeule: "The implication is that the same forces – both external causes and, as I have argued here, internal reasons – that brought about the administrative state in the first place, from within the classical constitutional order, would still be operative even if the administrative state were rolled back. (...) At a minimum, law's empire and the classical constitutional order are gone beyond all hope of revival" (VERMEULE, Adrian. **Law's abnegation**: from law's empire to the administrative state. Cambridge: Harvard Press, 2016, p. 2018).

135 ERNST, Daniel. **Tocqueville's nightmare**: the administrative state emerges in America, 1900-1940. New York: Oxford University Press, 2014, p. 146.

Monopólios, inclusive os políticos, tipicamente garantem a seus titulares lucros excepcionais em detrimento de outras pessoas — motivo por que o Estado é potencialmente o monopólio mais lucrativo para quem o controla e mais perigoso para todos os demais.[136]

Assim é que a relevância e a posição constitucionais das agências reguladoras exige a observância de certos princípios de *design* ou preceitos de arquitetura, nomeadamente em cenários extremos. As crises e situações de exceção são, por definição, condições adversas a que o aparelho de Estado não se encontra formalmente preparado para solver, forçando o governo a inovar: assumindo novos poderes, usando criativamente os já existentes ou despertando possibilidades latentes.[137] Mas, em uma democracia constitucional, deve-se indagar quem pode fazê-lo, de que maneira e até que ponto, a fim de que não se transgridam valores-base — donde a importância de que o exame seja feito com olhos na lei fundamental.[138]

Esse exercício de poderes emergenciais por agências independentes, fenômeno que se poderia denominar de *Estado Regulador de Exceção*, desafia pressuposições habituais sobre o regime constitucional das crises — em especial, aquela de que, em regimes democráticos, são os representantes eleitos e politicamente responsivos, sujeitos a restrições e amarras constitucionais mais sólidas, que definem e operam poderes de exceção. E mais do que desfazer essa imagem, é importante discutir a que balizamentos jurídicos esse processo encontra-se vinculado.

Em linhas gerais, as provisões e mecanismos constitucionais relativos ao controle de poderes emergenciais apresentam uma estrutura básica, haurida a partir da experiência histórica e de diferentes modelos e padrões constitucionais.[139]

[136] COOTER, Robert. **The strategic constitution**. Princeton: Princeton University Press, 2000, p. 4.

[137] "The crisis, and the subsequent inquiries into its handling, have also given us a fascinating glimpse of how the political system works in times of crisis. It has demonstrated that the UK does indeed have a flexible constitution, but that there are limits to that flexibility" (BLACK, Julia. The Credit Crisis and the Constitution, p. 94).

[138] TUCKER, Paul. **Unelected power**, p. 382.

[139] FEREJOHN, John; PASQUINO, Pasquale. The law of exception: a tipology of emergency powers. **International Journal of Constitutional Law**, New York, vol. 2, n. 2, pp. 21-239, 2004.

Nesse sentido, a matriz de previsão e controle da emergência envolve a definição de quatro elementos centrais: (i) como se declara, (ii) como se exercita, (iii) como se restabelece a normalidade e (iv) como se controlam efeitos das medidas de emergência.[140]

O argumento aqui desenvolvido repousa na percepção de que o desenho veiculado pela EC nº 106/2020 revela-se constitucionalmente falho, quanto aos mecanismos de *exercício* e de *controle dos efeitos das medidas emergenciais*.

Avalia-se que o erro capital contido na normativa dos arts. 7º e 8º da Emenda reside no alheamento da chefia do Poder Executivo do processo deliberativo que envolve o exercício de atribuições emergenciais pelo banco central. Nesse proceder, mais do que uma potencial transgressão à principiologia básica veiculada na Constituição de 1988 para a disciplina do estado de exceção,[141] é possível rastrear ofensa ao conteúdo jurídico da separação funcional dos poderes e do regime presidencialista.

Uma preliminar necessária envolve a clareza de que os poderes e competências atribuídos pela Emenda ao BCB revelam natureza emergencial e de exceção (ou, ao menos, de quase-exceção). Há vários elementos demonstrativos dessa percepção: (i) atuação do BCB é credenciada por um decreto de calamidade, emitido pelo Congresso Nacional (art. 1º da Emenda); (ii) os poderes elencados nos incisos I e II do art. 7º extravasam competências e missões institucionais usuais do banco (tanto assim que uma emenda constitucional precisou ser editada, para franquear expressamente esses poderes, antes não contemplados, e que colidiam com as previsões do art. 164 da Constituição); (iii) a autorização para o BCB atuar no mercado de crédito, a teor do que revela o *caput* do art. 7º, é textualmente limitada ao enfrentamento da calamidade pública, e com vigência e efeitos restritos à sua duração; (iv) finalmente, a previsão de uma *sunset clause* (art. 11) denota clara intenção de restabelecimento da normalidade institucional, em que esses poderes não poderão ser exercidos.

[140] FEREJOHN, John; PASQUINO, Pasquale. The law of exception, p. 230.

[141] Este é um aspecto fulcral que não pode ser desconsiderado: da Constituição brasileira de 1988 extrai-se uma opção explícita de disciplina jurídica das crises, desenhando e conferindo instrumentos ao Estado para, pelos meios julgados aptos, debelar conflitos em situações de emergência com o mínimo sacrifício às liberdades públicas inerentes ao nosso regime político (MENDES, Gilmar Ferreira; COELHO, Inocêncio Mártires; BRANCO, Paulo Gustavo Gonet. **Curso de direito constitucional**. São Paulo: Saraiva, 2007, p. 1274).

A Emenda adota um modelo legislativo de emergência com delegação ampla do exercício de poderes extraordinários para o banco central — sem previsão expressa de qualquer tipo de recurso à autoridade presidencial ou de seu gabinete.

Nesse contexto, é interessante notar que na versão original da PEC nº 10/2020, cuja tramitação iniciou-se pela Câmara dos Deputados, havia previsão de autorização das operações pela Secretaria do Tesouro Nacional (STN). Ao Ato das Disposições Constitucionais Transitórias (ADCT) seria incluído o art. 115, cujo §11, inciso I, conteria a enunciação expressa de que o montante total de compras de cada operação do BCB deveria ser autorizado pela STN.

Além dessa previsão específica e direcionada à questão da atuação emergencial do BCB, a proposta original da PEC previa a criação de um Comitê de Gestão da Crise (art. 115, §1º do ADCT), com competência de fixar a orientação geral e aprovar ações que integrariam o escopo do regime emergencial — comitê esse que seria não só dirigido pelo presidente da República (inciso I), como também admitiria, em sua composição, ministros de Estado integrantes do Executivo (inciso II).

Não foi essa, porém, a versão final que estou promulgada — razão por que, na redação vigente e corporificada na EC nº 106, não se verifica contemplação expressa de integração da chefia do Executivo federal ou de ministros de Estado na cadeia deliberativa do programa extraordinário de compra de ativos.

A versão final confia exclusivamente ao Congresso e ao banco central — o primeiro no campo da declaração de emergência e da fiscalização *ex post*; o segundo, para a execução do programa — a missão de conduzir a resposta de emergência na arena financeira, alheando por completo do processo a estrutura central e política do Executivo federal - e, em especial, a presidência da República.

O modelo merece críticas em diferentes perspectivas. Em um nível mais superficial, poder-se-ia objetar que a Emenda cria um arranjo de adjudicação de poderes de emergência com uma rede de *accountability* pouco redundante e de baixa densidade.[142] A delegação de atribuições ao BCB foi excessivamente generosa, além do que o mecanismo de deliberação e

[142] SCOTT, Colin. Accountability in the Regulatory State. **Journal of Law and Society**, Oxford, vol. 27, n. 1, p. 38-60, Mar./2000.

fiscalização envolve poucas entidades — situação preocupante para uma competência emergencial a ser exercida *in extremis*. Se as constituições são, em larga medida, mecanismos de gerenciamento de riscos políticos, o desenho da estrutura deliberativa contida na EC nº 106 parece endereçar mal riscos deliberativos (não refinando mecanismos de segunda-opinião) e riscos de expertise.[143]

Acredita-se, porém, que o modelo admite uma censura mais profunda — e adrede já insinuada. Avalia-se que o não compartilhamento da responsabilidade deliberativa com a presidência da República ou, no mínimo, com pastas ministeriais (tal como se previa na redação original) revela-se inconstitucional, ante a transgressão de certos limites de *design*.

Depositar inteiramente no banco central — a despeito de toda a credibilidade que a instituição merecidamente desfruta — a responsabilidade deliberativa, sem compartilhamento decisório (ainda que em um nível elementar de integração no procedimento de tomada de decisões) com outros órgãos políticos é uma postura que não apenas desafia o protagonismo da política e de agentes democraticamente eleitos em cenários de exceção, como parece ignorar os riscos políticos e jurídicos que esse tipo de arquitetura inevitavelmente pode gerar.[144]

A Emenda despreza a primazia do Executivo eleito para lidar com emergências, eliminando um mínimo de controle presidencial sobre o programa regulatório. Longe de defender um modelo de Executivo unitário,[145] e tendo o cuidado de enxergar a separação de poderes sem idolatrias,[146] a opção legislativa de excluir expressamente um mínimo de supervisão presidencial, confiando exclusivamente na primazia do Congresso para decretar o estado de calamidade e fiscalizar *ex post* as deci-

143 VERMEULE, Adrian. **The constitution of risk**. New York: Cambridge Press, 2014, p. 141 e 163.

144 "Drifting toward a system of insulated unelected power is liable to create political fragility unless by some miracle IA [independent agencies] performance is uniformly and persistently exemplary. Politics is, perhaps, the least likely domain for divine intervention" (TUCKER, Paul. **Unelected power**, p. 380).

145 LEVINSON, Sanford; BALKIN, Jack M. Constitutional Dictatorship, p. 1840-1841. GUERRA, Sérgio. Separação de poderes, executive unitário e estado administrativo no Brasil. *In:* GUERRA, Sérgio (org.). **Teoria do Estado Regulador**, vol. III. Curitiba: Juruá, 2017, v. 3, p. 11-30.

146 VERMEULE, Adrian. **Law's Abnegation**, p. 56.

sões do BCB não parece encontrar na Constituição de 1988 um esquema de desenho institucional análogo.

O gerenciamento de crises constitucionais, tal como esquadrinhado pelo constituinte originário (especialmente entre os arts. 136 e 139 da Carta de 1988), pressupõe uma articulação entre diferentes autoridades políticas, características de um emaranhamento ou *overlapping* decisório intencional — "como uma espécie de pesos e contrapesos internos"[147]. E embora seja fora de dúvidas que não estamos lidando propriamente com estado de sítio nem estado de defesa, o inequívoco contexto emergencial (repita-se: inaugurado por reconhecimento parlamentar de estado de calamidade pública nacional) recomenda cautelas institucionais análogas — que estavam previstas na versão original da PEC, e que parecem ter sido ulteriormente descartadas.

Uma filtragem constitucional da normativa dos arts. 7º e 8º da EC nº 106 inevitavelmente esbarra na dificuldade de que as linhas-mestras do regime jurídico da defesa do Estado e da disciplina das crises constitucionais, definidas na Constituição de 1988, não foram observadas na Emenda, especialmente quanto ao papel fundamental desempenhado pela chefia do Executivo e por seus ministérios (em especial, no caso, o ministério da Economia e a Secretaria do Tesouro Nacional). Demais disso, parece desconsiderar a opção política fundamental pelo sistema de governo presidencialista — opção essa que tem consequências de desenho institucional, queira-se ou não.

O exercício de poderes emergenciais por autoridades políticas deve ser sempre encarado com alto grau de cautela e intenso escrutínio. Exercidos por governos eleitos, o controle deve ser forte. Exercidos por agências independentes, mais ainda.

Para as agências, as regras do jogo da emergência e da exceção aplicam-se mais rigorosamente, precisamente porque não carregam a sanção do batismo eleitoral.[148] E independentemente do debate em torno da intensidade do controle *vis-à-vis* o lastro eleitoral da atuação institucional, parece no mínimo conveniente — nomeadamente em termos de ganho de transparência e *accountability* — que diferentes instâncias política de atuação sejam chamadas a integrar o átrio deliberativo de respostas emergenciais.

[147] BLACK, Julia. The Credit Crisis and the Constitution, p. 113.

[148] TUCKER, Paul. **Unelected power**, p. 504.

Uma solução juridicamente possível envolveria a exigência, calcada em uma interpretação conforme a constituição, de que as operações do art. 7º da EC nº 106 sejam empreendidas com participação de órgão da administração direta do Executivo federal, atribuindo-lhe no mínimo um poder de veto sobre as operações. Ou, ainda, o reconhecimento de que o dever de prestar contas (art. 7º, §3º) dirige-se não apenas ao Congresso, mas também à presidência da República, que também teria poderes de sustar iniciativas consideradas indevidas.

Mas, independentemente da solução específica, a mensagem principal é de que, em democracias saudáveis, comprometidas em assim permanecerem, estruturas institucionais e arranjos deliberativos não só importam, como ajudam.[149] Ansiedades com desenhos constitucionais, especialmente diante de contextos extremos e de crise, podem ser bem resolvidas com mecanismos de *second* ou *multiple opinion*.[150] Neste propósito, a credibilidade da autoridade presidencial apresenta-se como um fator importante — e que, inclusive, por imperativos constitucionais, não pode ser desprezada.

A alocação de competências extraordinárias com forte carga discricionária, exorbitantes da juridicidade vigente em quadros de normalidade, *exclusivamente* na alçada decisória de agências reguladoras independentes, sem integração da chefia ou de braços delegados de poderes democraticamente eleitos, não parece satisfazer as exigências que decorrem do modelo constitucional de separação funcional dos poderes nem do arranjo de governo presidencialista.

Poderes excepcionais — *enquanto* excepcionais e *porque* excepcionais — merecem tratamento diferenciado e cautelas adicionais, sendo, mais do que conveniente, constitucionalmente exigível que o desenho distributivo e adjudicatório seja projetado sob a forma de arranjos compartilhados. Esse compartilhamento, tanto quanto operacionalmente possível, recomenda que sejam integrados e tenham assento os poderes políticos.

A mera previsão de supervisão *ex post* — no caso da Emenda nº 106/2020, supervisão meramente parlamentar — não parece atender às exigências de uma repartição constitucionalmente adequada das atribuições

149 TUCKER, Paul. **Unelected power**, p. 520.

150 VERMEULE, Adrian. **The constitution of risk**, p. 146.

decisórias, cuja hospedagem concentrada na diretoria do BCB revela-se, sob a ótica da validade, normativamente vulnerável.

Com a presente análise, procurou-se demonstrar que há objeções arguíveis, constitucionalmente calçadas, a este aspecto do desenho introduzido na Emenda. Com isso não se pretende defender nem repristinar um modelo presidencialmente centralista de governança executiva, nem um arquétipo napoleônico de desenho e práticas administrativas. Tampouco se argumenta contrariamente ao modelo de agências reguladoras independentes e muito menos à importância qualificada dos bancos centrais enquanto instituições vocacionadas à defesa da estabilidade da moeda.

O que se pretendeu aqui argumentar é que também o modelo de agencificação tem limites constitucionais. A moeda pública e a estabilidade do seu valor podem ter suas sentinelas avançadas — mas se espera que nenhuma delas reivindique a condição de defensora exclusiva da sua guarda.

Conclusão

Perguntar por uma autoridade significa, em essência, indagar por poderes, mandatos e competências. Cuida-se de inquirir qual a reserva de capital político atribuído a determinada instituição, a que finalidades essa atribuição se propõe, e de que modo o direito molda, constrange e vetoriza o agir institucional.

Analisou-se nesta seção de que modo a ordem constitucional brasileira delineia o perfil jurídico da autoridade monetária nacional. Após breve relance sobre a compreensão moderna da soberania monetária e algumas de suas mais destacadas projeções, a fórmula constitucional para a autoridade monetária foi esquadrinhada a partir dos seguintes elementos: (i) moldura normativa da política monetária; (ii) anatomia constitucional do banco central; (ii) predicados institucionais da autoridade monetária na constituição; (iv) perfil das relações entre a autoridade monetária e outras autoridades constitucionais.

À caça do que a lei fundamental tem a dizer sobre a autoridade monetária, pôde-se identificar que a questão da independência ou autonomia do banco central — embora corporifique um importante tema constitucional — decisivamente não é a única decisão política a respeito do regime jurídico do executor estatal da política e da regulação monetárias.

Na constituição brasileira de 1988, portanto, para a autoridade monetária não há apenas adjetivos: há também verbos e substantivos, afazeres e categorias estruturantes do agir estatal na esfera monetária.

Não vem a talho deste estudo apontar acertos e fracassos da constituição nesse aspecto. Os méritos e deméritos desse desenho institucional e jurídico específico não estão compreendidos no escopo da averiguação. O que se analisou foi a existência de decisões políticas substanciais que, aparentemente, vão além da esquemática tradicionalmente apontada. Para além de deliberações constitucionais a respeito de regras para nomeação de dirigentes do BC, normas formais de distribuição de competência sobre moeda e política monetária, e diretrizes gerais sobre atuação do banco central e para o SFN, há outras dimensões normativas que nem sempre são exploradas.

E não só isso: existem agendas constitucionais para a autoridade monetária que podem ser mais bem desenvolvidas. O reforço de *accountability* dos bancos centrais, por meio de mecanismos especificamente jurídicos, passa também por estratégias e alternativas que operam no nível constitucional.

De fato, na governança de múltiplos níveis da autoridade monetária, a constituição sempre terá algo a dizer.

5.
JURISDIÇÃO CONSTITUCIONAL MONETÁRIA: A ARBITRAGEM JUDICIAL DA TENSÃO ENTRE LIBERDADE E AUTORIDADE MONETÁRIA

Nossas reformas monetárias nada mais eram do que o meio de que se valeu o economista para ludibriar o jurista.

— Mário Henrique Simonsen

É provável que não exista experiência similar em matéria de movimentação nos tribunais em controvérsias sobre os efeitos da inflação.

— Gustavo Franco

Para que o Poder Judiciário possa fazer a sua parte no controle da moeda é necessário que ele, em primeiro lugar, passe a empregar uma linguagem correta no trato das questões monetárias.

— Letácio Jansen

McCulloch v. Maryland (1819) é talvez um dos julgados mais famosos da Suprema Corte americana. Proferida há pouco mais de duzentos anos, é considerada como uma das mais importantes decisões da história do tribunal. O julgado, paradigmático para o direito constitucional, enfrentou a delicada questão dos limites dos poderes do governo federal em face dos poderes estaduais. Se a carta política americana inovara ao criar o federalismo como forma constitucional, coube à Suprema Corte definir, de modo mais preciso, as fronteiras das prerrogativas da União e dos Estados.

Pela importância do tema enfrentando, e pela qualidade da deliberação do tribunal, o precedente influenciou não apenas o direito constitucional americano, mas também a jurisprudência de outros países — a do Brasil em especial. São frequentes, quando não constantes, alusões ao julgado americano pelo Supremo Tribunal Federal. Argumentações e formulações lançadas na bicentenária decisão ocupam, amiúde, os ementários e votos de ministros da Suprema Corte brasileira.

"*That the power to tax involves the power to destroy*" é provavelmente o mais conhecido dos dizeres do *Chief Justice* John Marshall. A alusão à decisão em *McCulloch v. Maryland* guarda, comumente, referência ao imperativo e à necessidade de contenção dos poderes fiscais do Estado, presente a aptidão corrosiva da pública potestade de estabelecimento e cobrança de tributos. Não à toa, na jurisprudência do STF, é especialmente em decisões envolvendo matéria fiscal, e de interpretação e aplicação das normas do Sistema Tributário Nacional (Capítulo I do Título VI da Carta de 1988), que o precedente norte-americano é invocado — em geral como lembrança ou admoestação, dirigida aos fiscos federal, estaduais e municipais, para que tenham em linha de conta a responsabilidade inerente aos poderes exacionais de que são mandatários.

Todavia, o que nem sempre se recorda é que *McCulloch v. Maryland* não foi propriamente um caso tributário. Não se tratou, como uma primeira associação com o famoso adágio do *Justice* Marshall poderia insinuar, de um caso precipuamente, ou ao menos exclusivamente, fiscal.

Com efeito, talvez não seja exagerado diagnosticar que *McCulloch v. Maryland* foi um julgado *monetário* — um dos primeiros e mais importantes julgados da Suprema Corte dos Estados Unidos a respeito de matéria monetária, delimitando os poderes e atribuições de que o poder central encontra-se investido no terreno do dinheiro e da moeda. Sim, porque se o que ficou famoso no julgado, além da formulação da chamada "teoria dos poderes implícitos", foi o *caveat* de que o poder de tributar envolve o poder de destruir, a tributação que restou censurada pelo tribunal foi aquela que o Estado de Maryland pretendeu impor ao braço do *Second Bank of the United States* localizado naquela unidade federativa.

De fato, se a primeira questão que a Suprema Corte precisou decidir era se uma agência federal, agindo no limite de seus poderes expressamente conferidos, poderia ser impedida em suas operações como decorrência da tributação estabelecida por um Estado-membro, a segunda e talvez mais importante questão (de cuja resposta inclusive dependia a resposta para a primeira), era justamente se o *Second Bank* e suas filiais eram constitucionais.[1] Tratava-se, portanto, de examinar se era constitucional a criação de um banco nacional — questão disputada desde os primeiros dias da república americana, e que envolvia indagações importantes de teoria constitucional.[2]

A lembrança do célebre caso *McCulloch*, e do pano de fundo que envolveu o precedente, é relevante para pontuar um aspecto particularmente interessante da história monetária americana, que nem sempre é recordado (e tampouco enfatizado): o do papel decisivo desempenhado pela Suprema Corte daquele país, no processo de construção e desenvolvimento da moeda nacional americana, o dólar.

Como sintetiza o jusmonetarista Arthur Nussbaum, a história do dólar liga-se mais de perto com a história judiciária dos Estados Unidos do que acontece com a história das unidades monetárias de outros países.[3] Essa forte influência do Judiciário, é verdade, está em alguma medida de acordo com a tradição da *common law*, mas não se pode deixar de observar que, se na Grã-Bretanha o desenvolvimento do sistema monetário deveu-se primeiro à Coroa e depois ao Parlamento, nos Estados Unidos foi a Suprema Corte que tornou possíveis o papel-moeda e a rede bancária federais. No campo do desenvolvimento das instituições monetárias americanas, o Judiciário assumiu uma dose acentuada de protagonismo

[1] TIMBERLAKE, Richard H. **Constitutional Money**: a review of the Supreme Court's monetary decisions. Cambridge: Cambridge University Press, 2013, p. 22. Como destaca o autor, a mais importante questão consistia na legitimidade de uma agência governamental federal, à luz da *necessary and proper clause*.

[2] FARBER, Daniel A. The story of *McCulloch*: Banking on national power. In: DORF, Michael C. (Ed.). **Constitutional Law Stories**. New York: Foundation Press, 2004, p. 33-67.

[3] NUSSBAUM, Arthur. **A história do dólar**. Rio de Janeiro: Zahar Editores, 1967, p. 216.

— uma função semipolítica, que representou um fenômeno ímpar e tipicamente americano.[4]

Desde o precedente firmado em *McCulloch*, passando pelos importantes julgados conhecidos como *Legal Tender Cases* — um conjunto de três decisões que, ao final, legitimaram a atribuição de poderes para determinar o curso legal de papel-moeda estatal, em quaisquer circunstâncias[5] —, progredindo para casos polêmicos e politicamente sensíveis — como sucedeu especialmente com os *Gold Clauses Cases*, que examinaram a constitucionalidade de decretos presidenciais e leis promulgados durante o governo FDR — é notável a contribuição da jurisdição constitucional americana para o processo de estruturação jurídica daquela que se tornou a moeda mais forte da economia mundial.

E não é exagero afiançar que o mesmo se aplica ao Brasil. Com efeito, é igualmente vasta a história judiciária brasileira em matéria monetária — e não menos importante a relevância dos precedentes judiciais firmados a respeito da disciplina jurídica do dinheiro. A observação de Arthur Nussbaum, portanto, encontra na experiência brasileira um interessante paralelo: é que também nestas plagas deve-se creditar ao Judiciário, e ao Supremo Tribunal Federal em especial, importante papel institucional na forja jurídica da moeda nacional e das nossas instituições monetárias.

A jurisprudência do Supremo em matéria de direito monetário talvez não tenha equivalentes no mundo — sobretudo no campo da atuação do tribunal na fronte da fiscalização normativa da constitucionalidade das leis. Embora essa prolífica produção jurisprudencial reflita, em extensão não desprezível, os problemas, inconsistências e movimentos erráticos da governança da moeda nacional — traduzindo, nesse sentido, por vezes, menos uma atuação judicial cinzeladora, e mais uma jurisdição exercida em condições críticas, censurando planos governamentais açodados —, não se pode deixar de notar que é um fato institucionalmente relevante a incursão habitual da corte em temas de direito da moeda. Diversos precedentes, sobretudo em matéria de efeitos jurídicos da inflação, foram

[4] NUSSBAUM, Arthur. **A história do dólar**, p. 215-216.

[5] TIMBERLAKE, Richard H. **Constitutional Money**, p. 129. RICKEN, Guilherme. Eram os juízes mengerianos? A concepção de moeda no debate jurídico. **Revista da Faculdade de Direito**, São Paulo, Universidade de São Paulo, n. 109, p. 683-699, 2014.

emitidos pelo tribunal — e se as crises inflacionárias do país não são algo a se comemorar, pelo menos algum saber jurisprudencial foi capitalizado ao longo deste árduo período.

É nesse sentido que se pode afirmar, sem maior dificuldade, haver uma *jurisprudência constitucional monetária*, formada a partir da atuação dos tribunais brasileiros, nomeadamente do STF, nos quadrantes da jurisdição constitucional da moeda. Trata-se do conjunto de orientações ministradas pelas cortes, sob as luzes da Constituição de 1988, quanto a temas de direito e regulação monetária, arbitrando os conflitos surgidos — e foram muitos — entre a atuação legislativa e administrativa do Estado brasileiro no campo da moeda, e os titulares de ativos monetários.

Parte significativa desses precedentes, anota acuradamente Gustavo Franco na observação que epigrafa este capítulo, constitui-se de decisões a respeito dos efeitos jurídicos da inflação — especialmente no campo das obrigações e contratos. Trata-se de deliberações a respeito de conflitos envolvendo a correção monetária, quer quanto à aplicação da técnica, quanto à definição de índices e coeficientes, quer, especialmente, quanto às difíceis questões envolvendo conflitos intertemporais e de sucessão de leis no tempo. Nesse sentido, forjou-se uma jurisprudência das crises monetárias — um dos mais importantes e conhecidos capítulos construtivos do direito monetário, escrito a partir da atuação dos tribunais.[6]

Mas seria reducionista limitar a jurisprudência ao papel de mero gestor de crises, de singelo árbitro das repercussões jurídicas da inflação crônica experimentada no país. Os precedentes foram além, veiculando debates importantes sobre limites dos poderes da autoridade monetária, sobre os predicados institucionais do banco central e a conformação jurídica da instituição, da sua estrutura e dos seus poderes.[7]

Ademais, em momento especialmente delicado da trajetória nacional, pode-se dizer que os tribunais (e o STF com acentuado destaque) tiveram importância qualificada no processo de estabilização da moeda — quer

[6] WALD, Arnoldo. **O novo direito monetário**, p. 29.

[7] DURAN-FERREIRA, Camila. O STF e a construção institucional das autoridades reguladoras do sistema financeiro: um estudo de caso das ADIns. **Revista Direito GV**, São Paulo, v. 5, n. 1, p. 67-94, jan./jun. 2009.

definindo os limites dos planos econômicos, quer sustentando a execução de alguns desses programas. E esse agir institucional vai além: em uma atuação não menos sutil do que importante, as cortes contribuíram burilando categorias, códigos e estratégias normativas que se integraram ao *corpus* legislativo e regulatório.

Em outras palavras, é dizer: a jurisprudência em matéria monetária foi não apenas trincheira, mas também bússola dos avanços experimentados.

Se é verdadeiro o diagnóstico de que o direito é um fator de desenvolvimento dos mercados financeiros e, via de consequência, um indispensável fator ao desenvolvimento econômico,[8] essa observação pode, talvez sem maiores dificuldades, ser confirmada no Brasil — designadamente diante do papel da jurisdição constitucional ao definir diversos *standards* que balizaram (e também auxiliaram) a forja de instituições monetárias mais sólidas.

E talvez essa trajetória de aprimoramentos institucionais não tenha chegado ao fim. Eventos recentes na fronteira da economia monetária insinuam que uma renovação do atuar da jurisdição constitucional no campo da moeda é não apenas possível, mas, na verdade, esperado.

O desafio constitucional colocado sobre programas governamentais da autoridade monetária é um dos exemplos que podem ser mencionados — como revela o recente e ilustrativo caso do *Bundesverfassungsgericht*, envolvendo política monetária do BCE.[9] O mesmo se diga da projeção constitucional dos debates envolvendo o desenho institucional dos bancos centrais, os limites jurídico-constitucionais de seus mandatos e dos instrumentos de que pode lançar mão.

De igual modo, a fronteira do regime jurídico-constitucional dos criptoativos parece um fronte promissor. Se e em que medida e emissão de *tokens* privados, em concorrência com a moeda pública nacional, estatalmente administrada, apresenta algum tipo de resguardo pela lei fundamental, e até onde o Estado pode ir na restrição dessas

[8] MAHONEY, Paul G. The common law and economic growth: Hayek might be right. **The Journal of Legal Studies**, Vol. 30, No. 2 (Jun 2001), p. 503-504.

[9] PISTOR, Katharina. Germany's Constitutional Court Goes Rogue. **Project Syndicate**, United States, May 8, 2020.

liberdades, é tema que seguramente alcançará a barra dos tribunais. Apenas uma questão de tempo, e de capitalização de mais alguns conflitos e atritos regulatórios, até essas demandas ocuparem a agenda das cortes constitucionais.

Como sucedeu em outras quadras históricas, novas experiências e projetos institucionais relacionados à moeda e ao dinheiro reclamarão a atuação arbitral do Judiciário. Novos conflitos envolvendo direitos fundamentais insinuam-se, e a jurisdição constitucional decerto será um palco privilegiado de tratamento dessas tensões — especialmente quando considerado o papel dos tribunais constitucionais de intérpretes últimos da constituição monetária.

Sim, porque se a moeda é uma criatura da constituição, ela é, inevitavelmente, também um produto da jurisdição constitucional.

1. Ulisses, as sereias e a moeda

Já se teve oportunidade de enfatizar, em momentos anteriores deste trabalho: há mais semelhanças entre constituições e moeda do que um primeiro golpe de pensamento pode sugerir. Algumas dessas aproximações, insinuadas ao longo do estudo, sugerem que as constituições e o dinheiro são, em alguma medida relevante, um projeto institucional juridicamente estruturado — programas institucionais nos quais o direito desempenha um papel destacado, ladeando as contribuições da política e da economia. Demais disso, programas institucionais no qual a confiança e a estabilização de expectativas coletivas desempenham um papel fundamental, donde a percepção da moeda e das constituições como autênticos protocolos de confiança.

Essas semelhanças seguramente não se encerram aí. Dentre várias familiaridades outras que poderiam ser exploradas, é particularmente interessante destacar mais uma, no que tangencia tema especialmente caro tanto à teoria constitucional quanto à economia monetária.

Trata-se do papel contramajoritário, tradicionalmente atribuído aos tribunais constitucionais e, em linha de sentido semelhante (embora não necessariamente com a mesma expressão ou formulação), aos bancos centrais.

No direito constitucional, esta função é bem conhecida. O debate sobre as dificuldades contramajoritárias do constitucionalismo, das tensões e conflituosidades entre democracia e constituições, e da proteção de direitos fundamentais contra maiorias eventuais como um *éthos* próprio da jurisdição constitucional é não apenas um clássico da teoria da constituição, mas um dos temas mais frutíferos e verticais.[10]

Essa tensão foi alegoricamente expressada por Jon Elster na analogia com o Livro XII da Odisseia de Homero. O paralelo é bem conhecido: assim como Ulisses, advertido por Circe, ordena que seus grumetes o amarrem ao mastro da embarcação, para que não sucumba ao canto irresistível e mortal das sereias, às constituições — e aos tribunais constitucionais em especial — compete a tarefa de evitar que o poder de maiorias eventuais seja exercido tiranicamente, suprimindo os direitos das minorias e colocando em risco o próprio funcionamento do regime democrático.[11] Pré-compromissos constitucionais são, sobretudo por meio das técnicas da proclamação de direitos fundamentais, da supremacia da constituição e da *judicial review*, a amarradura da comunidade política ao mastro, prevenindo a transgressão de acordos e consensos éticos estabelecidos.[12]

É verdade que a jurisdição constitucional não representa o único mecanismo ou dinâmica constitucional contramajoritária. Outros institutos, processos e atores também cumprem essa função. Instrumentos assecuratórios de pré-compromissos abrangem desde a exigência de maiorias qualificadas (tal como prevê o art. 60, §2º da Carta de 1988), a eliminação de determinadas opções da esfera de deliberação (arts. 60, §4º e 62, 1§º), a estipulação de atrasos ou impedimentos deliberativos provisórios (art. 60, §1º) e, em última instância, a própria estrutura e arquitetônica

[10] Dimensionando com especial clareza a questão, cf. BINENBOJM, Gustavo. **A nova jurisdição constitucional brasileira:** legitimidade democrática e instrumentos de realização. 4. ed. Rio de Janeiro: Renovar, 2014, p. 47 e ss.

[11] ELSTER, Jon. **Ulysses unbound:** Studies in rationality, precommitment, and constraints. Cambridge University Press: New York, 2000, p. 88. Como destaca o próprio autor, o argumento de que as constituições configuram mecanismos de pré-compromisso e autovinculação deita raízes mais antigas (por exemplo, na obra de Spinoza). BINENBOJM, Gustavo. **A nova jurisdição constitucional brasileira**, p. 49.

[12] "Constitutions are chains with which men bind themselves in their sane moments that they may not die by a suicidal hand in the day of their frenzy" (ELSTER, Jon. **Ulysses unbound**, p. 88, citando John Potter Stockton).

da separação de poderes, que também se erige como importante baliza de contenção do poder.[13]

No caso do tribunal constitucional, entretanto, essa contramajoritariedade é especialmente ressaltada. Isso porque, de regra, cabe ao tribunal a última palavra institucional. É ele o intérprete e aplicador último da carta política — a última trincheira para a defesa de direitos, como amiúde pontuado na jurisprudência do Supremo Tribunal Federal. Cabe-lhe a última palavra em assuntos constitucionais, por meio de decisões não ulteriormente contrastáveis ou cassáveis. E não é só. A corte constitucional, igualmente na condição de derradeiro intérprete da carta, é também o "juiz de sua própria autoridade":[14] para além de definir e balizar as atribuições dos demais poderes, é dela mesmo a responsabilidade de precisar os seus.

Na literatura econômica, a descrição do papel desempenhado pelos bancos centrais não é de todo diversa. *Mutatis mutandis*, também se atribui à instituição uma espécie de missão contramajoritária, análoga a dos tribunais constitucionais. Também os bancos centrais são os guardiões de pré-compromissos de estabilidade monetária adrede subscritos; também os seus mandatos e instrumentos, e especialmente a sua autonomia, voltam-se à amarração da autoridade pública ao mastro, prevenindo as tentações políticas próprias de uma política monetária mais frouxa e tolerante à inflação.

Esse papel dos bancos centrais é, no campo da economia, classicamente expresso na alegoria do *chaperone*. William McChesney Martin, que atuou como presidente do Fed, tornou famosa a metáfora da "tigela de ponche": trata-se da ideia de que a tarefa do banco central é a de retirar a tigela quando a festa está começando a esquentar.[15] À instituição cabe inclinar-

[13] ELSTER, Jon. **Ulysses unbound**, p. 91, onde delineia os seguintes *devices for precommitment*: (i) *imposing costs*; (ii) *eliminating options*; (iii) *creating delas*; (iv) *requiring supermajorities*; e (v) *separations of powers*.

[14] COELHO, Inocêncio Mártires. As idéias de Peter Häberle e a abertura da interpretação constitucional do direito brasileiro. **Revista de Informação Legislativa**, Brasília, ano 35, n. 137, p. 157-164, jan./mar. 1998, p. 162.

[15] CONTI-BROWN, Peter. **The power and Independence of the Federal Reserve**, p. 47, onde também destaca que William Martin mudou a percepção pública acerca da atuação dos bancos centrais. Ao mudar a linguagem e a prática da política monetária, o ex-presidente do banco central americano ofereceu uma nova justificação teorética para a independência

-se contra os ventos da inflação e da deflação, bloqueando ganhos de curto prazo em favor de interesses mais duradouros e de longo prazo — uma imagem não muito diferente daquela de Ulisses na Odisseia, ou ainda, para empregar outra imagem bastante familiar à teoria constitucional, uma clara semelhança com a metáfora de *Peter sober* e *Peter drunk*.[16] Por uma imagem ou por outra, o que se tem é um paralelo entre mecanismos institucionais voltados à salvaguarda de pré-compromissos.

Se a inflação atua como uma "estranha tributação que dribla os ritos constitucionais",[17] a atuação do banco central, mormente quando institucionalmente paramentado para tanto, afiança o alinhamento da proa e a manutenção do rumo da política monetária em direção à estabilidade da moeda — evitando-se ainda a quebra dos compromissos constitucionais de preservação do poder aquisitivo da moeda pública e de reserva legal em matéria tributária.

Um outro paralelo é cabível entre tribunais constitucionais e bancos centrais. É que também eles são, em alguma medida, juízes da sua própria autoridade. Assim como Ulisses dirige a embarcação, comanda os marinheiros e define rumos, os bancos centrais são, ao mesmo tempo, especialistas funcionais que tratam a informação e a constituem.[18]

Isso porque a atuação dos bancos centrais não é meramente avaliativa ou descritiva: mais do que examinar uma situação, a partir do seu conhecimento dos mercados e da situação da economia, a instituição constitui essa situação, por meio de seus poderes de gestão da moeda. Trata-se daquela função já definida como de "especialistas instituidores", ou ainda de "pura discricionariedade", na medida em que a burocracia monetária define, por critérios próprios, e em decorrência do processo decisório da política monetária, a situação a que irá se dedicar.[19]

Em uma dinâmica que não é apenas analítica, mas marcadamente performativa, a comunicação do banco central, especialmente no contexto

da instituição, apartando-a de qualquer tipo de visão de uma barganha entre banqueiros e políticos, em favor da ideia de um corpo técnico atuando em favor de interesses coletivos mais duradouros.

[16] ELSTER, Jon. Forces and mechanisms in the constitution-making process. **Duke Law Journal**, 45, p. 364-396, 1995, p. 383.

[17] FRANCO, Gustavo. **A moeda e a lei**, p. 551.

[18] DURAN, Camila Villard. **A moldura jurídica da política monetária**, p. 72.

[19] DURAN, Camila Villard. **A moldura jurídica da política monetária**, p. 72.

do paradigma de atuação institucional das metas de inflação, produz e modela a própria economia monetária[20] — mais do que simplesmente observar como ela funciona.[21]

A última palavra em matéria monetária acaba permanecendo nas mãos do banco central, não apenas enquanto entidade depositária do mandato de autoridade monetária, mas especialmente em face das características de sua própria performance institucional — cada vez mais marcada que é por uma espécie de normatividade endógena, não hierárquica, criada pela burocracia que passa a atuar como um agente de mercado de grande magnitude.[22]

Esse paralelo ou aproximação entre as feições institucionais dos bancos centrais e dos tribunais constitucionais parece já ter ficado, portanto, bastante claro. Algumas das importantes características institucionais desses dois importantes atores constitucionais são simbolicamente sintetizadas por meio de alegorias e de tropos comuns — denotando que há algo de similar e irmanado entre as duas instituições.

E talvez evidenciando ainda mais essa aproximação, encontra-se a percepção de que as tradicionais metáforas com Ulisses e o papel de garante de pré-compromissos não dá mais conta da complexidade da sua

[20] "Nesse modelo, há crescente discricionariedade e complexificação do processo decisório de bancos centrais. Deliberações, baseadas na fixação da taxa de juros como principal instrumento e em operações de compra e venda de títulos, pressupõem que a entidade atue essencialmente como agente de mercado. (...) O que o banco central considera como informação econômica relevante e o valor da taxa de juros necessário para atingir sua expectativa em relação à inflação futura (que, em sistemas de metas inflacionárias adotados explicitamente, é representada por meta pública numerária ou intervalo correspondente) dependem de sua total discricionariedade, fundada em seu conhecimento técnico específico. Nesse modelo, o banco central deixa de agir, precipuamente, como ente externo e instituidor de regras de caráter normativo, que criam obrigações para agentes de mercado" (DURAN, Camila Villard. **A moldura jurídica da política monetária**, p. 82).

[21] HOLMES, Douglas R. **Economy of words**, p. 13 ("As our expectations about prices become stabilized or 'anchored' by virtue of these econometric allegories, we adjust our practices and thereby participate in the general development of consumer prices in the future. Narratives, articulated in concert with open market operations—the purchase and sale of government securities by which money is supplied or withdrawn from the economy—are the main tools of monetary policy (Bernanke and Mishkin 1997)".

[22] DURAN, Camila Villard. **A moldura jurídica da política monetária**, p. 83.

atuação contemporânea — nem da dos bancos centrais, nem das cortes constitucionais.

Crises econômicas recentes evidenciaram que a independência e atuação dos bancos centrais não operam sob o prisma da *Ulysses/punch--bowl tradition*.[23] Especialmente nesses cenários, o banco central não é um *chaperone* tentando evitar excessos, quebras de compromisso ou imposturas. A independência institucional, nesse caso, não opera como um mecanismo de correção ou reparo da política convencional. O que a instituição tenta fazer, especialmente nesses contextos, é avaliar dados e informações e julgá-los à luz dos melhores modelos econômicos, precisando, inclusive, adotar posturas ativas (e até mesmo não convencionais).

Nesse sentido, a atuação da instituição aproxima-se muito mais de uma postura de tipo *judicial*, em uma espécie de *judicatura econômica* da qual o futuro da economia depende, do que propriamente de um modelo de pré-compromissos à Ulisses.[24] Com essa digressão pretende-se assinalar o seguinte ponto: embora a visão dos bancos centrais como instituições contramajoritárias, que atuam de modo independente para resolver o problema da inconsistência temporal, apresente algum poder de preensão sobre parte das dimensões da atividade da instituição, ela não esgota o conjunto de tarefas por ela desempenhadas.

A metáfora de Ulisses, para os bancos centrais, encontra-se em parte desgastada, e é em parte insuficiente. Uma visão mais acurada parece ser a de que a instituição — à maneira de cortes judiciais — exerce uma atividade adjudicatória entre diferentes visões conflitantes, empregando um aparato teorético, técnico e empírico para alcançar soluções de consenso que permitam criar conclusões de política pública.[25]

Daí por que, não sem razão, já se comparou a legitimidade dos bancos centrais — órgãos não eleitos, independentes e especializado em determinada função — à legitimidade do Poder Judiciário.[26] Para ambas as

[23] CONTI-BROWN, Peter. **The power and Independence of the Federal Reserve**, p. 131.

[24] CONTI-BROWN, Peter. **The power and Independence of the Federal Reserve**, p. 131, onde faz referência à percepção de Bahegot a respeito da questão: "As Bagehot said about the Bank of England, it is on the wisdom of these economic judges—at times technocratic, but Always acting in a political contexto and making value-laden judgements—that the future of the economy depends".

[25] CONTI-BROWN, Peter. **The power and Independence of the Federal Reserve**, p. 148.

[26] DURAN, Camila Villard. **A moldura jurídica da política monetária**, p. 91.

instituições, classificáveis como não majoritárias (*non-majoritarian institutions*), a respectiva legitimidade não se encontra assentada na característica da responsividade direta aos cidadãos ou aos poderes políticos, mas no cumprimento da sua função determinada, das normas predeterminadas de seu funcionamento.

Mas, quer no caso dos bancos centrais, quer dos tribunais constitucionais, esse modelo de legitimidade não encerra a função exclusiva de garante de pré-compromissos políticos. A experiência recente revela que ambas as instituições têm ido além desse papel.

Em outras palavras: a imagem mental da metáfora de Ulisses explica alguma coisa, mas não explica tudo. Ela representa apenas uma faixa ou nível de complexidade institucional: há outros ingredientes fundamentais nessa equação. O modelo contramajoritário não pode ser tomado como uma *idée fixe*, atribuindo-se completude explicativa àquilo que é somente uma parcelar redução compreensiva.

Talvez a metáfora mais adequada para capturar o papel mais conglobante desempenhado pelas duas instituições seja a figura do *democracy builders*, construtores multi-nível da democracia.

Tribunais constitucionais, como os bancos centrais, são espécies de *alquimistas da democracia*, considerada a confiança crescente depositada nas duas entidades, e a aposta nas respectivas capacidades em transmutar realidades materiais árduas no ouro da democracia saudável e funcional.[27] Talvez seja Goethe, e não Homero, que traduza melhor o modelo compreensivo do papel desempenhado por cortes constitucionais e bancos centrais no quadro contemporâneo da governança pública — talvez é Fausto, e não Ulisses, a expressão imagética, o análogo literário das duas instituições.

Com uma diferença, porém. É que os juízes e tribunais constitucionais são as amarras derradeiras da autoridade monetária. Independentemente de certas semelhanças que possam ser traçadas entre as duas instituições, há um componente incontornável que as aparta: é à corte constitucional

[27] DALY, Tom Gerald. **The alchemists**: questioning our Faith in courts as democracy-builders. Cambridge University Press, 2018, p. xxii, onde trata da questão especificamente com luzes sobre a atuação das cortes constitucionais. Explorando a metáfora no domínio da economia e da atuação dos bancos centrais, cf. KING, Mervyn. **The end of alchemy**: money, banking and the future of the global economy. New York: Norton, 2016, p. 156 e ss.

(o Supremo, no caso brasileiro) que cabe o controle democrático último da autoridade monetária.

Quer de modo complementar ao desenho institucional de prestação de contas e responsabilização social e política da autoridade monetária, quer no exercício do papel de intérprete último da lei fundamental, o controle judicial é a última trincheira para defesa de direitos e limitação dos poderes estatais no campo da moeda. Embora, como se debaterá adiante, o controle realizado pelo Judiciário em matéria de direito da moeda possa ser e tenha sido, tradicionalmente, um tanto quanto limitado, e malgrado os mecanismos de *judicial review* em matéria monetária precisem reconstruir e ampliar o seu papel,[28] o mecanismo do controle de constitucionalidade implica atribuir, ao STF, o papel de garante último da constituição monetária.

Se o discurso monetário é regido e presidido pela autoridade monetária, é à corte constitucional que compete a última palavra — última palavra nem sempre dita — sobre os seus aspectos e reflexos jurídicos.

2. A jurisprudência constitucional e a forja da moeda nacional

Não menos do que o congresso nacional e a autoridade monetária, os tribunais possuem um papel fundamental no processo de construção e desenvolvimento institucional da moeda nacional. Como a análise de precedentes que segue permitirá entrever, decisões judiciais, nomeadamente em nível de jurisdição constitucional, desempenharam funções de proteção e de abertura de alternativas institucionais relevantes, integrando o complexo processo de forja da moeda estatal brasileira.

Existe, porém, uma dificuldade de direito intertemporal em realizar o rastreio e análise dessa jurisprudência constitucional. Como aponta, com precisão, Jean Paul Veiga da Rocha, a alternância entre regimes democráticos e autoritários, além da impressionante marca de sete constituições republicanas são fatos que não permitiram ao STF realizar a sedimentação jurisprudencial relativa à separação dos poderes e ao controle do poder normativo da burocracia.[29] Não menos do que mudanças de padrões

[28] DURAN, Camila Villard. **A moldura jurídica da política monetária**, p. 94-95.

[29] VEIGA DA ROCHA, Jean Paul. **A capacidade normativa de conjuntura no direito econômico**, p. 122.

monetários, a história nacional brasileira é também o itinerário de sucessivas trocas de pele constitucional.

Como também destaca o autor, uma primeira razão para essa difícil sedimentação é que a jurisprudência constitucional é construída como interpretação de uma determinada carta, de um determinado documento constitucional. Ocorre que, ao mudar a ordem constitucional, uma nova ordem jurisprudencial deve ser desenvolvida ou, no mínimo, a jurisprudência pretérita deve ser filtrada e submetida ao teste de recepção pela nova constituição. Porém, nem sempre surgem oportunidades ou janelas jurisdicionais para se empreender esse desenvolvimento, ou mesmo essa filtragem constitucional.

E a essa primeira dificuldade deve-se aditar uma segunda, que guarda relação com à trajetória e à natureza do regime político brasileiro: o problema de se recepcionar, após a redemocratização, a jurisprudência firmada durante períodos de ditadura militar, de exceção jurídica.[30]

Essas circunstâncias implicam, portanto, a inexistência de uma linearidade: não há (ou é difícil rastrear) um *continuum* na moeda e nas instituições monetárias nacionais, assim como na ordem constitucional e na respectiva jurisprudência constitucional que foi com base nela erigida. Sucessivas fraturas normativas — insista-se: uma marca muito característica do sistema político brasileiro — emba(ra)çam uma visão unitiva e de conjunto.

Há ainda outros problemas: um deles, a questão das estratégias informais de decisão do STF. Não existe propriamente uma unidade, na medida em que a decisão final de mérito é resultado não apenas da interpretação e aplicação estrita do direito posto, mas também da atenção às consequências políticas ou econômicas da deliberação da corte.[31]

Não obstante, parece possível sim a tarefa de rastrear um conjunto de diretrizes e *standards* jurídicos, forjados pelos tribunais brasileiros ao longo de décadas de experiências (e experimentos) com a moeda pública fiduciária, e que são qualificáveis como autêntica jurisprudência (constitucional) monetária.

[30] VEIGA DA ROCHA, Jean Paul. **A capacidade normativa de conjuntura no direito econômico**, p. 122-123.

[31] VEIGA DA ROCHA, Jean Paul. **A capacidade normativa de conjuntura no direito econômico**, p. 123.

Esse corpo decisório encerra o rosto normativo da regulação monetária em sua dimensão judicial. Mesmo que fragmentado, este vasto ementário jurisprudencial contém diretivas, programas e vetores normativos; interpretações construídas a partir de enunciados constitucionais que se repetem e sucedem na trajetória política brasileira; uma consciência constitucional alojada nas dobras de precedentes que, em diferentes momentos, ferretearam limites ao poder do Estado sobre a moeda.

A história dessa jurisprudência monetária é antiga, e os limites deste estudo impedem uma varredura mais alongada. Cabe referir, porém, que rudimentos de uma arqueologia dessa linha de precedentes pode ser identificada a partir do reconhecimento, pelos tribunais brasileiros, de que as modificações do poder aquisitivo da moeda são um fato (e também um problema), e que a correção dos desequilíbrios entre as prestações das partes — causadas especificamente por esse motivo, a perda do poder aquisitivo — afigura-se válida.[32]

A experiência judicial com a cláusula de escala móvel representa, provavelmente, a origem do *corpus* decisório do direito monetário e do direito constitucional monetário. Assegurar a possibilidade de aplicação da correção monetária, e depois garantir que a mesma fosse real, exata e justa, constituem os movimentos iniciais de uma construção jurisprudencial cada mais vez mais vasta e refinada.[33]

O curso e a marcha do programa jurisprudencial que se seguiu teve em mira questões diversas. Embora as dificuldades com a correção monetária não tenham fugido às preocupações e deliberações dos tribunais, os problemas enfrentados em sede jurisdicional passam a apresentar um forte colorido constitucional, refletindo cada vez mais tensões no campo dos direitos fundamentais e da validade de novos esquemas político-organizatórios.

[32] WALD, Arnold. **A cláusula de escala móvel**, p. 132-133. Espelhando os desafios experimentados naquela quadra, as palavras do mesmo autor: "A conflito que se trava em torno das cláusulas monetárias está no centro da transformação do direito hodierno. É a oscilação entre a proteção dos direitos individuais e a defesa dos superiores interesses da coletividade. É o próprio núcleo da chamada crise do direito em que tomam parte todos os juristas" (WALD, Arnold. **A cláusula de escala móvel**, p. 168).

[33] WALD, Arnold. **O novo direito monetário**, p. 29.

Além do foco em questões relacionadas à proteção de direitos adquiridos e resistência à retroação da lei monetária, discutiu-se a validade de sucessivos planos econômicos e intervenções regulatórias. Arranjos jurídicos relativos à conformação da autoridade monetária igualmente mereceram atenção jurisdicional.

Daí por que, considerada o enfoque principal sobre a jurisprudência *constitucional* monetária — é dizer, daquela linha de entendimentos, firmados pelos tribunais, relativamente à interpretação e aplicação da constituição nos domínios das relações jurídico-monetárias —, assume maior relevância o exame dos precedentes que, além de lançados no contexto e após a entrada em vigor da ordem constitucional de 1988, firam temas constitucionalmente sensíveis.

Exatamente por isso, merecerão especial atenção o conjunto de decisões proferidas em face dos desafios judiciais postos sobre os planos econômicos — tanto os chamados planos heterodoxos, quanto o Plano Real, que representou o mais importante avanço no programa de estabilização econômica e monetária. Será destacado, inclusive, de que modo a jurisprudência construída ao longo deste período foi, ela também, uma fonte de estabilização — quer como amparo para a forja de medidas, quer como reparador de arestas.

Sobre este aspecto em especial, parece acertado observar que as decisões firmadas por tribunais brasileiros, ao longo dos últimos anos, consubstanciam importante fonte de estabilidade jurídica, estabilidade esta que oportunizou desenvolvimentos para o mercado financeiro nacional.

É possível identificar uma correlação (talvez não sendo exagerado cogitar de causalidade) entre o incremento da proteção jurídica conferida aos titulares de determinados tipos de ativos, e avanços verificados, ao longo das últimas décadas, no seio do mercado financeiro (o mercado monetário aqui incluído) brasileiro. E ainda que à variável jurídica não se devam atribuir os méritos exclusivos desse desenvolvimento, não se pode desmerecer a importância desse componente.

O que convém presentemente destacar é que esse tipo de conexão virtuosa, entre qualidade e estabilidade dos precedentes, e avanços no mercado de capitais, pode ser em parte confirmada na trajetória institucional brasileira. Com efeito, se é verdadeira a afirmação de que países cujos sistemas jurídicos oferecem um maior grau de proteção aos seus investidores experimentam maior desenvolvimento do mercado de capitais,[34] é possível, como desdobramento desse achado, ou no mínimo de maneira analógica, assinalar que o mesmo se aplica no campo da moeda.

De fato, a trajetória brasileira também o revela, o nível de proteção jurídica conferida aos titulares de ativos monetários, o tipo de resguardo normativo que se assegura aos portadores da moeda nacional em especial, são fonte não menos indispensável de desenvolvimento do mercado financeiro.

Mais ainda: é possível afiançar que as decisões dos tribunais brasileiros — e do Supremo Tribunal Federal em especial, sobretudo no campo da jurisdição constitucional — tiveram um papel decisivo nesse processo, forjando as bases de uma moeda pública e de instituições monetárias mais estáveis e saudáveis.

A jurisprudência brasileira, do STF em especial, examinou, com grande atenção e cuidado, diversos problemas de direito monetário, especialmente com a finalidade de determinar os limites da aplicação da lei monetária nova em relação a contratos e relações jurídicas em curso, questão especialmente relevante nos domínios dos contratos bancários.[35]

Alguns dos ganhos capitalizados por essa jurisprudência constitucional podem ser resumidos nas seguintes diretrizes:[36] (i) não há direito adquirido a regime jurídico, de maneira que, se a lei nova modificar o regime monetário, essa modificação se aplica de imediato; (ii) lei que cria moeda nova é aplicada imediatamente a todas as situações presentes e futuras; (iii) a lei monetária pode dispor livremente sobre os critérios de conversão entre moedas, mas não pode adotar critérios de conversão que impliquem privação, aos seus titulares, de direitos já definitivamente incorporados aos respectivos patrimônios; (iv) o Estado não pode invocar ou utilizar o direito monetário para exercer confisco ou requisição da moeda dos particulares sem a adequada compensação dos seus titulares.

[34] MAHONEY, Paul G. The common law and economic growth: Hayek might be right. **The Journal of Legal Studies**, Vol. 30, n. 2, Jun 2001, p. 503-504.

[35] WALD, Arnoldo. O poder monetário e suas repercussões no direito previdenciário e bancário. **Revista de Direito Administrativo**, Rio de Janeiro, vol. 181/182, p. 46-54, jul./dez. 1990, p. 49.

[36] OLIVEIRA, Marcos Cavalcante. **Moeda, juros e instituições financeiras**, p. 281 e ss.

Como será debatido, esses vetores interpretativos foram fundamentais na forja do Plano Real — o mais bem sucedido plano de estabilização econômica da história brasileira. Embora o processo de reconstrução da governança da moeda que culminou na formatação do novo padrão monetário e do redesenho institucional vá além de normas jurídicas, não se pode desprezar o papel do direito e das decisões dos tribunais nesse itinerário.

Como resume o economista Gustavo Franco, tratou-se de um experimento incomum de harmonia entre os idiomas do direito e da economia, entre a construção institucional corporificado nas leis e a ciência dos incentivos aplicados a programas de estabilização.[37]

Esse diálogo produtivo entre direito e economia oportunizou não apenas o fim da hiperinflação e o controle da inflação, mas ganhos em termos de desenvolvimento e de melhorias nos indicadores de pobreza.

Com efeito, indicadores de renda construídos com o objetivo de verificar a evolução da pobreza absoluta após a implantação do Plano Real indicam melhoria inequívoca no período compreendido entre julho de 1994 e janeiro de 1996, revelando ainda que a subpopulação pobre beneficiou-se de evoluções positivas ocorridas no mercado de trabalho.[38] E o importante a destacar é o papel que construções jurisprudenciais sedimentadas ao longo do tempo tiveram na viabilização desse programa de estabilização.

A trajetória desse longo itinerário principia com a importante decisão da 2ª Turma do STF, de maio de 1985, firmada no RE nº 105.137. Neste conhecido acórdão, relatado pelo Min. Cordeiro Guerra, o Supremo fixa a importante orientação de que a moeda de pagamento das contribuições e dos benefícios da previdência social tem o seu valor definido pela Lei nº 6.435/1977, segundo os índices das ORTN, para todas as partes.

Cristaliza então a diretriz de que não há direito adquirido a um determinado padrão monetário pretérito, de modo que o pagamento far-se-á sempre pela moeda definida pela lei do dia do pagamento.[39]

[37] FRANCO, Gustavo. **A moeda e a lei**, p. 540.

[38] ROCHA, Sonia. Renda e pobreza: os impactos do Plano Real. **Texto para Discussão nº 439**. Rio de Janeiro: IPEA, 1996, p. 24.

[39] STF – 2ª Turma, **RE nº 105.137**, rel. Min. Cordeiro Guerra, julgado em 31-05-1985.

Embora houvesse decisões anteriores sobre a matéria, a decisão relatada pelo Min. Cordeira Guerra é considerada o paradigma da orientação pela inexistência de direito adquirido a um determinado padrão monetário, abrangendo tanto a moeda de pagamento quanto a moeda de conta.[40] Posição idêntica foi adotada pela 1ª Turma da Corte, pouco tempo depois, no RE nº 107.763.

Nesse conjunto de decisões, a despeito de o STF ainda se encontrar argumentativamente preso à noção de normas de ordem públicas (ancorando nessa tipologia o fundamento para aplicar a retroatividade mínima e afastar a alegação de ofensa a direito adquirido), a orientação pretoriana foi bastante elucidativa, ao afirmar, dentre os outros aspectos, que (i) existem leis monetárias, (ii) essas leis abrangem a disciplina da moeda de pagamento e da moeda de conta (ou indexador), (iii) aplicam-se de imediato, (iv) na medida em que se trata de normas de ordem pública, (v) não são suscetíveis de regulamentação contratual que se possa opor à imediata incidência da lei nova, e, finalmente, (vi) que não há direito adquirido a padrão monetário (seja de pagamento ou indexador).[41]

Essa série de precedentes do Supremo abriu espaço para atuação do Estado na reformulação do padrão monetário. Longe de se considerar um desrespeito a direitos fundamentais dos cidadãos, a jurisprudência formada sobre esse ponto específico da regulação monetária veiculou importante diretriz, no sentido de admitir a retroatividade mínima da lei monetária e placitar o seu efeito imediato, sendo a imperatividade legal automática uma decorrência da natureza institucional da matéria.

E se essa jurisprudência, pode-se dizer, armou as bases das reformas monetárias que se seguiram, um outro conjunto de decisões do STF cinzelou as arestas (em alguns casos, também as arbitrariedades) dos planos econômicos que se sucederam nas décadas de 1980 e 1990.

Basicamente, os planos de estabilização econômica — especialmente os heterodoxos, antes da implementação do Plano Real — caracterizaram-se por alguns elementos comuns: (i) sua implementação surpresa, por meio de instrumentos jurídicos como decreto-lei ou medida provisória; (ii) congelamento de preços e de rendimentos; (iii) pela introdução de

[40] WALD, Arnoldo. **O novo direito monetário**, p. 71.

[41] WALD, Arnoldo. **O novo direito monetário**, p. 72-73.

medidas econômicas retroativas, que deveriam incidir sobre obrigações jurídicas já constituídas; (iv) proibição de indexação a curto prazo; (v) tentativa de sincronização dos salários reais, com sua posterior desindexação; (vi) destruição dos símbolos inflacionários, alterando-se padrões monetários e indexadores; (vii) tentativas de estabilização cambial; e (viii) desatenção ao controle da demanda.[42]

As alterações promovidas por esses planos econômicos — Planos Cruzado, Bresser, Verão, Collor I e Collor II — foram enfrentadas pelo STF, que articulou respostas sobre os aspectos jurídico-monetários envolvidos.

Como aponta a literatura, ao menos sete problemas jurídicos foram discutidos pelo tribunal, havendo as medidas econômicas sido submetidas ao escrutínio da Corte sob o ângulo do direito, e especialmente da constituição.[43]

Quer em sede de controle concentrado de constitucionalidade, quer no âmbito do controle difuso, os julgados discutiram, entre os anos de 1991 e 2006, os temas seguintes: (i) controle sobre os salários, (ii) alteração de critério para correção monetária de conta-poupança, (iii) alteração de critério para correção monetária de depósitos do FGTS, (iv) estabelecimento de fatores de deflação ("tablitas"), (v) reajuste de contratos privados não financeiros, (vi) bloqueio de ativos financeiros e (vii) utilização da taxa referencial (TR) como índice de atualização monetária.

A discussão central sobre a constitucionalidade dos planos envolveu, em especial, o debate a respeito da potencial ofensa ao direito adquirido, ao ato jurídico perfeito e à coisa julgada (cujo assento, na Carta de 1988, reside no art. 5º, XXXVI), como decorrência da introdução de alterações obrigacionais por meio de leis monetárias.

Sobre a questão do controle de salários, a indagação principal foi se o ato jurídico perfeito e a coisa julgada seriam ofendidos caso a lei, veiculadora do plano econômico, alterasse o índice de correção monetária de salários. Os julgados do STF sobre a matéria, relacionados aos planos Verão e Collor I, ministraram orientação no sentido de que não há direito adquirido a regime jurídico estabelecido em lei, de modo que os

[42] DURAN, Camila Villard. **Direito e moeda**, p. 54-55.

[43] DURAN, Camila Villard. **Direito e moeda**, p. 60.

reajustes previstos anteriormente ao seu advento eram meras expectativas de direito. No RE nº 202.686, entendeu-se que mesmo sentença normativa da Justiça do Trabalho pode ser derrogada por disposições legais que introduzem nova política monetária, presente o fato de se tratar de lei de ordem pública.[44]

De modo semelhante, ao apreciar o RE-ED nº 194.662, entendeu a Corte que deve prevalecer a lei federal superveniente, que altera o padrão monetário e fixa nova política salarial, inclusive em face de cláusula de acordo coletivo fixado sobre a matéria.[45]

A alteração dos critérios para correção monetária das contas de poupança foi um segundo tema examinado pelo Supremo. A discussão em torno da questão está presente no desafio judicial posto sobre os planos Verão, Collor I e Collor II. Firme na diretriz de que alterações normativas relativas à correção monetária são medidas de disciplina no estatuto jurídico da moeda — e, portanto, de que a lei monetária compreende a normatização tanto da moeda enquanto meio de pagamento, como enquanto unidade de conta —, o tribunal entendeu que não haveria afronta ao direito adquirido se, antes do novo termo inicial, fosse alterado o cálculo para os próximos rendimentos.[46] Assim, embora certas características da natureza dos contratos devam ser respeitadas, leis que alterem o regime jurídico da moeda aplicam-se de imediato.

Relacionada a essa questão, constata-se um terceiro tema que foi examinado pelo tribunal: o de saber se lei que institui plano econômico de estabilização, ao alterar cláusula de correção monetária dos saldos do FGTS, ofende ato jurídico perfeito. O entendimento do STF encaminhou-se no sentido de que não havia invalidade.

[44] STF – 2ª Turma, **RE nº 202.686**, rel. Min. Maurício Corrêa, julgamento em 03-11-1997. É certo que, e como adiante será destacado, ao julgar a ADI nº 493, o Pleno do STF definiu que o dever de observância ao ato jurídico perfeito e ao direito adquirido teria natureza constitucional, de modo que mesmo as chamadas leis de ordem pública a ele se submete. O fundamento para "excepcionar" a norma da proteção do direito adquirido, nesse contexto, deixou de ser a natureza de lei de ordem pública, amparando-se na orientação de que não existe direito adquirido a regime jurídico.

[45] STF – 2ª Turma, **ED no RE nº 194.662**, rel. Min. Carlos Velloso, red. p/ ac. Min. Gilmar mendes, julgamento em 10-12-2002.

[46] STF – Pleno, **RE nº 200.514**, rel. Min. Moreira Alves, julgamento em 27-08-1996.

A premissa adotada nos julgamentos foi a de que o FGTS, ao contrário das contas de poupança, tem natureza estatutária e não contratual.[47] Dessa forma, forte na orientação de que não existe direito adquirido a regime jurídico, as leis que alteraram os critérios de correção monetária do FGTS incidem desde que foram publicadas.[48] O argumento da corte, já aqui, baseou-se menos na suposta natureza de lei de ordem pública, e mais na avaliação de que se cuidou de lei que modificava instituto jurídico.

Questão igualmente importante decidida pelo Supremo disse respeito ao tema das chamadas "tablitas", que constituíram uma espécie de correção monetária negativa ou deflator. A lógica delas era a de impedir que a queda inesperada da inflação provocasse transferências reais de riqueza dos devedores para os credores; um mecanismo de desvalorização de determinados créditos, com vistas a preservar o princípio da neutralidade distributiva, de acordo com o qual os programas de estabilização não devem afetar o equilíbrio econômico dos contratos existentes.[49]

As decisões do STF relacionadas às "tablitas", especialmente aquelas que discutiram os planos Cruzado, Bresser e Collor II, são importantes especialmente no que discutem a natureza jurídica da lei monetária. Nesse conjunto de julgados, veiculou-se orientação explícita no sentido de que a lei monetária aplica-se de imediato, não porque se trate de lei de ordem pública, mas porque não há direito adquirido a padrão monetário nem a estatuto legal da moeda.[50] Além disso, e quanto ao tema de fundo dos recursos apreciados pelo tribunal, a orientação do STF convergiu para assentar a constitucionalidade das "tablitas" e dos fatores de deflação — embora sob variados argumentos e fundamentações.

Na base do entendimento firmado pela corte, trata-se de reputar constitucional a lei que, ao deflacionar o resgate de aplicações financeiras com remuneração prefixada, teria promovido — em observância ao princípio da proporcionalidade — o equilíbrio do contrato.[51] A aplicação do deflator, nesse sentido, seria uma ostensiva medida deflacionária que, em

[47] DURAN, Camila Villard. **Direito e moeda**, p. 70.

[48] STF – Pleno, **RE nº 226.855**, rel. Min. Moreira Alves, julgamento em 31-08-2000.

[49] WALD, Arnoldo. **O novo direito monetário**, p. 61.

[50] STF – Pleno, **RE nº 141.190**, rel. Min. Ilmar Galvão, red. p/ ac. Min. Nelson Jobim, julgamento em 14-09-2005.

[51] Para uma avaliação mais detalhada dos diferentes argumentos e da miscelânea de fundamentos subscritos pelos ministros, cf. DURAN, Camila Villard. **Direito e moeda**, p. 74 e ss.

determinados casos, encontrava-se justificada enquanto verdadeira face simétrica da correção monetária.

Ainda a respeito das importantes questões concernentes à eficácia retroativa da lei monetária, o STF teve oportunidade de examinar a incidência da legislação infraconstitucional, ainda que de ordem pública, sobre mensalidades escolares, cujos contratos privados de ensino tivessem sido celebrados anteriormente ao plano econômico. A diretriz, claramente sedimentada pelo Supremo, foi de que a lei nova, ainda quando de ordem pública, não poderia prejudicar direito adquirido, ato jurídico perfeito ou coisa julgada, nos termos do art. 5º, XXXVI, da Constituição.[52]

Ainda no contexto dos planos heterodoxos anteriores ao Plano Real, e dentre os temas mais sensíveis enfrentados pelo STF, seguramente encontra-se o do bloqueio de ativos financeiros, e da constitucionalidade de medidas estatais interventivas desse jaez. No caso do célebre e polêmico Plano Collor I, a Medida Provisória nº 168/1990, posteriormente convertida na Lei nº 8.024/1990, previu restrições de liquidez, determinando que certas obrigações fossem convertidas na moeda nova apenas depois de determinado período e em parcelas mensais e sucessivas.[53] Contra o programa, foi ajuizada ação direta de inconstitucionalidade (ADI nº 534), no bojo da qual o STF teve oportunidade de se pronunciar, tanto em sede de medida cautelar quanto em questão de ordem, sobre o problema do bloqueio de ativos financeiros.

Em sede liminar, foi reiteradamente destacada, por diferentes ministros, a relevância jurídica das alegações de inconstitucionalidade da medida. O confisco da moeda nacional foi considerado potencialmente ofensivo a diversos bens e direitos constitucionalmente tutelados: proteção ao direito adquirido e ao ato jurídico perfeito (art. 5º, XXXVI), restrições constitucionais à edição de empréstimo compulsório (art. 148), garantia constitucional da propriedade (art. 5º, XXII) e limitações constitucionais à desapropriação lícita (art. 5º, XXIV).[54]

[52] STF - 1ª Turma, **RE nº 188.366**, rel. Min. Moreira Alves, julgamento em 19-10-2000.

[53] OLIVEIRA, Marcos Cavalcante de. **Moeda, juros e instituições financeiras**, p. 249.

[54] MENDES, Gilmar Ferreira. A reforma monetária de 1990 – A problemática jurídica da chamada "retenção de ativos financeiros" (Lei nº 8.024, de 12.04.1990). **Revista de Direito Administrativo**, Rio de Janeiro, vol. 186, p. 26-92, out./dez. 1991, p. 26.

O voto do ministro Celso de Mello foi bastante elucidativo, ao destacar que o poder normativo reconhecido à União para atuar legislativamente sobre a disciplina da moeda, prevenindo ou corrigindo surtos inflacionários ou deflacionários, na formulação e na execução de sua política econômico-financeira, deve observar e respeitar limites impostos pela Constituição.[55]

Entretanto, o requisito consubstanciado no *periculum in mora* da medida cautelar não foi divisado pelo tribunal. Considerou-se, como inclusive consta da ementa do julgado, que o tardio ajuizamento da ação direta de inconstitucionalidade, quando já decorrido lapso temporal considerável desde a edição do ato normativo impugnado, desautorizava — não obstante o relevo jurídico da tese deduzida — o reconhecimento da situação configuradora do perigo da demora, o que inviabilizaria a concessão da medida cautelar postulada.

A postura em alguma medida dúbia do tribunal, entretanto, aparentemente não pode ser lida como uma chancela à medida excepcional de bloqueio. O que se depreende dos votos emitidos é uma situação de "escolha trágica", em que os ministros alegavam precisar fazer um sopesamento entre os interesses dos depositantes, considerados individualmente, e os riscos decorrentes da suspensão da execução da medida monetária excepcional — havendo sido enfatizados, em especial, os riscos de corrida bancária e de retorno da marcha inflacionária.[56]

Como já observado, a medida cautelar não foi deferida pelo tribunal. Porém, e talvez revelando a censura com que a corte pretendeu qualificar o bloqueio de ativos, no julgamento final da ação direta, em questão de ordem, o STF decidiu que a retenção dos cruzados novos vulnerava, de modo injusto, as esferas de autonomia jurídica reservada aos indivíduos.[57]

A corte, embora assentando que a ação direta restara prejudicada como decorrência da cessação da vigência da lei, e da inexistência de efeitos residuais concretos, parece ter tentado deixar claro — ainda que em tom

[55] STF - Pleno, **ADI-MC nº 534**, rel. Min. Celso de Mello, julgamento em 27-06-1991.

[56] DURAN, Camila Villard. **Direito e moeda**, p. 82-83.

[57] STF - Pleno, **ADI-QO nº 534**, rel. Min. Celso de Mello, julgamento em 28-08-1992. Importante destacar o posicionamento específico do Min. Celso de Mello, para que caberia declarar a reparabilidade civil dos danos causados pelo Estado pelo ato, inconstitucional que viesse a ser considerado.

mais admoestativo do que sancionatório — a inconstitucionalidade do bloqueio perpetrado pelo Plano Collor I.

É interessante observar que, talvez até mesmo em razão do posicionamento claudicante do Supremo sobre o problema da retenção de ativos financeiros, o constituinte derivado procurou atacar frontalmente a questão.

Com efeito, a reforma promovida pela Emenda nº 32/2001, dentre outros aspectos, vetou a edição de medida provisória que vise à "detenção ou sequestro de bens, de poupança popular ou qualquer outro ativo financeiro" (CRFB, art. 62, §1º, inciso II).

Claramente, buscou-se eliminar pela raiz, quando não eventuais resquícios de dúvida acerca da inconstitucionalidade de medida desse jaez (insista-se: se é que ainda existiam), ao menos o instrumento principal de que o Executivo poderia dispor para promover medidas extremas de bloqueio de liquidez: o emprego da medida provisória. Em razão dessa interdição constitucional, se o Estado brasileiro ainda se aventurar em medidas de restrição de liquidez, só lhe restará a via da legislação ordinária — cujo rito de tramitação implica inexoravelmente a ineficácia de medida desse jaez. À resposta tímida do Supremo, portanto, seguiu-se uma resposta legislativa pelo Congresso Nacional, via emenda de reforma.

Finalmente, convém destacar um último julgado a respeito dos chamados planos heterodoxos, anteriores ao Plano Real. Trata-se de decisão do STF a respeito da utilização da TR como índice de correção monetária.

Aqui, duas questões precisaram ser respondidas: a primeira, se lei superveniente poderia alterar índice de correção monetária estabelecido em contrato celebrado anteriormente à sua vigência; a segunda, se a Taxa Referencial (TR) pode servir como índice de atualização monetária. Embora nos julgamentos relacionados ao tema seja possível criticar a coerência argumentativa do tribunal,[58] as diretrizes encaminhadas foram as de que: a uma, não pode lei superveniente alcançar os efeitos futuros de contratos celebrados posteriormente a ela, tratando-se de lei inconstitucionalmente retroativa na medida em que interfere na causa do negócio jurídico; a duas, a TR tem natureza de taxa remuneratória, não podendo,

[58] DURAN, Camila Villard. **Direito e moeda**, p. 96.

a princípio, servir como índice de atualização, por não ter sido desenhada para refletir a desvalorização da moeda.[59]

Pelo menos seis *standards* extraem-se do conjunto de deliberações do Supremo, relativamente aos planos heterodoxos: (i) a lei monetária compreende a disciplina da moeda de pagamento e da unidade de conta; (ii) a lei monetária pode afastar a proteção constitucional ao ato jurídico perfeito, ao direito adquirido e à coisa julgada, como decorrência do fato de que ela altera o estatuto jurídico da moeda (e não porque tem natureza de ordem pública); (iii) se lei superveniente alcançar os efeitos futuros celebrados anteriormente a ela, é lei retroativa, porque interfere na causa do negócio jurídico; (iv) há limites para aplicação imediata das leis monetárias, qual seja, a natureza de determinados contratos; (v) em se tratando de fundos de natureza estatutária, a aplicação da lei monetária é imediata, eis que não há direito adquirido a regime jurídico; (vi) o STF, para suspender medidas governamentais instituídas por plano econômico, deve sopesar os interesses envolvidos na questão controvertida.[60]

Ultrapassado o amplo debate a respeito de diversos aspectos relativos aos planos heterodoxos, nomeadamente quanto aos efeitos jurídicos da inflação e aos limites do poder estatal sobre a disciplina normativa do dinheiro, o STF foi chamado a analisar as controvérsias relacionadas ao Plano Real.

Um aspecto notável do Plano Real é que uma de suas principais engenharias institucionais corporificou-se em importante medida jurídica, e especificamente jurídico-monetária: foi a primeira vez na história que o direito positivo brasileiro se valeu explícita e diretamente da distinção entre as funções de unidade de conta e meio de pagamento para a moeda.[61] Mas o plano não se esgotou nesse conhecido e engenhoso aspecto. Exatamente por isso, alguns de seus conteúdos e desdobramentos foram desafiados pelos tribunais — e, mais uma vez, pelo Supremo em especial.

Quatro foram os problemas jurídicos básicos discutidos pela Corte — atuando tanto pela modalidade de controle concentrado de constitucionalidade, como pelo controle difuso: (i) estrutura institucional do

[59] STF – Pleno, **ADI nº 493**, rel. Min. Moreira Alves, julgamento em 25-06-1992.

[60] DURAN, Camila Villard. **Direito e moeda**, p. 97.

[61] OLIVEIRA, Marcos Cavalcante. **Moeda, juros e instituições financeiras**, p. 266.

órgão de definição da política monetária; (ii) sistema de conversão do valor contratual de cruzeiros reais para a recém criada Unidade Real de Valor (URV); (iii) periodicidade da previsão de correção monetária em contratos privados; e (iv) metodologia para o cálculo de índices de correção monetária durante a emissão do Real.[62]

Quanto à questão da estrutura institucional da autoridade monetária, as duas questões relevantes examinadas pela corte foram, em primeiro lugar, se a alteração da composição do CMN é matéria reservada à lei complementar disciplinadora do sistema financeiro, nos termos do art. 192 da Carta de 1988. A segunda questão, mais interessante para os fins do presente estudo, foi se contrariava o interesse público a retirada de participantes da sociedade civil da composição do CMN.

Quanto a esta segunda questão, entendeu o STF que a alteração da composição do CMN, respaldada por ato do Congresso Nacional, era válida e constitucional, não representando contrariedade ao interesse público, circunstância que levou o tribunal a indeferir a medida cautelar pleiteada.[63]

Uma decisão importante, na medida em que validou o saneamento da composição do CMN — um problema antigo, que constituía uma das dimensões da captura da autoridade monetária por interesses corporativos.[64]

O problema jurídico do sistema de conversão do valor contratual de cruzeiros reais para a recém criada URV representou o segundo conjunto de questões examinado pelo STF. Alguns dos temas de relevo decididos pelo tribunal envolveram: (a) o entendimento de que juízes não poderiam conceder tutela antecipada contra a Fazenda Pública que tivesse como objeto o pagamento de vencimentos e vantagens pecuniárias, sob pena

[62] DURAN, Camila Villard. **Direito e moeda**, p. 106-107, que agrupa essas quatro questões fundamentais a partir da análise de um conjunto de onze decisões do STF, proferidas entre os anos de 1995 e 2007.

[63] STF – Pleno, **ADI-MC nº 1.312**, rel. Min. Moreira Alves, julgamento em 19-10-1995.

[64] Sobre o tema, cf. FRANCO, Gustavo. **A moeda e a lei**, p. 440, onde destaca que a tentativa de conferir "representatividade" ao CMN nada mais era que um corporativismo grosseiro que podia ter algum sentido no âmbito de um governo autoritário – mas, iniciada a reconstrução da democracia, ela adquiria o intuito perverso de garantir um lugar privilegiado para interesses especiais em um orçamento que não estava limitado pela tributação, assim evitando os percalços do orçamento geral da União.

de afrontar a interpretação do tribunal a respeito da Lei nº 9.494/1997;[65] (b) a lei, ao reajustar salários de trabalhadores celetistas, para restabelecer o poder aquisitivo da remuneração devida durante a implementação do Plano Real, não se aplicaria a servidores públicos, por não haver previsão legal expressa para essa categoria, não podendo o princípio da isonomia embasar pleito dessa natureza;[66] (c) reconhecimento da inexistência de direito adquirido a reajustes integrais para benefícios previdenciários, por se tratar de mera expectativa de direito, de modo que o reajuste somente seria devido nas datas estipuladas pelo legislador, tal como previsto em lei anterior à conversão de cruzeiros reais para URV;[67] (d) impossibilidade de o legislador estadual aplicar critério diverso, na conversão de cruzeiros reais para URV, daquele previsto pela legislação federal para pagamento de seus servidores públicos, eis que o parâmetro de conversão encontra-se compreendido no âmbito material de regulação do sistema monetário, objeto de competência exclusiva da União.[68]

O tema da periodicidade da correção monetária — terceiro da constelação de problemas examinados pelo STF — foi examinado, pelo STF, com olhos sobre o dispositivo legal, introduzido pelo Plano Real, que previu periodicidade mínima de um ano para a correção monetária em contratos. À dúvida se essa lei teria aplicação imediata sobre contratos privados de prestação sucessiva, celebrados antes da entrada em vigor da medida legislativa, respondeu o Supremo que a norma não poderia ser aplicada retroativamente, sendo descabido fazer alcançar os efeitos futuros de negócios jurídicos celebrados anteriormente à sua vigência.[69]

Finalmente, uma importante questão enfrentada pelo STF, alusivamente ao Plano Real, disse respeito à constitucionalidade da aplicação imediata de dispositivo normativo (art. 38 da Lei nº 8.880/1994), que definiu a forma do cálculo dos índices de correção monetária no mês de emissão da nova moeda. A discussão envolveu a análise da validade do dispositivo, considerada a proteção constitucional devida ao direito adquirido e ao ato jurídico perfeito. Em sede de medida cautelar, o STF

[65] STF – Pleno, **ADI-MC nº 4**, rel. Min. Sydney Sanches, julgamento em 21-05-1999.

[66] STF – 1ª Turma, **RMS nº 24.651**, rel. Min. Marco Aurélio, julgamento em 02-12-2003.

[67] STF – Pleno, **RE nº 313.382**, rel. Min. Maurício Corrêa, julgamento em 26-09-2002.

[68] STF – Pleno, **RE nº 291.188**, rel. Min. Sepúlveda Pertence, julgamento em 08-10-2002.

[69] STF – 1ª Turma, **RE nº 273.602**, rel. Min. Sepúlveda Pertence, julgamento em 18-02-2003.

suspendeu todos os processos em curso no país, que questionassem a validade do referido preceptivo legal.[70] No julgamento final, a corte assentou a constitucionalidade do dispositivo, fixando a tese de que é constitucional o art. 38 da Lei nº 8.880, de 27 de maio de 1994, não importando a aplicação imediata desse dispositivo violação do art. 5º, XXXVI, da Constituição Federal, sob o fundamento de que o preceptivo, imanente às normas responsáveis pela alteração da moeda, não promoveu, quanto àqueles meses, expurgo inflacionário. Repisou-se o entendimento de que normas que tratam de regime monetário, como aquelas que substituem uma moeda por outra, são de natureza institucional e estatutária, e não apenas de ordem pública, não sendo possível opor à sua aplicação imediata a cláusula de proteção ao direito adquirido ou ao ato jurídico perfeito.[71]

Desse conjunto de decisões parece possível retirar uma moldura jurídica para o exercício do poder monetário pelo Estado.[72] Isso porque, a despeito do sucesso do Plano Real, especialmente na derrubada da inflação, o STF foi convocado a ministrar orientações a respeito dos limites e possibilidades do poder do governo, além de haver, periférica e episodicamente, manifestado censura a algumas violações a garantias constitucionais.

Dessa forma, como diretrizes jurisprudenciais cristalizadas, é possível indicar: (i) cabe ao Legislativo definir se há contrariedade ao interesse público na retirada de participantes da sociedade civil da composição de órgão responsável pela política monetária; (ii) a previsão legal de reajuste inflacionário para contratos de trabalho não configura direito adquirido, sendo mera expectativa; (iii) direito monetário, regra especial de direito econômico, é matéria de competência exclusiva da União, de modo que outros membros da federação não podem legislar de forma complementar; (iv) a alteração de padrão monetário excepciona o princípio da intangibilidade dos atos jurídicos perfeitos e do direito adquirido, incluindo-se, nesse âmbito de exceção, a fixação do critério de conversão para a moeda nova do valor de obrigações legais ou negociais orçadas na moeda velha.[73]

[70] STF – monocrática, **ADPF-MC nº 77**, rel. Min. Sepúlveda Pertence, julgamento em 21-08-2006.

[71] STF – Pleno, **ADPF nº 77**, rel. Min. Dias Toffoli, julgamento em 16-05-2019.

[72] DURAN, Camila Villard. **Direito e moeda**, p. 115.

[73] DURAN, Camila Villard. **Direito e moeda**, p. 115-116.

Finalmente, um tema bastante caro ao direito monetário, e que também mereceu atenção por parte do Supremo, diz respeito à responsabilidade civil da União por danos decorrentes de ruptura de equilíbrio econômico-financeiro contratual, decorrente dos efeitos de planos econômicos. Assentou a Corte que, mesmo em se tratando de ato estatal lícito, é possível cogitar de responsabilização.

De acordo com o entendimento do tribunal,[74] a estabilidade econômico-financeira do contrato administrativo é expressão jurídica do princípio da segurança jurídica, pelo qual se busca conferir estabilidade àquele ajuste, inerente ao contrato de concessão, garantindo à concessionária viabilidade para a execução dos serviços, nos moldes licitados. Dentro dessa ótica, a manutenção da qualidade na prestação dos serviços concedidos (o caso específico, versado no recurso extraordinário julgado pelo STF, envolvia serviços de exploração de transporte aéreo) impõe a adoção de medidas garantidoras do reequilíbrio da equação econômico-financeira do contrato administrativo, seja pela repactuação, reajuste, revisão ou indenização dos prejuízos.

Considerando que a instituição de nova moeda (Plano Cruzado) e a implementação, pelo Poder Público, dos planos de combate à inflação congelaram os preços e as tarifas aéreas nos valores prevalecentes em fevereiro de 1986 (art. 5º do Decreto n. 91.149, de 15.3.1985), bem como em razão da comprovação nos autos de que os reajustes efetivados, no período do controle de preços, foram insuficientes para cobrir a variação dos custos suportados pela concessionária, avaliou a corte que a indenização era impositiva, à luz da teoria da responsabilidade objetiva do Estado com base no risco administrativo.

O entendimento do tribunal encaminhou-se no sentido de que o Estado responde juridicamente também pela prática de atos lícitos, quando deles decorrerem prejuízos para os particulares em condições de desigualdade com os demais.[75] Atentou-se para a circunstância da impossibilidade de

[74] STF – Pleno, **RE nº 571.969**, rel. Min. Cármen Lúcia, julgamento em 12-03-2014.

[75] Como destacado pela ministra relatora, a questão central a ser debatida no julgado era exatamente a da validade constitucional da responsabilização civil por ato lícito, de efeitos gerais e abstratos: "Questão sujeita ao exame da matéria nesta fase recursal é se a atuação lícita, de efeitos gerais e abstratos, do Poder Público teria o condão de impor o reconhecimento jurídico da responsabilidade da entidade estatal, que atuou, segundo lei fixando os parâmetros e as medidas de atuação, de modo a gerar o seu dever de impor-se a indenização à empresa

a concessionária cumprir as exigências contratuais com o público, sem prejuízos extensivos aos seus funcionários, aposentados e pensionistas, cujos direitos não puderam ser honrados.

Mais ainda, assentou, em um aspecto especialmente importante no contexto das relações jurídico-monetárias que, apesar de toda a sociedade ter sido submetida aos planos econômicos, impuseram-se à concessionária prejuízos especiais, pela sua condição de concessionária de serviço, vinculada às inovações contratuais ditadas pelo poder concedente, sem poder atuar para evitar o colapso econômico-financeiro.

O tribunal deixou claro que não estava a discutir a legalidade da decisão política pela qual se instituiu o Plano Cruzado; não se tratava de revisar, criticar nem censurar o seu objetivo expresso de combater a inflação e resguardar a ordem econômica e financeira. O que o STF definiu foi haver responsabilidade pela prática de atos lícitos, quando deles decorrem prejuízos para os particulares em condições de desigualdade com os demais. Uma importante sinalização do tribunal, reforçando os espaços de proteção constitucional dos titulares de direitos — inclusive em sede jurídico-monetária.

Esse amplo conjunto de precedentes, proferidos ao longo de mais de três décadas, denotam o importante papel institucional desempenhado pelo STF para o aperfeiçoamento da governança da moeda nacional e para estabilização monetária.

O tribunal, ao mesmo tempo em que definiu e legitimou poderes do Estado brasileiro sobre a moeda, demarcou linhas de proteção dos cidadãos, limitando incursões indevidas do poder público ao tutelar garantias constitucionais.

Mais do que um mero intérprete de decisões postas pelo Legislativo e pelo Executivo, o tribunal foi um ator institucional de relevo, não raras vezes indicando os caminhos jurídicos que as reformas e medidas econômicas sensíveis, no campo da moeda, poderiam ou não perfilhar. Esse atuar mais uma vez revela que a postura da jurisprudência, longe de se qualificar como meramente passiva, é construtiva de sendas e alternativas institucionais.

concessionária de serviço público pelo desequilíbrio contratual comprovado" (STF – Pleno, **RE nº 571.969**, rel. Min. Cármen Lúcia, julgamento em 12-03-2014).

O itinerário e conteúdo dessas decisões judiciais sugere que à lei não se podem atribuir os méritos exclusivos do desenvolvimento institucional experimentado na economia e no mercado monetário brasileiros. A análise da experiência doméstica nesses dois campos denota que a jurisprudência — notadamente aquela emanada do STF, no exercício da jurisdição constitucional — apresentou um papel fundamental e estruturante, contribuindo para o aprimoramento institucional ao nível das fontes propriamente jurídicas.

Não menos do que na lei, o sistema jurídico que suporta o desenvolvimento dos mercados financeiros (e os mercados monetários inclusos) ampara-se na jurisprudência — observação que se mostra válida não apenas para a tradição jurídica do *common law*, mas também para os sistemas afetos à tradição romano-germânica.

Como sugere a análise do caso brasileiro, também aqui órgãos administrativos e especialmente tribunais judiciários, mercê de uma atuação não apenas reparadora ou de interpretação, mas frequentemente normativa em caráter primário, forjaram as bases e os caminhos do desenvolvimento institucional no campo do dinheiro e da moeda.

Também aos precedentes, portanto, deve-se creditar a parcela do desenvolvimento institucional que encontra no fortalecimento e estabilização da moeda a sua causa e raiz.

3. Limitações constitucionais ao poder monetário na jurisprudência do Supremo Tribunal Federal

O balanço deste vasto repertório jurisprudencial do Supremo, em matéria monetária, permite alcançar ao menos duas conclusões.

Por um lado, e como adrede sublinhado, as cortes brasileiras produziram farto material jurisprudencial a respeito dos aspectos jurídicos da moeda. O inventário das decisões em matéria jusmonetária — em larga medida resultantes de desafios, suscitados perante as cortes nacionais, a respeito da aplicabilidade ou não da nova lei monetária sobre as relações jurídicas formadas ao tempo da lei anterior — exibe uma rara inteligência de aspectos do sistema jurídico monetário à luz da constituição.

Entretanto, esse acervo decisório, malgrado amplo, é monotemático (ou melhor: "oligotemático"). Em parte espelhando a insuficiência dos debates doutrinários posteriores à Carta de 1988 sobre o sistema financeiro nacional, em parte excessivamente concentrado no aspecto da eficácia da lei monetária no tempo, cuida-se de uma produção judicial que porejou teses interpretativas formalistas.[76] A análise dos precedentes sugere que, tirante a preocupação mais aguda com a interpretação e aplicação da cláusula do art. 5º, inciso XXXVI, não houve uma leitura e reflexão mais profundas sobre o sistema de liberdades direitos fundamentais relativos às posições jurídico-monetárias (concebidos como tais), e tampouco sobre a efetividade e os constrangimentos impostos às competências estatais sobre o dinheiro e à separação dos poderes.[77]

Daí por que uma segunda conclusão aponta para o diagnóstico de que a jurisprudência do STF em matéria monetária é hipertrofiada em alguns pontos, e deficitária em outros.

A esses pontos-cegos ou escotomas na jurisprudência constitucional monetária podem ser rastreadas causas plurais. Enfocando, porém, menos nas causas e mais nas consequências, o resultado é de uma baixa densidade decisória na interpretação de determinadas cláusulas e dimensões da constituição monetária.

Nesse sentido, enquanto instância crítica do sistema jurídico-monetário, à justiça constitucional podem ser atribuídas, ao lado dos seus méritos, também déficits reflexivos — no mínimo, uma falta parcial de contribuição na tarefa de exploração e desdobramento dos conteúdos do subsistema constitucional de disciplina jurídica da moeda.

E mais do que um problema de pontos cegos, vazios e deficiência. O que parece haver é a falta de uma percepção unitária da ordem constitucional monetária; uma ausência de entendimento de conjunto a respeito do direito constitucional da moeda.[78]

Note-se bem: não se está a dizer que os tribunais, e o Supremo em especial, recusaram cumprimento às normas constitucionais relativas à moeda.

[76] VEIGA DA ROCHA, Jean Paul. Direito e moeda no debate constitucional, p. 241.

[77] VEIGA DA ROCHA, Jean Paul. Direito e moeda no debate constitucional, p. 253.

[78] Reverberando essa percepção, o certeiro relato de Arnoldo Wald, em observação que, embora não se limite à análise do caso brasileiro, encaminha o mesmo gênero de reflexão e perplexidade: "O que é mais estranho é que tenha permanecido ilimitado e praticamente irrestrito o poder monetário do Estado quando se estabeleceu o regime democrático e representativo. Embora, desde a Revolução Americana, a Constituição, a lei e os tribunais tivessem estabelecido limitações ao poder tributário, não houve medidas simétricas para defender o indivíduo e a sociedade contra o arbítrio do Poder Público em matéria monetária" (WALD, Arnoldo. **O novo direito monetário**, p. 24).

O que se diagnostica é a carência de uma visão de conjunto da ordem constitucional monetária globalmente considerada, e nomeadamente da intelecção desse ordem enquanto programa constitucionalmente vinculante de imposição de limites jurídicos aos poderes estatais sobre o dinheiro e a moeda.

Cuida-se de reconhecer que, a despeito de censuras episódicas sobre intervenções estatais da regulação monetária (muitas delas fundamentadas em normas e diretrizes constitucionais), a jurisprudência formada não parece se desenvolver sob o pano de fundo de um *framework* constitucional mais amplo, assentado em princípios constitucionais básicos que compendiem uma autêntica "carta de direitos" relacionada à moeda.

As decisões, a despeito de serem muitas, assumem contornos de deliberação *ad hoc*, vocacionadas à resolução de desafios constitucionais concretos. Talvez à exceção do tema da eficácia da lei monetária no tempo — matéria na qual a fixação de *standards* e parâmetros decisórios é não apenas abundante, mas reveladora de uma inteligente construção articulada com a cláusula do art. 5º, XXXVI —, não parece possível colher, da jurisprudência em matéria de direito monetário, diretivas mais amplas e que venham em reforço de uma constituição monetária concebida como tal.[79]

Se assiste razão à Jean Carbonnier,[80] ao destacar que a soberania monetária não pode ser uma ditadura, e que portanto deve a primeira observar uma deontologia, merecendo ser limitada por uma moral, por uma ética monetária, e revelando-se ainda necessário o travejamento das atribuições monetárias do Estado pelo espírito e pelo sistema da própria constituição e dos direitos fundamentais, não parece exagerado

[79] Decerto que, com essa afirmação, não se pretende insinuar que o Judiciário devesse assumir protagonismo no trato das questões jurídico-monetárias. Concorda-se, no ponto, com a observação de Letácio Jansen: "Numa democracia, a competência para disciplinar, de modo geral, a moeda e as obrigações monetárias é dos Poderes Legislativo e Executivo, a deste através, especificamente, do Banco Central, não cabendo ao Poder Judiciário dispor sobre a emissão da moeda nem disciplinar, de forma geral, as normas monetárias individuais. Toda e qualquer ação, jurisdicional ou administrativa, dos juízes e tribunais, no sentido de criar normas gerais sobre juros e indexação (fixando taxas ou critérios de aplicação, adotando tabelas etc.) deve, portanto, ser a todo custo evitada. Mas há uma ampla e relevante competência do Judiciário na matéria, que pode se exercer através do controle da constitucionalidade e da legalidade das normas monetárias em geral" (JANSEN, Letácio. **Limites jurídicos da moeda**, p. 76).

[80] WALD, Arnoldo. **O novo direito monetário**, p. 19 e 29.

assinalar que essa preocupação deontológica mostra-se, especialmente no campo monetário, um tanto quanto deficiente (quando não ausente) no acervo jurisprudencial amealhado ao longo da experiência constitucional brasileira.

Deveras, no mais das vezes, e a análise dos precedentes brasileiros na matéria parece confirmar a percepção, o sistema monetário constitucional exibe-se de modo desarticulado do conjunto de pactos constitucionais fundadores — como que escondido em um mero esquema ou racional puramente econômico-tecnocrático, sem maior diálogo com as fontes e valores-fontes constitucionais centrais.[81]

Tirante exceções tópicas, o sentido mais elevado de uma constituição monetária resta degradado. Cláusulas constitucionais relativas à moeda podem e foram eventualmente desdobradas; seu horizonte mais abrangente de significado, aparentemente não.

Tentando colocar essa percepção de um modo mais claro, é dizer: a linguagem dos direitos (e especialmente a linguagem dos direitos *fundamentais*) parece não alcançar penetração, evolução e especialmente altura no campo do direito constitucional monetário. A dimensão orgânica, funcional e estrutural — relacionada à divisão de poderes, competências e predicados institucionais da autoridade monetária — parece hipertrofiada, colonizando praticamente a totalidade do conjunto de interpretações e aplicações na matéria.

A visão de conjunto dessa ordem constitucional parcial, assim como do seu centro de gravidade (aquele constituído pelo núcleo de posições jurídico-subjetivas relativas à moeda), finda prejudicada.

E aqui uma nova comparação com o campo do direito tributário parece inevitável.

Ao passo que, em matéria fiscal, a percepção da existência de uma constituição tributária como uma unidade ordenad(or)a de valores — e especialmente de limites constitucionais ao poder de tributar estruturados enquanto normas de direitos fundamentais — afigura-se como percepção de senso comum e praticamente inconteste, o mesmo tipo de visão não parece prosperar nos domínios da regulação e da disciplina jurídica da moeda.

[81] Aproveitando-se aqui uma crítica de Canotilho, seguramente não direcionada a temas jurídico-monetários, mas decerto transplantável (CANOTILHO, J. J. Gomes. **"Brancosos" e interconstitucionalidade**, p. 125).

Há uma nítida percepção de que existem *limitações do poder de tributar* (fórmula que inclusive consta textualmente da Carta de 1988, no art. 146, II, e no próprio nome da Seção II do Título IV). Por outro lado, e em contraponto, não é comum que se conceba haver *limitações ao poder monetário*.[82]

É verdade que talvez o problema seja não dos intérpretes nem das técnicas adjudicatórias, mas do tipo de causas e processos judiciais que os desafios regulatórios relacionados à moeda permitem gerar. Em outro giro verbal, é dizer: pode ser que os tribunais sejam costumeiramente tímidos em matéria de aplicação da constituição e de direitos fundamentais monetários porque é difícil articular conflitos jurídicos relativos à moeda em um formato de litígio judicial.

A triangularização de relações processuais no campo monetário, já destacou anteriormente, nem sempre é fácil de se materializar — de regra, apenas a inflação em rota de descontrole é capaz de o fazer.

Examinando a questão com luzes sobre a Convenção Europeia de Direitos Humanos, Ali Riza Çoban relata, por exemplo, que os intérpretes da Convenção foram tímidos em reconhecer a possível quebra de direitos de propriedade, como decorrência de eventuais efeitos deletérios da inflação.[83]

Especialmente nas relações de direito público, seja pela dificuldade em reconhecer que um Estado é efetivamente responsável pela inflação, seja pela aporia da mensuração do dano de fato causado, quer ainda diante da difícil comprovação de que o Estado beneficiou-se desse quadro, a avaliação das políticas econômicas governamentais, *vis-à-vis* direitos individuais, é sempre tema delicado de ser versado em sede jurisprudencial.

O tipo de conflito jurídico que a política e a regulação monetária geram, nesse sentido, é dificilmente operável em uma interface jurisdicional.

Embora técnicas como a dos chamados processos estruturais[84] possam oferecer alternativas para a lida com esse tipo de conflito transindividual,

[82] "No plano jurídico, trata-se, em primeiro lugar, na reforma constitucional, garantir os direitos individuais no plano monetário, como estão garantidos no campo tributário, não mais admitindo a interferência do Estado nas relações individuais, a não ser dentro de limites constitucionalmente fixados" (WALD, Arnoldo. **O novo direito monetário**, p. 32).

[83] ÇOBAN, Ali Riza. Inflation and human rights: protection of property rights against inflation under the European Convention of Human Rights, p. 62.

[84] DIDIER JR., Fredie; JR. Hermes Zaneti; OLIVEIRA, Rafael Alexandria. Elementos para uma teoria do processo estrutural aplicada ao processo civil brasileiro. **Revista do Ministério**

e no mesmo passo amortecer a rigidez das vias processuais tradicionais, a elaboração dos conflitos jurídicos-monetários de modo jurisdicionalmente tratável parece representar uma clara e tradicional dificuldade.

A despeito desse problema, parece haver campo para avanços. E um progresso fundamental para atingir essa meta pode residir justamente na percepção de que há liberdades relacionados à moeda, e que essas liberdades estruturam-se enquanto direitos fundamentais.

Talvez, dessa maneira, seja possível dar passos importantes como aquele empreendido pela Corte de Justiça da União Europeia. No caso *Hedqvist*, o tribunal sinalizou que moedas privadas podem ser legitimamente emitidas e usadas no âmbito da União Europeia.[85]

Embora o enfoque do caso fosse tributário — para deliberar se a conversão de *bitcoins* em moedas soberanas, enquanto atividade empresarial, estaria sujeita à tributação via imposto de valor agregado —, a sinalização do tribunal, de que esses ativos de emissão privada, uma vez aceitos pelas partes enquanto meio de pagamento como uma alternativa ao dinheiro

Público do Estado do Rio de Janeiro, n. 75, p. 101-136, jan./mar. 2020, p. 104, onde definem o "problema estrutural" a que esse tipo de técnica processual visa a atacar nos seguintes termos: "O problema estrutural se define pela existência de um estado de desconformidade estruturada – uma situação de ilicitude contínua e permanente ou uma situação de desconformidade, ainda que não propriamente ilícita, no sentido de ser uma situação que não corresponde ao estado de coisas considerado ideal. Como quer que seja, o problema estrutural se configura a partir de um estado de coisas que necessita de reorganização (ou de reestruturação). Estado de desconformidade, como dito, não é sinônimo necessariamente de estado de ilicitude ou de estado de coisas ilícito. Estado de desconformidade é situação de desorganização estrutural, de rompimento com a normalidade ou com o estado ideal de coisas, que exige uma intervenção (re)estruturante. Essa desorganização pode, ou não, ser consequência de um conjunto de atos ou condutas ilícitas."

[85] PRATES, Marcelo M. Money in the twenty-first century, p. 63 ("The Court of Justice of the European Union also hinted at a more permissive approach to privately issued currencies in the *Hedqvist* case. Although the case focused on debating whether exchanging bitcoins for sovereign currencies as a commercial activity would be subject to the value-added tax, the Court signaled that a private currency could be legitimately issued and used in the European Union. In doing so, the Court defined the basic characteristics of private, 'non-traditional currencies': 'currencies other than those that are legal tender in one or more countries, in so far as those currencies have been accepted by the parties to a transaction as an alternative to legal tender and have no purpose other than to be a means of payment.' If, therefore, a privately issued instrument meet these characteristics, it can be considered 'currency'—at least for tax purposes").

de curso legal, podem ser tecnicamente considerados como moeda (pelo menos para fins fiscais), representa um precedente arrojado.

Estarão o Supremo e os tribunais brasileiros de maneira geral preparados para dar um passo semelhante?

Avalia-se que a resposta passa diretamente pela disposição do Judiciário em enfrentar e conexionar o tema da regulação monetária com os direitos fundamentais, concebendo-os enquanto limitações constitucionais ao poder monetário.

Na esteira de uma importante reflexão de Camila Duran, mais do que argumentos econômicos *ad terrorem* ou fuga em direção a argumentos processuais, deve o STF (e também demais órgãos jurisdicionais, adite-se) investir na construção consistente de um *sistema jurídico da moeda* — a moldura normativa que, entretecida pelo direito, define os contornos jurídicos do poder de legislar sobre a moeda.[86]

E parece evidente que o desenvolvimento desse sistema jurídico monetário não pode prescindir de uma leitura orientada a direitos fundamentais e a limites constitucionais ao poder de Estado sobre o dinheiro e a sua regulação.

Interessante pontuar que já há promissoras sinalizações nesse sentido. Verifica-se, especialmente por parte do Supremo, disposição para enfrentar a questão mediante filtragem de aspectos da regulação monetária por meio dos direitos fundamentais.

O conjunto de decisões da Corte a respeito do regime de atualização monetária e juros, incidentes sobre condenações judiciais da Fazenda

[86] "(...) o direito constrói a 'moldura' monetária. A definição dos contornos jurídicos do poder de legislar sobre a moeda é uma das questões sociais mais relevantes a serem respondidas pelo STF em futuro próximo. Espera-se que o julgamento final da ADPF 77 revele um diálogo maduro e consistente com as decisões anteriores (e pendentes) sobre os planos econômicos de estabilização e, acima de tudo, contribua com o *avanço jurídico* da análise de questões monetárias. Reflexões sobre a natureza de leis que disciplinam funções monetárias, o que constitui o regime jurídico da moeda, como devem ser aplicadas leis monetárias no tempo e a distinção entre os planos de validade e eficácia de obrigações jurídicas creditícias, oferecerem caminhos *do direito* para a estruturação da ordem monetária nacional. Mais do que argumentos econômicos *ad terrorem* (ou a fuga em direção a argumentos processuais, menos controversos socialmente), o STF deve investir na construção consistente de um *sistema jurídico da moeda*" (DURAN, Camila Villard. Jurisprudência comentada (ADPF 77): o debate judicial sobre a disciplina jurídica da moeda como padrão de valor. **Revista de Direito Bancário e do Mercado de Capitais**, São Paulo, vol. 70, ano 18, p. 294-308, out-dez 2015).

Pública, oferece um bom exemplo de como o tribunal, atento às implicações jurídico-consttucionais (e designadamente jusfundamentais) do tema, censurou normas sobre indexação monetária, mediante aplicação das cláusulas constitucionais da isonomia e da garantia da propriedade.[87]

O fato de que os índices de correção monetária não tinham como refletir, de modo minimamente proporcional e equivalente, a perda do poder aquisitivo da moeda, com consequente vulneração inválida do âmbito de proteção da igualdade e da propriedade, constituiu um importante fundamento (e também um relevante exemplo) em prestígio dos interesses subjetivos de natureza monetária.

[87] STF - Tribunal Pleno, **RE nº 870.947**, rel. Min. Luiz Fux, julgamento em 20/11/2017: "DIREITO CONSTITUCIONAL. REGIME DE ATUALIZAÇÃO MONETÁRIA E JUROS MORATÓRIOS INCIDENTE SOBRE CONDENAÇÕES JUDICIAIS DA FAZENDA PÚBLICA. ART. 1º-F DA LEI Nº 9.494/97 COM A REDAÇÃO DADA PELA LEI Nº 11.960/09. IMPOSSIBILIDADE JURÍDICA DA UTILIZAÇÃO DO ÍNDICE DE REMUNERAÇÃO DA CADERNETA DE POUPANÇA COMO CRITÉRIO DE CORREÇÃO MONETÁRIA. VIOLAÇÃO AO DIREITO FUNDAMENTAL DE PROPRIEDADE (CRFB, ART. 5º, XXII). INADEQUAÇÃO MANIFESTA ENTRE MEIOS E FINS. INCONSTITUCIONALIDADE DA UTILIZAÇÃO DO RENDIMENTO DA CADERNETA DE POUPANÇA COMO ÍNDICE DEFINIDOR DOS JUROS MORATÓRIOS DE CONDENAÇÕES IMPOSTAS À FAZENDA PÚBLICA, QUANDO ORIUNDAS DE RELAÇÕES JURÍDICO-TRIBUTÁRIAS. DISCRIMINAÇÃO ARBITRÁRIA E VIOLAÇÃO À ISONOMIA ENTRE DEVEDOR PÚBLICO E DEVEDOR PRIVADO (CRFB, ART. 5º, CAPUT). RECURSO EXTRAORDINÁRIO PARCIALMENTE PROVIDO. 1. O princípio constitucional da isonomia (CRFB, art. 5º, caput), no seu núcleo essencial, revela que o art. 1º-F da Lei nº 9.494/97, com a redação dada pela Lei nº 11.960/09, na parte em que disciplina os juros moratórios aplicáveis a condenações da Fazenda Pública, é inconstitucional ao incidir sobre débitos oriundos de relação jurídico-tributária, os quais devem observar os mesmos juros de mora pelos quais a Fazenda Pública remunera seu crédito; nas hipóteses de relação jurídica diversa da tributária, a fixação dos juros moratórios segundo o índice de remuneração da caderneta de poupança é constitucional, permanecendo hígido, nesta extensão, o disposto legal supramencionado. 2. O direito fundamental de propriedade (CRFB, art. 5º, XXII) repugna o disposto no art. 1º-F da Lei nº 9.494/97, com a redação dada pela Lei nº 11.960/09, porquanto a atualização monetária das condenações impostas à Fazenda Pública segundo a remuneração oficial da caderneta de poupança não se qualifica como medida adequada a capturar a variação de preços da economia, sendo inidônea a promover os fins a que se destina. 3(...). 4. A correção monetária e a inflação, posto fenômenos econômicos conexos, exigem, por imperativo de adequação lógica, que os instrumentos destinados a realizar a primeira sejam capazes de capturar a segunda, razão pela qual os índices de correção monetária devem consubstanciar autênticos índices de preços. 5. Recurso extraordinário parcialmente provido."

Trata-se de uma amostra de como a jurisprudência do Supremo sobre a matéria, embora por vezes se assemelhe a uma coleção descontínua de momentos, exibe potencial para se tornar um índice de obras completas. E o passo decisivo parece residir justamente na incorporação, às inteiras, da linguagem própria dos direitos fundamentais.

4. A modelagem institucional da autoridade monetária pelo judiciário

O Supremo não deliberou apenas a respeito da formatação jurídica da moeda nacional ou de intervenções regulatórias específicas do legislador monetário. Essa atuação fiscalizatória dos limites das normas monetárias, quando não atuação como verdadeira instância regulatória indireta, não foi de fato o único papel desempenhado pelo tribunal no exercício da jurisdição constitucional em matéria monetária.

O STF assumiu também um importante papel na definição do desenho institucional das autoridades reguladoras do setor financeiro e monetário.

A corte foi provocada, debateu e emitiu respostas igualmente na seara modelagem institucional das autoridades responsáveis pela regulação do SFN — nesse sentido contribuindo também para a forja da autoridade monetária brasileira.

Nesse conjunto específico de decisões, discutiu-se a natureza jurídica desses entes, a natureza jurídica de seus principais agentes, bem como a possibilidade de medida provisória ou lei ordinária disporem sobre alteração de sua composição ou regime jurídico do seu quadro de funcionários.

Em outros casos, o importante debate sobre a competência normativa do CMN e do BCB ocupou o centro da deliberação da Corte. E mais recentemente, importante questão decidida pelo tribunal disse respeito à validade constitucional da atribuição de autonomia ao banco central brasileiro.[88-89]

[88] DURAN-FERREIRA, Camila. O STF e a construção institucional das autoridades reguladoras do sistema financeiro: um estudo de caso das ADIns. **Revista Direito GV**, São Paulo, v. 5, n. 1, p. 67-94, jan./jun. 2009.

[89] Especificamente sobre a validade constitucional da atribuição de autonomia ao BCB, cf. Parecer Jurídico 169/2021-BCB/PGBC, apresentada nos autos da ADI n. 6.696/DF.

De acordo com levantamento empreendido pela pesquisadora Camila Duran[90] — em estudo que levou em consideração decisões proferidas pelo STF até o ano de 2009 —, seis foram as questões relevantes, alusivas ao tema de *desenho institucional das autoridades reguladoras*, enfrentadas pela Corte: (i) qual a natureza jurídica do BCB e dos integrantes de seu quadro de funcionários[91]; (ii) se portaria editada pelo BCB poderia disciplinar plano de carreira de seus servidores[92]; (iii) se alteração da composição do CMN é matéria reservada à lei complementar;[93] (iv) se contrariam o interesse público dispositivos de medida provisória, posteriormente convertida em lei, que retiraram a participação de representantes da sociedade civil da composição do CMN[94]; (v) se podem ser atribuídos ao presidente do BCB o *status* de ministro de Estado e, consequentemente, a prerrogativa de foro, por meio de medida provisória[95]; (vi) qual a natureza jurídica do presidente do BCB.[96]

Na ADI nº 449, analisando o tema da natureza jurídica do BCB e dos integrantes de seu quadro de funcionário, o STF definiu o banco central como uma autarquia, com personalidade jurídica de direito público, prestadora de serviço público, a partir da análise de sua competência prevista na Lei nº 4.594/1964. Esta lei foi recebida como lei complementar no que se refere à organização, funcionamento e atribuições da instituição, mas como lei ordinária em relação aos dispositivos disciplinadores do regime de seu quadro pessoal. Seus servidores devem ser submetidos ao regime jurídico único, estatutário e não celetista. É a natureza do BCB que determina o regime de seu quadro pessoal. Assim, seria inconstitucional artigo de lei ordinária que exclui os funcionários do BCB do regime estatutário.[97]

[90] DURAN-FERREIRA, Camila. O STF e a construção institucional das autoridades reguladoras do sistema financeiro: um estudo de caso das ADIns, p. 74.

[91] STF – Pleno, **ADI nº 449**, rel. Min. Carlos Velloso, julgamento em 29-08-1996.

[92] STF – Pleno, **ADI-MC nº 1056**, rel. Min. Marco Aurélio, julgamento em 01-07-1994.

[93] STF – Pleno, **ADI-MC nº 1312**, rel. Min. Moreira Alves, julgamento em 24-11-1995.

[94] STF – Pleno, **ADI-MC nº 1312**, rel. Min. Moreira Alves, julgamento em 24-11-1995.

[95] STF – Pleno, **ADI nº 3289**, rel. Min. Gilmar Mendes, julgamento em 24-02-2006.

[96] STF – Pleno, **ADI nº 3289**, rel. Min. Gilmar Mendes, julgamento em 24-02-2006.

[97] DURAN-FERREIRA, Camila. O STF e a construção institucional das autoridades reguladoras do sistema financeiro: um estudo de caso das ADIns, p. 75.

Na Medida Cautelar na ADI nº 1056, a Corte veiculou orientação no sentido de que portaria do BCB não poderia disciplinar plano de carreira do quadro de pessoal da entidade, porque conflitante com a exigência de concurso público.

Quanto à composição do CMN, igualmente em sede de medida cautelar (desta feita na ADI nº 1312), avaliou o tribunal não ser indiscutível que, somente por integrar o sistema financeiro, haveria necessidade de lei complementar para a disciplina da composição do órgão e suas atividades. O tribunal reconheceu que, se houve respaldo do congresso nacional para a alteração da composição do CMN, na conversão de medida provisória em lei, não representa contrariedade ao interesse público a retirada de participantes da sociedade civil do Conselho, cabendo ao Poder Legislativo essa decisão.[98]

Sobre o regime jurídico do presidente do BCB, na ADI nº 3289 examinou-se a validade de normas da Medida Provisória nº 207/2004 (convertida na Lei nº 11.036/2004), que alterou disposições das Leis nº 10.683/03 e Lei nº 9.650/98, para equiparar o cargo de natureza especial de Presidente do Banco Central ao cargo de Ministro de Estado, prevendo ainda prerrogativa de foro para o Presidente do BCB. Articulou-se, no caso, ofensa aos arts. 2º, 52, III, "d", 62, §1º, I, "b", §9º, 69 e 192 da Constituição da República.

Por maioria de votos, entendeu a Corte que a natureza política da função de Presidente do Banco Central autoriza a transferência de competência. Sistemas republicanos comparados possuem regulamentação equivalente para preservar garantias de independência e imparcialidade. Não se constatou, no texto constitucional de 1988, argumento normativo contrário à regulamentação infraconstitucional impugnada, eis que ausente proibição de sua extensão a Presidente e ex-Presidentes de Banco Central. Além disso, sistemas singulares foram criados com o objetivo de garantir independência para cargos importantes da República: Advogado-Geral da União; Comandantes das Forças Armadas; Chefes de Missões Diplomáticas. Rejeitou-se ainda a alegação de ofensa ao princípio da separação de poderes, inclusive por causa da participação do Senado Federal na aprovação dos indicados ao cargo de Presidente e Diretores do Banco

[98] DURAN-FERREIRA, Camila. O STF e a construção institucional das autoridades reguladoras do sistema financeiro: um estudo de caso das ADIns, p. 75.

Central (art. 52, III, "d", da CF/88). Reputou-se ainda que a prerrogativa de foro é medida de reforço à independência das funções de poder na República, podendo ser adotada por razões de política constitucional. E, no particular, tratar-se-ia de situação em que se justifica a diferenciação de tratamento entre agentes políticos em virtude do interesse público evidente.

Um segundo conjunto temático importante, decidido pelo STF, disse respeito ao rico tema da competência normativa do CMN e do BCB.[99] As questões submetidas à Corte relacionavam-se com a disciplina do sistema financeiro nacional e a exigência de lei complementar nos termos do art. 192 da Constituição. O corpo principal de indagações disse respeito não a atos normativos específicos emanados da autoridade monetária brasileira, mas sim à constitucionalidade da previsão desse tipo de competência normativa, seja mediante lei ordinária ou medida provisória.

Nesse sentido, algumas das questões enfrentadas pelo tribunal foram:[100] (i) se o CMN pode reeditar texto de medida provisória rejeitada pela Legislativo, que disciplina a atividade de sociedades corretoras; (ii) se o BCB tem competência normativa, atribuída por lei ordinária, para disciplinar a atualização monetária; (iii) se o CMN incidiu sobre domínio reservado à competência legislativa do Congresso Nacional, ao disciplinar o Fundo Garantidor de Crédito (FGC); (iv) se a disciplina do contrato de depósito bancário por resolução do CMN revelava ofensa ao princípio da legalidade; (v) possibilidade de resolução do CMN disciplinar atividade de auditorias independentes em instituição financeira; (vi) aplicação do Código de Defesa do Consumidor (CDC) às instituições financeiras.

Como observa Camila Duran,[101] nesse conjunto de casos, o STF articulou suas decisões em medida cautelar em sete dos dez processos analisados, sendo que, em dois deles, ainda não houve julgamento final e, em cinco, a ação foi posteriormente julgada prejudicada. Ou seja: a Corte "decidiu não decidir", deixando aos poderes políticos a resolução final do

[99] DURAN-FERREIRA, Camila. O STF e a construção institucional das autoridades reguladoras do sistema financeiro: um estudo de caso das ADIns, p. 79.

[100] De acordo com sumário empreendido por DURAN-FERREIRA, Camila. O STF e a construção institucional das autoridades reguladoras do sistema financeiro: um estudo de caso das ADIns, p. 80.

[101] DURAN-FERREIRA, Camila. O STF e a construção institucional das autoridades reguladoras do sistema financeiro: um estudo de caso das ADIns, p. 85.

conflito. Embora nem todas as questões tenham sido respondidas pela Corte, é possível constatar que o tribunal manteve atos regulatórios do CMN e do BCB e, pelo menos implicitamente, reconheceu a competência normativa da autoridade monetária brasileira.

Em um precedente específico, na verdade, o reconhecimento da capacidade normativa do CMN foi explícita. Trata-se da decisão proferida pelo Supremo Tribunal Federal na ADI nº 2591.[102]

Da elucidativa ementa do julgado,[103] extrai-se que o Conselho Monetário Nacional é titular de capacidade normativa — a chamada capacidade normativa de conjuntura — no exercício da qual lhe incumbe regular, além da constituição e fiscalização, o funcionamento das instituições financeiras, isto é, o desempenho de suas atividades no plano do sistema financeiro. Ainda de acordo com a decisão, tudo quanto exceda esse desempenho não pode ser objeto de regulação por ato normativo produzido pelo CMN.

Analisando essa decisão do STF, a literatura de direito administrativo destaca que o reconhecimento de poderes regulatórios decorre da necessidade de que o Poder Executivo tenha, em muitas situações, que atuar sem uma conduta totalmente predeterminada por uma regra, mas, por outro lado, que esteja sempre balizado por certos limites jurídicos. Nesse

[102] Jean Paul Veiga da Rocha rastreia um precedente mais antigo, em que o STF teria afirmado os poderes normativos do CMN e do BCB: trata-se do Conflito de Atribuições – CA nº 35, rel. Min. Sydney Sanches, julgado pelo Tribunal Pleno em 01/12/1989 (VEIGA DA ROCHA, Jean Paul Cabral. Direito Público e política econômica: a jurisprudência constitucional sobre o poder normativo do Conselho Monetário Nacional e do Banco Central. **Revista de Direito Público da Economia**, Belo Horizonte, ano 3, n. 12, out./dez. 2005).

[103] STF – Pleno, **ADI nº 2591**, red. p/ ac. Min. Eros Grau, julgamento em 07-06-2006. Da ementa, extrai-se: "CONSELHO MONETÁRIO NACIONAL. ART. 4º, VIII, DA LEI N. 4.595/64. CAPACIDADE NORMATIVA ATINENTE À CONSTITUIÇÃO, FUNCIONAMENTO E FISCALIZAÇÃO DAS INSTITUIÇÕES FINANCEIRAS. ILEGALIDADE DE RESOLUÇÕES QUE EXCEDEM ESSA MATÉRIA. 9. O Conselho Monetário Nacional é titular de capacidade normativa --- a chamada capacidade normativa de conjuntura --- no exercício da qual lhe incumbe regular, além da constituição e fiscalização, o funcionamento das instituições financeiras, isto é, o desempenho de suas atividades no plano do sistema financeiro. 10. Tudo o quanto exceda esse desempenho não pode ser objeto de regulação por ato normativo produzido pelo Conselho Monetário Nacional. 11. A produção de atos normativos pelo Conselho Monetário Nacional, quando não respeitem ao funcionamento das instituições financeiras, é abusiva, consubstanciando afronta à legalidade."

contexto, a doutrina publicista, desde remota data, trilha o caminho do poder regulador para a consecução de tal desiderato, fundamentando, nessa linha de pensamento, a impossibilidade da simples aplicação mecânica da lei pelo administrador público.[104]

No voto do ministro Eros Grau o tema foi abordado com clareza. O Conselho Monetário Nacional tem competência para a edição de normas para equilíbrio do sistema, denominado pelo ministro de "capacidade normativa de conjuntura". A *ratio* deste entendimento reside no aspecto de que, em se tratando de casos de equilíbrio sistêmico, observa-se perfeitamente a juridicidade quando as entidades reguladoras exercerem uma função normativa secundária, desde que observadas as normas hierarquicamente superiores.[105]

É dessa forma que, ao longo dos últimos anos, o poder normativo da autoridade monetária vem sendo reconhecido pelos tribunais superiores — não apenas o STF, mas também o STJ.[106]

Como destaca Marlos Erling, o STF, salvo no que diz respeito à análise do art. 25, §1º, inciso I, do ADCT,[107] nunca tendeu a declarar a ausência

[104] GUERRA, Sérgio. Supremo Tribunal Federal (STF) Função normativa do Conselho Monetário Nacional: regulação sistêmica e a capacidade normativa de conjuntura, p. 261-262.

[105] GUERRA, Sérgio. Supremo Tribunal Federal (STF) Função normativa do Conselho Monetário Nacional: regulação sistêmica e a capacidade normativa de conjuntura, p. 262, onde também destaca: "Ainda que se cogite a existência de diversos graus de vinculação do regulador público às regras legais, parece ser indisputável que, dada a tecnicidade encontrada em ambientes sistêmicos, passa a ser missão do ente regulador encontrar, na autorreferência do sistema, uma solução de concordância prática entre as normas legais, em tese aplicáveis, e os efeitos prospectivos, visando o equilíbrio e a sobrevivência do sistema".

[106] ERLING, Marlos Lopes Godinho. **Regulação do Sistema Financeiro Nacional**, p. 338-339.

[107] STF – 1ª Turma, **RE nº 286.963**, rel. Min. Sepúlveda Pertence, julgamento em 24-05-2005: "Conselho Monetário Nacional: competência para dispor sobre a taxa de juros bancários: ADCT/88, art. 25: L. 4.595/64: não revogação. 1.Validade da aplicação ao caso, da L. 4.595/64, na parte em que outorga poderes ao Conselho Monetário Nacional para dispor sobre as taxas de juros bancários, uma vez que editada dentro do prazo de 180 dias estipulado pelo dispositivo transitório, quando o Poder Executivo possuía competência para dispor sobre instituições financeiras e suas operações: indiferente, para a sua observância, que tenha havido ou não a prorrogação admitida no art. 25 do ADCT; portanto, não há falar em revogação da Lei 4.595/64. 2.RE provido, para determinar que o Tribunal a quo reaprecie a demanda tendo em conta o disposto na L. 4.595/64".

de juridicidade de resolução editada pelo CMN ou de circular do BCB — a mesma afirmação valendo pelo STJ.[108]

Mais recentemente, importante debate, levado a efeito perante o Supremo, disse respeito à constitucionalidade da Lei Complementar nº 179/2021, que definiu objetivos do BCB e, mais importante, dispôs acerca da autonomia da instituição.[109] A medida legislativa, aprovada em fevereiro de 2021 pelo Congresso, estabelece que o presidente e diretores do BCB tenham mandatos de quatro anos. Estipula-se também um escalonamento para que o presidente da autarquia e a maioria da diretoria sejam indicados pelo chefe do Executivo apenas no terceiro ano de mandato presidencial. Outrossim, e este um dos aspectos mais importantes da LC, o presidente da República não pode mais demitir os integrantes, sendo certo que a designação ainda depende da sabatina perante Senado. O texto também aponta novos objetivos para o BC, para além do controle da inflação e da estabilidade dos preços: a autarquia deve zelar pela estabilidade e eficiência do sistema financeiro, pelo crescimento econômico e pela geração de emprego.

O julgamento do STF teve origem em uma ADI apresentada pelo Partido Socialismo e Liberdade (PSOL) e pelo Partido dos Trabalhadores (PT). Um dos aspectos centrais da ADI residia na alegação de inconstitucionalidade formal da medida legislativa. De acordo com as alegações apresentadas, a norma ofenderia a competência privativa do presidente da República na iniciativa de projeto que determine a autonomia do Banco Central, conforme previsto na Constituição (arts. 61 e 84), visto que a lei impugnada era resultado de Projeto de Lei Complementar (PLC 19/2019), oriundo do Senado Federal. Sustentou-se na ADI que essa competência seria indelegável quando envolve a organização administrativa e a forma de provimento e extinção de cargos públicos federais, como no caso.

Houve, também, alegações de inconstitucionalidade material. Para os partidos, a autonomia do BC retira a autoridade do governo eleito sobre um instrumento central de definição da política econômica e interfere na coordenação da implantação dessa política, reduzindo sua eficácia, ao diluir a responsabilidade sobre os seus resultados. Teria havido, segundo

[108] ERLING, Marlos Lopes Godinho. **Regulação do Sistema Financeiro Nacional**, p. 339-340.

[109] STF – Pleno, **ADI nº 6696**, red. p/ ac. Min. Roberto Barroso, julgamento em 26-08-2021.

a argumentação deduzida na ação direta, uma espécie de renúncia da competência constitucionais para a qual o Poder Executivo foi eleito.

PSOL e PT sustentaram, ainda, que a autonomia do Bacen foi estabelecida sem a fixação de regras de maior controle, próprias da administração pública, de proteção do banco, de fiscalização e transparência da atuação dos diretores e mesmo de aplicação e controle da política monetária e inflacionária. Com a impossibilidade de o presidente da República demitir diretores e o presidente do Banco Central, teria sido retirado talvez o mais importante mecanismo de controle e proteção da autarquia, sem que outro instrumento claro e objetivo de controle e correição fosse colocado no lugar.

A decisão final do Supremo reconheceu a constitucionalidade da LC nº 179, julgando improcedente a ADI. No voto do ministro Roberto Barroso, que capitaneou a corrente vencedora, rejeitou-se a alegação de inconstitucionalidade formal.

Entendeu-se não haver reserva de iniciativa na matéria: a disciplina do SFN deve se dar mediante lei complementar (art. 192 da Constituição), mas não se exige iniciativa privativa do presidente da República. Pelo contrário, o art. 48, XIII prevê, expressamente, a competência do Congresso para dispor sobre matéria financeira, cambial e monetária. Consignou-se ainda que a LC nº 179 transcende o propósito de dispor sobre servidores públicos ou criar órgão público — ela dá configuração a uma instituição de Estado que tem relevante papel como árbitro neutro, cuja atuação não deve estar sujeita a controle político unipessoal.[110]

Reputou-se ainda que, no caso do processo legislativo que culminou na lei impugnada, o envio de mensagem presidencial, durante a tramitação da matéria, com projeto de lei substancialmente idêntico ao que se encontrava em curso no Congresso Nacional, configura situação de inequívoca vontade política do chefe do Executivo em deflagrar o processo legislativo, ficando atendida a exigência constitucional da iniciativa.

Ainda quanto à rejeição da inconstitucionalidade formal, entendeu-se que a Câmara dos Deputados cumpriu os preceitos regimentais que regulamentam a matéria ao apensar os dois projetos de conteúdo praticamente

[110] Voto do min. Roberto Barroso na ADI nº 6696 (STF – Pleno, **ADI nº 6696**, red. p/ ac. Min. Roberto Barroso, julgamento em 26-08-2021).

idêntico e ao atribuir precedência à proposição do Senado sobre a da Câmara.

O voto do ministro Barroso avançou também sobre a questão da (in)constitucionalidade material da medida legislativa.

No ponto, a orientação veiculada no voto-condutor foi sintética: a atribuição ou não de independência ao banco central reflete questão de índole essencialmente política, que não se situa no âmbito da interpretação constitucional, mas sim no plano da liberdade de conformação legislativa do Congresso Nacional. Na avaliação do ministro, como consequência, deve o Supremo Tribunal Federal ser deferente para com as escolhas políticas do Poder Legislativo nesta matéria específica.[111]

Como se nota, a despeito de um dos principais aspectos da ADI nº 6696 residir na alegação de inconstitucionalidade formal, fato é que houve também deliberação sobre a dimensão material, sobre a própria validade constitucional de fundo da inovação legislativa. E mais importante ainda: o modelo de autonomia do BC, embora uma iniciativa parlamentar com apoio da presidência da República, foi placitado pelo Supremo.

Uma nova contribuição de Corte, portanto (ainda que a título de chancela), para o processo de aperfeiçoamento institucional da autoridade monetária brasileira.

Um balanço geral desse conjunto de decisões do STF permite pelo menos duas observações: (i) a uma, trata-se de deliberações que, no mais das vezes, concentram-se em aspectos meramente formais (*v.g.*, vícios de

[111] "De fato, existe toda uma linhagem de pensamento econômico contrário à autonomia do Banco Central. É inegável, por outro lado, que um grupo relevante de economistas e de atores institucionais professam entendimento oposto. Entendem que a autonomia do Banco Central resguarda a política monetária nacional – assunto de índole eminentemente técnica, ao que acreditam – de interferências políticas, em especial quanto ao controle da inflação. Sustentam, ainda, que tal característica aproxima o Brasil de algumas das nações mais desenvolvidas sob o ponto de vista econômico, como Estados Unidos da América, Reino Unido, Japão e os países da zona do euro, estando alinhada às recomendações da Organização para a Cooperação e Desenvolvimento Econômico (OCDE) e do Banco Mundial. (...) Não é difícil intuir que se trata de uma questão política de alta voltagem, que comporta visões bastante diversas. Nesse cenário, a opção por um modelo ou outro insere-se na liberdade de conformação do Poder Legislativo, não constituindo matéria própria para interpretação constitucional. Em matérias que envolvem desacordos morais razoáveis, e não estando em jogo direitos fundamentais, cabe ao Poder Judiciário ser deferente para com as escolhas feitas pelo Parlamento" (STF – Pleno, **ADI nº 6696**, red. p/ ac. Min. Roberto Barroso, julgamento em 26-08-2021).

iniciativa, invalidades no processo legislativo), raramente incursionando (e muito menos censurando) no mérito da medida legislativa ou regulatória impugnada[112]; (ii) a duas, e como diagnostica Camila Duran,[113] observa-se que um comportamento habitual do STF é deixar aos poderes políticos a disciplina do sistema financeiro nacional, em uma postura de deferência que prestigia as medidas emanadas do Legislativo e do Executivo.

5. Julgando *in extremis*: o tribunal constitucional entre a salvaguarda de pré-compromissos constitucionais e o *Zugzwang* monetário

Seria um erro, porém, avaliar o acervo jurisprudencial do Supremo em matéria monetária exclusivamente pelo que foi *decidido* pela Corte. No campo da jurisdição constitucional da moeda, apresenta importância não apenas o que os tribunais deliberaram efetivamente, mas também aquilo que *não decidiram* — as causas e os conflitos nos quais o Judiciário, sem propriamente subscrever o *non liquet*, manifesta um variado espectro de resoluções e sinalizações dilatórias.[114]

Provavelmente uma das mais importantes ilustrações, que permite antecipar a reflexão presentemente efetuada, consta de decisão do Supremo na ADI-MC nº 534, que examinou a validade constitucional do bloqueio de ativos financeiros promovido pelo Plano Collor, no ano de 1990.[115]

[112] Sobre o ponto, a pertinente análise de Marlos Erling: "Trata-se, portanto, de uma experiência judicial pouco rica para um estudo mais substancial sobre o exercício prático das capacidades institucionais do Poder Judiciário brasileiro no controle de atos de regulação financeira sistêmica dos mercados, o que não impedirá um esforço de sistematização da interpretação constitucional para o futuro a partir do estabelecimento de parâmetros institucionais e materiais de decisão judicial" (ERLING, Marlos Lopes Godinho. **Regulação do Sistema Financeiro Nacional**, p. 415).

[113] DURAN-FERREIRA, Camila. O STF e a construção institucional das autoridades reguladoras do sistema financeiro: um estudo de caso das ADIns, p. 87.

[114] DURAN, Camila Villard. **Direito e moeda**, p. 126.

[115] STF – Pleno, **ADI-MC nº 534**, rel. Min. Celso de Mello, julgamento em 27-06-1991: "ADIN - LEI N. 8.024/90 - PLANO COLLOR - BLOQUEIO DOS CRUZADOS - AUSÊNCIA DO PERICULUM IN MORA - LIMINAR INDEFERIDA. - O tardio ajuizamento da ação direta de inconstitucionalidade, quando ja decorrido lapso temporal considerável desde a edição do ato normativo impugnado, desautoriza - não obstante o relevo jurídico da tese deduzida - o reconhecimento da situação configuradora do periculum in mora, o que inviabiliza a concessão da medida cautelar postulada. - Votos vencidos dos Ministros CELSO DE MELLO (Relator), PAULO BROSSARD e NÉRI DA SILVEIRA, que ordenavam a liberação imediata dos cruzados

Um caso conhecido em que o tribunal, a despeito da plausibilidade da tese jurídica invocada contra a medida legislativa impugnada, e sem prejuízo do argumento processual que amparou a decisão final, pareceu evitar uma postura de confronto.

Deveras, a despeito dos sólidos argumentos em desfavor da legislação contrastada, e além da própria hostilidade e desconfiança social contra o Plano, o Supremo vale-se de estratégia e argumentação estritamente dogmáticas — a recusa em reconhecer o *periculum in mora* no julgamento da medida cautelar e, no julgamento final da demanda, o reconhecimento da perda do objeto da ADI — para não incursionar no cerne do ato impugnado.[116]

Não se trata aqui de censurar a decisão do STF, nem de apontar desacertos nem deméritos, mas de simplesmente observar, de diagnosticar a postura adjudicatória minimalista do tribunal.[117]

Antes de desdobrar esse fenômeno, porém, dois destaques devem ser empreendidos.

Primeiro: talvez não se trate de uma especificidade da matéria jurídico-monetária, mas apenas uma questão de esse tipo de tema transparecer, deixar mais evidente do que o habitual, esse tipo de postura adjudicatória. A humildade institucional em matéria de regulação financeira parece, de

bloqueados, por entenderem que a salvaguarda do padrao monetario não justifica o desrespeito, pelo Estado, de princípios inscritos na Constituição da Republica: 'O poder normativo reconhecido a União Federal para atuar, legislativamente, sobre a disciplina da moeda, quer para adaptar o volume dos meios de pagamento as reais necessidades da economia nacional, quer para regular o seu valor intrinseco, prevenindo ou corrigindo os surtos inflacionarios ou deflacionarios (...), quer para impedir situações de anormalidade e outros desequilibrios oriundos de fenomenos conjunturais, não dispensa e nem exonera o Estado, na formulação e na execução de sua politica economico-financeira, inclusive monetária, de observar e de respeitar os limites impostos pela Constituição' (Ministro CELSO DE MELLO, Relator)".

116 ERLING, Marlos Lopes Godinho. **Regulação do Sistema Financeiro Nacional**, p. 478 e ss.

117 "Quem estava certo? As consequências da decisão, em termos de contingências a serem pagas pelo Banco Central do Brasil no caso de condenação ao pagamento de valores relativos a expurgos, foram levadas em conta? Se não há direito adquirido a regime jurídico monetário, o Estado está livre para decidir? Qual a eficácia dos direitos fundamentais no âmbito do direito monetário? Enfim, é possível cogitar de diversas perguntas e o certo é que o Supremo Tribunal Federal adotou uma postura minimalista, amparada em argumentos estritamente dogmáticos" (ERLING, Marlos Lopes. **Regulação do Sistema Financeiro Nacional**, p. 483-484).

fato, mais comum, mas em matéria de regulação da moeda, considerando as consequências sistêmicas praticamente inevitáveis da decisão judicial, a transparência do problema revela-se ainda maior.

E, em segundo lugar, é igualmente pertinente destacar que não se cuida, propriamente, de uma questão de deferência, de uma postura não ativista e que opta por atribuir, aos poderes políticos eleitoralmente responsivos ou a unidades técnicas do governo, a tarefa e os ônus de arbitrar determinados conflitos jurídico-monetários.[118]

O mote da postura adjudicatória de *self-restraint*, nestes casos, reside no impasse, no embaraço e na dificuldade de decidir (e, notadamente, de dar a última palavra sobre tema sensível).

Tanto assim que as peças-chave para compreender a postura minimalista não são "delegação legislativa", "discricionariedade" ou "legitimidade democrática".[119] A inconveniência de decidir, e o recurso a argumentações formais e dogmáticas permite entrever como são diferentes os racionais.

Trata-se de situação mais parecida com aquela observada em partidas de xadrez — o *Zugzwang* ou mesmo o *Squeeze*, contexto em que o jogador, obrigado a fazer um lance ou jogada, piora necessariamente a sua situação.

[118] "A "teoria da deferência" corresponde à tese segundo a qual a autocontenção seria conveniente (VERÍSSIMO, 2012). No caso específico do controle judicial, o argumento em favor da deferência seria o seguinte. Como a matéria regulatória é tecnicamente complexa, a deferência judicial às decisões das agências reguladoras transmitiria a ideia de respeito judicial a uma instituição comparativamente mais bem adaptada para enfrentá-la (tanto em função da natureza da sua atuação diuturna, como em função do seu maior aparelhamento institucional). Além disso, veicularia a intenção de não prejudicar a coerência e a dinâmica da política regulatória da autoridade administrativa" (JORDÃO, Eduardo; CABRAL JUNIOR, Renato Toledo. A teoria da deferência e a prática do controle judicial: um estudo empírico sobre o controle do TJRJ à Agenersa. **Revista Estudos Institucionais**, v. 4, n. 2, p. 537-571, 2018, p. 541).

[119] VALLE, Vanice Regina Lirio. Deferência judicial às escolhas regulatórias: o que podemos aprender com *standards* aplicados pela Suprema Corte estadunidense. **Revista de Direito Administrativo**, Rio de Janeiro, v. 280, n. 2, p. 137-164, maio/ago. 2021, p. 157 ("A compreensão do ambiente histórico em que se deu o surgimento em si das agências, e do que hoje se denomina Estado administrativo, permite já identificar como categorias centrais para todo o debate em torno da deferência judicial: 1) limites e possibilidades da delegação legislativa em seu favor; 2) espectro de discricionariedade suscetível de delegação; e 3) legitimidade democrática dessa translação de competência").

Não raras vezes, e sobretudo em conflitos de tipo macroeconômico, em que o Judiciário é convocado a dar a última palavra em assuntos regulatoriamente sensíveis, as consequências da decisão serão inevitavelmente ruins.

Natural, neste sentido, que o tribunal constitucional esgrima um conjunto de estratégias e posturas adjudicatórias dilatórias ou compositivas, seja como mecanismo de defesa política da própria corte, seja como método de evitar a assunção ampla do "ônus do regulador financeiro".[120]

O julgamento de aspectos do Plano Collor I, na ADI-MC nº 534, decisivamente não representa a única ilustração, ou um caso isolado, dessa tendência adjudicatória. As decisões do Supremo sobre a eficácia normativa da expressão "taxa de juros reais", do revogado art. 192, §3º, da Carta de 1988[121], ou a respeito de resoluções do CMN que deliberam sobre reestruturações regulatórias no âmbito do SFN (caso dos atos do Conselho relacionados à constituição do FGC, potencialmente vulneradores da exigência então vigente de disciplina do tema mediante lei complementar),[122] também incidiram em postura análoga.

Um caso ainda mais evidente da adoção de estratégias singulares, nesse tipo de atuação da corte constitucional, reflete-se na recente admissão, pelo Supremo, da celebração de acordo em sede de processos de controle de constitucionalidade de índole objetiva.

O *leading case* dessa alternativa autocompositiva encontra-se na ADPF nº 165, precedente em que a Corte homologou Instrumento de Acordo Coletivo que prevê o pagamento das diferenças relativas aos Planos Econômicos Bresser, Verão e Collor II, bem como a não ressarcibilidade de diferenças referentes ao Plano Collor.[123]

[120] ERLING, Marlos Lopes. **Regulação do Sistema Financeiro Nacional**, p. 485.

[121] STF – Pleno, **ADI nº 4**, rel. Min. Sydney Sanches, julgamento em 25-06-1993. Decidiu o STF, nesse importante precedente, que a limitação da taxa de juros reais a doze por cento ao ano no sistema financeiro nacional encontrava-se sujeita, para a sua plena eficácia, à edição de lei complementar.

[122] STF – Pleno, **ADI-MC nº 1398**, rel. Min. Francisco Rezek, julgamento em 13-03-1996. No caso, o tribunal, a despeito de reconhecer a plausibilidade jurídico do pedido, consignou que não haveria urgência quanto a parte considerável do pedido de suspensão da eficácia normativa, sob pena de gerar desordem e insegurança na comunidade dos correntistas e poupadores.

[123] STF – Pleno, **ADPF nº 165**, rel. Min. Ricardo Lewandowski, julgamento em 01-03-2018: "Ementa: TERMO ADITIVO AO ACORDO COLETIVO DE PLANOS ECONÔMICOS.

Um caso interessante em que o tribunal, a um só tempo: (i) admitiu a celebração de acordo no contexto de processo de natureza objetiva; (ii) encontra (ou no mínimo admite), salomonicamente, uma alternativa a conflito de decidibilidade extremamente complexa; e (iii) não chega a se comprometer com as teses jurídicas veiculadas no acordo celebrado — ausência de comprometimento este que se fez constar textualmente do julgado.

EXPURGOS INFLACIONÁRIOS. VIABILIDADE. LEGITIMADOS COLETIVOS PRIVADOS. NATUREZA DELIBATÓRIA DA HOMOLOGAÇÃO. REQUISITOS FORMAIS PRESENTES. REPRESENTATIVIDADE ADEQUADA. PUBLICIDADE AMPLA. PARECER FAVORÁVEL DO PARQUET. SALVAGUARDAS PROCESSUAIS PRESENTES. PROCESSO COLETIVO COMO INSTRUMENTO DE DEMOCRATIZAÇÃO DO ACESSO À JUSTIÇA. PLEITO GENÉRICO DE SUSPENSÃO DE PROCESSOS. INDEFERIMENTO. HONORÁRIOS ADVOCATÍCIOS CONTINGENTES DEVIDOS. REGRAS RELATIVAS AO CONTRATO DE MANDATO. INCENTIVOS FINANCEIROS PARA ATUAÇÃO NA SOCIEDADE CIVIL NA TUTELA DE DIREITOS COLETIVOS. JUSTA REMUNERAÇÃO DOS PATRONOS DE AÇÕES COLETIVAS. APRIMORAMENTO DO PROCESSO COLETIVO BRASILEIRO. BASE TERRITORIAL DA SENTENÇA COLETIVA. INTERPRETAÇÃO FAVORÁVEL AOS POUPADORES. NÃO VINCULAÇÃO ÀS TESES JURÍDICAS VEICULADAS NO ACORDO. CONTRATOS BANCÁRIOS DE ADESÃO. SUBMISSÃO À ARBITRAGEM. IMPOSSIBILIDADE NO CASO. CARÁTER SIGILOSO DO PROCEDIMENTO. EVENTUAL CONTROVÉRSIA HAVIDA NO CURSO DA EXECUÇÃO DO ADITIVO QUE DEVERÁ SER SOLUCIONADA NESTES MESMOS AUTOS. INCIDENTE PROCESSUAL RESOLVIDO COM A HOMOLOGAÇÃO DO ADITIVO COLETIVO PELO PRAZO DE 30 MESES, COM PRESTAÇÃO DE CONTAS, PARA ANÁLISE DE EVENTUAL PRORROGAÇÃO POR IGUAL PRAZO. I – Pedido de homologação de Termo Aditivo ao Acordo Coletivo de Planos Econômicos que aprimora as condições de anterior Instrumento de Acordo Coletivo, prevendo o pagamento das diferenças relativas aos Planos Econômicos Bresser, Verão, Collor I e Collor II. II – Viabilidade do acordo firmado por legitimados coletivos privados, em processo de índole objetiva, dada a existência de notável conflito intersubjetivo subjacente e a necessidade de conferir-se efetividade à prestação jurisdicional. III – Presença das formalidades extrínsecas e das salvaguardas necessárias para a chancela do acordo, notadamente das relativas à representatividade adequada, publicidade ampla dos atos processuais, admissão de amici curiae e complementação da atuação das partes pela fiscalização do Ministério Público. IV – Indeferimento do pedido genérico de suspensão de processos individuais e coletivos. (...) IX – Ausência de comprometimento desta Suprema Corte com as teses jurídicas veiculadas na avença, especialmente aquelas que pretendam, explícita ou implicitamente, vincular terceiras pessoas ou futuras decisões do Poder Judiciário".

Esses e outros precedentes, e nomeadamente as posturas e técnicas adjudicatórias aplicadas, denotam que, no campo da jurisdição constitucional monetária (como em outros segmentos da *judicial review* exercitada em quadros excepcionais), "não decidir" significa, pelo menos, *metadecidir*.[124] Estratégias de dilação, de delegação, de diálogo e também, claro, de deferência integram o vasto caderno de alternativas que os tribunais, de modo consciente ou inconsciente, acabam por exibir.

6. Particularidades da jurisdição constitucional sobre temas monetários: uma questão por aprofundar

Em um dos mais importantes estudos sobre a jurisprudência do Supremo em matéria monetária, a pesquisadora Camila Villard Duran empreende duas observações de grande relevo para o entendimento da jurisdição constitucional monetária.[125]

A primeira dessas observações encaminha-se no sentido de que o tribunal, de regra, reconhece competir precipuamente aos poderes políticos a atribuição (e também a responsabilidade) para interferir nos conflitos de natureza monetária.[126]

A segunda anotação, igualmente interessante, de que os casos decididos pelo STF fogem a uma tentativa de "modelização". Há diferentes padrões adjudicatórios empregados pela Corte, e que são manejados de modo não uniforme.[127]

[124] SUNSTEIN, Cass R.; ULLMANN-MARGALIT, Edna. Second-order decisions. **Ethics**, vol. 110, n. 1, p. 5-31, October 1999.

[125] DURAN, Camila Villard. **Direito e moeda**, p. 122 e ss.

[126] Refletindo especificamente sobre as decisões proferidas no contexto do escrutínio sobre medidas do Plano Real, aduz a autora: "(...) o tribunal reconheceu, expressa ou implicitamente, nos casos relativos ao Plano Real, que o poder para interferir no conflito monetário é exclusivo aos poderes políticos. Além disso, o STF deu frágeis parâmetros para pensar a relação entre direito e moeda e decidiu que a definição do controle social da autoridade monetária cabe exclusivamente ao Poder Legislativo" (DURAN, Camila Villard. **Direito e moeda**, p. 122)

[127] "Ademais, foi possível identificar três tipos de decisão do STF, no exercício do controle judicial dos planos de estabilização. Na maioria dos casos analisados, o STF não interfere materialmente nas medidas implementadas e declara a constitucionalidade da medida política. Há, também, momentos em que o tribunal decide não decidir. Ele recorre a mecanismo jurídico-processual para não julgar a constitucionalidade ou a inconstitucionalidade da medida formulada pelo plano de estabilização monetária. Isso ocorreu em um caso extremamente crítico, do ponto de vista político e de repercussão social da decisão, como o Bloqueio dos

Valendo-se da tipologia de François Ost,[128] que classifica os moldes decisórios qualitativamente segundo três padrões — Júpiter, Hércules e Hermes —, a avaliação da autora é de que o tribunal vale-se desses diferentes modelos de maneira variada, sem uma consistência clara.

Ora o tribunal atua de modo "jupiteriano", pautando suas ações segundo raciocínios de tipo lógico-formal, com prevalência do direito privado e de um modelo de justiça baseado na adjudicação de direitos.

Em outros momentos, o modelo judicatório é "hermesiano", atuando a corte não como um adjudicador de direitos, mas na condição de um gestor de interesses, mediando conflitos políticos.[129]

Essas constatações não são necessariamente ruins. Talvez, pelo contrário. Especialmente o fato de que o tribunal não tenha se convertido em um protagonista do processo regulatório, mas atuado como um agente de aperfeiçoamentos institucionais — sem adotar um padrão decisório rígido, prezando pela adaptabilidade —, parece representar um saldo positivo desse balanço jurisprudencial.[130]

O risco de um protagonismo seria especialmente maior — e também mais danoso — no campo do direito constitucional monetário. Considerada a constituição como uma base normativa de conexão entre política, economia e direito, o reconhecimento crescente da força normativa da constituição e a ascensão institucional do Poder Judiciário (das cortes constitucionais em especial) poderia induzir disposição para intervenções judicias crescentes, no extremo sem observância da separação dos poderes e das capacidades institucionais.[131]

Cruzados Novos. E, por fim, em uma minoria dos casos analisados, há decisões em que o STF interfere e altera medidas implementadas pelo plano econômico" (DURAN, Camila Villard. **Direito e moeda**, p. 126).

[128] OST, François. Júpiter, Hércules, Hermes: tres modelos de juez. **Revista Doxa - Cuadernos de Filosofia del Derecho**, Universid de Alicante, nº 14, p. 169-194, 1993.

[129] DURAN, Camila Villard. **Direito e moeda**, p. 126-127.

[130] ERLING, Marlos Lopes Godinho. **Regulação do Sistema Financeiro Nacional**, p. 514.

[131] ERLING, Marlos Lopes Godinho. **Regulação do Sistema Financeiro Nacional**, p. 514-515 ("há motivos institucionais para afirmar que o Poder Judiciário não deve ser o protagonista de políticas regulatórias, sobretudo porque as escolhas regulatórias dos poderes majoritários são *prima facie* dotadas de maior legitimidade e externam maior capacidade técnica de avaliação sobre temas dinâmicos, complexos e controversos").

Mas isso não significa que a atuação do tribunal não possa ser aprimorada. Uma interação mais consistente e consequente das cortes com os poderes políticos, permitindo aos agentes econômicos maior previsibilidade quanto às decisões judiciais futuras tem grande relevância.[132]

Uma agenda de pesquisa dos melhoramentos dessa jurisdição monetária abrange, resumidamente: (i) a incorporação da lógica dos direitos e liberdades fundamentais no catálogo de parâmetros jurídicos avaliados pela corte — evitando, porém, que essa incorporação desnature para apelos genéricos a *large claims* constitucionais sobre direitos fundamentais e democracia;[133] (ii) o fortalecimento da visão de que ao Judiciário, embora não caiba a função de definir as estratégias e medidas regulatórias no campo monetário, compete funcionar como importante mecanismo de controle democrático, complementando o desenho institucional de prestação de contas e de responsabilização social e política da autoridade monetária;[134] (iii) a revisão do tipo, da interface e das técnicas de escrutínio judicial exercido sobre questões monetárias, considerada a insuficiência do controle empreendido estritamente sobre regras instrumentais (controle formal e *ex ante*);[135] (iv) a adoção de ônus argumentativo forte quanto à análise empírica e normativa dos impactos regulatórios da decisão judicial.[136]

Conclusão

As tarefas do Estado e os direitos fundamentais põem-se frequentemente em tensão. Essa tensão envolve não apenas problemas de limitações ou de restrições, mas apanha também, e cada vez mais, situações em que afazeres estatais e deveres prestacionais e de proteção são esperados ou exigidos.

Mais ainda: talvez não seja exagerado assinalar que, em larga medida, as narrativas e práxis constitucionais revelam-se e concretizam-se precisamente nessas tensões e conflitos — esses múltiplos quadros tensionais

[132] DURAN, Camila Villard. **Direito e moeda**, p. 129-130.

[133] É o certeiro alerta de ERLING, Marlos Lopes Godinho. **Regulação do Sistema Financeiro Nacional**, p. 440.

[134] DURAN, Camila. **A moldura jurídica da política monetária**, p. 94.

[135] DURAN, Camila. **A moldura jurídica da política monetária**, p. 95.

[136] ERLING, Marlos Lopes Godinho. **Regulação do Sistema Financeiro Nacional**, p. 452.

são a própria ordem constitucional construindo-se e sendo entretecida. Com efeito, é cinzelando-se entre consensos, compromissos e antinomias que o marco normativo posto pela lei fundamental se edifica e aperfeiçoa.

As cortes constitucionais desfrutam de posição institucional singular nesse processo. Enquanto árbitros das tensões entre o Estado e os titulares de liberdades e direitos fundamentais, compete-lhes não apenas agir como força de sustentação da eficácia normativa esperada da constituição — garantindo-lhe o necessário cumprimento —, mas também atuar como instância reflexiva e decisória especial no contexto de choques e aprimoramentos constitucionais.

Essas importantes tarefas — assecuratórias e reflexivas — foram e são desempenhadas pelo Supremo Tribunal Federal com especial destaque. Cada vez mais, o tribunal erige-se como um ator institucional fundamental na arena política brasileira, e também como o mais avançado posto de arbitramento de conflitos constitucionais.

Os conflitos jurídicos envolvendo a moeda não escaparam às falanges jurisdicionais do Supremo. Como examinado ao longo deste capítulo, em matéria de jurisdição constitucional monetária, o *corpus* jurisprudencial do STF revela-se provavelmente como um dos mais vastos e ricos, avançando sobre temas que apanham desde os mecanismos e estruturas jurídicas das moeda pública nacional, o regime legal da autoridade monetária, e o relevante tema dos direitos fundamentais e dos limites do poder estatal sobre o dinheiro.

Os precedentes do tribunal cumpriram a importante função de lembrar que a potestade do soberano de criar poder de compra para o Estado encontra limites na constituição. E não apenas isso: a missão coordenadora dessa jurisprudência constitucional foi além do papel de mera censura sobre determinadas investidas legislativas — a corte também participou do processo de aragem e represamento de alternativas jurídicas e institucionais, somando-se à contribuição que partiu dos corpos legislantes e administrativos.

É certo, porém, que há pontos cegos e escotomas. Nem sempre, na economia da jurisdição constitucional monetária, autênticos direitos públicos subjetivos são percebidos como tais. Ainda há, a par de vazios deliberativos e espaços de baixa densificação jurídica, zonas de nebulosidade e esfumaçamento, campos do direito e da regulação monetárias que — examinados pelas luzes da jurisdição — ainda revelam pouca permeabilidade à discursividade constitucional.

De igual modo, nem sempre o tribunal assumiu uma postura jupiteriana, de fazer valer as normas da constituição monetária a qualquer custo. Conforme discutido, as estratégias adjudicatórias do STF, em matéria de conflitos judiciais envolvendo a moeda, foram diversas. Desde o clássico padrão de intervenção judicial material sobre os planos e medidas econômicas — para os julgar total ou parcialmente inconstitucionais —, passando por mecanismos de diálogo e gestão de interesses entre as partes envolvidas, alcançando até os extremos da estratégia de "decidir não decidir", foram diversas as racionalidades e os modelos principais de decisão. Uma circunstância a sugerir que o campo da jurisdição constitucional monetária apresenta particularidades e contexturas próprias, que merecem ser colocadas sob luzes mais adequadas.

É dentro dessa percepção que se diz que as sendas decisórias e normativas abertas pelo Supremo em matéria jurídico-monetária, assim como os padrões adjudicatórios subscritos pela corte nesse tipo de causa, talvez mereçam uma atenção mais detida.

Não apenas porque é rico o conjunto decisório capitalizado pelo tribunal ao longo das últimas décadas, mas também porque, aparentemente, novos conflitos judiciais envolvendo a moeda e a sua regulação avizinham-se. Temas como regulação de criptoativos, do desenho da arquitetura normativa de novos instrumentos dos bancos centrais e mesmo a discussão a respeito da governança regulatória do sistema financeiro não podem alhear-se dos conteúdos normativos constelados na lei fundamental, nem da interpretação veiculada pelos tribunais.

Os parâmetros e a normatividade que emanam desses precedentes podem seguramente iluminar o campo de discussões — e, se não a ponto de gerar autênticos aprimoramentos institucionais, ao menos evitando conflitos e invalidades desnecessárias.

Se e em que medida os conflitos jurídicos envolvendo as novas fronteiras da regulação monetária alcançarão a barra dos tribunais, e das cortes constitucionais em especial, é reflexão que se desenvolve no terreno puramente especulativo. Entretanto, a experiência institucional e a história judiciária brasileiras evidenciam que, invariavelmente, o tema ultrapassa barreiras e filtros de admissibilidade, submetendo-se — malgrado nem sempre na melhor roupagem — à fiscalização normativa a cargo do Supremo.

Os próximos anos revelarão se os novos desenvolvimentos experimentados no terreno monetário far-se-ão acompanhar pelos debates (e embates) ao nível jurisdicional.

Acredita-se sinceramente que esses caminhos, quer em razão de novas compreensões de institutos, proposições interpretativas e categorias constitucionais, quer do alargamento da jurisdição constitucional a novos problemas, voltarão a convergir.

6.
CONCLUSÃO: RENOVANDO A PERGUNTA PELA JUSTIÇA MONETÁRIA

O dinheiro é a alavanca do poder.

— Friedrich Nietzsche

O papel-moeda sob despotismo é perigoso; favorece a corrupção.

Mas, numa nação governada constitucionalmente, que cuida ela mesma da emissão de suas notas e determina seu uso e número, esse perigo não existe mais.

— Louis Simon Martineau

Por isso, chamamos o dinheiro de moeda, pois nomos *quer dizer lei, e o dinheiro não é uma medida por natureza, mas instituída pelo* nomos, *isto é, pela lei dos homens. A lei humana é mutável, por isso, está em nosso poder a mudança contínua das moedas, o que torna as anteriores inúteis e ultrapassadas.*

— Sto. Tomás de Aquino

Na interessante obra "*Money and the Early Greek Mind: Homer, Philosophy, Tragedy*", Richard Seaford, professor de literatura grega da universidade de Exeter, no Reino Unido, tenta responder uma relevante e não menos controversa indagação: como os gregos do século 6 a.C. foram capazes de inventar a filosofia e a tragédia?

A pista seguida pelo autor é tão curiosa quanto, talvez, inesperada — Seaford argumenta que parte da resposta pode ser encontrada em outro desenvolvimento importante daquela época: a invenção e a rápida disseminação da moeda cunhada, que produziu a primeira sociedade totalmente monetizada. Ao transformar profundamente as relações sociais, a monetização crescente contribuiu para a dispersão da ideia do universo como um sistema impessoal (um dos gérmens da filosofia pré-socrática), assim como do indivíduo enquanto sujeito, alienado de seus próprios parentes e dos deuses (no que identifica uma das raízes da tragédia).[1]

Se a epopeia homérica, consagrada na *Ilíada* e na *Odisséia*, descreve um mundo premonetário, a monetização da pólis grega que se seguiu contribuiu para uma transformação radical do pensamento — e acabou se refletindo nas obras do teatro e da filosofia helênicas.

Aristóteles observará que a moeda (*νόμισμα*), ao criar comensurabilidade na troca, torna possível a comunalidade (*κοινωνία*) de iguais, de modo que, quando a moeda torna-se o meio geral de pagamento e troca, deve ter aumentado muito a impessoalidade e a autonomia pessoal presentes nas formas anteriores de troca. O dinheiro tende, então, a promover a autonomia dos indivíduos — e a filosofia e a tragédia representam alguns dos produtos culturais dessa nova perspectiva.[2]

O atraente da exploração especulativa de Richard Seaford é pensar, ou ao menos cogitar, que transições fundamentais no pensamento podem estar profundamente associadas não apenas a grandes eventos políticos, bélicos, a entrechoques culturais ou a gênios fecundos com intuições ígneas — tecnologias sociais, e nelas a moeda incluída, também contribuem, ou mesmo se tornam decisivas, para a edificação de novos paradigmas, para a forja de novos conjuntos de ideias (quando não, de cosmologias inteiras).

Para os fins específicos desta reflexão final, essa hipótese compreensiva vem a calhar, especialmente no que permite magnificar a seguinte

[1] SEAFORD, Richard. **Money and the early greek mind:** Homer, philosophy, tragedy. New York: Cambridge University Press, 2004.

[2] SEAFORD, Richard. **Money and the early greek mind**, p. 292-293.

percepção: longe de se tratar de um instrumento neutro e estéril, a tecnologia da moeda afigura-se como importante instância simbólica e de significado, atraindo consequências societais que se podem reputar mais sutis e profundas do aquelas em geral atribuídas.[3] Mais do que simplesmente reduzir fricções transacionais e eliminar as fadigas do escambo e da dupla coincidência de desejos, uma comunidade cada vez mais argentária testemunha a moeda e sua lógica penetrarem zonas cada vez mais profundas do tecido e da psicologia social.

E o segundo aspecto, não menos pertinente de notar, é que nem sempre essa percepção mais aguda da sociedade monetária e de seus efeitos é adequadamente capturada em nível reflexivo — especialmente na literatura. Se em alguma medida a literatura é termômetro dessa consciência reflexiva, talvez não seja exagerado apontar que as revoluções no campo da moeda nem sempre encontraram o melhor enquadramento, a melhor aferição. Com efeito, se por um lado a sociedade capitalista, o frenesi empresarial e da sociedade de consumo tiveram vários retratistas, os avanços especificamente monetários — e especialmente as suas consequências — nem sempre foram exibidos com cores mais claras.[4]

O campo do direito ilustra bem esse estado de relativo alheamento. Como visto, a teoria jurídica tradicionalmente não se ocupou da moeda com a atenção que merece.

E tampouco parece atenta aos radicais impactos que a tecnologia social do dinheiro irradia — inclusive sobre as próprias instituições, prática e teoria jurídicas.

A percepção é que os avanços institucionais (quando não, verdadeiras revoluções institucionais) na esfera monetária não adquiriram uma expressão própria, ou pelo menos substantivamente relevante, no campo jurídico. Como se a teoria do direito não tivesse logrado acompanhar o

[3] SIMMEL, Georg. **Philosophie des Geldes**. Leipzig: Duncker & Humblot, 1900, p. 455 e ss., onde explora diversos desses impactos sobre os modos de vida (progressiva objetividade intelectual, preponderância do intelectual sobre o emocional, reforço dos aspectos individualistas e materialistas da cultura, dentre outros).

[4] O clássico *Fausto*, de Goethe, representa uma importante exceção. Como poucos, soube o escritor alemão capturar (especialmente na segunda parte da obra), dentre várias experiências da modernidade, o interessante enredo da criação do papel-moeda e suas radicais implicações. Sobre o tema, cf. BINSWANGER, Hans Christoph. **Dinheiro e magia**: uma crítica da economia moderna à luz do Fausto de Goethe. Rio de Janeiro: Zahar, 2011.

ritmo dos eventos monetários — especialmente aqueles que se desenrolaram desde 1933, data da consolidação da moeda fiduciária entre nós —, e aparentemente incapaz de traduzir os experimentos econômicos com o dinheiro na linguagem própria do direito público, o discurso jurídico relativo à moeda é, predominantemente, uma visão enevoada do novo com os olhos do velho.

O direito constitucional continua enxergando a moeda como assunto de "pesos e medidas" — de certo modo ainda cativo das categorias e paradigmas próprios do padrão-ouro. O direito monetário ainda é implicitamente tomado como um "direito de crises inflacionárias", avesso a um horizonte compreensivo mais alargado. O debate sobre a autonomia do banco central monopoliza a discussão jurídico-constitucional relativa à moeda (após anos de insistência no estéril tema do teto constitucional à taxa de juros). Os temas e questões de regulação financeira não procuram, de habitual, dialogar com as fontes e debates constitucionais. Tampouco as recentes inovações no campo monetário — *v.g.*, expansão do fenômeno das criptomoedas, ensaios no campo da política monetária e alargamento dos afazeres dos bancos centrais — parecem capazes de berçar reflexões que incursionem e agridam a projeção constitucionalmente relevante desses avanços.

Com isso não se pretende insinuar que fazer essa tradução do monetário para o jurídico seja fácil. Efetivamente não é. O *benchmarking* dos debates fora do Brasil denota que o direito monetário exibe-se como forasteiro, apátrida entre as disciplinas jurídicas, não apenas aqui. Decisivamente não é apenas a teoria constitucional brasileira que parece pouco disposta a cortejar o delicado tema da justiça monetária.

E tampouco se postula que a expansão do constitucional sobre o monetário seja necessariamente boa. O adensamento do jurídico (e especialmente do jurídico-constitucional) sobre temas monetários não é algo em si mesmo desejado. Não raramente, o constitucionalizar crescente pode significar apenas mais uma "triste tropicalização".[5]

Com efeito, não apenas pela falta de ânimo ou de atenção, mas também pela qualidade dos frutos, forcejar aplicações da teoria jurídica no terreno

[5] DURAN, Camila Villard; BADIN, Michelle Ratton Sanchez. Tristes tropicalizações: austeridade fiscal e sua constitucionalização no Brasil. **Revista de Direito Público**, Brasília, vol. 18, n; 97, p. 430-458, jan./fev. 2021.

monetário pode não se mostrar virtuoso. Roberto Campos já diagnosticava a "constitucionalite" nacional, e observava, de modo certeiro, que o detalhismo anti-inflacionário de constituições brasileiras anteriores, embora comovente, não nos impediu de trilhar o caminho da hiperinflação.[6]

Entretanto, excessos e sobrexpecativas recortadas, insiste-se: o diálogo é necessário. A regulação monetária e financeira merece ser visada sob a ótica da teoria dos direitos fundamentais; convém articular o regime constitucional da autoridade monetária para além do trinômio dependente-autônomo-independente, aperfeiçoando mecanismos de *accountability* ao nível e enquanto projeção das normas constitucionais; a jurisdição constitucional em matéria monetária pode ser ministrada sob fundamentos mais adequados e sólidos.

Ademais, a tarefa já foi parcialmente executada. Já existe uma tradição no Brasil — jurídica e também especificamente jurisdicional — de pensar determinados temas monetários sob o enfoque constitucional. Embora excessivamente concentrada em questões como o regime jurídico da correção monetária, da eficácia da lei monetária no tempo e nos poderes normativos da autoridade monetária, é perfeitamente cabível dilatar o horizonte dessas incursões e aprofundá-las, recepcionando o discurso constitucional para domínios da regulação monetária ainda refratários a filtragens e giros democrático-constitucionais.[7]

Não se trata, portanto, de uma receita de esperança, deixando para mais tarde o plano de navegação.[8] São águas conhecidas, em parte já

[6] CAMPOS, Roberto. **A constituição contra o Brasil**, p. 82.

[7] E, nesse ponto, uma reflexão lateral. Talvez o pendor natural da teoria jurídica brasileira para examinar questões legais sob luzes constitucionais não represente um mero cacoete, ou simples mal vezo nacional. A engenhosidade brasileira no campo constitucional talvez tenha algo a ensinar, inclusive a outros países. Um pouco como ocorreu, talvez, com a própria correção monetária. Roberto Campos, mais uma vez, resume muito bem o ponto: "Inicialmente chocados com a engenhosidade brasileira em coabitar com a inflação, os círculos financeiros mundiais passaram a ver, hoje, com muito mais tolerância, quer o 'gradualismo' quer o artifício da correção monetária. É possível que venhamos ainda a exportar *know-how* nessa matéria. Se não estamos em condições de exportar a virtude inatingível, já é algum confôrto que tenhamos capacidade de exportar fórmulas para a neutralização do vício inevitável" (CHACEL, Julian; SIMONSEN, Mário Henrique; WALD, Arnoldo. **A correção monetária**, p. 11).

[8] CAMPOS, Roberto. **A constituição contra o Brasil**, p. 98.

inspecionadas — o que cabe é cartografá-las e tabular seus movimentos segundo técnicas já habituais em outros domínios do direito público.

Essa cartografia pode antecipar problemas constitucionais que já se insinuam. O detonador pode residir nas pressões crescentes para a regulação do fenômeno *DeFi*. Nesse mesmo contexto, a incursão dos bancos centrais no mundo das moedas digitais, por meio das *central bank digital currencies*, colocará desafios aos limites da governança estatal em matéria monetária — oferecendo também excelente material combustível para o enfrentamento dos limites materiais do poder de Estado, e também de agentes privados, sobre a moeda.[9] Especialmente a ampliação dos mandatos dos bancos centrais, o desenvolvimento crescente das suas ferramentas de atuação e os chamados à execução de políticas monetárias não convencionais representarão desafios políticos, financeiros e de direitos fundamentais.

É verdade que nem sempre convites ao exame constitucional de questões regulatórias costumam encontrar uma boa acústica. Não obstante, é preciso considerar a direção, o rumo que a agenda regulatória em matéria monetária pode tomar nos próximos anos. E esse horizonte aponta para preocupações, e também intervenções regulatórias, cada vez mais orientadas a estruturas (e não apenas comportamentos). O potencial das novas tecnologias para alterar profundamente o sistema financeiro — e também o mercado monetário — é vasto, e pode vir a atingir não apenas o jogo das finanças, mas também o próprio jogo da regulação. De fato, também a regulação — seus mecanismos, suas estratégias e seus paradigmas — vem sendo não menos "disruptada".[10]

[9] NABILOU, Hossein; PRÜM, André. **Central Bank and Regulation of Cryptocurrencies.** Faculty of Law, Economics and Finance, Law Working Paper Serires, n. 14, 2019, p. 45-46.

[10] OMAROVA, Saule T. Technology v Technocracy: Fintech as a Regulatory Challenge. **Journal of Financial Regulation,** v.6, n. 1, p.75-124, 2020, p 78, onde destaca, com feliz precisão: "Despite this booming real-world and academic interest in fintech, however, our collective ability to grasp the full potential of new technology to change how the financial system operates, and how it should be regulated, remains significantly limited. Facing the myriad of pressing demands to fill various immediately salient 'gaps' in the existing legal framework, policymakers often do not have the luxury of taking a step back and reflecting on the bigger issues posed by the spread of new technologies in finance. One such unexamined broader issue is how fintech 'disrupts' the very enterprise of financial regulation: its basic normative thrust, its hierarchy of goals, its procedural mechanisms and tools, and its practical efficacy".

E quando grandes estruturas e agregados regulatórios precisam ser redesenhados, quando as pressões normativas alcançam as próprias molduras legais em que a regulação e as políticas públicas trafegam, não é raro que conflitos surjam — como não é raro que esses conflitos precisem ser arbitrados à luz da constituição.

Exatamente por isso, um olhar atento às implicações constitucionais que se insinuam é não apenas bem-vindo — revela-se, a rigor, necessário.

1. Enunciações objetivas

É o momento de fazer o inventário do que se investigou no curso da exposição. Um itinerário, sintético e retrospectivo, do que foi dito ao longo do trabalho, de modo a sumariar algumas das principais observações e conclusões.

1. Constituição monetária, em síntese, é o *estatuto político da moeda*, a definição da disciplina jurídica fundamental da atuação do Estado em matéria monetária. Nesse bloco normativo encontram-se previstas as "regras do jogo" da política e da regulação monetária — especialmente sob a forma de competências estatais (o estatuto organizatório) e direitos fundamentais (o estatuto das liberdades).
2. Formularam-se, no início deste estudo, algumas hipóteses principais, que podem ser assim sumariadas: (i) existe um conjunto de decisões políticas fundamentais na Constituição de 1988 relacionadas à moeda; (ii) há algo de substancial nessas decisões — elas vão além da simples enunciação de regras formais de atribuição de poderes, havendo normatividade substantiva para além das normas que preveem a competência da União para emitir moeda (art. 21, inciso VII), do Congresso Nacional para dispor sobre matéria monetária (art. 48, inciso XIV) e do banco central para executar a política monetária (art. 164); (iii) há um catálogo de normas consagradoras de direitos fundamentais — direitos subjetivos constitucionais — relacionadas à moeda, veiculado por meio de normas explícitas e implícitas; (iv) há um conjunto de limites materiais e formais ao poder monetário do Estado, plasmados na Carta de 1988; (v) a ordem constitucional monetária, constelada normativamente no texto de 1988, configura uma unidade de sentido passível de sistematização, compreendendo um conjunto

de valores básicos a serem resguardados, segundo critérios jurídicos intersubjetivamente controláveis.

3. A pesquisa indaga pelo conjunto de normas que estão previstas, expressa ou implicitamente, na Constituição brasileira de 1988, e que limitam o conteúdo do poder monetário do Estado. A análise da anatomia desse sistema constitucional seguiu a trilha de três eixos temáticos — direitos fundamentais, autoridade monetária e jurisdição constitucional sobre temas monetários. De modo ainda mais simples: direitos, autoridade e justiça.
4. Foram examinadas, assim, aquelas normas jurídicas que resguardam direitos públicos subjetivos em favor dos indivíduos, assim como aqueloutras que prescrevem como a potestade pública sobre a moeda deve ser exercida, quer no alusivo aos seus limites, quer no tocante à sua forma de exteriorização. Examinaram-se, ainda, parâmetros jurídico-constitucionais para arbitragem das tensões correspondentes pelo Judiciário. Ênfase especial foi conferida às normas que limitam o conteúdo do poder monetário, especialmente no que conexionadas com a proteção jurídica da liberdade, da igualdade e da propriedade.
5. Destacou-se a importância de perceber a dimensão jurídico-constitucional da moeda como tal, sugerindo um enquadramento próprio, uma composição estruturalmente constitucional para o tema. É nesse sentido que se falou em investigação constitucional-sistemática, ou constitucionalmente orientada da moeda e do dinheiro. O olhar aqui sugerido é de que a constituição monetária seja identificada como tal — a identificação de algo como algo, *etwas als etwas*, é dizer, da ordem constitucional monetária *enquanto ordem constitucional monetária*, é o que se ambicionou.
6. Dentro dessa perspectiva, a constituição monetária é entendida como um subsistema da ordem constitucional global; um conjunto de normas integrantes do quadro maior da constituição do Estado de Direito. Na literatura, sobretudo de matriz alemã, costuma-se indicar que ela é parte da constituição *econômica* ("*Die rechtliche Verfassung des Geldwesens bildet eine Teilverfassung der Wirtschaftsverfassung*"). Essa percepção é ecoada em parte significativa da literatura que se debruça sobre o tema. Tratar-se-ia, nesse sentido, de uma ordem parcelar da ordenação constitucional

da economia, voltada especificamente à disciplina do dinheiro enquanto elemento indispensável dos mercados.

7. A posição subscrita é da constituição monetária como zona de interseção entre diferentes sistemas constitucionais — especialmente o econômico e o financeiro —, mas que se autonomiza e diferencia deles. Disciplinando as linhas-mestras do sistema monetário e definindo a arquitetura básica que o informa, a ordenação constitucional do dinheiro regula o meio em que se desenvolve todo o tráfego das operações econômicas e das finanças públicas, seja no âmbito da economia privada, seja nos domínios da economia pública.
8. A disciplina básica da moeda na lei fundamental estampa os valores e normas estruturais do regime monetário, alcançando dessa maneira afinidade com a noção *material* de constituição. De fato, a disciplina constitucional da moeda incorpora, de um ponto de vista substancial, a mesma nota de fundamentalidade política típica de outras decisões constitucionais, como aquelas alusivas à tributação e ao orçamento.
9. A disciplina da moeda exibe também características importantes na perspectiva da separação dos poderes. Ademais, não menos importante, e embora nem sempre lembrado, essas opções políticas elementares a respeito da moeda, em nível constitucional, traduzem decisões sobre direitos fundamentais — e o ponto de contato com normas jusfundamentais é o timbre típico do que alcança o *status* de materialmente constitucional.
10. A Carta brasileira contempla diversas normas expressas disciplinando os poderes monetários do Estado, ocupando-se deliberada e repetidamente do tema. Embora não tenha recebido um título próprio (como sucedeu com a tributação e o orçamento, encartados no Título VI), e sequer um capítulo ou seção destacada, decisões fundamentais a respeito da regulação monetária foram insculpidas pelo constituinte — nesse sentido seguindo uma antiga tradição do direito constitucional brasileiro.
11. Nessa perspectiva, é possível falar em uma constituição monetária, tanto em sentido formal quanto material. Esse bloco normativo, identificado enquanto subsistema autônomo, posicionado na interseção entre as constituições econômica e financeira, conforma

os poderes e limites monetários do Estado ("*what monetary powers and disabilities the Constitution contains*").

12. Assim, se a constituição, considerada amplamente, é a ordenação jurídica fundamental de uma determinada comunidade política, a constituição monetária, especificamente, é uma parte dessa ordem fundamental, voltada à conformação dos elementos básicos da moeda e das instituições responsáveis por sua governança. Trata-se, portanto, do estatuto político da moeda.
13. Importante também observar que, empregando-se a voz constituição monetária, tem-se em mira exclusivamente normas de hierarquia constitucional. Não se tem dúvidas de que atos de estatura legislativa, como a Lei do Sistema Financeiro Nacional (Lei nº 4.595/1964), ou mesmo de hierarquia infralegal, como o decreto presidencial que disciplina o regime de metas de inflação (Decreto nº 3.088/1999), são constitutivos da moeda nacional, na perspectiva de que moldam o sistema jurídico monetário brasileiro, "constituindo-a-ação" do Poder Público e da autoridade monetária nacional no campo da política e da regulação da moeda. Atos normativos desse tipo, indubitavelmente, desenham e implementam a estrutura institucional da moeda, garantindo e articulando a sua operacionalidade. Entretanto, atos infraconstitucionais, por maior que seja a importância de que desfrutem, não apresentam os predicados próprios das normas constitucionais — nomeadamente a *supremacia* e a *rigidez* que as caracterizam. Dessa forma, não se creditam inseridas no conceito de constituição monetária aqui visado, embora possam eventualmente ser úteis à interpretação de determinadas normas constitucionais, no que concretizem ou complementam seus comandos.
14. Essa constituição da moeda ou, em outros termos, essa constitucionalização da disciplina jurídica da moeda, tem alguns fundamentos ou justificativas importantes. O primeiro deles, mais genérico, é comum ao escopo das constituições como um todo: resguardar pré-compromissos (sobretudo via direitos fundamentais) e estruturar juridicamente o poder estatal (em especial mediante técnicas de separação das funções estatais).
15. Um segundo fundamento, mais específico à matéria monetária, diz respeito a dois critérios fundamentais: previsibilidade e

estabilidade do sistema. Nem a anarquia nem a política ordinária oferecem previsibilidade e estabilidade monetária. Nesse sentido, o recurso à constitucionalização de normas sobre política e regulação monetária justifica-se enquanto estratégia de domesticação do poder governamental, assim como de retirada de certas matérias da deliberação política ordinária, resguardando-as com os predicados de rigidez e superioridade hierárquica.

16. No caso brasileiro, a constitucionalização da matéria jurídico-monetária também se justifica parcialmente em face da trajetória nacional, e dos problemas crônicos com a governança da moeda pública. O país, além de haver enfrentado episódios críticos de hiperinflação, foi teatro de experimentos econômicos e políticos os mais variados, em uma testagem empreendida a um grande custo social, econômico e institucional. O entrincheiramento de decisões fundamentais diretamente no texto constitucional opera, nesse sentido, como importante garantia contra retrocessos.

17. Na Constituição brasileira de 1988, é possível resumir o conjunto das normas constitucionais monetárias nas categorias seguintes: (i) normas de competência, que delimitam o âmbito dos poderes e determinam funções ou poderes normativos a serem cumpridos pelos órgãos do Estado; (ii) normas de estrutura, aquelas que estabelecem os órgãos de Estado e a divisão de poderes entre eles, definindo critérios sobre como devem funcionar, prescrevendo fontes normativas, respectivos procedimentos e habilitações de poder; (iii) normas de fins e valores, conformadoras da atividade monetária do Estado brasileiro e definidora de metas para a autoridade pública; (iv) normas de garantias constitucionais, que protegem direitos e liberdades fundamentais. Essas liberdades monetárias corporificam o cerne das limitações constitucionais ao poder monetário estatal, estabelecendo, em face do Poder Público, deveres de abstenção, deveres de ação e deveres de composição.

18. Um apanhando geral desses encargos, portanto, abrange: (i) função de eficiência organizativa (estrutura o aparelho do Estado a bem da dispensação e manutenção de uma moeda estável); (ii) função de garantia constitucional (não apenas garante a própria manutenção e sustentabilidade do Estado, como, e em especial,

salvaguarda direitos e liberdades dos particulares); (iii) função de eliminação de privilégios (a tutela da estabilidade monetária é o grande esforço em prol da neutralidade do dinheiro e, dessa forma, da proteção da liberdade e da propriedade); (iv) função integrativa (a integração do Estado e da sociedade, assim como dos diferentes Estados-nação, não se se faz sem recurso à atividade monetária); e (v) função de controle (o balizamento do agir do Poder Público, e da autoridade monetária em especial, traduz clara preocupação não apenas de alcançar a estabilidade da moeda, mas também de manter preservado o quadro da juridicidade).

19. A constituição monetária, percebida como uma ordenação parcial constelada no conjunto da ordem constitucional global, põe-se em contato com as outras subconstituições, isto é, com as demais ordenações constitucionais parciais — especialmente aquelas representadas pelos subsistemas político, federativo, social, econômico e financeiro. Além disso, não se pode esquecer que a constituição estatal da moeda apresenta importantes pontos de contato com a ordem jurídica internacional (com fragmentos de uma constituição internacional, inclusive).
20. Na sequência, foi analisado o tema específico dos direitos fundamentais monetários. Com olhos sobre o sistema constitucional brasileiro, investigou-se o regime das liberdades relacionadas à moeda na ordem jurídica brasileira. E o fez sugerindo, primeiramente, esta reorientação perceptiva: as liberdades individuais são o eixo gravitacional da experiência monetária. Não é a autoridade pública sobre a moeda que preside a ordenação jurídica do dinheiro — antes, a política e a regulação monetárias figuram em torno do eixo ou ponto arquimédico de um conjunto de liberdades e direitos públicos subjetivos de natureza monetária.
21. Assim, com base nessa premissa, empreende-se uma investigação sobre as posições subjetivas monetárias, mediante uma matriz essencialmente conceitual, voltada ao revolvimento da ordenação jurídico-positiva sobre as liberdades monetárias na constituição. Não se cuida de uma fundamentação normativa, ancorada em bases ou ambições filosófico-políticas; tampouco se trata de um recenseamento empiricamente exauriente do conteúdo das prescrições constitucionais e de sua materialização pela jurisprudência.

22. O roteiro de análise, inspirado na metódica da dogmática dos direitos fundamentais, procura debater, seriadamente, (i) o significado do direito fundamental, (ii) sua estrutura e conformação jurídicas — enfocando aqui o seu (*ii.a*) âmbito de proteção e a (*ii.b*) alocação de responsabilidades pelas restrições à liberdade —, (iii) as ingerências e limitações incidentes sobre essas liberdades, (iv) os deveres de proteção estatal (quando houver) e, finalmente, (v) a fundamentação jurídico-constitucional para as intervenções sobre o âmbito de proteção do direito.
23. Um panorama geral dessas posições jurídico-subjetivas abrangeu os seguintes direitos fundamentais: (i) liberdade de circulação cambial; (ii) liberdade de escolha monetária; (iii) liberdade de emissão monetária; (iv) garantia da estabilidade do valor da moeda; (v) continuidade monetária; (vi) igualdade monetária; (vii) não surpresa em matéria monetária; (viii) vedação ao confisco monetário; (ix) privacidade monetária; (x) proteção ao direito adquirido, ao ato jurídico perfeito e à coisa julgada em matéria monetária.
24. A posição subscrita é a de que a constituição resguarda não apenas interesses, mas autênticos direitos subjetivos, os quais se revestem do *status* e do regime próprio das posições jusfundamentais.
25. Após o exame dos direitos fundamentais em espécie, analisou-se de que maneira a constituição monetária estrutura, em bases jurídico-institucionais, a autoridade estatal responsável pela governança pública da moeda. Se é verdadeiro que o controle sobre o dinheiro e as finanças é uma das determinantes fundamentais da efetiva soberania estatal, afigura-se fundamental sondar de que modo essa soberania se materializa e cristaliza em termos institucionais e operacionais, e de que modo a constituição empodera e conforma entidades a bem da gestão monetária.
26. Não se descurou nessa análise que o perfil da soberania monetária vem se alterando substancialmente, em larga medida como decorrência da globalização e de inéditos cenários e desafios políticos, econômicos e institucionais. Tampouco se desconsidera que o mesmo se passa com os mandatos e instrumentos sob encargo dos bancos centrais, a impingir mudanças sucessivas na atividade de *central banking* e nos parâmetros de sua atuação. Nada obstante, existe algo de minimente estável na conformação e estruturação

da autoridade monetária e dos seus poderes. E não apenas há algo de estável, como parece positivo que a constituição estabilize algo e contenha prescrições duradouras nesse sentido.

27. A autoridade monetária é um agente político como qualquer outro e, como tal, também negocia constantemente seu espaço político. O constituinte de 1988 teve então o cuidado, seguramente atento também à trajetória institucional do país, de prever, ainda que de maneira econômica, normas específicas a respeito do banco central.
28. Conferiu-se especial ênfase a este aspecto: é importante que haja um perfil jurídico básico da autoridade monetária na constituição. Desarranjos institucionais no campo da autoridade monetária costumam ter graves consequência. A inflação brasileira, ilustrativamente, representou mais do que um fenômeno estritamente monetário: tratou-se, em realidade, de uma crônica deformação institucional.
29. A exploração progrediu, seriadamente, enquanto análise (i) do poder estatal sobre a moeda considerado como projeção da soberania, (ii) dos limites desse poder, (iii) do emolduramento jurídico-constitucional da política e regulação monetárias e, finalmente, (iv) da estrutura da autoridade constitucional monetária, quer no alusivo aos seus predicados institucionais, quer no tocante às relações que enceta com outras autoridades constitucionais.
30. Frisou-se que, amplo como possa parecer, o poder monetário não pode ser identificado apenas como o poder emissor — embora a oferta de moeda seja um dos mais importantes poderes monetários do Estado, seguramente não é o único. Ademais, o perfil jurídico da autoridade monetária, na constituição, vai igualmente além do tema (do importante tema) da autonomia do banco central.
31. Finalmente, avaliou-se a importante contribuição do Judiciário, e do Supremo Tribunal Federal em especial, na forja jurídica da moeda nacional e das nossas instituições monetárias. Com efeito, é vasta a história judiciária brasileira em matéria monetária — e não menos importante a relevância dos precedentes judiciais firmados a respeito da disciplina jurídica do dinheiro, estruturados naquilo que se denominou de uma autêntica *jurisprudência constitucional monetária*.

32. A jurisprudência do Supremo em matéria de direito monetário talvez não tenha equivalentes no mundo — sobretudo no campo da atuação do tribunal no fronte da fiscalização normativa da constitucionalidade das leis. Embora essa prolífica produção jurisprudencial reflita, em extensão não desprezível, os problemas, inconsistências e movimentos erráticos da governança da moeda nacional — traduzindo, nesse sentido, por vezes, menos uma atuação judicial cinzeladora, e mais uma jurisdição exercida em condições críticas —, não se pode deixar de notar que é um fato institucionalmente relevante a incursão habitual da corte em temas de direito da moeda.
33. Pode-se dizer que os tribunais (e o STF com acentuado destaque) tiveram importância qualificada no processo de estabilização da moeda — quer definindo os limites dos planos econômicos, quer sustentando a execução de alguns desses programas. Mas esse agir institucional vai além: em uma atuação não menos sutil do que importante, as cortes contribuíram burilando categorias, códigos e estratégias normativas que se integraram ao *corpus* legislativo e regulatório. Daí se avaliar que a jurisprudência em matéria monetária foi não apenas trincheira, mas também bússola dos avanços experimentados.
34. Embora nem sempre seja fácil identificar uma linearidade nessa linha jurisprudencial — sucessivas fraturas normativas (mudanças de constituições, de padrões e de regimes monetários) tornam difícil rastrear um *continuum* na moeda e nas instituições monetárias nacionais, embaçando uma visão unitiva e de conjunto —, parece possível esmerilhar um conjunto de diretrizes e *standards* jurídicos, forjados pelos tribunais brasileiros ao longo de décadas de experiências (e experimentos) com a moeda pública fiduciária, e que são qualificáveis como autêntica jurisprudência (constitucional) monetária. Esse corpo decisório encerra o rosto normativo da regulação monetária em sua dimensão judicial.
35. Mesmo que fragmentado, este vasto ementário jurisprudencial contém diretivas, programas e vetores normativos; interpretações construídas a partir de enunciados constitucionais que se repetem e sucedem na trajetória política brasileira; uma consciência constitucional alojada nas dobras de precedentes e que, em

diferentes momentos, ferretearam limites ao poder do Estado sobre a moeda.

36. Entretanto, esse acervo decisório, malgrado amplo, é mono ou oligotemático. Em parte espelhando a insuficiência dos debates doutrinários, posteriores à Carta de 1988, sobre o sistema financeiro nacional, em parte excessivamente concentrado no aspecto da eficácia da lei monetária no tempo, cuida-se de uma produção judicial que porejou teses interpretativas formalistas. A análise dos precedentes sugere que, tirante a preocupação mais aguda com a interpretação e aplicação da cláusula do art. 5º, XXXVI, talvez não tenha havido uma leitura e reflexão profundas sobre o sistema de direitos fundamentais relativos às posições jurídico-monetárias, e tampouco sobre a efetividade e os constrangimentos impostos às competências estatais sobre o dinheiro e à separação dos poderes.

37. Daí por que uma segunda conclusão aponta para o diagnóstico de que a jurisprudência do STF em matéria monetária é hipertrofiada em alguns pontos, e deficitária em outros. A esses pontos-cegos ou escotomas na jurisprudência constitucional monetária podem ser rastreadas causas plurais. Enfocando, porém, menos nas causas e mais nas consequências, o resultado é uma baixa densidade decisória na interpretação de determinadas cláusulas e dimensões da constituição monetária.

38. Nesse sentido, enquanto instância crítica do sistema jurídico-monetário, à justiça constitucional podem ser atribuídos, ao lado dos seus méritos, também déficits reflexivos — no mínimo, uma falta parcial de contribuição na tarefa de exploração e desdobramento dos conteúdos do subsistema constitucional de disciplina jurídica da moeda. Parece haver uma falta de percepção unitária da ordem constitucional monetária; uma ausência de entendimento de conjunto a respeito do direito constitucional da moeda e, em especial, a respeito dos limites constitucionais ao poder monetário estatal.

39. Cuida-se de reconhecer que, a despeito de censuras episódicas sobre intervenções estatais da regulação monetária, a jurisprudência formada não parece se desenvolver sob o pano de fundo de um *framework* constitucional mais amplo, assentado em princípios

constitucionais que compendiem uma autêntica "carta de direitos" monetária.

40. Tentando colocar essa percepção de um modo mais claro, é dizer: a linguagem dos direitos (e especialmente a linguagem dos direitos *fundamentais*) parece não alcançar penetração adequada no campo do direito constitucional monetário. A dimensão orgânica, funcional e estrutural — relacionada à divisão de poderes, competências e predicados institucionais da autoridade monetária — parece hipertrofiada, colonizando praticamente a totalidade do conjunto de interpretações e aplicações na matéria. A visão de conjunto dessa ordem constitucional parcial, assim como do seu centro de gravidade (aquele constituído pelo núcleo de posições jurídico-subjetivas relativas à moeda), finda prejudicada.

Reflexão final

O quadro do relacionamento entre dinheiro e direito é mais complexo do que em geral se costuma representar. O sistema de direito monetário, teve-se a oportunidade de refletir ao longo da exposição, apresenta, já na sua dimensão constitucional, um vasto caderno de interações, conexões e, especialmente, de problemas. Nem sempre, porém, a importância desse sistema, e seus refinamentos e complexidades, encontram o melhor perfil ou retrato.

É diante dessa constatação que, continuando a trilha de uma ponderação lançada no início deste trabalho — quando se observou que os teóricos de direito público e os juristas de maneira geral talvez estejam negligenciando a moeda como projeto político e constitucional, como instituto jurídico, como matéria de governança —, insinua-se ser necessário renovar a pergunta pela *justiça monetária*.

A preocupação crescente com a formulação de regras sobre a criação e o uso da moeda, a atenção progressiva que se tem conferido aos limites e possibilidades dos poderes estatal e privado em matéria monetária, o debate sobre regulação do dinheiro e seus limites, e especialmente os pontos-cegos do sistema monetário não alcançados pelas falanges reflexivas e normativas do direito denotam que é no mínimo conveniente — para não dizer cogente — resgatar a pergunta pela dimensão específica da virtude e do valor da justiça no campo próprio da moeda.

É importante esclarecer que existe um *duplo sentido* nesta pretensa renovação da indagação pela justiça monetária: (i) renovar significa, em primeiro lugar, formular novamente a pergunta; voltar a fazer, uma vez mais, esse tipo de questionamento; retirar a noção de justiça monetária do esquecimento; insistir na pesquisa e na investigação a respeito do conceito, das dimensões e das aplicações da ética e da justiça no campo próprio da moeda; (ii) mas renovar a pergunta significa, também, e em segundo lugar, atualizar essa indagação, adaptá-la às preocupações e aos problemas do nosso tempo — em um *aggiornamento* que sintonize os desafios jurídicos e regulatórios da moeda às complexidades do dia, e jogue novas luzes sobre a questão.

A noção de justiça monetária, avalia-se, não está perempta. Ela precisa ser *reformulada*. Reformulada para refletir que falar em justiça e em constituição monetárias é, primeiramente, necessário, e, em segundo lugar, que significa ir muito além do tema (e do problema) da inflação. O combate à inflação — e, por conseguinte, a preservação da estabilidade da moeda — é apenas uma das dimensões da questão jurídico-monetária.

Uma importante dimensão, sem dúvidas, talvez a mais importante delas — mas apenas uma das diversas interfaces que o tema avoca.

É necessário, pois, tentar outras direções para o debate. Certamente sem esquecer as preocupações centrais e tradicionais, mas estendendo o campo de análise e, especialmente, alterando o eixo de gravitação: o debate excessivamente concentrado sobre o Estado e os poderes de governo sobre a moeda precisa comportar, também, átrios de reflexão sobre o poder dos particulares sobre o dinheiro, sobre a dimensão de direitos e liberdades fundamentais que a moeda revela e, decerto, sobre os riscos e desafios que não apenas a governança pública, mas também a governança privada do sistema monetário apresenta.

Em síntese: explorar todos lados e toda a cartilha das ambiguidades (de um lado é preciso fortalecer poderes e liberdades; de outro, saber como os conformar e limitar adequadamente), retirar antigas (mas valiosas) especulações dos escombros, e também expandir e sofisticar essas reflexões é o convite que se faz.[11]

[11] WITTRECK, Fabian. **Geld als Instrument der Gerechtigkeit in die Geldrechtslehre des Hl. Thomas von Aquin in ihrem interkulturellen Kontext**, p. 497 e ss.; REIFNER, Udo. **Das Geld:** Recht des Geldes, p. 23 e ss.; RUSSO, Costanza A.; LASTRA, Rosa M.; BLAIR, William

Um esforço para que, pelo menos no nível da dogmática e da reflexão propriamente jurídicas — e designadamente jurídico-constitucionais — o diapasão correto esteja no ar, e que os valores sejam propostos na justa posição.

Na base desse esforço encontra-se a avaliação de que a teoria constitucional, no melhor da sua forma, espelha um certo tipo de inclinação, uma certa tensão amorosa da consciência em direção ao fundamento da justiça. Expandir e desdobrar essa inclinação ao bem público moeda — capinando uma gleba árida e tradicionalmente pouco atraída pelo problema da justiça — talvez seja uma empreitada promissora. E também, e especialmente, um sinal de que a consciência jurídica vai bem.

(org.). **Research Handbook on Law and Ethics in Banking and Finance**. Cheltenham: Edward Elgar, 2019; KLOOSTER, Johannes Maria van't. **How to make money:** Distributive justice, finance, and monetary constitutions. Dissertation submitted for the degree of Doctor of Philosophy - Gonville and Caius College, Cambridge, UK, 2018; GOODWIN, Barbara. The Political Philosophy of Money. **History of Political Thought**, vol. 7, n. 3, p. 537-568, Winter 1986; ALMEIDA, José Manuel Pereira. Pode-se falar de justiça monetária? **Humanística e Teologia**, 36:1, p. 141-146, 2015; ERLING, Marlos Lopes Godinho. **Regulação do Sistema Financeiro Nacional**, p. 166 e ss.; ZELMANOVITZ, Leonidas. **La ontológia y función del dinero**, p. 245 e ss.; WALD, Arnoldo. **O novo direito monetário**, p. 33-34; JANSEN, Letácio. Por uma nova ética monetária, p. 180.

REFERÊNCIAS

ABRAHÃO, Marcela Rosa. **As restrições aos direitos fundamentais por ato normativo do Poder Executivo**. São Paulo: Almedina, 2017.

ACKERMAN, Bruce. The New Separation of Powers. **Harvard Law Review**, Cambridge, vol. 113, n. 3, p. 633-729, Jun./2000.

__________. Good-bye Monstesquieu. In: ROSE-ACKERMAN, Susan; LINDSETH, Peter (org.). **Comparative Administrative Law**. Chentelham: Edward Eugar Publishing, 2012.

AGLIETTA, Michel; ORLÉAN, André. **La violence de la monnaie**. 2 éd. Paris: PUF, 1984.

ALMEIDA, José Manuel Pereira. Pode-se falar de justiça monetária? **Humanística e Teologia**, 36:1, p. 141-146, 2015.

ANTUNES, Jadir. Aristóteles e a metafísica do dinheiro. **Revista Internacional de Filosofia**, v. 6, n. 3, p. 85-110, 2015.

ARAGÃO, Alexandre Santos de. **Agências reguladoras e a evolução do Direito Administrativo Econômico**. Rio de Janeiro: Forense, 2002.

ÁRIDA, Pérsio. Por uma moeda plenamente conversível. **Revista de Economia Política**, vol. 23, n. 3, p. 151-154, jul./set. 2003.

ARISTÓTELES. **Metafísica**, volume II. Ensaio introdutório, texto grego com tradução e comentário de Giovanni Reale. 5. ed. São Paulo: Edições Loyola, 2015.

ASCARELLI, Tullio. **Studi giuridici sulla moneta**. Milano: Dott. A. Giuffrè, 1952.

AUER, Raphael; BÖHME, Rainer. The technology of retail central bank digital currency. **BIS Quarterly Review**, p. 85-100, March, 2020.

ÁVILA, Humberto. **Segurança jurídica**: entre permanência, mudança e realização no direito tributário. São Paulo: Malheiros, 2011.

__________. **Sistema Constitucional Tributário**. 5. ed. São Paulo: Saraiva, 2012.

__________. **Teoria da igualdade tributária**. 3 ed. São Paulo: Malheiros, 2015.

BACHA, Edmar (org.). **A crise fiscal e monetária brasileira**. Rio de Janeiro: Civilização Brasileira, 2016.

BAGEHOT, Walter. **Lombard Street**: a description of the money market. London: John Murray, 1917.

BALDWIN, Robert; CAVE, Martin; LODGE, Martin. **Understanding Regulation**: Theory, Strategy and Pratice. 2. ed. Oxford, Oxford University Press, 2012.

BALOGLOU, Christos P. Die geldtheoretischen Anschauungen Platons. **Jahrbuch für Wirtschaftsgeschichte (JWG)**, p. 177-187, 1994/2.

BARROSO, Luís Roberto. **Curso de direito constitucional:** os conceitos fundamentais e a construção do novo modelo. 2. ed. São Paulo: Saraiva, 2010.

BASSI, Camillo de Moraes. **A nova relação entre o Tesouro Nacional (TN) e o Banco Central (Bacen):** as condições que permitiram a transferência da Reserva do Resultado (RR). AFIPEA, Nota Técnica n. 13, 2021.

BASTOS, Celso Ribeiro; MARTINS, Ives Gandra. **Comentários à constituição do Brasil**, vol. 6, tomo II, arts. 157 a 169. 2. ed. São Paulo: Saraiva, 2001.

BERNANKE, Ben S.; GEITHNER, Timothy F; PAULSON JR., Henry M. **Firefighting**: the financial crisis and its lessons. New York: Penguin Books, 2019.

BINENBOJM, Gustavo. **Uma teoria do direito administrativo**: direitos fundamentais, democracia e constitucionalização. Rio de Janeiro: Renovar, 2006.

__________. **A nova jurisdição constitucional brasileira:** legitimidade democrática e instrumentos de realização. 4. ed. Rio de Janeiro: Renovar, 2014.

__________. **Poder de polícia, ordenação, regulação:** transformações político-jurídicas, econômicas e institucionais do direito administrativo ordenador. Belo Horizonte: Fórum, 2016.

BINSWANGER, Hans Christoph. **Dinheiro e magia**: uma crítica da economia moderna à luz do Fausto de Goethe. Rio de Janeiro: Zahar, 2011.

BLACK, Julia. The Credit Crisis and the Constitution. In: OLIVER, Dawn; PROSSER, Tony; RAWLINGS, Richard (Ed.) **The Regulatory State**: Constitutional Implications. Oxford: Oxford University Press, 2010.

BLINDER, Alan S. **Central Banking in Theory and Practice**. Cambridge: The MIT Press, 1998.

BLOOM, Murray Teigh. **O homem que roubou Portugal**: a história do maior golpe financeiro de todos os tempos. Rio de Janeiro: Zahar, 2008.

BOSSU, Wouter Bossu; ITATANI, Masaru; MARGULIS, Catalina; ROSSI, Arthur; WEENIK, Hans; YOSHINAGA, Akihiro. **Legal Aspects of Central Bank Digital Currency: Central Bank and Monetary Law Considerations**. IMF Working Paper No. 2020/254, Nov., 2020.

BOTTINO, Thiago. Regulação econômica e direito penal econômico: eficácia e desencontro no crime de evasão de divisas. **Revista Brasileira de Ciências Criminais**, Ano 21, vol. 101, p. 125-153, mar.-abr./2013.

BRASIL. **Relacionamento entre autoridade fiscal e autoridade monetária**: a experiência internacional e o caso brasileiro. Tesouro Nacional. Brasília, 2013.

BRESSER PEREIRA, Luiz Carlos. Da Administração Pública burocrática à gerencial. In: BRESSER PEREIRA, Luiz Carlos; SPINK, Peter Kevin (Org.). **Reforma do estado e administração pública gerencial**. Rio de Janeiro: FGV, 1998.

BRITTO, Carlos Ayres. O regime constitucional da correção monetária. **Revista de Direito Administrativo**, nº 203, p. 41-58, jan./mar. 1996.

BRUMMER, Chris (ed.). **Cryptoassets:** Legal, Regulatory, and Monetary Perspectives. New York: Oxford University Press, 2019.

BUCHAN, James. **Desejo congelado**: uma investigação sobre o significado do dinheiro. São Paulo: Record, 2000.

BUCHANAN, James M. Reductionist reflections on the Monetary Constitution. **Cato Journal**, Cato Institute, vol. 9(2), 1989, p. 295-299.

CAMPOS, Roberto. **A lanterna na popa**: memórias, vol. 1. 4. ed. Rio de Janeiro: Topbooks, 1994.

__________. **A constituição contra o Brasil**: ensaios de Roberto Campos sobre a constituinte e a Constituição de 1988; organizado por Paulo Roberto de Almeida. São Paulo: LVM Editora, 2018.

CANDIDO, Matheus Justino. **A relação financeira entre o Banco Central e o Tesouro Nacional em um modelo DSGE**. Dissertação (Mestrado em Economia – Área de concentração: Economia), Universidade Estadual de Ponta Grossa, 2019.

CANOTILHO, J. J. Gomes. **Direito constitucional e teoria da constituição**. 2. ed. Coimbra: Almedina, 1998.

__________; MOREIRA, Vital. **Constituição da República Portuguesa anotada**, vol. I, arts. 1 a 107. São Paulo: Revista dos Tribunais: 2007.

__________. **"Brancosos" e interconstitucionalidade**: itinerários dos discursos sore a historicidade constitucional. 2. ed. Coimbra: Almedina, 2008.

CARRILHO, Leonardo. Raízes teológico-políticas da modernidade constitucional. **Revista Publicum**, Rio de Janeiro, n. 15, p. 140-186, 2015.

CARVALHO, André Roncaglia de; BORGES NETO, João Machado. A economia monetária de Cantillon e o debate moderno entre ortodoxia e heterodoxia. **Economia e Sociedade**, Campinas, v. 28, n. 1, p. 31-51, Abr./2019.

CARVALHO, Fernando J. Cardim de; SOUZA, Francisco Eduardo Pires de; SICSÚ, João; PAULA, Luiz Fernando Rodrigues de; STUDART, Rogério. **Economia monetária e financeira**. 3. ed. Rio de Janeiro: Elsevier, 2015.

CAVALCANTI, Amaro. **O meio circulante nacional**, vol I. Rio de Janeiro: Imprensa Nacional, 1893.

CENTRAL Bankers Have Crossed Bright Lines do Aid Economies. **New York Times**, 2020. Disponível em: <https://www.nytimes.com/2020/06/09/business/economy/central-banks-coronavirus-economies.html>. Acesso em 12/06/2020.

CHACEL, Julian; SIMONSEN, Mário Henrique; WALD, Arnoldo. **A correção monetária**. Rio de Janeiro: Apec Editora, 1976.

CHEVALLIER, Jacques. **O estado pós-moderno**. Tradução de Marçal Justen Filho. Belo Horizonte: Fórum, 2009.

CHIAPPIN, José R. N. Os fundamentos jurídicos e econômicos do regime de metas de inflação. **Revista Fórum de Direito Financeiro e Econômico (RFDFE)**, Belo Horizonte, ano 2, n. 2, p. 197-217, set. 2012/fev. 2013.

ÇOBAN, Ali Riza. Inflation and human rights: protection of property rights against inflation under the European Convention of Human Rights. **Essex Human Rights Review**, vol. 2, n. 1, p. 62-78, 2005.

CONTI-BROWN, Peter. **The power and independence of the Federal Reserve**. Princeton: Princeton University Press, 2016.

COOTER, Robert. **The strategic constitution**. Princeton: Princeton University Press, 2000.

COPPOLA, Frances. **The case for people's quantitative easing**. Medford: Polity, 2019.

CORREIA, Francisco Mendes. **Moeda bancária e cumprimento:** o cumprimento das obrigações pecuniárias através de serviços de pagamento. Coimbra: Almedina, 2017.

CORTEZ, Tiago. **Moeda, Estado e direito:** o papel do Estado na ordem monetária e o seu controle. Tese (Doutorado) – Faculdade de Direito da Universidade de São Paulo.

COZER, Cristiano de Oliveira Lopes. **Natureza e propriedades da moeda**: contribuição para o estudo do direito monetário no Brasil. Dissertação (Mestrado em Direito) – Programa de Pós-Graduação em Direito, Universidade de Brasília. Brasília, 2006.

CRETELLA JÚNIOR, José. **Comentários à Constituição brasileira de 1988**, vol. VII, arts. 145 a 169. Rio de Janeiro: Fórum Universitária, 1992.

CUÉLLAR, Mariano-Florentino. James Landis and the Dilemmas of Administrative Government. **George Washington Law Review**, Washington, v. 83, n. 4/5, p. 1330-1357, Jul./2015.

CUNHA FILHO, Marcelo de Castro. As bases institucionais da moeda. **Revista Estudos Institucionais**, vol. 7, n. 1, p. 419-441, jan./abr. 2021.

CYRINO, André Rodrigues. **Direito constitucional regulatório**: elementos de uma interpretação institucionalmente adequada da constituição econômica brasileira. Rio de Janeiro: Renovar, 2010.

DALY, Tom Gerald. **The alchemists**: questioning our faith in courts as democracy-builders. Cambridge: Cambridge University Press, 2018.

DESAN, Christine. **Making money**: coin, currency and the coming of capitalism. Oxford: Oxford University Press, 2014.

__________. The Constitutional Approach to Money: Monetary Design and the Production of the Modern World. In: BANDELJ, Nina; WHERRY, Frederick F.; ZELIZER, Viviana (ed.). **Money Talks**: explaining how money really works. Princeton: Princeton University Press, 2017, p. 109-130.

DIEM. **White Paper v2.0**, 2020. Disponível em: < https://www.diem.com/en-us/white-paper/>. Acesso em: 19/03/2021.

DIMOULIS, Dimitri; MARTINS, Leonardo. **Teoria geral dos direitos fundamentais**. 2. ed. São Paulo: Revista dos Tribunais, 2009.

DURAN-FERREIRA, Camila. O STF e a construção institucional das autoridades reguladoras do sistema financeiro: um estudo de caso das ADIns. **Revista Direito GV**, São Paulo, v. 5, n. 1, p. 67-94, jan./jun. 2009.

DURAN, Camila Villard. **Direito e moeda**: o controle dos planos de estabilização monetária pelo Supremo Tribunal Federal. São Paulo: Saraiva, 2010.

__________. Crise econômica e o papel do direito na política monetária: um estudo da accountability do Bacen, do BCE e do Fed. **Revista de Direito Público da Economia**, São Paulo, v. 1, p. 23-52, 2012.

__________. **A moldura jurídica da política monetária**: um estudo do BACEN, do BCE e do FED. São Paulo: Saraiva, 2013.

__________. Jurisprudência comentada (ADPF 77): o debate judicial sobre a disciplina jurídica da moeda como padrão de valor. **Revista de Direito Bancário e do Mercado de Capitais**, São Paulo, vol. 70, ano 18, p. 294-308, out-dez 2015.

__________; BORGES, Caio. Enfrentando a crise financeira: como constrangimentos jurídicos causaram a fragmentação institucional do poder monetário brasileiro no pós-2008. **Revista de Direito GV**, São Paulo, v. 14, p. 450-491, 2018.

__________. O momento "Bretton Woods" da Covid-19 e a cooperação monetária por bancos centrais. **Estudos Avançados**, n. 34 (100), p. 117-140, 2020.

DYZENHAUS, David. **The constitution of law:** legality in a time of emergency. Cambridge: Cambridge University Press, 2006.

EDWARDS, Sebastian. **American default**: the untold story of FDR, the Supreme Court and the battle over gold. Priceton: Princeton University Press, 2018.

EL-ERIAN, Mohamed A. **The only game in town**: central banks, instability and avoiding the next collapse. New York: Random House, 2016.

ERLING, Marlos Lopes Godinho. A compatibilidade da estabilidade monetária com os princípios de justiça de John Rawls. **Revista de Direito Bancário do Mercado de Capitais e da Arbitragem**, vol. 54, p. 45-57, 2011.

__________. **Regulação do Sistema Financeiro Nacional**: desafios e propostas de aprimoramento institucional. São Paulo: Almedina, 2015.

ERNST, Daniel. **Tocqueville's nightmare**: the administrative state emerges in America, 1900-1940. New York: Oxford University Press, 2014.

FARIA, José Eduardo Campos de Oliveira. Poucas certezas e muitas dúvidas: o direito depois da crise financeira. **Revista Direito GV**, São Paulo, n. 5(2), p. 297-324, jul./dez. 2009.

FERREIRA, Pinto. **Comentários à Constituição brasileira**, vol. 6. São Paulo: Saraiva, 1994.

FERREIRA FILHO, Manoel Gonçalves. A disciplina constitucional das crises econômico-financeiras. **Revista de Informação Legislatia**, ano 27, n. 108, p. 33-48, out./dez. 1990.

_________. **Comentários à Constituição brasileira de 1988**, vol. 3, arts. 104 a 169. São Paulo: Saraiva, 1994.

FRANCO, Gustavo H. B. O jogo do papagaio. In: BACHA, Edmar (org.). **A crise fiscal e monetária brasileira**. Rio de Janeiro. Civilização Brasileira, 2016.

_________. **A moeda e a lei**: uma história monetária brasileira (1933-2013). Rio de Janeiro: Zahar, 2017.

_________. **Economia**: o que vem sendo e o que pode ser. Texto para Discussão n. 58, Casa das Garças IEPE, Rio de Janeiro, 2020.

_________. **O futuro do dinheiro**, 2020. Disponível em: <https://iepecdg.com.br/wp-content/uploads/2020/12/O-futuro-do-dinheiro-3.docx.pdf>. Acesso em 27/12/2021.

FEREJOHN, John; PASQUINO, Pasquale. The law of exception: a tipology of emergency powers. **International Journal of Constitutional Law**, New York, vol. 2, n. 2, p. 210-239, 2004.

FERGUSSON, Adam. **When Money Dies:** The Nightmare of the Weimar Collapse. London: William Kimber, 1975.

FERREIRA, Pinto. **A inflação**. 2. ed. Rio de Janeiro: José Konfino Editor, 1967.

FLORENZANO, Vincenzo D. **Sistema financeiro e responsabilidade social**: uma proposta de regulação fundada na teoria da justiça e na análise econômica do direito. São Paulo: Textonovo, 2004.

FLUSSER, Vilém. Do inobjeto. **ARS**, São Paulo, v. 4, n. 8, p. 30-35, jan. 2006.

FORKEL, Hans-Walter. Staatsschuldenkrise, Geldentwertung, Grundgesetz: Gibt es einen Grundrechtsschutz gegenstaatlich herbeigeführte Inflation? Anmerkungen zu einem Thema mit Zukunft. **Zeitschrift für Rechtspolitik**, 44. Jahrg., H. 5, p. 140-143, p. 140-143, Juli, 2011.

FREIRE, Marusa Vasoncelos. **Moedas sociais:** contributo em prol de um marco legal e regulatório para as moedas sociais circulantes locais no Brasil. Tese (Doutorado em Direito) – Programa de Pós-Graduação em Direito, Universidade de Brasília. Brasília, 2011.

FRIEDMAN, Milton. The Optimum Quantity of Money. In: FRIEDMAN, Milton. **The Optimum Quantity of Money and Other Essays**. Chicago: Aldine, 1969.

__________; SCHWARTZ, Anna Jacobson. **A Monetary History of the United States**, 1867-1960. Princeton: Princeton University Press, 1993.

__________; GOODHART, Charles A. E. **Money, inflation and the constitutional position of the central bank**. London: Institute of Economic Affairs, 2003.

GALÍ, Jordi. Helicopter Money: The Time is Now. Econfip, 2020. Disponível em: <https://econfip.org/policy-brief/helicopter-money-the-time-is-now/>. Acesso em 22/05/2020.

GAROFALO FILHO, Emilio. **Câmbio, ouro e dívida externa**: de Figueiredo a FHC. São Paulo: Saraiva: 2002.

GISCHER, Horst; HERZ, Bernhard; MENKHOFF, Lukas. **Geld, Kredit und Banken**: eine Einführung. 3. Aufl. Heidelberg: Springer, 2012.

GOERTZ, Gary. **Social science concepts:** a user's guide. Princeton: Princeton University Press, 2006.

GOLDMAN, Matthias. Adjudicating economics? Central Bank independence and the appropriate standard of judicial review. **German Law Journal**, n. 15(2), p. 265-280, 2014.

GOODWIN, Barbara. The Political Philosophy of Money. **History of Political Thought**, vol. 7, n. 3, p. 537-568, Winter 1986.

GRAU, Eros Roberto. **A ordem econômica na Constituição de 1988**. 14 ed. São Paulo: Malheiros, 2010.

GREENSPAN, Alan. **O mapa e o território**: risco, natureza e o futuro das previsões. São Paulo: Portfolio-Penguin, 2013.

GUDIN, Eugenio. **Princípios de economia monetária**. 9. ed. Rio de Janeiro: Agir Editora, 1976.

GUERRA, Sérgio. Supremo Tribunal Federal (STF) Função normativa do Conselho Monetário Nacional: regulação sistêmica e a capacidade normativa de conjuntura. **Revista de Direito Administrativo**, v. 254, p. 261-273, 2011.

__________. Aperfeiçoando a Regulação brasileira por agências: quais lições podem ser extraídas do sesquicentenário modelo norte-americano? In: GUERRA, Sérgio (coord.) **Teoria do Estado Regulador**. Curitiba: Juruá, 2015, p. 13-106.

__________. Separação de poderes, executivo unitário e estado administrativo no Brasil. In: GUERRA, Sérgio (org.). **Teoria do Estado Regulador**, vol. III. Curitiba: Juruá, 2017, v. 3, p. 11-30.

__________. Discricionariedade, regulação e reflexividade: uma teoria das escolhas administrativas. 5. ed. Belo Horizonte: Fórum, 2018.

HÄBERLE, Peter. Dimensões dos direitos fundamentais à luz de uma comparação de níveis textuais de Constituições. **Revista Direito Público**, Brasília, v. 11, n. 55, p. 183-190, 2014.

HAHN, Hugo J.; HÄDE, Ulrich. **Währungsrecht**. 2. ed. München: C. H. Beck, 2010.

HANSEN, Niels-Jakob H.; LIN, Alessandro; MANO, Rui C. Should Inequality Factor into Central Bank's Decisions? **IMF Working Paper**, 20/196, September, 2020.

HAYEK, Friedrich August von. **Denationalization of Money**: the argument refined. 3. ed. London: Institute of Foreign Affairs, 1990.

HERRMANN, Christoph. **Währungshoheit, Währungsverfassung und subjektive Rechte**. Tübigen: Mohr Siebeck, 2010.

__________; DORNACHER, Corinna. **International and European Monetary Law**: an Introduction. Springer, 2017.

HETZEL, Robert L. The Case for a Monetary Rule in a Constitutional Democracy. **FRB Richmond Economic Quaterly**, vol. 83, n. 2, p. 45-66, Spring 1997.

HOLMES, Douglas R. **Economy of words**: communicative imperatives in central banks. Chicago: University of Chicago Press, 2014.

HORBACH, Carlos Bastide. A nova roupa do direito constitucional: neo-constitucionalismo pós-positivismo e outros modismos. **Revista dos Tribunais**, vol. 859, p. 81-91, maio 2007.

IRWIN, Neil. **The alchemists**: three central bankers and a word on fire. New York: Penguin Books, 2014.

JANSEN, Letácio. A Moeda Nacional e a Constituinte. **Revista de Direito da Procuradoria-Geral do Estado do Rio de Janeiro**, Rio de Janeiro, vol. 39, p. 5-26, 1987.

__________. **Limites jurídicos da moeda**. Rio de Janeiro: Lumen Juris, 2000.

__________. **A moeda nacional brasileira**. Rio de Janeiro: Renovar, 2009.

__________. Por uma nova ética monetária. **Revista de Direito da Procuradoria-Geral do Estado do Rio de Janeiro**, Rio de Janeiro, vol. 65, p. 177-182, 2010.

JARASS; PIEROTH. **Grundgesetz für die Bundesrepublik Deutschland - Kommentar**. 12. Aufl. München, 2012.

JORDÃO, Eduardo. **Controle judicial de uma administração pública complexa:** a experiência estrangeira na adaptação da intensidade do controle. São Paulo: Malheiros, 2016.

__________; CABRAL JUNIOR, Renato Toledo. A teoria da deferência e a prática do controle judicial: um estudo empírico sobre o controle do TJRJ à Agenersa. **Revista Estudos Institucionais**, v. 4, n. 2, p. 537-571, 2018.

KEYNES, John Maynard. **The economic consequences of the peace**. London: MacMillan, 1920.

KING, Mervyn. **The end of alchemy**: money, banking and the future of the global economy. New York: Norton, 2016.

KLOOSTER, Johannes Maria van't. **How to make money:** Distributive justice, finance, and monetary constitutions. Dissertation submitted for the degree of Doctor of Philosophy – Gonville and Caius College, Cambridge, UK, 2018.

KNAPP, Georg Friedrich. **Staatliche Theorie des Geldes**. Duncker & Humblot: Leipzig 1905.

KÖHLER, Ekkehard; VANBERG, Viktor J. The Constitutionalization of Money: A Constitutional Economics Perspective. In: WHITE, Lawrence H.; VANBERG, Viktor J.; KOHLER, Ekkehard A. **Renewing the search for a monetary constitution**. Washington: Cato Institute, 2015, p.59-103.

KÖHLER, Michael. Die Wertstabilität des Geldes als Inhalt der Vertragstreue und der Eigentumsgarantie. **JuristenZeitung**, 68. Jahrg., Nr. 20, p. 957-966, Oktober, 2013.

KUO, Ming-Sing. The moment of Schmittian Truth: conceiving of the state of exception in the wake of the financial crises. In: JOERGES, Christian Joerges; GLINSKI, Carolai (ed.). **The European Crisis and the Transformation of Transnational Governance:** Authoritarian Managerialism versus Democratic Governance. Oxford: Hart, 2014, p. 83-97.

LARUE, Louis; FONTAN, Clément Fontan; SANDBERG, Joakim Sandberg. The promises and perils of central bank digital currencies. **Revue de la régulation**, 28, 2nd semester, Autumn, 2020.

LASTRA, Rosa María. **Banco Central e regulamentação bancária**. Belo Horizonte: Del Rey, 2000.

__________. **International financial and monetary law**. 2. ed. Oxford: Oxford University Press, 2015.

LEE, David Kuo Chuen; YAN, Li; WANG, Yu. A global perspective on central bank digital currency. **China Economic Journal**, 14:1, 52-66, 2021.

LEISNER, Anna. **Kontinuität als Verfassungsprinzip**: unter besonderer Berücksichtigung des Steuerrechts. Tübingen: Mohr Siebeck, 2002.

LEVINSON, Sanford; BALKIN, Jack M. Constitutional Dictatorship: Its Dangers and Its Design. **Minnesota Law Review**, vol. 94, p. 1789-1866, Jun./2010.

LIETAER, Bernard; DUNNE, Jacqui. **Rethinking Money**: how new currencies turn scarcity into prosperity. San Francisco: Berret-Koehler, 2013.

LISTOKIN, Yair. **Law and macroeconomics**: Legal remedies to recessions. Cambridge: Harvard University Press, 2019.

LUÑO, Antônio-Henrique Perez. **La universalidad de los derechos humanos y el Estado constitucional**. Bogotá: Universidade Externado de Colômbia, 2002.

LYNCH, Christian Edward Cyril; MENDONÇA, José Vicente Santos de. Por uma história constitucional brasileira: uma crítica pontual à doutrina da efetividade. **Revista Direito e Práxis**, Rio de Janeiro, vol. 08, n. 2, p. 974-1007, 2017.

MACHADO SEGUNDO, Hugo de Brito. Emenda Constitucional 95/2016 e o teto de gastos. **Revista Controle**, Fortaleza, v. 15, n. 2, p. 22-40, jul./dez., 2017.

MAHONEY, Paul G. The common law and economic growth: Hayek might be right. **The Journal of Legal Studies**, Vol. 30, No. 2, Jun. 2001.

MAJONE, Giandomenico. Do Estado positivo ao Estado regulador. In: MATTOS, Paulo Todescan (coord.). **Regulação Econômica e Democracia:** o debate europeu. 2. ed. São Paulo: Revista dos Tribunais, 2017.

MAKINEN, Gail E. The greek hyperinflation and the stabilization of 1943-1946. **The Journal of Economic History**, vol. 46, n. 3, p. 795-805, Sep. 1986.

MANN. F. A. **The legal aspect of money**. 4. ed. New York: Oxford University Press, 1982.

MARCUSSEN, Martin. The transnational governance network of central bankers. In: DJELIC, Marie-Laure; SAHLIN-ANDERSSON, Kerstin (ed.). **Transnational governance**. New York: Cambridge, 2006.

MARTIN, Felix. **Dinheiro:** uma biografia não autorizada. São Paulo: Portfolio-Penguin, 2016.

MARTINS, Ives Gandra da Silva (coord.). **A correção monetária no direito brasileiro**. São Paulo: Saraiva, 1983.

MAUS, Ingeborg. O Judiciário como superego da sociedade: o papel da atividade jurisprudencial na "sociedade órfã". Trad. Martônio Lima e Paulo Albuquerque. **Revista Novos Estudos CEBRAP**, nº 58, p. 183-202, nov./2000.

MCCONNELL, Michael W. The Story of Marbury v. Madison: Making Defeat Look Like Victory. In: DORF, Michael C. (ed.). **Constitutional law stories**. New York: Thomson, 2004, p. 13-31.

MEHRLING, Perry. **The new Lombard Street**: How the Fed became the dealer of last resort. Princeton University Press: New Jersey, 2011.

MENDES, Antônio; NASCIMENTO, Edson Bueno. Estudo de direito monetário: a moeda e suas funções; obrigações monetárias; estipulação e indexação de obrigações monetárias. **Revista de direito mercantil, industrial, econômico e financeiro**, XXX (nova série), vol. 84, p. 35-56, out.-dez. 1991.

MENDES, Gilmar Ferreira. A reforma monetária de 1990 – A problemática jurídica da chamada "retenção de ativos financeiros" (Lei nº 8.024, de 12.04.1990). **Revista de Direito Administrativo**, Rio de Janeiro, vol. 186, p. 26-92, out./dez. 1991.

__________; COELHO, Inocêncio Mártires; BRANCO, Paulo Gustavo Gonet. **Curso de direito constitucional**. São Paulo: Saraiva, 2007.

MENDES, Marcos. **A Lei 11.803/2008 e a relação financeiro Tesouro – Banco Central**. Núcleo de Estudos e Pesquisas da Consultoria Legislativa, Brasília, Texto para discussão n. 189, fev./2016

MENDONÇA, Eduardo Bastos Furtado de. **A constitucionalização das finanças públicas no Brasil**: devido processo orçamentário e democracia. Rio de Janeiro: Renovar, 2010.

MENDONÇA, José Vicente Santos de. **Direito constitucional econômico**: a intervenção do estado na economia à luz da razão pública e do pragmatismo. Belo Horizonte: Fórum, 2014.

__________. A verdadeira mudança de paradigmas do direito administrativo brasileiro: do estilo tradicional ao novo estilo. **Revista de Direito Administrativo**, Rio de Janeiro, v. 265, p. 179-198, jan./abr. 2014.

MENGER, Carl. **The origins of money**. Aurburn: Ludwig von Mises Institute, 2009.

MIRANDA, Francisco Cavalcanti Pontes de. **Tratado de Direito Privado, Tomo 50**. 1. ed. Campinas: Brookseller, 2003.

MORAN, Michael. **The British Regulatory State**: High Modernism and Hyper-Innovation. New York: Oxford University Press, 2003.

MOREIRA, Vital. Economia e Constituição: para o conceito de Constiituição Económica. **Boletim de Ciências Económicas**, Coimbra, vol. XIX, Faculdade de Direito, p. 1-47, 1976.

MOREIRA NETO, Diogo de Figueiredo. A ordem econômica na Constituição de 1988. **Revista de Direito da Procuradoria-Geral do Estado do Rio de Janeiro**, Rio de Janeiro, vol. 42, p. 57-68, 1990.

__________. Estabilização monetária. **Revista de Direito Administrativo**, Rio de Janeiro, vol. 196, p. 7-19, abr./jun. 1994.

__________. O novo papel do Estado na economia. **Revista de Direito Público da Economia**, Belo Horizonte, ano 3, n. 11, jul./set. 2005.

__________. **Novas mutações juspolíticas**: em memória de Eduardo Garcia de Enterría, jurista de dois mundos. Belo Horizonte: Fórum, 2016.

MOUDUD, Jamee K. Analyzing the Constitutional Theory of Money: Governance, Power, and Instability. **Leiden Journal of International Law**, n. 31, p. 289-313, 2018.

NABAIS, Casalta. Crise e sustentabilidade do estado fiscal. **Revista da Faculdade de Direito da Universidade do Porto**, Porto, vol. A1, p. 95-126, 2014.

NABILOU, Hossein; PRÜM, André. **Central Bank and Regulation of Cryptocurrencies**. Faculty of Law, Economics and Finance, Law Working Paper Serires, n. 14, 2019.

__________. Testing the waters of the Rubicon: the European Central Bank and central bank digital currencies. **Journal of Banking Regulation**, vol. 21, issue 4, n. 2, 299-314, 2020.

NAKAMOTO, Satoshi. **Bitcoin:** A Peer-to-Peer Eletronic Cash System. Disponível em: <https://bitcoin.org/bitcoin.pdf>. Acesso em: 16/11/2020.

NERY JUNIOR, Nelson; NERY, Rosa Maria de Andrade. **Constituicão federal comentada e legislação constitucional**. 6. ed. São Paulo: Revista dos Tribunais, 2017.

NEVES, Marcelo. **Transconstitucionalismo**. São Paulo: Martins Fontes, 2013.

__________. **Constituição e direito na modernidade periférica**: uma abordagem teórica e uma interpretação do caso brasileiro. São Paulo: Martins Fontes, 2018.

NUSSBAUM, Arthur. **Derecho Monetario Nacional e Internacional:** Estudio comparado en el lide del derecho e de la economia. Buenos Aires: Arayú, 1954.

_________. **Uma história do dólar**. Rio de Janeiro, Zahar, 1967.

OHLER, Christoph. Die hoheitlichen Grundlagen der Geldordnung. **JuristenZeitung**, 4, 63. Jahrg., Nr. 7, p. 317-324, April 2008.

OLIVEIRA, Luís Maurício Sodré de. **Mercado de câmbio**: contribuição ao disciplinamento jurídico no Brasil. Curitiba: Juruá, 2009.

OLIVEIRA, Marcos Cavalcante de. **Moeda, juros e instituições financeiras**: regime jurídico. 2. ed. Rio de Janeiro: Forense, 2009.

OLIVEIRA E MIRANDA, Bruno Felipe de. Estado Regulador de Exceção: uma reflexão sobre a atribuição de poderes emergenciais aos bancos centrais. **Revista da Procuradoria-Geral do Banco Central**, Brasília, vol. 15, n. 1, p. 113-133, jun. 2021.

OST, François. Júpiter, Hércules, Hermes: tres modelos de juez. **Revista Doxa – Cuadernos de Filosofia del Derecho**, Universid de Alicante, nº 14, p. 169-194, 1993.

OTERO, Paulo. **Legalidade e administração pública**: o sentido da vinculação administrativa à juridicidade. Coimbra: Almedina, 2011.

PEDREIRA, José Luiz Bulhões. Obrigação pecuniária – Correção monetária – Indexação cambial (Parecer). **Revista de Direito Administrativo**, Rio de Janeiro, n. 193, p. 353-401, jul./set. 1993.

PIEROTH, Bodo; SCHLINK, Bernhard. **Grundrechte, Staatsrecht II**. 13. Aufl. Heidelberg: Müller Verlag, 1997.

PISTOR, Katharina. Germany's Constitutional Court Goes Rogue. **Project Syndicate**, United States, May 8, 2020.

POSNER, Eric A.; VERMEULE, Adrian. **The executive unboud:** after the Madisonian republic. New York: Oxford University Press, 2010.

_________. **Last resort**: the financial crisis and the future of bailouts. Chicago: University of Chicago Press, 2018.

PRATES, Marcelo M. Money in the twenty-first century: From rusty coins to digital currencies. **Ohio State Business Law Journal**, vol. 15, 2021.

QUIROGA, Roberto. **Direito monetário e tributação da moeda**. São Paulo: Dialética, 2006.

RAGAZZO, Carlos. **Regulação de meios de pagamento**. São Paulo: Revista dos Tribunais, 2020.

REIFNER, Udo. **Das Geld**: Okönomie des Geldes – Kooperation und Akkumulation, Band 1. Wiesbaden: Springer, 2017.

_________. **Das Geld**: Recht des Geldes – Regulierung und Gerechtigkeit, Band 3. Wiesbaden: Springer, 2017

RESENDE, André Lara. **Consenso e contrassenso**: por uma economia não dogmática. São Paulo: Portfolio-Penguin, 2020.

RIBEIRO, Ricardo Lodi. A pandemia, a volta de Keynes e a MMT: a crise do princípio do equilíbrio orçamentário. **Revista de Direito Público da Economia (RDPE)**, Belo Horizonte, ano 18, n. 71, p. 153-186, jul./set. 2020.

RICKEN, Guilherme. Eram os juízes mengerianos? A concepção de moeda no debate jurídico. **Revista da Faculdade de Direito**, São Paulo, Universidade de São Paulo, n. 109, p. 683-699, 2014.

ROCHA, Sonia. **Renda e pobreza**: os impactos do Plano Real. Rio de Janeiro: IPEA, 1996.

ROCKOFF, Hugh. Still in Search of a Monetary Constitution. In: WHITE, Lawrence H.; VANBERG, Viktor J.; KOHLER, Ekkehard A. **Renewing the search for a monetary constitution**. Washington: Cato Institute, p. 23-50, 2015.

RODRIK, Dani; SUBRAMANIAN, Arvind. The primacy of institutions: And what this does and does not mean. **Finance & Development**, p. 31-34, June, 2003.

RUSSO, Costanza A.; LASTRA, Rosa M.; BLAIR, William (org.). **Research Handbook on Law and Ethics in Banking and Finance**. Cheltenham: Edward Elgar, 2019.

SADDI, Jairo. **O poder e o cofre**: repensando o Banco Central. São Paulo: Textonovo, 1997.

__________. Em busca de uma "Constituição monetária". **Folha de São Paulo**, junho, 1998. Disponível em <https://www1.folha.uol.com.br/fsp/dinheiro/fi09069804.htm>. Acesso em 02/12/2021

SALAMA, Bruno Meyerhof. Como Interpretar as Normas Emitidas pelo BACEN e CMN? Uma Resposta a Partir da Evolução do Modelo de Estado Brasileiro. **Revista de Direito Bancário e do Mercado de Capitais**, São Paulo, v. 46, p. 103-128, 2009.

__________. Regulação Cambial entre a Ilegalidade e a arbitrariedade: o caso da compensação privada de créditos internacionais. **Revista de Direito Bancário e do Mercado de Capitais**, ano 13, n. 50, p. 157-184, out.-dez. 2010.

SANTOS, António Carlos; GONAÇALVEZ, Maria Eduarda; MARQUES, Maria Manuel Letião. **Direito económico**. Coimbra: Almedina, 1995.

SANTOS, Mário Ferreira dos. **Tratado de Economia**, vol. II. São Paulo: Editora Logos, 1962.

SCHIRATO, Vitor Rhein. **Livre iniciativa nos serviços públicos**. Belo Horizonte: Fórum, 2012.

SCHULEV-STEINDL, Eva. **Subjektive Rechte**: Eine rechtstheoretische und dogmatische Analyse am Beispiel des Verwaltungsrechts. Wien: Springer-Verlag, 2008.

SCHUPPERT, Gunnar Folke. **A global history of ideas in the language of law**. Frankfurt am Main: Max Planck Institute, 2021.

SCOTT, Colin. Accountability in the Regulatory State. **Journal of Law and Society**, Oxford, vol. 27, n. 1, p. 38-60, Mar./2000.

SEAFORD, Richard. **Money and the early greek mind:** Homer, philosophy, tragedy. New York: Cambridge University Press, 2004.

SELGIN, George. **Good Money:** Birminghan Button Makers, the Royal Mint, and the Beginnings of Modern Coinage, 1775-1821. Ann Arbor: University of Michigan Press, 2008.

SHELL, Marc. **Dinero, lenguaje y pensamiento**: la economína literária y la filosófica, desde la Edad Media hasta la época moderna. México: FCE, 1985.

SHILLER, Robert. J. **Finance and the good society**. Princeton: Princeton University Press, 2012.

__________. **Narrative economics**: how stories go viral and drive major economic events. New Jersey: Princeton University Press, 2019.

SHUKLA, Shreepad. **Historical Context and Key Features of Digital Money Tokens**. Barclays Bank, August/2020.

SICCA, Gerson dos Santos. A interpretação conforme à Constituição – *Verfassungskonforme Auslegung* – no direito brasileiro. **Revista de Informação Legislativa**, Brasília, ano 36, n. 143, p. 19-34, jul./set., 1999.

SIEROŃ, Arkadiusz. **Money, inflation and business cycles:** the cantillon effect and the economy. Abingdon: Routledge, 2019.

SIMITIS, Spiros. Bemerkungen zur rechtlichen Sonderstellung des Geldes. **Archiv für die civilistische Praxis**, 159. Bd., H. 5, p. 406-466, 1960.

SILVA, João Calvão da. **Euro e Direito**. Coimbra: Almedina, 1999.

SILVA, José Afonso da. **Comentário contextual à Constituição**. 8. ed. São Paulo: Malheiros, 2012.

__________. **Curso de direito constitucional**. 41 ed. São Paulo: Malheiros, 2018.

SILVA, Virgílio Afonso da. **Direitos fundamentais**: conteúdo essencial, restrições e eficácia. 2. ed. São Paulo: Malheiros, 2011.

__________. **A constitucionalização do direito**: os direitos fundamentais nas relações entre particulares. São Paulo: Malheiros, 2014.

__________. **Direito Constitucional Brasileiro**. São Paulo: Editora da Universidade de São Paulo, 2021.

SIMMEL, Georg. **Philosophie des Geldes**. Leipzig: Duncker & Humblot, 1900.

SIMONSEN, Mario Henrique. **30 anos de indexação**. Rio de Janeiro: Fundação Getúlio Vargas, 1995.

SORDI, Bernardo. Révolution, Rechtsstaat and the rule of law: historical reflections on the emergence and development of administrative law. ROSE-ACKERMAN, Susan; LINDSETH, Peter (org.). **Comparative Administrative Law**. Chentelham: Edward Eugar Publishing, 2012.

STOBER, Rolf. **Allgemeine Wirtschafts-verwaltungsrecht**: Grundlagen des deutschen, europäischen und internationalen öffentlichen Wirtschaftsrechts. 17. Auflage. Stuttgart: Kohlhammer, 2011.

SUNDFELD, Carlos Ari. Direito público e regulação no Brasil. In: GUERRA, Sérgio (org.). **Regulação no Brasil**: uma visão multidisciplinar. Rio de Janeiro: FGV, 2014.

SUNSTEIN, Cass R.; ULLMANN-MARGALIT, Edna. Second-order decisions. **Ethics**, vol. 110, n. 1, p. 5-31, October 1999.

TAVARES, André Ramos. **Curso de Direito Constitucional**. 13. ed. São Paulo: Saraiva, 2015.

TIMBERLAKE, Richard H. **Constitutional Money**: a review of the Supreme Court's monetary decisions. Cambridge: Cambridge University Press, 2013.

TIROLE, Jean. Institutional and economics challenges for central banking. **Monetary policy: the challenges ahead**. European Central Bank, Colloquium in honour of Benoît Cœuré, p. 34-40, Dec. 2019.

TORRES, Heleno Taveira. **Direito constitucional financeiro:** teoria da constituição financeira. São Paulo: Revista dos Tribunais, 2014.

TORRES, Ricardo Lobo. **Tratado de Direito Constitucional Financeiro e Tributário**: valores e princípios constitucionais tributários, volume II. Rio de Janeiro: Renovar, 2005.

__________. **Tratado de Direito Constitucional Financeiro e Tributário**: o orçamento na constituição, volume V. 3ª ed. Rio de Janeiro: Renovar, 2008.

TRAUTMAN, Lawrence J. Bitcoin, Virtual Currencies, and the Struggle of Law and Regulation to Keep Pace. **Marquette Law Review**, vol. 102, Issue 2, p. 447-538, Winter 2018.

TUCKER, Paul. **Unelected power**: the quest for legitimacy in central banking and the regulatory state. New Jersey: Princeton University Press, 2018.

TUSHNET, Mark. **The new fourth branch:** institutions for protecting constitutional democracy. New York: Cambridge University Press, 2021.

VALLE, Vanice Regina Lirio do. Deferência judicial às escolhas regulatórias: o que podemos aprender com *standards* aplicados pela Suprema Corte estadunidense. **Revista de Direito Administrativo**, Rio de Janeiro, v. 280, n. 2, p. 137-164, maio/ago. 2021.

VAN DE HAUWE, Ludwig. Monetary Constitutionalism: some recent developments. Procesos de Mercado. **Revista Europea de Economía Política**, Vol. XV, n. 2, Otoño 2018, p. 67-105.

VAN HOECKE, Mark. Legal Doctrine: Which Method(s) for What Kind of Discipline? In: VAN HOECKE, Mark (ed.). **Methodologies of Legal Research**: Which Kind of Method for What Kind of Discipline. Oregon: Hart, 2011, p. 1-18.

VEIGA DA ROCHA, Jean Paul. **A capacidade normativa de conjuntura no direito econômico:** o déficit democrático da regulação financeira. Tese (Doutorado em Direito) – Programa de Pós-Graduação em Direito, Universidade de São Paulo. São Paulo, 2004.

__________. Jean Paul Cabral. Direito Público e política econômica: a jurisprudência constitucional sobre o poder normativo do Conselho Monetário Nacional e do Banco Central. **Revista de Direito Público da Economia**, Belo Horizonte, ano 3, n. 12, out./dez. 2005

__________. Direito e moeda no debate constitucional. In: Carlos Ari Sundfeld e André Rosilho (org.), **Direito da regulação e políticas públicas**. São Paulo: Malheiros, 2014, p. 240-255.

__________. Os incríveis poderes normativos do Conselho Monetário Nacional e do Banco Central. **Revista de Direito Público da Economia (RDPE)**, ano 12, n. 48, p. 107-130, out/dez 2014.

VERMEULE, Adrian. Our Schmittian administrative law. **Harvard Law Review**, Cambridge, n. 122, p. 1095-1149, 2009.

__________. **The constitution of risk**. New York: Cambridge University Press, 2014.

__________. **Law's abnegation**: from law's empire to the administrative state. Cambridge: Harvard Press, 2016.

__________. Optimal abuse of power. **Revista de Direito Administrativo**, Rio de Janeiro, vol. 278, n. 3, p. 15-43, set./dez. 2019.

VIDIGAL, Geraldo de Camargo. **Disciplina dos órgãos de direção monetária**. Tese de livre docência – Faculdade de Direito da Universidade de São Paulo, 1964.

VIEIRA JR., Edwin. The Forgotten Role of the Constitution in Monetary Law. **Texas Review of Law and Politics**, vol. 2, p. 77-124, 1997.

__________. **Pieces of eight**: the monetary powers and disabilities of the United States Constitution. Chicago: Sheridan Books, 2002.

VISCHER, Frank. **Geld- und Währungsrecht im nationalen und internationalen Kontext**. Basel: Helbing Lichtenhahn, 2010.

VOIGT, Stefan. **Constitutional economics**: a primer. Cambridge: New York University Press, 2020.

WALD, Arnoldo. **A Cláusula de Escala Móvel**: um meio de defesa contra a depreciação monetária. São Paulo: Max Limonad, 1956.

__________. **A aplicação da Teoria das Dívidas de Valor**. Rio de Janeiro: Editora Nacional de Direito, 1959;

__________. A teoria das dívidas de valor e as indenizações decorrentes de responsabilidade civil. **Revista de Direito da Procuradoria Geral do Estado da Guanabara**, Rio de Janeiro, n. 23, p. 22-49, 1970.

__________. Aspectos processuais da aplicação da teoria das dívidas de valor: do cabimento da correção monetária, independente de pedido explícito, e da sua concessão em execução, mesmo quando não prevista decisão proferida no processo de cognição. **Revista de Informação Legislativa**, ano 18, n. 69, p. 229-260, jan./mar. 1981.

__________. Aspectos constitucionais do poder monetário. **Revista de Informação Legislativa**, Brasília, ano 28, n. 112, p.299-302, out./dez. 1991

__________. **O novo direito monetário**: os planos econômicos, os contratos, o FGTS e a Justiça. 2. ed. São Paulo: Malheiros, 2002.

WEBER, Beat. Geld und Demokratie: Reformdebatten um ein krisenhaftes Verhältnis. **Leviathan**, Vol. 42, N. 01, p. 67-93, 2014.

WHITE, Lawrence H.; VANBERG, Viktor J.; KOHLER, Ekkehard A. **Renewing the search for a monetary constitution**. Washington: Cato Institute, 2015.

WHITTINGTON, Keith E. Constitutionalism. In: CALDEIRA, Gregory A.; KELEMEN, R. Daniel, WHITTINGTON, Keith E. **The Oxford Handbook of Law and Politics**. Cambridge: Oxford University Press, 2008.

WITTRECK, Fabian. **Geld als Instrument der Gerechtigkeit in die Geldrechtslehre des Hl. Thomas von Aquin in ihrem interkulturellen Kontext**. Paderborn: Ferdinand Schöningh, 2002.

WOODFORD, Michael. **Interest and Prices**: Foundations of a Theory of Monetary Policy. New Jersey: Princeton University Press, 2003.

WRAY, L. Randall. **Understanding Modern Money**: The Key to Full Employment and Price Stability. Edward Elgar, 1998.

ZELMANOVITZ, Leonidas. **La ontológia y función del dinero:** los fundamentos filosóficos de las instituciones monetarias. Madrid: Unión Editorial, 2018.

ZILVETI, Fernando Aurelio; NOCETTI, Daniel Azevedo. Criptomoedas e o Sistema Tributário do Século XXI. **Revista Direito Tributário Atual**, n. 44, p. 491-510, São Paulo, IBDT, 2020.

ZIMMERMANN, Claus D. **A contemporary concept of monetary sovereignty**. Oxford: Oxford University Press, 2013.

